Ein deutsches Mißverständnis

LUDWIG PARSIVAL II
ABATE
LISZT

Dieter David Scholz

Ein deutsches Mißverständnis

Richard Wagner
zwischen Barrikade und Walhalla

Parthas Verlag

Die Deutsche Bibliothek – CIP-Einheitsaufnahme

Scholz, Dieter David:
Ein deutsches Mißverständnis : Richard Wagner zwischen Barrikade und Walhalla/
Dieter David Scholz. – Berlin : Parthas-Verl., 1997
ISBN 3-932529-13-8

Typographische Gestaltung und Umschlag: Ina Munzinger/Katharina v. Uslar
Druck und Bindung: Westermann Druck, Zwickau

ISBN 3-932529-13-8

Inhalt

HINTERGRÜNDE UND SEITENBLICKE

Vorwort

Schon Friedrich Nietzsche stellte in seiner Schrift »Ecce Homo« fest, daß »Wagner unter Deutschen bloß ein Mißverständnis« sei. Die Behauptung hat noch immer Gültigkeit. Nicht zuletzt Nietzsche trug zu hartnäckigen Vorurteilsbildungen bei mit seinem Gerücht von Wagners vermeintlich jüdischer Abstammung. Als Person und Komponist war Wagner bereits den Zeitgenossen suspekt: ein maßlos eitler, verschwendungssüchtiger und jähzorniger kleiner Sachse von faszinierender Zwiespältigkeit. Charmant zu Frauen und Freunden, war er gegenüber seinen Kritikern und Konkurrenten zu menschenverachtender Infamie fähig. Seine Attacke gegen Meyerbeer, auf den das Pamphlet über »Das Judentum in der Musik« zielte, ist nur die Spitze des Eisberges. Maßgeblich an der Dresdner Revolution beteiligt, flüchtete Wagner, steckbrieflich gesucht, in die Schweiz, wo er im noblen Zürich nicht nur die Liebe seines Lebens fand, sondern auch das Programm seines ganzen späteren Musiktheaters ausarbeitete. Ein rebellischer Linker mit großbürgerlichen Allüren, ein frühsozialistischer Schwadronierer bis an sein Ende, der die meiste Zeit seines Lebens im Luxus einer paradiesvogelhaften Boheme schwelgte. Wenn ihm das Geld dazu fehlte, verstand er es mit meisterhafter Skrupellosigkeit, Schulden zu machen, die er in den seltensten Fällen je beglich. Sein Parfüm- und Textilfetischismus mutet ebenso skurril an wie sein spätes Vegetariertum. Die religiös infizierten, pazifistischen und antirassistischen späten Bayreuther Essays ignorieren selbst seriöse Historiker des Antisemitismus geflissentlich.

In der fränkischen Provinz, wo er sein Festspielhaus baute, wurde er seßhaft. Es zog ihn zeitlebens nach Italien. Dort empfing er wesentliche Impulse für sein Werk. Ein Erotomane, wie die Musikgeschichte keinen zweiten kennt, lebte Wagner die letzten 15 Jahre vor seinem Tod mit der eher sinnenfeindlichen, frömmelnden Cosima von Bülow zusammen. Seine Aventüren und Eskapaden sind Legende. Die Wagner-Erbin Cosima und Bayreuther »Gralshüterin« war es, die den Grundstein legte zum »Meisterkult« und zu aller nationalistischen Wagner-Beweihräucherung der Nachwelt. Nacht über Bayreuth brach vollends herein, als Wagners Schwiegertochter den Schulterschluß mit Hitler vollzog. Lange vor dem Dritten Reich war Wagners Büste in der Walhalla aufgestellt, der Vertoner einer griechisch angehauchten deutschen Mythologie zum Nationalkomponisten und Staatsmusikanten verklärt worden. Seine Haßtiraden gegen alles Deutsche in seinen Bayreuther Aufsätzen und Essays wurden bis heute kaum je gelesen: einer der Gründe dafür, daß er in erstaunlicher Kontinuität mißverstanden und mißbraucht werden konnte. Dabei schöpfte Wagner aus der Vielfalt antiker wie moderner europäischer Literatur. Auch die Musik der Zeitgenossen war ihm vertraut! Germanischer Mythos und deutsches Mittelalter täuschen seit je darüber hinweg, daß es in all seinen Werken um das 19. Jahrhundert und die Geburt der Moderne geht, um Politik und Psychologie. Freud läßt grüßen. Das Tor zur Atonalität wird aufgestoßen.

Wagner war nicht nur ein »Mittler des Mittelalters«, auch Liszt, Schopenhauer und Nietzsche haben ihre Spuren hinterlassen. Sein tägliches Lesepensum war immens. Kaum verwunderlich, daß Thomas Mann zum prominentesten Wagnerianer wurde, der seine Stimme erhob gegen jede Art von Wagnerverfälschung.

Der Kult um den kleinen Sachsen mit der imposanten Ausstrahlung, die immer noch scheinbar unversöhnliche Feindschaft zwischen seinen Verehrern und Verächtern markieren nur die Aktualität und Brisanz seines musikdramatischen Œuvres: es enthält noch immer viel »Zukunftsmusik«.

Im »Neubayreuth« seines Enkels Wieland wurde die Utopie des Wagnerschen Werks über das Dritte Reich hinaus zu retten, ja neu zu entdecken und deuten versucht. Mit Wehmut erinnern sich die großen Heroinen von einst an das verlorengegangene »Prinzip Hoffnung«. Das Bayreuther Wagnertheater ist mittlerweile zum so erfolgreichen wie fragwürdigen Geschäft geworden. Auch das ist ein Mißverständnis.

Ich möchte mit diesem Buch nicht einmal mehr »Wagner, sein Werk und seine Zeit« paraphrasieren, sondern vielmehr brisante, offene Fragen der Wagnerliteratur beantworten, Mißverständnisse klären und mit Vorurteilen aufräumen, soweit das möglich ist. Immer mit einem Seitenblick auf Politik, Psychologie und Menschlich-Allzumenschliches als Ergänzung meiner vor vier Jahren erschienenen Publikation über »Richard Wagners Antisemitismus«. Wenn Sie so wollen, ein essayistisches Fazit der bisherigen Wagnerforschung, der ich mich seit Jahren verpflichtet fühle. Ich habe mich hier allerdings bemüht um eine unakademisch unterhaltsame, flüssig lesbare Präsentation im Duktus der gesprochenen Sprache und ohne wissenschaftlichen Anmerkungsapparat. Wem es um Vertiefung geht, der wird im Literaturverzeichnis, das als Spiegel meiner vorausgegangenen wissenschaftlichen Arbeit aufgefaßt werden darf, weiterführende Hinweise und alle zitierten Werke finden. Diesem Buch liegt das überarbeitete und erweiterte Manuskript meiner erfolgreichen 26-teiligen Sendereihe zugrunde, die im Sender Freies Berlin, im Mitteldeutschen Rundfunk und im Hessischen Rundfunk ausgestrahlt wurde. Gelegentliche Überschneidungen und partielle Wiederholungen in einzelnen Kapiteln rechtfertigen sich aus der radiophonen Präsentation.

Dieter David Scholz, Berlin, im Mai 1997

Richard Wagners Bruder Albert

VORSPIEL

Komplizierte Verwandtschaftsverhältnisse: Metamorphosen eines Streitfalls

Friedrich Nietzsche nannte Richard Wagner einen »Mystagogen in den Geheimlehren der Kunst und des Lebens«, einen »Orpheus alles heimlichen Elends«, ja den »größten Miniaturisten« und »Melancholiker der Musik«. Wagner habe nicht nur »in Tönen philosophiert«, so Nietzsche, sondern »das Sprachvermögen der Musik ins Unermeßliche vermehrt«. Er sei »der begeistertste Mimomane, den es je gegeben« habe, »der letzte, große Romantiker«. Und doch rede durch Wagner zugleich »die Modernität ihre intimste Sprache«. Dieser Wagner, meinte Friedrich Nietzsche, dieser Wagner gehe »als Mensch, als Tier, als Gott und Künstler (...) tausendfach über den Verstand und Unverstand der Deutschen hinaus«. Doch all seiner Hymnen auf den Wagner der leisen und melancholischen Zwischen-Töne zum Trotz, hatte er auch ganz andere Worte für Wagner übrig: sein Leben habe, aus der Nähe betrachtet, »etwas von einer Komödie an sich, und zwar von einer grotesken.« Er sei ein »ganz großer Schauspieler«, seine Musik sei »niemals wahr«. Wagner sei der »Cagliostro der Modernität«, der »Künstler der décadence«, der »die Musik krank gemacht habe, seine Musik sei, auf einen Begriff gebracht, »schädlich«. Den »Klingsor aller Klingsore« nannte Friedrich Nietzsche Richard Wagner, einen »alten Minotaurus«, dessen Name für » den Ruin der Musik stehe«. Seine Kunst sei ein Opiat mit »gefährlichen Nachwirkungen«. Von geradezu prophetischem Gehalt war Nietzsches Äußerung, Wagner sei »unter Deutschen bloß ein Mißverständnis«.

Die Zwiespältigkeit der Bewertung Wagners aus dem Munde Friedrich Nietzsches, des scharfsichtigen Kulturkritikers, ambivalenten Wagnerkenners – und Wagnerianers der ersten Stunde – ist bezeichnend für das Wagnerverständnis bis heute!

Kein anderer Musiker hat, wie Richard Wagner, Mit- und Nachwelt gespalten in geradezu fanatische Verehrer und Verächter. Und keiner hat so wie er als Zielscheibe und als Steinbruch politischer Ideologien gedient, vor wie nach 1945, in Ost und West. Wagner ist ein Politikum noch immer – und er war es schon zu Lebzeiten.

Woran das lag? Natürlich nicht nur an dem ungeheuren Potential seiner Musik, die den meisten Zeitgenossen so avantgardistisch erschien wie vielen Nachgeborenen spätromantisch-überladen. Der Komponist Richard Wagner war ein Unruhestifter auch jenseits der Musik. Er hat als Künstler weit über seinen Tellerrand hinausgeschaut. Sein sächsisches Temperament hat ihn eine oft taktlos unerschrockene Lippe riskieren lassen, nicht selten in Angelegenheiten, zu denen er besser geschwiegen hätte: in Sachen Politik vor allem. Nicht zuletzt sein infamer – wenngleich heute mit gebotener historischer Differenzierung zu betrachtender – Antisemitismus war es, der ihm schon zu Lebzeiten Feinde schuf. Ein Antisemitismus, der allerdings noch weit entfernt war von dem eines Adolf Hitler. Dennoch: Hitlers brachialer, dummer Wagnerei ist es zuzuschreiben, daß nach 1945 der Name Wagner für viele untrennbar verknüpft zu sein scheint mit dem Adolf Hitlers. Nicht zuletzt auch das immer noch praktizierte Aufführungsverbot Wagners in Israel hat dort seinen verständlichen Ursprung.

Wagner hat sich als Musiker beispiellos in politische Fragen eingemischt. Aber gerade die Widersprüchlichkeit seiner Äußerungen und Standpunkte ist es, die jeder neuen Generation Auseinandersetzung mit ihm, wo nicht Widerspruch gegen ihn abverlangt. Zweifellos tragen die Vielschichtigkeit und die perspektivische Weite seines Œuvres wesentlich zum Faszinosum Wagner bei, dessen Aussagen sich auf keinen kleinsten gemeinsamen Nenner bringen lassen. Wer das versucht, verkürzt Wagner, ja verfälscht ihn. Nur so läßt er sich mißbrauchen – und so ist er immer wieder mißbraucht worden als Galionsfigur für linke wie rechte Ideologien, unter jeweiliger Ausblendung der störenden Aspekte, versteht sich.

Wilhelminische Epoche, Weimarer Republik, Drittes Reich und die beiden Teile Nachkriegsdeutschlands bogen sich ihren je eigenen Wagner zurecht. Seine markante, nicht eben charakterlich sympathisch zu nennende Persönlichkeit, seine weltanschaulichen und politischen Theorien, seine künstlerischen Utopien, seine Musik und sein Theater provozierten immer neue Beurteilungen und kulturhistorische Einordungen des Phänomens Richard Wagner. Bei keinem anderen Musiker liegt der Fall ähnlich.

Den Zeitgenossen war Wagner verdächtig, denn er war die meiste Zeit seines Lebens ein rechter Bürgerschreck gewesen, auch noch, als er seinen Lebensabend großbürgerlich verbringen konnte. Der Ruf, daß er einst steckbrieflich gesuchter, maßgeblich an den Dresdner Aufständen von 1849 beteiligter Revolutionär gewesen war, haftete ihm zeitlebens an. Er hatte seine Zeitgenossen in einer beispiellos geschwätzigen Erklärungs- und Mitteilungswut allerdings auch reichlich strapaziert, ohne jede Rücksichtnahme und Bescheidenheit. Richard Wagner galt noch bis weit ins letzte Drittel seines Jahrhunderts als Anarchist, als gefährlicher Revolutionär, als nicht ernst zu nehmender Utopist und als anmaßender Aufschneider. Schon deshalb war auch sein musikdramatisches Werk bei seinen Zeitgenossen nie unumstritten. Man spottete viel über seine »Zukunftsmusik« und die damit einhergehenden gesellschaftlichen Utopien. Wagner hatte immer wieder für Diskussionsstoff gesorgt mit seinen jungdeutschen, französisch-frühsozialistischen Ideen, denen er in zahlreichen Aufsätzen Ausdruck verlieh und die auch in seine Musikdramen einflossen. Selbst als Wagner sich künstlerisch Respekt verschafft hatte, als er nach den zweiten Bayreuther Festspielen auch materiell etabliert und vom Kaiser anerkannt war, als er es sich leisten konnte, im Luxus eines Großbürgers zu leben, unangefochten von finanziellen Problemen, die bis dahin den größten Teil seines Lebens unangenehm überschattet hatten, selbst da blieb er seinen utopischen, von den französischen Frühsozialisten, von Proudhon vor allem, aber auch von Bakunin und Max Stirner geprägten Gedanken über Gesellschaft und Kultur treu bis zu seinem

Tod im Jahre 1883. Cosimas Tagebücher belegen dies ohne jeden Zweifel. Doch seinen sozialistischen Utopien und seiner skeptischen Distanz gegenüber den Deutschen zum Trotz sollte er schon bald zu einem der deutschesten Musiker erklärt werden. Auch das hat Nietzsche scharfsinnig diagnostiziert: »Die Deutschen haben sich einen Wagner zurecht gemacht, den sie verehren können«

Obwohl sich Richard Wagner – genau betrachtet – gegen jede Art von Schubladierung sperrt, wurde er nach seinem Tode schnell vereinnahmt – von unterschiedlichster Seite. Von Links-Intellektuellen der Weimarer Republik bis hin zur Wagner-Forschung zu DDR-Zeiten wurde Wagner zum Propheten sozialistischer Gesellschaftsutopien erklärt, von den Deutschnationalen und den Faschisten zum Ahnherrn arischer, antisemitischer Weltanschauung. Nach 1945, als man zunächst über das jüngste, vergangene Kapitel deutscher Geschichte einen Teppich des Schweigens und Vergessen-Wollens ausrollte, da konzentrierte man sich darauf, Wagners Größe im Mythischen, im Archaisch-Psychologischen oder Vor-Freudianischen zu suchen. Die Neu-Bayreuther Inszenierungsgeschichte mit Wieland Wagners »Entrümpelung« spiegelt das wieder. Erst in den sechziger und siebziger Jahren beschäftigte man sich mit den politischen und weltanschaulichen Aspekten Wagners und seiner Rezeption. Nicht wenige Autoren der letzten 20 Jahre haben allerdings das Kind mit dem Bade ausgeschüttet, indem sie Wagner zum Ahnherrn Hitlers erklärten, Hitler offenbar mehr glaubend als Wagner, den sie oftmals gar nicht genau kannten, wie leicht nachzuweisen ist. Die Geschichte der Wagner-Rezeption, die Geschichte der Wagner-Literatur ist voll von entstellenden Vereinfachungen, von ideologischen Hilfskonstruktionen, von biographischen Verrückungen, philologischen Verzerrungen, Ausblendungen von Unliebsamem und von üblen Vorurteilen, die sich offenbar hartnäckig jeder Korrektur, jeder sachlichen Klarstellung widersetzen, trotz inzwischen vorliegender neuer Erkenntnisse und Fakten der Wagnerforschung. Richard Wagner ist durch die wirkungsgeschichtlichen Metamorphosen seines Mythos – er wurde schon zu Lebzeiten zu einem solchen stilisiert – zum Paradefall einer unheilvollen Verstrickung von Musik und Politik geworden. Daß dies im Wesentlichen ein Fall von Wagner-Mißbrauch ist, ein Fall rezeptionsgeschichtlicher Vereinnahmung, das soll im Folgenden verdeutlicht werden. Aber natürlich nicht nur das! Denn Hans Mayers Forderung hat noch immer Gültigkeit: »Wer sich auf Wagner einläßt, muß sich auf das Ganze einlassen«

Den Anfang der vielen Mißverständnisse im »Falle Wagner« machen im Grunde schon die Gerüchte, Mutmaßungen und bis heute in Umlauf befindlichen Irrtümer bezüglich seiner Abstammung. Zur Korrektur dieser Mißverständnisse sollen einige ausführliche stadt- und familiengschichtliche Recherchen beitragen:

Wilhelm Richard Wagner wurde am 22. Mai 1813 in Leipzig geboren, und zwar auf dem Brühl Nr. 3 im Hause zum »Rot und Weißen Löwen«. Der Name des Hauses war keineswegs ungewöhnlich, es gab im Brühl, wie auch in anderen Straßen der Leipziger Altstadt, eine Reihe alter Häuser mit Namen wie »Goldenes Hufeisen«, »Grüne Tanne«, »Goldene Kanne« oder »Blauer Harnisch«. Auf dem – heute von der Kriegszerstörung gekennzeichneten – Leipziger Brühl, an jener Stelle, wo heute ein Kaufhaus steht, dessen volkstümlicher Name »Blechbüchse« ziemlich zutreffend dessen Äußeres charakterisiert, wurde Richard Wagner geboren. Mitten »im Judenviertel« Leipzigs, wie oft betont wird. So zum Beispiel in jüngster Vergangenheit vom Wagner-Biographen Martin Gregor Dellin. Wagner war das neunte Kind aus der Ehe Carl Friedrich Wilhelm Wagners (1770 – 1813) mit Johanna Rosine Pätz (1774 – 1848). Getauft wurde Richard Wagner am 16. August des Jahres 1813 in der Leipziger Thomaskirche.

Es mutet wie Ironie des Schicksals an, daß ausgerechnet der Antisemit Richard Wagner im »Judenviertel« Leipzigs, dem »Brühl«, geboren sein soll. Was es indes mit dieser Behauptung auf sich hat, soll in einem stadtgeschichtlichen Exkurs geklärt werden: Der Leipziger Brühl zur Zeit der Geburt Richard Wagners durchzog die nördliche Altstadt Leipzigs in westöstlicher Richtung, vom Theaterplatz vor dem Neuen Theater am Ranstätter Tor zur Goethestraße. Das Wort »Brühl« übrigens wurde in ganz Sachsen und Thüringen häufig verwendet. Es ist wahrscheinlich slawischen Ursprungs und bedeutet soviel wie »Sumpf«, läßt also lediglich geographische Rückschlüsse zu.

Der Brühl war während der Leipziger Messen die (seit etwa 1687) bevorzugte Straße, in der die jüdischen Meßbesucher (hauptsächlich polnische und russische Händler, vor allem Rauchwarenhändler) Unterkunft gefunden hatten. Der Brühl galt immerhin als das Zentrum des Rauchwarenhandels, der in der Wirtschaftsgeschichte Leipzigs eine eminente Rolle spielte. Leipzig wurde seit dem achtzehnten Jahrhundert zum Sammelpunkt der Rauchwaren europäischen, russischen, sibirischen und zentralasiatischen Ursprungs für den internationalen Weiterverkauf. Als Siedlungsort der Juden war der Brühl zu Beginn des 19. Jahrhunderts allerdings noch relativ neu, denn erst in der zweiten Hälfte des 18. Jahrhunderts durften sechs jüdische Familien in Leipzig seßhaft werden (um 1800 zählte die jüdische Bevölkerung Leipzigs zwischen 40 und 50 Seelen). Seit ihrer Verbannung im Jahre 1543 durch Herzog Moritz von Sachsen gab es bis etwa in die zweite Hälfte des 18. Jahrhunderts keine ansässigen Juden mehr in Leipzig.

Die neuangesiedelten Juden hatten sich zunächst am Fleischerplatz, später hauptsächlich im Brühl und seinen Seitengäßchen niedergelassen. Nur in diesem sehr eingeschränkten Sinne darf man vom Brühl als einer Art »Judenviertel« sprechen, wobei der Begriff irreführend ist, da es sich nicht um ein überwiegend von Juden bewohntes Gebiet handelt. Die überwältigende Mehrheit der im Brühl (einer mehr als einen Kilometer langen, bedeutenden Handelsstraße in der Stadtmitte) ansässigen Bürger jener Zeit waren Nichtjuden. Das eigentliche Ghetto der bereits vom Ende des zwölften bis weit ins fünfzehnte Jahrhundert hinein in Leipzig seßhaften Juden beschränkte sich auf eine »Judengasse am Rande der Stadt, außerhalb der Stadtmauer, an der Straße, die von Merseburg nach Leipzig führte, nahe der Pleiße«, wie unter anderem in der maßgeblichen Enzyclopaedia Judaica, aber auch im Leipziger Stadtbuch von 1359 nachzulesen ist.

Es sei hier nur angemerkt, daß erst 1837 durch ein Gesetz des Sächsischen Landtages den in Dresden und Leipzig wohnenden Juden das Recht zur Bildung öffentlich-rechtlicher Religionsgemeinden verliehen und damit ein für die Stadtentwicklung bedeutsames Anwachsen der jüdischen Bevölkerung Leipzigs ermöglicht wurde: nach Ansicht renommierter Historiker war das »Königreich Sachsen wahrscheinlich das rückständigste Gebiet Deutschlands in Bezug auf die Emanzipation der Juden.«

Um zur Ausgangsfragestellung zurückzukehren: die Tatsache, daß Richard Wagner im Brühl geboren wurde, besagt rein gar nichts! Im Brühl wohnte zu seinen Lebzeiten zum größten Teil einheimische christliche Bevölkerung, von einem »Ghetto« kann nicht die Rede sein. Warum sich die Eltern Richard Wagners ausgerechnet im Brühl einquartierten, ist leicht zu beantworten. Es waren rein praktische, berufliche Gründe seitens des Vaters, die ihn dazu bewogen haben mochten, im Brühl Wohnung zu beziehen. Carl Friedrich Wilhelm Wagner war nämlich »erster Actuarius im Königlichen Polizeiamte im Brühl«, und das befand sich direkt neben dem Ranstätter Tor, einem der ehemaligen Stadttore Leipzigs. Das Haus Nr. 3 im Brühl lag in der unmittelbaren Nachbarschaft seiner Dienststelle, keine 50 Meter vom Polizeiamt entfernt.

Was die Abstammung Richard Wagners angeht: sie ist in väterlicher Linie relativ gut erforscht, seine Ahnen lassen sich zurückverfolgen und nachweisen bis zu Samuel Wagner (1643 – 1705), der Schulmeister und Organist in Thammenheim gewesen ist. Alle waren sie protestantische Schulmeister, Organisten und Kantoren, die Ahnen Wagners. Sie lebten im weiteren kursächsischen bzw. königlich sächsischen Umland Leipzigs, innerhalb eines Radius von ca. 80 km., bis hin zum Großvater Richard Wagners, Gottlob Friedrich Wagner, der nach abgebrochenem Theologiestudium in Leipzig »Churfürstlich Sächsischer Tor-Akzise-Assistent« am Ranstädter Tor wurde, unweit des späteren Geburtshauses seines Enkels. Gottlob Friedrich Wagners zweiter Sohn, Karl Friedrich Wilhelm Wagner, also der Vater Richard Wagners, wurde nach absolviertem Jurastudium in Leipzig Königlich Sächsischer Polizeiamtsaktuarius im Brühl.

Die weiblichen Ahnen Richard Wagners waren ausnahmslos Töchter kurfürstlich-, bzw. königlich-sächsischer Handwerker, Pastoren und Schulmeister. Auch die Mutter Richard Wagners, Johanna Rosine Pätz (über die Schreibweise ihres Namens wird gestritten), war die Tochter eines Handwerkers, des Weißenfelser Bäckermeisters Pätz. Der Vollständigkeit halber soll kurz auf jene Gerüchte über die illegale Abstammung der Johanna Rosine Pätz vom Weimarischen Fürstenhause, die sogenannte »Prinz-Constantin-Hypothese«, eingegangen werden, jenen Prozeß von Mutmaßungen, den Richard Wagner selbst in Gang gesetzt hat durch obskure Bemerkungen über seine Mutter in seiner Autobiographie.

Seit der Veröffentlichung einer hochinteressanten Studie Volker Sigismunds über den Prinzen Constantin von Sachsen-Weimar (aus dem Jahre 1984) lassen sich, mehr zufällig allerdings, die Zusammenhänge zwischen dem Weimarischen Fürstenhaus und Richard Wagners Mutter endgültig klären. Der Wagnerbiograph Martin Gregor-Dellin hat diese Arbeit als Quelle der Wagnerforschung entdeckt und ausgewertet. Sein Fazit: »Johanna Rosine war nicht die Tochter des Weimarer Prinzen – sie war seine Geliebte!« Damit dürfte selbst für die Zweifler an Wagners Abstammung auch diese Lücke im genealogischen Gemäuer geschlossen sein.

Um auch die letzten Geheimnisse um Wagners nichtjüdische Herkunft auszuräumen, ist noch auf die vieldiskutierte Vaterschaftsfrage einzugehen, jene also, ob Richard Wagners leiblicher Vater nicht etwa Carl Friedrich Wilhelm Wagner, sondern vielmehr Ludwig Geyer, sein späterer Stiefvater, dem durch Nietzsche jüdische Abstammung unterstellt wurde, gewesen ist. Die Situation war folgende: Ein halbes Jahr nach Richard Wagners Geburt, am 23. November 1813, starb Richards Vater (also Carl Friedrich Wilhelm Wagner) an Typhus, der nach der »Völkerschlacht« gegen Napoleon in Leipzig ausbrach. Der Maler und Schauspieler Ludwig Geyer, langjähriger und vertrauter Freund der Familie, nahm sich daraufhin der Witwe und ihrer neun Kinder an. Am 28. August des folgenden Jahres heiratete Ludwig Geyer Johanna Rosine Wagner und siedelte mit ihr nach Dresden über. Bis in sein 14. Lebensjahr hinein trug Richard in Dresden übrigens den Familiennamen seines Stiefvaters. Auch konfirmiert wurde er 1827 in der Dresdner Kreuzkirche noch unter dem Namen Wilhelm Richard Geyer. Erst als er am Ende des Jahres wieder nach Leipzig übersiedelte, nahm er endgültig den ursprünglichen, den Familiennamen seines leiblichen Vaters an. Sein Stiefvater war übrigens schon 1821 verstorben. Richard Wagner gedachte seines Stiefvaters (in seiner Autobiographie, in Briefen und in Gesprächen) zeitlebens als eines Vaters, der sich »mit größester Sorgfalt und Liebe«, wie es in der Autobiographie heißt, seiner Erziehung angenommen habe.

Am sachlichsten hat sich der kritischste und ausfürlichste aller Wagnerbiographen nach dem zweiten Weltkrieg, Ernest Newman, mit der Frage der Vaterschaft Ludwig Geyers befaßt. Er hat aufs genaueste die bekannten Fakten, Geburts- und Todesdaten, vage Äußerungen Richard Wagners, die Cosimas Hausbiograph Glasenapp überliefert hat, sowie die wenigen unergiebigen, weil nur andeutenden Bemerkungen Wagners (in seiner Autobiographie) über das Verhältnis Ludwig Geyers zu seiner Mutter einander gegenüberstellt. Vor allem aber den berühmten Brief Richard Wagners an seine Schwester Cäcilie vom 14. Januar 1870 über Briefe Vater Geyers an die Mutter, die sie ihm abgeschrieben und zugesandt hatte, Briefe, die möglicherweise als Indizien seiner (Geyers) leiblichen Vaterschaft Richards zu werten sein könnten. »Mir ist es,« schreibt Richard Wagner an Cäcilie nach der Lektüre der Geyer-Briefe, »als ob unser Vater Geyer durch seine Aufopferung für die ganze Familie eine Schuld zu verbüssen glaubte«.

Newman hat eine Reihe von heiklen Vermutungen über diese vermeintliche Schuld daraus abgeleitet, die sich jedoch nicht zu verifizierbaren Tatsachen erhärten ließen. Ergebnis seiner mühsamen Erwägungen ist letztlich das Eingeständnis, daß es nicht mehr möglich sei, festzustellen, ob Ludwig Geyer tatsächlich der leibliche Vater Richard Wagners sei oder nicht, daß aber – nicht mit Sicherheit – vermutet werden könne, der alte Richard Wagner hätte möglicherweise glauben können, der leibliche Sohn Ludwig Geyers zu sein.

Nun ist die heutige Wagnerforschung gegenüber Newman um eine wesentliche Quelle reicher: die Tagebücher Cosimas! Und mit ihnen läßt sich Newmans Unsicherheit insofern beseitigen, als diese Tagebücher unmißverständlich Klarheit darüber verschaffen, daß Richard Wagner allem Anschein nach Ludwig Geyer nicht für seinen leiblichen Vater gehalten hat. Am 26. Dezember 1878 nämlich notierte Cosima in ihrem Tagebuch: »Dann sagt Richard, (Sohn) Fidi, dem er seine Kappe immer zur Aufbewahrung zugeworfen, habe prachtvoll ausgesehen, seinem Vater Geyer ähnlich gesehen. Ich: ›Vater Geyer ist gewiß dein Vater gewesen. Richard: ›Das glaube ich nicht. ›Woher dann die Ähnlichkeit? Richard: ›Meine Mutter hat ihn damals geliebt, Wahlverwandtschaften.«

Auch die Tatsache der frappanten äußeren Ähnlichkeit Richard Wagners mit seinem Bruder Albert, dem ältesten Sohn Carl Friedrich Wilhelm Wagners, spricht ziemlich eindeutig gegen die leibliche Vaterschaft Ludwig Geyers. Darüberhinaus gibt es in der gesamten Fülle überlieferter (öffentlicher wie privater) Äußerungen Wagners keine einzige, in der er jemals Zweifel an der leiblichen Vaterschaft Karl Friedrich Wilhelm Wagners auch nur andeutet. Was die Herkunft Ludwig Geyers angeht, so hat bereits im Jahre 1913 Otto Bournot in Leipzig eine – erstaunlichrweise – in der Wagnerforschung bis heute kaum zur Kenntnis genommenen Studie vorgelegt, in der er aufgrund umfangreicher familiengeschichtlicher Nachforschungen herausgefunden hat, daß die Vorfahren Ludwig Geyers (die bis ins 17. Jahrhundert zurückzuverfolgen sind) protestantische Kantoren, Organisten und Stadtmusiker gewesen sind. Auch von einer jüdischen Abstammung Geyers kann also nicht die Rede sein. Die bis heute immer wieder aufflackernde Debatte um die (natürlich mit letzter Sicherheit nicht zu beantwortende) Frage, ob Ludwig Geyer nun der leibliche Vater Richard Wagners gewesen ist oder nicht, ist – mit einem Wort – grundlos und überflüssig. Bournots Fazit schon 1913: »In der Familie Geyer lassen sich von Anfang an genau dieselben ethischen, nationalen, künstlerischen und religiösen Werte erkennen, wie in der Familie Wagner, und deren germanische Abstammung und Zugehörigkeit zur evangelischen Kirche ist ebenso sicher bewiesen, wie die jener.« Dem hat auch die heutige Wagnerforschung nichts hinzuzufügen. Aber auch aus Sicht der Namensforschung scheint eine jüdische Abstammung von Wagners Stiefvater Geyer nicht nur unwahrscheinlich, sondern läßt sich sogar ausschließen. Der israelische Historiker Jacob Katz hat in seinem kleinen Buch über Richard Wagner als Vorboten des Antisemitismus aus dem Jahre 1985 mit Nachdruck darauf hingewisen, daß Nietzsches »Gedankensprung von Geyer zu Adler, einem bekannten jüdischen Familiennamen«, gänzlich willkürlich sei, »denn der Name Geyer, im Gegensatz zu Adler, kommt bei Juden überhaupt nicht vor.« Jacob Katz hat absolut recht, wie ein Blick in jüdische Namensbücher unzweifelhaft bestätigt.

Um auch den letzten Angriffspunkt all jener zu entkräften, die Wagner und den Wagners, will sagen Richard und Cosima, Antisemitismus aus dem Motiv vermeintlichen jüdischen Selbsthasses unterstellen wollen, bleibt noch die Beantwortung einer Großmutterfrage in Sachen Cosimas Abstammung. Neben dem genealogischen »Geheimnis« der Abstammung Richard Wagners existierte ja immer auch das der zweifelhaften Abstammung seiner zweiten Frau, Cosima. Es wurde oft ein bedeutsamer Zusammenhang darin gesehen. Immerhin waren sowohl Richard Wagner als auch Cosima, die Tochter Franz Liszts, mit dem Stigma nicht zweifelsfreier, nämlich unehelicher Herkunft behaftet – und beide waren Antisemiten. Es lag nahe, beider Judenhaß, der als identisch, ja verbündet betrachtet wurde, auf das oft behandelte Phänomen des sogenannten jüdischen Selbsthasses zurückzuführen. Ist es bei Richard Wagner die Vaterfrage, die die Forschung interessierte, so ist es bei Cosima die Mutter-, genauer: die Großmutterfrage. Bei Richard Wagner wurde seitens seines Stiefvaters (als des vermeintlichen leiblichen Vaters) eine jüdische Herkunft vermutet, bei Cosima Wagner wurde der Großmutter mütterlicherseits immer wieder eine jüdische Abstammung unterstellt. Der Wagnerbiograph Robert Gutman vor allem hat in seiner vielgelesenen, in zahlreichen Auflagen erschienenen Wagner-Biographie die Behauptung aufgestellt, Cosimas Großmutter sei »die Tochter des jüdischen Bankiers Simon Moritz

Bethmann in Frankfurt am Main« gewesen. Weiter heißt es dort über Cosima: Sie habe sich ihrer Abkunft vom patriarchalischen Schimsche Naphtali Bethmann geschämt und diese Zeit ihres Lebens durch Juden-Haß und Juden-Beschimpfung zu vertuschen gesucht. Einige Autoren haben diese Behauptung dankbar aufgegriffen und für bare Münze ausgegeben. Es ist in der Wagner-Literatur immer wieder die Rede davon, daß schon zu ihren Lebzeiten Gerüchte über Cosimas wie auch Richard Wagners jüdische Abstammung im Umlauf gewesen seien, Gerüchte, die ihnen bekannt gewesen seien und die sie »traumatisch beunruhigt« hätten. In Ermangelung jeglicher nachprüfbarer Fakten behauptet zum Beispiel der Historiker Peter Gradenwitz: »Auch hier ist die historisch nicht mehr eindeutig nachzuprüfende Wahrheit nicht als solche wesentlich. Daß Cosima wie Richard Zweifel an der Deutschblütigkeit ihrer Abstammung hatten, kann ohne Zweifel angenommen werden«.

Eine gewagte These, denn es findet sich tatsächlich in der gesamten Wagner-Literatur kein einziger stichhaltiger Hinweis auf derlei Zweifel, weder Richards noch Cosimas, an ihrer »Deutschblütigkeit« (der wissenschaftliche Terminus will einem heute nur schwer über die Lippen kommen)! Alle historisch nachprüfbaren Fakten sprechen zweifelsohne für eine nichtjüdische Herkunft Cosimas. Cosima war die uneheliche Tochter Franz Liszts und der Gräfin Marie d'Agoult, geborene de Flavigny. Marie d'Agoults Vater war der Vicomte de Flavigny, ein der Französischen Revolution (der seine Eltern zum Opfer fielen) entkommener Adliger. Die Mutter Marie d'Agoults war Maria Elisabeth Bußmann. Diese war die früh verheiratete und mit 18 Jahren bereits verwitwete Tochter des Simon Moritz Bethmann (1768 – 1826), des erfolgreichsten Geschäftsführers des Frankfurter Bankhauses Bethmann. Daß die Familie Bethmann jüdischer Herkunft sein soll, läßt sich ebensowenig nachweisen wie jenes von Robert Gutman erwähnte Familienmitglied: »Schimsche Naphtali Bethmann«. Es kann hingegen als Tatsache gelten, daß die Vorfahren des oben erwähnten Simon Moritz Bethmann nicht jüdischer, sondern protestantischer Abstammung sind. Dessen Vorfahren nämlich sind zur Zeit der

Religionsverfolgungen (also im 16. Jahrhundert, es müßte sich dabei um die Gegenreformation, also die Verfolgung von Protestanten handeln) aus den Niederlanden vertrieben worden und haben sich in dem Städtchen Nassau bei Frankfurt niedergelassen. Ein erstmals erwähnter, dort lebender Vorfahre war der fürstlich-nassauische Amtmann Simon Moritz Bethmann (ein Amt, das zu dieser Zeit ausschließlich christlichen Bürgern zukommen konnte). Er lebte von 1687-1725 und hinterließ vier Kinder, die ihrem Oheim, dem Frankfurter Handelsherrn Jakob Adamy anvertraut wurden. Der älteste Sohn, Johann Philipp Bethmann, übernahm nach Adamys Tod dessen Handelsgeschäft. Mit seinem Bruder Simon Moritz (1721-1782) gründete er 1746 das »Bankhaus Gebrüder Bethmann«, das sehr schnell einen großen Aufschwung nahm und schließlich unter dessen einzigem Sohn, dem Vater Maria Elisabeth Bußmanns (der Großmutter Cosimas), um 1800 bereits zu einem der führenden Frankfurter Bankhäuser zu avancieren. Um diese nicht grundlos so detaillierten Ausführungen zusammenzufassen: Auch für die Vermutung, Cosima Wagner, geborene Liszt und zweite Ehefrau Richard Wagners, sei jüdischer Abstammung, gibt es, soweit irgend nachprüfbar, nicht den geringsten stichhaltigen Grund.

Politisch gefährliche Individuen.

Richard Wagner
ehemal. Kapellmeister und politischer Flüchtling aus Dresden.

Steckbrief.

Der unten etwas näher bezeichnete Königl. Capellmeister

Richard Wagner von hier

ist wegen wesentlicher Theilnahme an der in hiesiger Stadt stattgefundenen aufrührerischen Bewegung zur Untersuchung zu ziehen, zur Zeit aber nicht zu erlangen gewesen. Es werden daher alle Polizeibehörden auf denselben aufmerksam gemacht und ersucht, Wagnern im Betretungsfalle zu verhaften und davon uns schleunigst Nachricht zu ertheilen.

Dresden, den 16. Mai 1849.

Die Stadt-Polizei-Deputation.

von Oppell.

Wagner ist 37—38 Jahre alt, mittler Statur, hat braunes Haar und trägt eine Brille.

Ein sächsischer Rebell zwischen Vormärz und Gründerzeit

In den Jahren 1834 bis 1836 hatte Richard Wagner die Oper »Das Liebesverbot« geschrieben, im Alter also zwischen 21 und 23 Jahren. Eine Komödie, frei nach Shakespeares »Maß für Maß«, dramaturgisch nicht ungeschickt aufgebaut, melodienfreudig, voller Witz und Vitalität, mitreißender Ensembles und großer Chorszenen. Ein respektables Jugendwerk nicht nur, sondern bereits ein Werk dezidierter Opposition gegen die vorherrschende französische und italienische Oper. In seiner Autobiographie hat sich der alte Wagner auch dazu bekannt. Und man glaubt es ihm, denn daß diese Commedia dell' arte vom kritisch-aufmüpfigen Geiste des »Jungen Deutschland« infiziert worden ist, war selbst der Zensurbehörde nicht entgangen. Nicht ohne Grund wurde die Oper bei ihrer unter unglücklichsten Bedingungen im Jahre 1836 in Magdeburg stattfindenden Uraufführung mit dem Titel »Die Novize von Palermo« angekündigt.

Wagner selbst mochte sein »Liebesverbot« später noch so energisch als Jugendsünde verurteilen und in die Verliese der Theatergeschichte einsenken. Schon mit diesem, seinem zweiten dramatischen Œuvre hat sich der junge Wagner als Quertreiber der Opernbühne vorgestellt. Er blieb zeitlebens ein Rebell, um nicht zu sagen ein Revolutionär. Und das in mehrfacher Hinsicht. Zum einen war er – wie wir heute wissen – maßgeblicher Teilnehmer der Dresdner Revolution von 1849. Zum anderen war er ein permanenter Revoluzzer in der bürgerlichen Gesellschaft seiner Zeit und last not least ein Revolutionär – man könnte auch sagen Reformator – der Kunstform Oper, ja des Theaterwesens im 19. Jahrhundert.

Schon sehr früh zeichnete sich in seiner Vita ab, daß Richard ein unbequemes, unangepaßtes, ein paradiesvogelhaft-eigenwiliges, ein rebellisches, unstetes Leben führen sollte. Das Leben eines Phantasten, eines Idealisten, eines Träumers, der es in keiner Festanstellung aushält, der immer wieder alles aufgibt, um seinen Phantastereien nachzujagen, um sehr spät erst aus seinen Träumen Kapital zu schlagen. Seine Lebensgeschichte ist ein einziges Abenteuer, eine permanente Aufbäumung gegen alles Konventionelle.

Nachdem Wagner 1828 – 1830 das Nicolai-Gymnasium, dann für ein Jahr die Thomas-Schule in Leipzig besuchte, schrieb er sich 1831 als Musikstudent an der Leipziger Universität ein, wo er allerdings nicht lange ausharrte. Alles Akademische sollte ihm lebenslang verhaßt bleiben. Selbststudium des klassischen Repertoirs und die bewundernswerte Fähigkiet, sich mit fanatischer Intensität in kürzester Zeit Fremdes anzueignen, es mit Eigenem zu amalgamieren, das war Wagners Erfolgsrezept, zeitlebens.

Im zarten Alter von 20 Jahren wurde er bereits Chordirektor in Würzburg, ein Jahr später schon Musikdirektor der Theatergruppe in Bad Lauchstädt, wo er seine erste Frau, die Schauspielerin Minna Planer, kennenlernte. Im selben Jahr 1834 wurde er Musikdirektor in Magdeburg. 1836 heiratete er Minna Planer. Es sollte keine glückliche Ehe werden! Die Wagners zogen gen Norden, denn 1837-39 bekleidete Wagner das Musikdirektorenamt zunächst in Königsberg, dann in Riga. Und man lebte über seine Kosten. Schon damals einer der beharrlichsten Charakterzüge Wagners, an dem Minna nicht selten verzweifeln sollte. Doch sich mit schmeichelhaften Accessoires, mit kostbaren Stoffen, angenehm duftenden Parfums und gediegenem – wenn auch nicht sonderlich geschmackvollem – Mobiliar in bürgerlich-behaglichem Ambiente zu umgeben, schien Richard eine Selbstverständlichkeit, auf die er als Künstler Anspruch zu erheben glauben durfte.

Als ebenso selbstverständlich betrachtete er die libidinösen Erfüllungen des Augenblicks. Eros und Luxus waren die Eckpfeiler seines Lebens. In einem Brief an Franz Liszt, geschrieben Jahre später, im Schweizer Exil 1854, hat er beides bekannt. Sein Wesen, so Wagner in der ihm eigenen Umständlichkeit: »habe sich nur erhalten durch das Gleichgewicht zweier in mir streitenden Elemente des Verlangens, von denen ich das eine durch meine Kunst zu stillen suchte, während ich dem anderen periodenweise

durch brünstige, phantastische Ausschweifungen Luft machte. Die Not zwingt mich, mir durch die Kunst zu helfen, um eben noch leben zu können. Doch eigentlich nur mit wahrer Verzweiflung nehme ich immer wieder die Kunst auf: geschieht dies, und muß ich wieder der Wirklichkeit entsagen – muß ich mich wieder in die Wellen der künstlerischen Phantasie stürzen, um mich in einer eingebildeten Welt zu befriedigen, so muß wenigstens meiner Phantasie auch geholfen, meine Einbildungskraft muß unterstützt werden. Ich kann dann nicht wie ein Hund leben, ich kann mich nicht auf Stroh betten und mich in Fusel erquicken: meine stark gereizte, feine, ungeheuer begehrliche, aber ungemein zarte und zärtliche Sinnlichkeit muß irgendwie sich geschmeichelt fühlen, wenn meinem Geiste das blutig schwere Werk der Bildung einer unvorhandenen Welt gelingen soll.«
Was Wunder, daß Wagner mit derlei Einstellung mehr als zwei Drittel seines Leben hochverschuldet, stets auf der Suche nach spendablen Freunden und Mäzenen, aber auch auf der Flucht vor Gläubigern seine exzentrische Künstlerexistenz fristete.

1839 war es, als das Ehepaar Wagner zum ersten Mal vor seinen Gläubigern flüchtete. Man setzte sich auf abenteuerliche Weise nach Paris ab. Dort lebte das junge Paar unter dürftigsten Umständen. Wagner schlug sich mit kompositorischen Brotarbeiten durch, kopierte Noten, fertigte Klavierauszüge an, schrieb neben nicht zu verachtenden Aufsätzen und Artikeln in Schlesingers »Gazette musicale de Paris« Arrangements und Lieder. Sein wohl bemerkenswertester Versuch, mit Musikkomponieren an Geld zu kommen, war eine verblüffend echte Stilkopie à la Offenbach, den er ja in erstaunlicher Verkennung seines Einfallsreichtums und seiner gewitzten, gesellschaftskritischen Phantasie nicht müde wurde, als geistlos zu schimpfen. Er selbst, wie gesagt, war sich neben der Arbeit an der Komposition des »Rienzi« und des »Fliegenden Holländers« nicht zu schade, für ein Karnevals-Veaudeville, das am 20. Januar 1841 am Pariser Théâtre des Varietés herauskam, eine effektvoll gassenhauerische Chornummer zu schreiben: »Descendons gaiement la courtille« oder: Die Rückkehr der Masken aus der Vorstadt Courtille nach Paris.

Nach zermürbender Erfolglosigkeit verläßt das Ehepaar Wagner 1842 Paris und kehrt – an der Wartburg vorbeifahrend, was Wagner natürlich gleich nutzt, um sich zur Konzeption der Venusszenen des »Tannhäuser« inspirieren zu lasen – zurück nach Leipzig. Man macht einen Abstecher über Dresden, wo der »Rienzi« geprobt wird. Am 20. Oktober wird im Königlich Sächsischen Hoftheater zu Dresden der »Rienzi« uraufgeführt. Er klingt zwar noch sehr nach Auber, Spontini und auch nach dem von Wagner hochgeschätzten Hálevy. Aber es handelt sich doch im Gegensatz etwa zum »Liebesverbot« schon um ein dezidiert politisches Werk eines künftigen Revolutionärs. »Rienzi« ist eine Grand Opéra über einen gescheiterten Utopisten und Volksaufrührer, eine Parabel über eine gescheiterte Revolution. Sie wurde zu einem der größten Premierenerfolge Wagners. Er hätte sie eigentlich nach 1849 schreiben sollen. Doch zum Zeitpunkt dieser ihrer größten Aktualität wollte niemand mehr das Werk spielen, schon gar nicht im revolutionsgeschüttelten Dresden!

Keine drei Monate nach der »Rienzi«-Uraufführung folgt in Dresden auch die Uraufführung von Wagners »Fliegendem Holländer«. Wagner wird schließlich am 2. Februar 1843 Königlich Sächsischer Hofkapellmeister. Auch sein »Tannhäuser« wird in Dresden der Welt erstmals präsentiert.

Es sah so aus, als hätte sich Wagner im bürgerlichen Musik- und Gesellschaftsleben etabliert. Er hatte ein festes Einkommen und eine gesicherte Anstellung, der Opernalltag überforderte ihn nicht. Nur gelegentlich hatte er den Tages- und Hofereignissen komponierend Tribut zu zollen. So zum Beispiel mußte Wagner als Auftragswerk des sächsischen Königs, Friedrich Augusts II., aus Anlaß der Enthüllung des Denkmals für Friedrich August I., den Gerechten, am 7. Juni 1843 einen Festgesang für Männerchor a capella komponieren, auf einen Huldigungs-Text von Christoph Christian Hohlfeld.

Alles schien gut: Wagners Anstellung als Königlich Sächsischer Hofkapellmeister in Dresden machte seine Frau Minna, die sich nach nichts mehr sehnte als nach materieller Abgesichertheit und bürgerlicher Reputation, überglücklich. Wagner hingegen befriedigte sein königliches Musikbeamtentum überhaupt nicht. Die Theaterverhältnisse widerten ihn an, Schulden quälten ihn, seine Phantasie erträumte sich andere Ziele, sein Ehrgeiz trieb ihn weiter. In einem Brief an seine Frau Minna vom 14. Mai 1849 deutet er es an: »So in höchster Unzufriedenheit mit meiner Stellung und fast mit meiner Kunst, tief verschuldet, so daß mein gewöhnlicher Erwerb nur in langen Jahren und unter schmählichen Beschränkungen meine Gläubiger befriedigt haben würde, zerfiel ich mit dieser Welt, hörte auf, Künstler zu sein, und wurde – wenn auch nicht mit der Tat, so doch in der Gesinnung – nur noch Revolutionär, d.h. ich suchte nur in einer gänzlich umgestalteten Welt den Boden für neue künstlerische Schöpfungen meines Geistes.«

Schon Mitte der Vierzigerjahre stürzte sich Wagner in politische Diskussionen, seine diskursive Leidenschaft trieb ihn in linksradikale Positionen jenseits jungdeutscher Liberalität. Daß die Kunst, das Theater, vor allem die Oper eine nicht zu unterschätzende Triebfeder all seiner revolutionären Gedanken gewesen sein dürfte, hat er nachträglich in seiner Bekenntnisschrift »Eine Mitteilung an meine Freunde« deutlich werden lassen: Das »Nachsinnen über die Möglichkeit einer grundsätzlichen Änderung unserer Theaterverhältnisse«, so schreibt Wagner darin, habe ihn auf die »Erkenntnis der Nichtswürdigkeit der politischen und sozialen Zustände hingetrieben, die aus sich gerade keine anderen öffentlichen Kunstzustände bedingen konnten, als eben die von mir angegriffenen«, und damit meinte er »die Notwendigkeit der hereinbrechenden Revolution.«

Zunächst versuchte Wagner noch, auf offiziellem Wege durch eine Denkschrift des Titels »Die königliche Kapelle betreffend«, etwas an den Kunstzuständen zu ändern. 1846 reichte er sie bei der Dresdner Hoftheaterindendanz ein. Darin fordert er übrigens beträchtliche Verbesserungen der Einkommensverhältnise und der sozialen Absicherung der Musiker, und eine deutliche Verbesserung des künstlerischen Niveaus. Solche Anmaßung kostete ihn vollends die Sympathie des Intendanten August von Lüttichau. Schenkt man Wagner Glauben, dann nahmen die Demütigungen und Querelen an seinem Arbeitsplatz kein Ende mehr. 1847 reichte

Wagner – allem Zetern seiner um Sicherheit besorgten Gattin zum Trotz – seinen Rücktritt ein, der abgelehnt wurde. Seinem Gesuch nach Gehaltsaufbesserung wurde allerdings nachgegeben. Doch Wagners finanzielle Situation war durch hohe Verschuldung und mißglückte Spekulationen nicht anders als desolat zu nennen. Da genügte kein Hofkapellmeistergehalt mehr zu Rettung.

Als die Nachricht vom Aufstand in Paris und der Proklamation der französischen Republik eintraf und die revolutionären Wellen nach Deutschland überschwappten, trafen sie bei Wagner auf offene Ohren. Noch einmal hatte er auf dem legalen Wege versucht, wenigstens in Kunstdingen etwas zu bewegen. Er hatte eine Schrift zur Demokratisierung des Theaterbetriebs und der Kapelle, allerdings auch zur Stärkung der Machtbefugnisse des Kapellmeisters verfaßt, die er unter dem Titel »Entwurf zur Organisation eines deutschen National-Theaters für das Königreich Sachsen« veröffentlichte, ohne Erfolg natürlich.

Wagner fand allmählich seine früher gefaßten Pläne »kindisch«, er floh »jeder Beschäftigung mit künstlerischen Entwürfen«, weil sie ihm, mit seinen eigenen Worten zu urteilen, »lächerlich« vorkam. Er wandte, wie er nachträglich erläuterte, da er »keine Wahl mehr hatte«, nunmehr »mit Entschiedenheit einer Welt den Rücken, der er seinem »Wesen nach längst nicht mehr angehörte«, und begann stattdessen, sich »gegen dieses ganze Kunstwesen in seinem Zusammenhang mit dem ganzen politisch-sozialen Zustande der modernen Welt auszusprechen«. Langer Rede kurzer Sinn: Wagner wandte sich von der Kunst ab und der Politik zu.

Er verfaßte einen »Aufruf an die Deutschen« und schickte dem sächsischen Abgeordneten in der Frankfurter Nationalversammlung radikale Vorschläge zur politischen Neuordnung. Nach den Wiener Unruhen im Mai 1848 schrieb Wagner in der Allgemeinen Österreichischen Zeitung einen begeisterten »Gruß aus Sachsen an die Wiener«. Er segelte im euphorischen Fahrwasser der Nachmärz-Monate. Am 14. Juni 1848 trat Wagner schließlich dem linksrepublikanischen »Dresdner Vaterlands-Verein« bei, wo er am selbigen Tage eine flammende Rede zum Thema: »Wie verhalten sich republikanische Bestrebungen dem Königtume gegenüber?« hielt. Es war noch einmal der naiv-konfuse Versuch, Monarchisten und Republikaner zu versöhnen. Als er den Vortrag anonym auch im Dresdner Anzeiger veröffentlichte, hatte dies zur Folge, daß die Intendanz sofort seinen »Rienzi« aus dem Spielplan nahm. Als Wagner dann auch noch am 15. Oktober in Röckels linksextremen »Volksblättern« einen Aufsatz über »Deutschland und seine Fürsten« veröffentlichte, in dem er mit dem Adel scharf ins Gericht ging, war er am Hoftheater einem Spießrutenlaufen ausgesetzt. Man setzte selbstverständlich die geplante »Lohengrin«-Uraufführung ab.

Wagner wurde durch solche Kränkungen seiner Eitelkeit nur um so verbitterter in die Arme der sächsischen Revolutionäre getrieben. Seine Frustriertheit, sein Groll auf die Theaterintendanz, sein zunehmendes revolutionäres Engagement hinderten ihn allerdings nicht an künstlerischer Produktivität. Im Gegenteil: er konzipierte die Urfassung von »Siegfrieds Tod«, der Keimzelle des »Rings«, und entwarf sein Drama »Jesus von Nazareth«, in dem Christus als Sozialrevolutionär dargestellt und die Erlösungsidee mit der Abschaffung des Eigentums verknüpft wird.

In den Dresdner Volksblättern veröffentlicht er am 8. April 1849 einen anonymen Artikel, überschrieben »Die Revolution«. Ein unmißverständliches Bekenntnis: »Ich will zerstören von Grund aus die Ordnung der Dinge, in der ihr lebt, denn sie ist entsprossen der Sünde, ihre Blüte ist das Elend und ihre Frucht das Verbrechen; die Saat aber ist gereift und der Schnitter bin ich. Ich will zerstören die Herrschaft des Einen über die Anderen, der Todten über die Lebendigen, des Stoffes über den Geist; ich will zerbrechen die Gewalt der Mächtigen, des Gesetzes und des Eigenthums. Vernichtet sei der Wahn, der Einem Gewalt gibt über Millionen, der Millionen unterthan macht dem Willen eines Einzigen, der Wahn, der da lehrt: der Eine habe die Kraft, die Anderen alle zu beglücken. Vernichtet sei der Wahn, der den Menschen unterthan macht seinem eignen Werke, dem Eigenthume. Zerstören will ich die bestehende Ordnung der Dinge, welche die einige Menschheit in feindliche Völker, in Mächtige und Schwache, in Berechtigte und Rechtlose, in Reiche und Arme theilt, denn sie macht aus Allen nur Unglückliche. Zerstören will ich die Ordnung der Dinge, die Millionen zu Sclaven von Wenigen, und diese Wenigen zu Sclaven ihrer eignen Macht, ihres eignen Reichthumes macht.«

Als am 3. Mai des Jahres 1849 die Scharmützel zwischen Königstreuen Soldaten und der Bürgerwehr in Dresden begannen, ließ Wagner aufwieglerische Handzettel verteilen. Er war der Verbindungsmann und Kundschafter der provisorischen Regierung, nachdem König und Minister aus Dresden geflohen waren. Clara Schumann, Zeitzeugin des Dresdner Maiaufstandes, berichtet in ihrem Tagebuch: »Kapellmeister Wagner soll auch eine Rolle bei den Republikaren gespielt haben, Barrikaden nach seiner Angabe habe bauen lassen und manches andre noch.« Am 6. Mai rückte preußisches Militär ein, die kämpferischen Auseinandersetzungen spitzten sich zu, das Opernhaus ging in Flammen auf. Die Behauptung übrigens, Wagner habe es angezündet, entbehrt jeder sachlichen Grundlage.

Am 8. Mai wurde die Dresdner Erhebung endgültig niedergeschlagen, die Rädelsführer, darunter Bakunin und Röckel, wurden gefangengenommen. Wagner entging nur durch Glück und eine Reihe grotesker Mißverständnisse der Verhaftung.

Am 9. Mai flieht Wagner über Chemnitz, Weimar, Jena, Rudolstadt, Coburg, Lichtenfels, und Nürnberg an den Bodensee, wo er mit gefälschten Papieren und Geld, das ihm Freund Liszt zugesteckt hatte, in die Schweiz übersetzt. Im Dresdner Anzeiger ist inzwischen sein Steckbrief veröffentlicht:

»Der unten etwas näher bezeichnete Königliche Kapellmeister Richard Wagner von hier ist wegen wesentlicher Theilnahme an der in hiesiger Stadt stattgefundenen aufrührerischen Bewegung zur Untersuchung zu ziehen, zur Zeit aber nicht zu erlangen gewesen, es werden daher alle Polizeibehörden auf denselben aufmerksam gemacht und ersucht, Wagnern im Betretungsfalle zu verhaften und davon uns schleunigst Nachricht zu ertheilen. Dresden, den 16. Mai 1849. Die Stadt-Polizei-Deputation von Oppell. Wagner ist 37-38 Jahre alt, mittlerer Statur, hat braunes Haar und trägt eine Brille.«

Über Basel und Straßburg reist Wagner mit schweizerischem Paß nach Paris, wo ihn allerdings die, wie er sich gegenüber Ferdinand Heine ausdrückt, »empörende Nichtswürdigkeit des Pariser Kunsttreibens, namentlich auch was die Oper anbetrifft«, veranlaßt, nach vier Wochen wieder abzureisen gen Zürich, wo er 9 Jahre bleiben wird. Seine volle Amnestie erhält er erst dreizehn Jahre später!

Welche Rolle Wagner auch immer bei der Revolution spielte: es waren zumindest zwei Impulse, die sein revolutionäres Engagement speisten: zum einen die kritische Einsicht in die politische Notwendigkeit eines gewaltsamen Umsturzes, zum andern aber auch die missionarische Besessenheit von seiner eigenen Kunst als einer neuen Kunst, die veränderte gesellschaftliche Rahmenbedingungen benötigt. Vielleicht erhoffte er sich durch die Revolution auch eine wunderbare Lösung seiner katastrophalen Finanzprobleme.

Das ideologisch-theoretische Rüstzeug seines revolutionären Engagements hatte Wagner übrigens der Lektüre französischer Frühsozialisten entnommen. Proudhons Eigentum-Theorie prägte sein Denken noch bis in seine letzten Lebensjahre hinein entscheidend, wie die Tagebücher Cosimas bezeugen. Aber auch Feuerbachs »Grundsätze der Philosophie der Zukunft« und Max Stirners Schrift »Der Einzige und sein Eigentum« gehörten zu seiner revolutionären Hand-Bibliothek. Kräftig mobilisiert wurde Wagner schon in seinen Pariser Armenjahren durch die Gespräche mit Heinrich Heine und dessen Diskussionsgesellschaften, aber auch durch seinen Dresdner Freund, den Journalisten August Röckel, der die Pariser Juli-Revolution von 1830 noch miterlebt hatte. Nicht zu vergessen Wagners Bekanntschaft mit dem Anarchisten Bakunin! Schließlich hatte Wagner schon an den progressiven Debattier-Runden im Dresdner Restaurant Engel regelmäßig teilgenommen, wo er mit politisch engagierten Köpfen der Stadt in Kontakt kam und unter anderem den Architekten Gottfried

Semper kennenlernte, der auch dereinst Wagners Mit-Exilant in Zürich sein würde.

Über Wagners politische Rolle während der revolutionären Aktionen in Dresden gehen die Meinungen auseinander, obwohl die neuere Wagnerforschung an der aktiven Beteiligung Wagners keinen Zweifel hat.

Wer will, findet bei Wagner eine Selbsterklärung, die seine tatsächlichen revolutionären Aktivitäten nachträglich verklärt, wo nicht verharmlost. In einem Brief an seine Frau Minna schreibt er am 14. Mai 1849: »Die Dresdner Revolution und ihr ganzer Erfolg hat mich nun belehrt, daß ich keineswegs ein eigentlicher Revolutionär bin: ich habe gerade an dem schlimmen Ausgang der Erhebung ersehen, daß ein wirklich siegreicher Revolutionär gänzlich ohne alle Rücksicht verfahren muß. (...) Aber nicht Menschen unserer Art sind zu dieser fürchterlichen Aufgabe bestimmt: wir sind nur Revolutionäre, um auf einem frischen Boden aufbauen zu können; nicht zu Zerstören reizt uns, sondern das Neugestalten, und deshalb sind wir nicht die Menschen, die das Schicksal braucht. (...)«

Ganz offensichtlich hat Wagner schon in diesem Brief seine Rolle bei der Dresdner Revolution herunterzuspielen sich bemüht, wenn auch noch nicht ganz so eklatant wie in seiner später für Ludwig II. geschriebenen, in Cosimas Feder diktierten Autobiographie »Mein Leben«.

Richard Wagner hatte allerdings auch allen Grund zu solchem Verhalten, denn nach der Niederschlagung der Dresdner Aufstände wurde Wagner polizeilich gesucht. Der Verhaftung entzog er sich nur durch die schnelle und beherzte Flucht ins Ausland. Das Schweizer Exil wird für fast 10 Jahre seine Heimat. Er entwirft dort das ganze theoretische Programm seines »Kunstwerks der Zukunft«, schreibt Essays, Aufsätze und die »Ring«-Dichtung, komponiert den »Tristan« und das »Rheingold«. Es sind seine produktivsten Jahre.

Erst 1860 betritt Wagner nach einer Teilamnestie des sächsischen Königs erstmals wieder deutschen Boden. 1862 folgt die Totalamnestie, und er kehrt ganz nach Deutschland zurück. Seine Stationen sind Mainz, Biebrich, Karlsruhe, Dresden und – zeitweilig – das österreichische Wien.

1864 wird Wagner von Ludwig II. von Bayern nach München geholt, was die endliche Errettung aus permanenten Finanznotständen bedeutet. Schon ein Jahr später bereits wird unter Leitung von Hans von Bülow »Tristan und Isolde« uraufgeführt, das im Zürcher Exil und in Venedig voller Inbrunst komponierte, geradezu paradigmatische »Musikdrama«, um diesen von Wagner zwar zurückgewiesenen, heute aber allgemein gebräuchlichen Terminus zu benutzen, der zurecht verdeutlicht, daß Wagners nachrevolutionäre Werke von der bis dato vorherrschende Form der Oper wesentlich abweichen. Doch dazu Genaueres an späterer Stelle.

1866 stirbt Wagners erste Frau, Minna Planer. Wagner flieht vor der gegen ihn eingestellten Münchner Öffentlichkeit abermals in die Schweiz. Er bezieht ein Domizil in Tribschen am Vierwaldstädter See, wo er in wilder Ehe mit Cosima von Bülow, der Tochter Franz Liszts zusammenlebt. Er lernte sie in seinen Münchner Jahren kennen. Sie ist die Gattin Hans von Bülows, des Chefs der Münchner Hofkapelle, und Mutter dreier Kinder, zweier ehelicher, sowie eines unehelichen. Die Bayerische Metropole war außer sich! Die skandalumwitterten Münchner Jahre des Königsprotégés Wagner, der nicht nur die moralischen und gesellschaftlichen Spielregeln der Münchner attackierte und den Spott der Presse wie die Schikanen der königlich-bayerischen Bürokratie auf sich zog, sondern auch auf seinen großzügigen Mäzen, König Ludwig II., künstlerisch und politischen Einfluß zu nehmen suchte, verursachte einen regelrechten öffentlichen Aufruhr.

Daß er die Münchner Gesellschaft düpierte, indem er seinem Freund und künstlerischen Mitstreiter in Sachen »Tristan«, Hans von Bülow, Chef der Königlichen Hofkapelle und einer der angesehensten Pianisten und Dirigenten des Landes, zum Hahnreih machte, verzieh man ihm nicht. Der »Fall Wagner« war über Jahre das Gesprächs- und Klatschthema der Münchner. Noch heute dürfte Wagners bayerische Popularität von dem profitieren, was ihm damals das Leben in München schwer machte.

Aber um herrschende Moral hatte sich der kleine Sachse mit dem großen Selbstwertgefühl nie geschert, er hatte seine eigene! In seinem Werk hat sie ihre Spuren hinterlassen. Und sein Werk setzte sich schon in seinen

Münchner Jahren – gestützt durch königliche Anordnung – gegen jedes Skandalon durch.

1868 erleben »Die Meistersinger von Nürnberg« in München ihre Uraufführung, entgegen vorherrschender Meinung alles andere als eine affirmative Nationaloper, eher doch ein radikales Plädoyer für das Neue in der Kunst, wie noch zu erläutern sein wird. 1869 werden auf königlichen Befehl – gegen Wagners Wille – auch »Das Rheingold« und 1870 »Die Walküre« uraufgeführt. Im selben Jahr heiratet Wagner Cosima von Bülow, zwei Jahre später siedelt er mit Cosima ins fränkische Bayreuth über. Vier Jahre später werden dort im eigens erbauten Festspielhaus die – demokratisch konzipierten, am Ideal der antiken attischen Tragödie orientierten – ersten Bayreuther Festspiele eröffnet: mit dem erstmals komplett aufgeführten »Ring des Nibelungen«. Der mehr ist als nur Oper, bzw. Musikdrama, er ist zugleich Polittheater und Konventionen sprengendes erotisches Bekenntnis, gesellschaftliche Zukunftsvision und Abrechnung mit der eigenen Epoche. Eine in der Geschichte des Musiktheaters in Umfang und Konzeption, Ausdruck und Wahl der Mittel beispiellose Tetralogie von der Welt Anfang und Ende. Und ein unüberhörbarer Nachklang der revolutionären Ereignisse 1848/49. Noch am 4. Mai 1874 äußerte Wagner gegenüber Cosima: »ich hätte, glaube ich, den Ring nicht konzipiert ohne diese Bewegung.«

Den größten Triumph sparte sich Wagner bis zum Schluß seines Lebens auf: Im Jahre 1882, ein Jahr vor seinem Tod, stellte er in Bayreuth der Welt seinen »Parsifal« vor. Ein wie der »Ring«, wie »Lohengrin« und »Tristan« auf mittelalterlicher Vorlage konzipiertes, allerdings schon impressionistische Klänge antizipierendes, pseudosakralen Ritus nachahmendes, jugendstilhaftes »Bühnenweihfestspiel« von uneindeutigem Hintersinn. Ein »Weltabschiedswerk«, dem Friedrich Nietzsche zwar Rückfall ins Katholische unterstellte. Doch auch der »Parsifal« ist, genau besehen, trotz manchen Unbehagens aus heutiger Sicht, ein Werk des Widerspruchs zu gesellschaftlichen Gegebenheiten, ein Werk der Utopie, des humanen »Prinzips Hoffnung«.

Richard Wagner stirbt am 13. Februar 1883 in Venedigs Palazzo Vendramin. Wo anders aus dem Leben zu scheiden wäre diesem grandiosen Mimomanen angemessener gewesen als in Venedig? Wagner starb an den Folgen eines Herzinfarktes, den offenbar heftige Streiterein mit Cosima auslösten. Es darf vermutet werden, daß es auch in diesem letzten Streit mit Cosima um Wagners unverbesserliches Laster ging, dem er zeitlebens hemmungslos verfallen war. Nur ein Jahr zuvor, am 25. April 1882, hatte er Cosima gegenüber – die es sogleich in ihr Tagebuch einschrieb – wieder einmal mit Nachdruck betont, »das Wichtigste, Mächtigste« sei doch der »Geschlechtstrieb«. Was Cosima nachzuvollziehen schwer gefallen sein dürfte. Nicht zufällig wollte Wagner im letzten seiner vielen Aufsätze, er blieb unvollendet, das ihn so elementar beschäftigende Thema Ehe, Trieb und Geschlechtsleben noch einmal ausführlich behandeln. »Über das Weibliche im Menschen« sollte der Titel heißen.

Der Anlaß des neuerlichen Streites mit Cosima, kurz vor Lebensende, hatte einen ganz konkreten Namen, und dieser Anlaß war sehr hübsch: Carrie Pringel. Sie war eine der Soloblumen seiner »Parsifal«-Aufführung vom Vorjahr und wollte oder sollte ihn in Vendig besuchen. Bis in sein hohes Alter war Richard Wagners Lebensweg begleitet von Amouren und Eskapaden, Seitensprüngen und Treulosigkeiten. Die Fülle des Tatsachenmaterials hat schon 1912 einen kenntnisreichen Autor wie Julius Kapp veranlaßt, mit einem immerhin 250 Seiten dicken Buch die Bedeutung von »Weib und Liebe im Schaffen Richard Wagners« einer eigenen Darstellung zu würdigen, samt Abbildungen zahlreicher Damen.

Aber Cosima war die starke Frau, auch diese Schwäche ihres vergötterten Mannes in leidvoll stilisierter Pose devoter Duldung zu ertragen! Nur ihrem Tagebuch gegenüber machte sie sich Luft. Einzelheiten sollen noch zitiert werden!

Aufgrund der zahlreichen Affären, in die er verwickelt war, galt Wagner schon bei den Zeitgenossen nicht nur als Weiberheld und Casanova, auch aufgrund seiner ungehemmten, ja vor dem Zeithintergrund wohl wirklich als provokativ zu empfindenden erotischen Freiheiten in seinen

Bühnenwerken hatte er den Ruf eines unmoralischen, ja sittengefährdenden Musikanten und Opernkomponisten, was einen Rechtsgelehrten wie Ernst von Pidde noch in den dreißiger-Jahren des 20. Jahrhunderts veranlaßte, die erotische und juristische »Chronique Scandaleuse« der Nibelungentetralogie genauer unter die Lupe zu nehmen. Unter dem Titel »Richard Wagners Ring des Nibelungen im Lichte des deutschen Strafrechts« ist diese skandalauflistende Abhandlung im Buchhandel noch heute erhätlich. Aber auch wegen seiner schamlosen Betteleien um Geld, seiner fortwährenden Verschuldungen und Fluchten vor seinen Gläubigern, und – nicht zuletzt – wegen seiner ihm zeitlebens anhängenden Beteiligung an der Dresder Revolution blieb Wagner das Stigma eines Rebells, ja eines revolutionären Linken nicht erspart. Von seinen kühnen musikalischen Neuerungen, die er mit fast messianischem Kunstanspruch vertrat, begleitet von exzentrischen Lebensgewohnheiten und zum Teil abstrusen weltanschaulichen, pseudoreligiösen, politischen und antisemitischen Äußerungen ganz zu schweigen.

Wagner war stets der Inbegriff der Provokation, bei Zeitgenossen wie Nachgeborenen. Man spottete viel über seine überstarken Bühnen-Heldinnen, seine körperliche Winzigkeit, die in krassem Gegensatz zu seinem übersteigerten Selbstwertgefühl stand, über sein unstet rastloses Reiseleben, über seine fetischistischen Marotten, den nicht zu verleugnenden sächsischen Tonfall seines zuweilen derben Humors, seine cholerischen Ausfälle und seine bis zum Jähzorn sich steigernde Unbeherrschtheit.

Doch spätestens seit der Etablierung der Bayreuther Festspiele, die das herausragende gesellschafliche und künstlerische Ereignis der Gründerzeit wurden, beachtet und bewundert von Kritikern, Korrespondenten, Künstlern, Publikum und Politikern aus aller Welt, war Wagner der meistbeachtete und für Jahrzehnte meistaufgeführte Gegenwartskomponist in der zweiten Hälfte des 19. Jahrhunderts mit weitreichender Wirkung ins zwanzigste. Das Lästern über seine Person und seine respektlos-kühne »Zukunftsmusik« nahm kein Ende. Aber der Rebell hatte sich Respekt verschafft. Seine von revolutionären Gedanken durchzogenen quasi-mythischen Visionen, seine erstaunlich scharfsichtigen Gesellschaftsanalysen, sein von sozialistischen Utopien gespeistes Musiktheater – so widersprüchlich, vielschichtig und ambivalent wie seine Person – wirken noch immer ansteckend und sind eben deshalb aktuell geblieben. Die nervösen Energien, die aktuellen politischen und psychologischen Potenzen seiner Bühnenwerke entsprechen der Vielschichtigkeit seiner eigenen Persönlichkeit, seiner inneren Unruhe, seiner Übersensibilität, seinem vitalen wie erotischen Getriebensein und seinem unermüdlichen Produktionsszwang. Fast selbstverständlich registriert man, daß Wagner lebenslang von der Gestalt des Faustus faszniert wurde und sich mit ihr immer wieder auseinandersetzte. Der Faust-Stoff wurde ihm zum Symbol seiner Kunstauffassung. Und so ist es kein Zufall, daß er ausgerechnet in den Jahren seines Pariser Elends, in dem die Fundamente seiner revolutionären Gedanken errichtet wurden, eine Faust-Ouvertüre schrieb.

Das Baur au Lac zur Zeit Wagners

Soirée im Baur au Lac.
Die Geburt des »Kunstwerks der Zukunft«

Es waren die schweizerischen Alpen, die Richard Wagner zur Musik der montanen Szenen seines »Siegfried« wie seiner »Walküre« inspirierten. In den gut neun Jahren seines schweizerischen Exils wanderte er viel und gern durch die eidgenössische Bergwelt: mit Freunden wie Gottfried Keller, dem St. Gallener Dirigenten und Chorleiter Karl Ritter (Geiger und Musikschriftsteller aus Dresdner Zeiten) und Theodor Uhlig, der den Klavierauszug zum Lohengrin herstellte. Aber auch der mit Karl Marx befreundete Schriftsteller Georg Herwegh war mehrfach mit von der Partie, gelegentlich sogar Franz Liszt, wenn es nicht gar zu hoch hinaufging.

Die Ausarbeitung des Textbuches zur Nibelungen-Tetralogie war die erste praktische Umsetzung des theoretisch neu erarbeiteteten, in doppeltem Sinne revolutionären Programms des »Kunstwerks der Zukunft«. Und damit eine der wesentlichen Leistungen Wagners in seinen schweizer Jahren. Bis zur Vollendung der politisch inspirierten, musikalisch neuartigen Vorgeschichts-Saga mit ihren vielfältigen Mythen- und Gegenwartsbezügen, der Fülle impliziter Philosopheme, Theoreme und persönlicher Problemata, sollte es allerdings noch bis weit in die Sechzigerjahre dauern. Die Arbeit an der Komposition des »Rings« unterbrach Wagner zweier anderer Werke wegen für 12 Jahre: » Tristan« und »Meistersinger« brannten ihm gewissermaßen unter den Nägeln. Aber ich will nicht vorgreifen.

Schon im ersten Jahr seines schweizer Exils, 1850, wanderte er mit Karl Ritter, den er noch aus Dresden her kannte, er war Schüler Hillers und Schumanns gewesen, durch das Waliser Visper-Tal bis Zermatt am Fuße des Matterhorns. Dort vertiefte er sich neuerlich in die »Odyssee«. Das antike Griechentum ließ ihn nicht los! Schon nach seiner Flucht aus Deutschland hatte er sich in Paris, seinem ersten Anlaufpunkt, neben der

Lektüre frühsozialistischer französischer Autoren abermals mit der attischen Tragödie beschäftigt, die ihn seit Schulzeiten faszinierte. Das griechische Drama wurde zu einer der Säulen in der Theorie seines »Kunstwerks der Zukunft«, das er in seinen Exilantenjahren ausarbeitete. Das begann schon in Paris. Mit drei Schriften zog er Bilanz seiner bisherigen künstlerischen Erfahrungen und Reflexionen.

Im Juli 1849 schreibt Wagner seinen grundlegenden Aufsatz »Die Kunst und die Revolution«, in dem er sich – am antiken Ideal orientiert – sowohl gegen die Sinnenfeindlichkeit des Christentums, als auch gegen die Erwerbsgrundlage der gegenwärtigen Kunst wendet: »Wir können bei einigem Nachdenken in unserer Kunst keinen Schritt tun, ohne auf den Zusammenhang derselben mit der Kunst der Griechen zu treffen. In Wahrheit ist unsere moderne Kunst nur ein Glied in der Kette der Kunstentwicklung des gesamten Europa, und diese nimmt ihren Ausgang von den Griechen. (...) Konnte nun aber die Kunst da wirklich und wahrhaftig vorhanden sein, (...) so ist die Kunst, wie sie jetzt die ganze zivilisierte Welt erfüllt, (eine andere). Ihr wirkliches Wesen ist die Industrie, ihr moralischer Zweck der Gelderwerb, ihr ästhetisches Vorgeben die Unterhaltung der Gelangweilten. (...) Unser Gott aber ist das Geld, unsere Religion der Gelderwerb. (...) Die Aufgabe, die wir vor uns haben, ist unendlich viel größer als die, welche bereits einmal gelöst worden ist. Umfaßte das griechische Kunstwerk den Geist einer schönen Nation, so soll das Kunstwerk der Zukunft den Geist der freien Menschheit über alle Schranken der Nationalitäten hinaus umfassen; das nationale Wesen in ihm darf nur ein Schmuck, ein Reiz individueller Mannigfaltigkeit, nicht eine hemmende Schranke sein. (...) Nein, wir wollen nicht wieder Griechen werden, ... aber aus mühselig beladenen Tagelöhnern der Industrie wollen wir alle zu schönen, starken Menschen werden, denen die Welt gehört als ein ewig unversiegbarer Quell höchsten künstlerischen Genusses. Zu diesem Ziele bedürfen wir der allgewaltigsten Kraft der Revolution.«

Nur einen Monat später verfaßt Wagner eine zweite, noch utopischere Kunstschrift mit dem Titel »Das Künstlertum der Zukunft«, in der er abermals gegen die herrschenden gesellschaftlichen Verhältnise polemisiert. Monarchie und erblicher Besitz beruhten auf Willkür. Nur der Kommunismus zeige einen Weg auf zu wahrer Freiheit, zu wirklichem Schöpfertum und zur Wiedervereinigung der Künste im Genie. Der Aufsatz blieb eine fragmentarische Kopfgeburt. Naheliegendere Fragen zwangen Wagner zum Handeln.

Er beschloß, sich am Zürcher See niederzulassen. Keine schlechte Lage. Minna wird herbeigeholt, um den neuen Hausstand einzurichten. Ihre uneheliche Tochter Natalie begleitet sie. Auch der Hund Peps trifft ein und natürlich der hochbegabte Papagei Papo, samt den Möbeln aus Dresden. Nur die Bibliothek, die behält Schwager Heinrich Brockhaus als Pfand für ein nicht zurückgezahltes Darlehen zurück.

Die Wagners beziehen eine kleine Wohnung in einem der hinteren Eschenhäuser am Zeltweg in Hottingen. Keine erste Adresse in Zürich. Dort schreibt Wagner, kaum eingerichtet, schon wieder eine große, theoretische Kunstschrift von geradezu prophetischem Anspruch: »Das Kunstwerk der Zukunft« ist sie betitelt. Er widmet sie dem Philosophen Ludwig Feuerbach. Wagner proklamiert darin die »Erlösung des Nützlichkeitsmenschen« in den »künstlerischen Menschen der Zukunft«. Erstmals fällt darin sein Wort vom »Gesamtkunstwerk der Zukunft« als Gemeinschaft sowohl der Künste wie auch der kollektiv Mitwirkenden. In der »Genossenschaft aller Künstler« werde auch der Darsteller »in seinem Drange nach künstlerischer Reproduktion der Handlung (...) Dichter«. Wie der Mensch durch sein Aufgehen in der Liebe, nach Überwindung des die Gesellschaft spaltenden Egoismus, aus einem Egoisten zum Kommunisten (will sagen eines Gemeinschaftsmenschen) werde, so würden auch die Künste aus ihrer Vereinzelung erlöst zum »Kunstwerk der Zukunft«. Ein vager Begriff, der bald in aller Munde war und natürlich auch Anlaß zahlreicher Spötteleien wurde, etwa des Kölner Musikprofessors Bischoff, der in der ersten Nummer der »Niederrheinischen Musikzeitung« das geflügelte Wort von der »Zukunftsmusik« in die Welt setzte.

Doch Wagner war es mit seiner Neuorientierung ernst! Er hatte, wie ihm sein Freund Ferdinand Heine (Kostüm- und Bühnenbildner am Dresdner Hoftheater) brieflich bescheinigte, tatsächlich die Brücke zur übrigen Kunst-und Musikwelt abgebrochen. In einem Brief vom 4. Dezember 1849 antwortet er seinem »Heinemännel«, wie er den väterlichen Freund gern nennt: »Du sagtest, ich habe wahnsinnig hinter mir die Brücke abgebrochen. Hierin irrst Du; nicht ich habe die Brücke abgebrochen, sondern sie ist mit einem ungeheuren Krach ganz von selbst hinter mir zusammengestürzt, und zwar, weil sie ganz schlecht und unhaltsam gebaut war und mich mit einem Ufer verband, auf dem mir, lebte ich noch auf ihm, alle Luft zum Atmen vergehen würde. (...) Mein Gott, der mich treibt und durch den ich handle, ist die innere Notwendigkeit. (...) Die Macht aber, die gegenwärtig das Leben beherrscht, die all unser Sinnen, Trachten, Wollen, Sorgen und Streben einnimmt, die wir täglich und stündlich als die mächtigste, entscheidendste und alles durchdringendste fühlen und erkennen – diese Macht – ist nichts anderes als: – das Geld – d.i. der abstrahierte und idealisierte Eigennutz.« Richard Wagner wußte, wovon er sprach. Bei allem Idealismus spielte doch auch bei ihm das Geld keine geringe Rolle: gerade, weil er nie genug davon hatte.

Die Schweiz war schon immer teuer. In Zürich versuchte Wagner, der sich vor allem von spendablen Freunden aus Weimar, Dresden und Bordeaux sein Exilantendasein finanzieren ließ, mit Konzerten seinen Etat etwas aufzubessern. In der »Allgemeinen Musikgesellschaft« dirigierte er am 15. Januar 1850 das erste von vielen Zürcher Konzerten der folgenden Jahre.

Am 16. April des Jahres teilt Wagner seiner Frau mit, daß er sich von ihr trennen wolle. Bis es dazu kommt, wird es zwar noch einige Jahre dauern, aber es ist der Anfang vom Ende einer Ehe, die von Beginn an zum Scheitern verurteilt war. Die Schriftstellerin Malwida von Meysenbug, eine der wenigen emanzipierten Frauen, mit denen Wagner befreundet war, hatte es in ihren Erinnerungen auf den Punkt gebracht. »Dem so ganz von seinem Dämon Beherrschten hätte von jeher ein hochgesinntes, verständnisvolles Weib zur Seite stehen müssen, ... Frau Wagner hatte dies nie erkannt.« In der Schweiz sollte Wagner dereinst neben so manch anderem auch dieses »verständnisvolle Weib« finden: es hieß Cosima, war die Tochter seines Freundes und künstlerischen Bundesgenossen, Franz Liszt, und verheiratet mit dem Dirigenten und Pianisten Hans von Bülow.

In seinen ersten Zürcher Jahren schrieb Wagner einige bedeutsame Aufsätze – unter anderem den folgenreich infamen »Über das Judentum in der Musik«, auf den noch gesondert einzugehen sein wird, er schrieb Briefe über Briefe, das tat er übrigens sein Leben lang, und, Mitte August 1851, »Eine Mitteilung an meine Freunde«, eine autobiographische und werkerläuternde, programmatische Bekenntnisschrift. Sie markiert einen grundsätzlichen Bruch mit der Tradition der Oper und einen radikalen Kurswechsel im eigenen Schaffen. Die sechs Bühnenwerke, die Wagner bis zu seiner Flucht aus Dresden komponiert hatte, sind weitgehend der Konvention der Oper, so wie sie für die erste Hälfte des neunzehnten Jahrhunderts typisch war, gerecht geworden. Sein Erstling »Die Feen« war eine romantische Oper in der Tradition E.T.A. Hoffmanns, Webers und Marschners. Im »Liebesverbot« hat Wagner Donizetti und Auber nachgeahmt. »Rienzi« ist eine Große Oper im Sinne Meyerbeers und Halévys, aber auch der »Fliegende Holländer«, »Tannhäuser« und »Lohengrin« sind noch romantische Opern mit allen entsprechenden musikalischen und dramatischen Form- und Strukturkennzeichen. Mit den Zürcher Kunstschriften und den danach einsetzenden musikdramatischen Produktionen verläßt Wagner endgültig diesen Weg und bekennt radikale Opposition zur Opernpraxis seiner Zeit. Schon die Gattungsbezeichnungen seiner nach 1851 entstandenen Werke sind demonstrative Kontrastbegriffe, die inhaltliche und formelle Gegensätze zu Konvention und Routine des Musiktheaterwesens markieren sollen: den »Ring« nennt Wagner ein »Bühnenfestspiel«, den »Tristan« eine »Handlung«, den Parsifal schließlich ein »Bühnenweihfestspiel«.

Peter Wapnewski hat recht, wenn er, entgegen der vorherrschenden Gewohnheit, Wagners gesamtes Musiktheater der Oper zuzurechnen, darauf beharrt: » ›Wagner-Opern: der Begriff ist unerlaubt für das, was nach dem Lohengrin kommt.« In der »Mitteilung an meine Freunde« sagt es Wagner denn auch ganz unmißverständlich: »Ich schreibe keine Opern mehr: da ich keinen willkürlichen Namen für meine Arbeiten erfinden will, so nenne ich sie Dramen, weil hiermit wenigstens am deutlichsten der Standpunkt bezeichnet wird, von dem aus das, was ich biete, empfangen werden muß.«

Wie wir wissen bleibt es nicht bei dem Namen ›Drama‹. Der heute gebräuchliche Begriff »Musikdrama« macht durchaus Sinn zur Bezeichnung von Wagners musikalischen Reform-Dramen. –

Aus dem politischen Revolutionär Wagner ist in Zürich ein künstlerischer geworden: »Ich betrat nun eine neue Bahn, die der Revolution gegen die künstlerische Öffentlichkeit der Gegenwart!« Auf die Frage, wie er denn seine revolutionären Ideen und Intentionen ins musikalische Drama umsetzen zu können glaube, gibt Wagner in der »Mitteilung« kundige Antwort, auf die Frage also nach Stoff und Thema des Musikdramas. Da heißt es »was der Wort=Tondichter auszusprechen hat: es ist das von aller Konvention losgelöste Reinmenschliche«. Das ist nun einer der Schlüsselbegriffe und das zentrale Thema Wagners: die Verfassung des Menschen, der Mensch wie er ist, bedürftig in vielfacher Hinsicht, erlösungsbedürftig!

Dieses Reinmenschliche – archetypisch, psychologisch fundamental im Sine seiner Weltanschauung – glaubt Wagner in Stoffen der Vergangenheit zu finden. In den Mythen, vor allem griechischen, germanischen, romanischen und keltischen. In ihnen fand er jene fundamentalen menschlichen Situationen, die er im Sinne seiner revolutionären Ideen gestalten, formen, vermengen konnte mit Problemen, Wünschen, Sehnsüchten seiner Selbst und seiner Zeit. Mythologie und »poetisches Volksgut« (wie er sich ausdrückt) sind für ihn die notwendigen Bedingungen einer allgemeinen Mitteilbarkeit von künstlerischen Botschaften. Sein mythopoetisches Musiktheater ist, durchaus im Sinne Schillers, »moralische Anstalt«! Wagner glaubt, wie Saint-Simon, an die Veränderbarkeit der Gesellschaft durch Kunst. Um nicht als rückwärtsgewandt mißverstanden zu werden, hat Wagner allerdings Eines klargestellt: es geht in seinen Bühnenwerken nicht um germanische Vergangenheit, um Historie und Mythos an sich, sondern um Gegenwart und Zukunft: »Die Zukunft (!) ... suchen wir aus den Bildern der Vergangenheit zu sinnlicher Erkennbarkeit zu gestalten!«

Alles, was Wagner an Musik nach 1851 schreibt, ist der Versuch, das Ideal des Musikdramas, wie er es in seiner umfassendsten Abhandlung, dem großen Essay »Oper und Drama« konzipiert, praktisch umzusetzen. Es ist seine musiktheater-ästhetische Programmschrift. Um die Jahreswende 1850/51 entstand Wagners theoretisches Hauptwerk, in dem die ideologischen Zukunftsvisonen zugunsten detaillierter Erläuterungen und Darstellungen künstlerisch-technischer Einzelheiten zurücktreten. Eine Schrift von ungeheuren Ausmaßen, in der die Musikgeschichte im Schnelldurchgang analysiert und durchleuchtet wird auf das Verhältnis von Dichtkunst zu Tonkunst. Dabei fasziniert Wagners genaue Kenntnis der Musikgeschichte ebenso wie die Souveränität, mit der er im Blick auf sein Vorhaben eine kontinuierliche Genealogie jener Tendenzen ausarbeitet, als deren Vollender er sich selbst und seine Kunst begreift. Wagner entwickelt darin seine Idee vom »Musikdrama« als einer Synthese von Wort und Musik, Mythos und Moderne, Leitmotiv und Lautmalerei, unendlicher Orchestermelodie und Stabreim. In seiner Nibelungentetralogie wird er diese theoretischen Ausführungen zum ersten Mal in die Praxis umzusetzen sich bemühen. Er will (in guter Anlehnung an die progressiven Intentionen der Frühromantiker) die Atomisierung der Einzelkünste überwinden und die – seiner Meinung nach – hybride Gattung der Oper grundsätzlich reformieren. In den zeitgnössischen Künsten sieht Wagner nur Verfallsprodukte einer ehemals umfassenden und einheitlichen Kunstform: der des griechischen Dramas. Insbesondere die Oper erscheint ihm als Ausdruck der »Entartung« und Verflachung. Er wettert nicht nur gegen die »Frivolität« und »Verderbtheit« des Geschmacks vieler Komponisten. Er sagt dem herrschenden Theaterwesen, der ganzen vermeintlich philiströsen und dekadenten Kunst der französischen und italienischen »Modeopern« den Kampf an. Die Opern Meyerbeers stellen für ihn übrigens – wie es heißt – »die Unnatur als auf die unsittlichste Spitze getrieben dar.« Doch neben der Verurteilung von Verfallserscheinungen sind es prinzipielle Einwände, die Wagner gegen die Gattung an sich erhebt. Die Oper unterliege einem immanenten Irrtum, der die Legitimation der ganzen Gattung in Frage stelle: »der Irrtum in dem Kunstgenre der Oper bestand darin, daß ein Mittel des Ausdruckes (die Musik) zum Zwecke, der Zweck des Ausdrucks (das Drama) aber zum Mittel gemacht war.« Das ist die Kernthese der Schrift. Ihr Ziel heißt: »Vernichtung dieses Irrtumes! Und diese Vernichtung heißt hier: der offenkundige Tod der Oper!«

Was Wagner will, ist das »Drama in seiner höchsten Fülle und Potenz« – eben das »Kunstwerk der Zukunft«.

Im Januar 1852 dirigiert Wagner nicht nur Aufführungen des »Freischütz«, von Mozarts »Don Giovanni«, Boieldieus »Weißer Dame« und Bellinis »Norma«, wiederum leitet er drei Zürcher Beethoven-Konzerte, unter anderem mit der Musik zu »Egmont« und der »Coriolan«-Ouvertüre. Als Zugabe dirigiert er erstmals die Ouvertüre zu seinem »Tannhäuser«. Der Erfolg Wagners als Dirigent auch seiner eigenen Werke ist groß. Immer öfter wird er in Zürich eigene Kompositionen dirigieren, im März sogar vier Aufführungen des von ihm selbst einstudierten »Fliegenden Holländers«. Nachdem er im Sommer wiederum eine ausgiebige Hochgebirgstour hinter sich gebracht hat, vollendet Wagner am 15. Dezember die gesamte Dichtung zum »Ring des Nibelungen«, die er übrigens in umgekehrter Reihenfolge, vom Ende also zum Anfang des Vorabends, im Krebsgang voranschreitend, konzipierte.

Nur wenige Tage später, am 18. und 19. Dezember, macht er die Probe aufs Exempel und liest im kleinsten Freundeskreis, nur dem Ehepaar Wille, Georg Herwegh und seiner eigenen Frau natürlich, die gesamte Tetralogie vor. Vor allem die anwesenden Damen sind tief ergriffen. Acht Wochen später verschickte er an ausgewählte Zürcher Honoratioren und Freunde folgende Einladung: »Zu einer Vorlesung meiner kürzlich vollendeten dramatischen Dichtung »Der Ring des Nibelungen‹, deren einzelne Teile ich an vier aufeinanderfolgenden Abenden, (nämlich am 16., 17., 18. und 19. dieses Monats) jedesmal um 6 Uhr, im unteren Saale des Dépendance-Gebäudes des Hotel de Baur vorzutragen gedenke, lade ich Sie hierdurch freundschaftlichst ein. Sehr gern werde ich auch den Herrn oder die Dame meinen Vorlesungen zugegen wissen, die Sie in der Voraussetzung näherer Teilnahme für den Gegenstand auch uneingeladen mir zuführen sollten. Zürich, 12. Februar 1853. Richard Wagner.«

Diese Ring-Lesungen waren der Auftakt der öffentlichen Durchsetzung des »Kunstwerks der Zukunft«. Der Zuspruch der Wagner-Lesung im Baur au Lac war größer als erwartet, an jedem Abend erschienen mehrere Zuhörer. Wagners Vorschlag, Zürcher Sonderkonzerte mit Auszügen aus eigenen Werken zu veranstalten, wird begeistert aufgenommen, und schon im Mai gibt es drei Wagner-Konzerte, wenn man so will, die ersten »Wagner-Festtage«. Sie werden zu einem beispiellosen Erfolg. Die Zürcher Presse feiert das Musikfest, auch wenn sie Wagner das Attribut »mirakulös« anheftet. Der Zürcher Gesangverein ehrt Richard Wagner durch einen Fackelzug zu seiner Wohnung. Wagner steigt der Erfolg zu Kopfe, er hofft, dereinst sogar seinen »Ring« in Zürich aufführen zu können. Doch bevor er ihn noch vollenden kann, tritt eine neue Frau in sein Leben, sie erobert sein Herz und durchkreuzt seine Pläne. Es ist die kunstsinnige Gattin des reichen Ebersfelder Kaufmanns Otto von Wesendonck, der sich zeitgleich mit Wagner in Zürich niederließ und dort zu den Wagner-Mäzenen der ersten Stunde gehörte. Die Gefühle zwischen Wagner und Mathilde vertieften sich rasch. Am 20. Juni 1853 übersandte Wagner seiner verehrten Mathilde Wesendonk bereits eine eigens für sie komponierte Sonate in As-Dur. Das war der Anfang einer folgenreichen Amoure.

In den Sommermonaten begibt sich Wagner wieder des öfteren auf Wandertour. Die Freunde Herwegh und Liszt begleiten ihn im Juli an den Vierwaldstätter See. Auf dem Rütli trinken Liszt, Wagner und Herwegh Brüderschaft. Auf dem Julier-Paß, von Chur kommend, genießt Wagner eine grandiose Aussicht, die er sogleich als Bühnendekoration des Rheingoldes vereinnahmt: »Freie Gegend auf Bergeshöhen«. Der Rosegg-Gletscher, den er mit Hilfe eines ansässigen Schulmeisters erklimmt, wird ihm in seiner phantasievollen Einbildungskraft zur Siegfried-Staffage einer »Seligen Öde auf wonniger Höh«.

Otto von Wesendonk lädt Wagner kurz darauf zu einer Italien-Reise ein. Über Bern, Genf und Chambéry geht es nach Turin und Genua. Wagner sieht zum ersten Mal das Mittelmeer. Die Italien-Begeisterung wird ihn nicht mehr loslassen! Mit dem Dampfschiff fährt man nach La Spezia. Dort geschieht, was Wagner der Nachwelt als eine seiner originellsten Inspirationslegenden auftischte: »Am Nachmittage heimkehrend, streckte ich mich todmüde auf ein hartes Ruhebett aus, um die langersehnte Stunde des Schlafes zu erwarten. Sie erschien nicht; dafür versank ich in eine Art von somnambulen Zustand, in welchem ich plötzlich die Empfindung, als ob ich in ein stark fließendes Wasser versänke, erhielt. Das Rauschen deselben stellte sich mir bald im musikalischen Klange des Es-Dur- Akkordes dar, welcher unaufhaltsam in figurierter Brechung dahinwogte; diese Brechungen zeigten sich als melodische Figurationen von zunehmender Bewegung, nie aber veränderte sich der reine Dreiklang von Es-Dur, welcher durch seine Andauer dem Elemente, darin ich versank, eine unendliche Bedeutung geben zu wollen schien. Mit der Empfindung, als ob die Wogen jetzt hoch über mich dahinbrausten, erwachte ich in jähem Schreck aus meinem Halbschlaf. Sogleich erkannte ich, daß das Orchester-Vorspiel zum ›Rheingold‹, wie ich es in mir herumtrug, doch aber nicht genau hatte finden können, mir aufgegangen war. (...) Sogleich beschloß ich, nach Zürich zurückzufahren und die Komposition meines großen Gedichtes zu beginnen.«

Tatsächlich bricht Wagner – taktlos, wie er sein konnte – die geschenkte Italienreise ab, kehrt über den St. Gotthard nach Zürich zurück und stürzt sich in die »Rheingold«-Komposition. »Glaub mir, so ist noch nicht komponiert worden«, schreibt er an Liszt, »ich denke mir, meine Musik ist furchtbar; es ist ein Pfuhl von Schrecknissen und Hoheiten!«. –

Bald schon hatte Wagner eines seiner wichtigsten Literaturerlebnisse.

Im September 1854 machte ihn Georg Herwegh aufmerksam auf Arthur Schopenhauers Hauptwerk »Die Welt als Wille und Vorstellung«. Wagner vertieft sich in das Buch und ist erschüttert. In seiner Autobiographie schreibt er später darüber: »Ich blickte auf mein Nibelungengedicht und erkannte zu meinem Erstaunen, daß das, was mich jetzt in der Theorie so befangen machte, in meiner eigenen poetischen Konzeption mir längst vertraut geworden war. So verstand ich erst selbst meinen Wotan und ging nun erschüttert von neuem an das genauere Studium des Schopenhauerschen Buches.«

Wagner liest Schopenhauers »Welt als Wille und Vorstellung« bis zum Sommer des nächsten Jahres viermal. Seine jüngsten Schulden wachsen inzwischen auf eine stolze Summe von 10.000 Franken ein. Doch unbekümmert von der schnöden Wirklichkeit hat Wagner neue Ideen: »Es war wohl zum Theil die ernste Stimmung, in welche mich Schopenauer versetzt hatte, und die nun nach einem ekstatischen Ausdrucke ihrer Grundzüge drängte, was mir die Konzeption eines ›Tristan und Isolde‹ eingab.«

Gottfried von Straßburgs Epos stand Pate, die auflodernde Liebesbeziehung zu Mathilde von Wesendonck lieferte die libidinösen Anschübe zu diesem Projekt, in dem Wagner sich einmal so richtig ausrasen wollte, wie er am 16. Dzember 1854 Liszt bekannte. Er arbeitete zwar an den Kompositionsskizzen zur »Walküre«, aber das »Tristan«-Projekt hatte ihn in Bann geschlagen. »Da ich nun aber doch im Leben nie das eigentliche Glück der Liebe genossen habe, so will ich diesem schönsten aller Träume noch ein Denkmal setzen, in dem vom Anfang bis zum Ende diese Liebe sich einmal so recht sättigen soll: ich habe im Kopfe einen Tristan und Isolde entworfen, die einfachste, aber vollblutigste musikalische Konzeption; mit der schwarzen Flagge, die am Ende weht, will ich mich dann zudecken, um – zu sterben. – »

Wagner war trotz des tragisch-ernsten Pathos dieses Bekenntnisses Realist genug gewesen, zunächst erst einmal ans Geldverdienen zu denken. Der pekuniäre Notstand treibt Wagner zu einer Konzertreise nach London.

Vom 12. März bis zum 25. Juni gibt er acht begeistert aufgenommene Konzerte. Im siebten der Konzerte, wo er wiederum seine »Tannhäuser«-Ouvertüre dirigiert, wird er sogar von Queen Victoria und Prinzgemahl Albert empfangen. Am Schluß des Konzerts darf er vom Publikum Ovationen entgegennehmen. Zum finanziellen Erfolg wird diese Konzertreise zwar nicht, aber mit erstarktem Selbstwertgefühl zurückgekehrt nach Zürich, gewinnt immerhin der »Tristan«-Plan konkretere Konturen. »Von einem Spaziergange heimkehrend, zeichnete ich eines Tages mir den Inhalt der drei Akte auf, in welche zusammengedrängt ich mir den Stoff für künftige Verarbeitung vorbehielt.«

Am 28. April 1857 zieht Wagner samt Gattin in das Gartenhaus neben der noch unfertigen Villa der Wesendonks, die es ihm großzügig zur Verfügung stellen. Wagner beendet zwar noch die Orchesterskizze zum zweiten Akt des »Siegfried«, doch die innere Notwendigkeit, den »Tristan« anzugehen, veranlaßt ihn, die »Ring«-Komposition liegenzulassen. Er wird sie erst 12 Jahre später wieder aufnehmen. An Liszt schreibt er am 28. Juni 1857: »Ich habe meinen jungen Siegfried noch in die schöne Waldeinsamkeit geleitet, dort hab' ich ihn unter der Linde gelassen und mit herzlichen Tränen von ihm Abschied genommen. (...) Ich habe den Plan gefaßt, Tristan und Isolde in geringen, der Aufführung erleichternden Dimensionen sofort auszuführen. (...) Denn – das hoffe ich wohl annehmen zu dürfen –, daß ein durchaus praktikables Opus, wie der Tristan werden wird – mir bald und schnell gute Revenuen abwerfen und für einige Zeit mich flott erhalten wird.«

Im August beginnt Wagner mit der Niederschrift eines Prosaentwurfs. Die Ausarbeitung der »Tristan«-Urschrift dauert bis zum 18. September. Etwa zwei Wochen zuvor, am 5. September 1857, fand ein einmaliges und kurioses Treffen im Gartenhaus der Wesendoncks statt. Das Ehepaar von Bülow war auf Hochzeitsreise in Zürich und stattete Wagner einen Besuch in seinem »Asyl« ab, wie er sein Gartenhäuschen nennt Bei diesem Besuch ereignete es sich, daß ein einziges Mal die drei wichtigsten Frauen im Leben Wagners gemeinsam an einer Tischrunde zusammenkamen: Minna,

Wagners erste Frau, Mathilde Wesendonck, seine Zürcher Geliebte, und Cosima von Bülow, seine künftige, zweite Gattin. Vom ersten Augenblick, da sie ihn sah, war Cosima von Richard gebannt. Indes, bei ihrem ersten Kennenlernen war Richard noch mehr an Mathilde interessiert. Am 18. September 1857 überreicht er ihr die Urschrift der »Tristan«-Dichtung und beginnt sofort mit der Komposition. Mathilde, von Leidenschaft überwältigt, verehrt Wagner einen kleinen Zyklus von 5 selbstverfaßten Gedichten. Wagner wird sie, entgegen seiner sonstigen Gewohnheit, nur eigene Texte zu vertonen, in Musik setzen. Schon das erste Gedicht Mathildens wird eine musikalische Vorstudie zu »Tristan und Isolde«.

Wagner ist im Rausch des Komponierens! Die ersten beiden Akte des »Tristan« fließen ihm nur so aus der Feder. Frau Erard, die Gattin des berühmten Musikinstrumentenmachers aus Paris, schickt ihm einen Flügel nach Zürich. Doch über dem Asyl ziehen sich Gewitterwolken zusammen. Die – wie auch immer zu bewertende – Liaison mit der Gattin seines Mäzens läßt sich nicht mehr geheimhalten. Ein offener Konflikt bricht aus zwischen Mathilde Wesendonck und der Wagner-Gattin Minna. Es kommt zum Eklat, als Minna einen Brief Wagners an Mathilde abfängt. Des Bleibens bei den Wesendonks kann nicht länger sein. Man beschließt, Zürich endgültig zu verlassen. Während Minna den Haushalt auflöst, reist Wagner über Genf nach Venedig.

Da er Mathilde vorerst nicht mehr zu Gesicht bekommt, der kluge Otto Wesendonk hat es vorgezogen, einstweilen mit seiner Gattin eine längere Urlaubsreise anzutreten, beginnt Wagner ein Tagebuch für Mathilde zu schreiben. Darin notiert er am 8. Dezember 1858: »Seit gestern beschäftige ich mich wieder mit dem Tristan. Ich bin immer noch im zweiten Akte. Aber – was wird das für Musik! Ich könnte mein ganzes Leben nur noch an dieser Musik arbeiten. (...) So etwas habe ich denn doch noch nicht gemacht: aber ich gehe auch ganz in dieser Musik auf; ich will nichts mehr davon hören, wann sie fertig werde. Ich lebe ewig in ihr.«

Im Palazzo Giustiani am Canale Grande hat Wagner sein venezianisches Domizil aufgeschlagen, die Räume hat er neu tapezieren lassen.

Er ist im Tristan-Fieber, obwohl ihm Furunkulose und Gastritis zusetzen. Auch wird er von der Polizei observiert. Schon am ersten Februar des kommenden Jahres wird der in Deutschland noch immer steckbrieflich Gesuchte aus Venedig ausgewiesen werden. Neue Wanderjahre stehen bevor. Eine Teilamnestierung gestattet ihm 1860 die Einreise nach Deutschland – mit Ausnahme Sachsens. Er kann endlich der Aufführung seiner Werke in der Heimat beiwohnen, die ihm allerdings als Heimat nur mehr wie eine Chimäre erscheint. In Luzern vollendet er den »Tristan«, in Biebrich am Rhein (gegenüber Mainz), komponiert er einen Großteil der »Meistersinger«, der sublimsten Frucht seiner Mathilden-Entsagung.

Als Wagner in Biebrich gekündigt wird, reist er mit seiner einstweiligen Geliebten, der Schauspielerin Friederike Meyer, nach Wien. Erst 1864 eilt ihm in König Luwig dem Zweiten von Bayern ein erlösender »Lohengrin« entgegen und enthebt ihn all seiner Sorgen, fürs erste. Aber das ist ein anderes Kapitel. In den fünf Monaten, die Wagner in Venedig verbringt, komponiert er nicht nur den zweiten Akt des »Tristan«. Die Rufe der Gondolieri inspirieren ihn auch zur Klageweise des Hirten im dritten Akt.

Der dritte Akt seines Liebes-Lebens allerdings sollte noch ungeahnt vor ihm liegen. Nach Minna, von der er sich 1862 endgültig trennen wird, wird er in Cosima von Bülow, geborene Liszt, seine letzte, die ihm endlich adäquate Lebenspartnerin finden. Mit ihr wird er den Rest seines Lebens verbringen. Es wird noch 3 Jahre dauern, bis sie ihm als künftige, ihn schließlich um 43 Jahre überlebende Ehefrau und Nachlaßverwalterin begegnen wird. Aber auch das ist ein neues Kapitel.

Uraufführung des »Rienzi« in Dresden 1842

DAS UNERHÖRTE WERK

Grand Opéra als Polittheater: »Rienzi«

Es war eine Aufführung der Oper »Ferdinand Cortez« von Gasparo Spontini, und zwar unter des ersten preußischen Generalmusikdirektors höchst persönlicher Leitung, die Richard Wagner im Jahre 1836 nachhaltig beeindruckte, vor allem musikalisch! In seiner Autobiographie liest man: »mir war das außerordentlich präzise, feurige und reichorganisierte Ensemble des Ganzen durchaus neu. Ich gewann eine neue Ansicht von der eigenthümlichen Würde großer theatralischer Vorstellungen, welche in allen ihren Teilen durch scharfe Rhythmik zu einem eigenthümlichen Kunstgenre sich steigern konnten. Dieser sehr deutliche Eindruck lebte drastisch in mir fort und hat mich bei der Konzeption meines ›Rienzi‹ namentlich geleitet, so daß in künstlerischer Hinsicht Berlin seine Spuren in meinen Entwicklungsgang eingrub.«

Etwas »recht Großes zu machen«, »eine Oper zu schreiben, zu deren Aufführung nur die bedeutendsten Mittel geeignet sein sollten«, das war das primäre Anliegen Wagners in der zweiten Hälfte der Dreißigerjahre. »Die große Oper mit all ihrer szenischen und musikalischen Pracht, ihrer effektreichen, musikalisch-massenhaften Leidenschaftlichkeit«, wie es in der Bekenntnisschrift »Eine Mitteilung an meine Freunde« heißt: »mit rückhaltloser Verschwendung, nach allen ihren bisherigen Erscheinungen sie zu überbieten, das wollte« Wagners »künstlerischer Ehrgeiz.« Daß es dann die Figur des Rienzi sein sollte, die er in den Mittelpunkt einer solchen Grand Opéra stellen würde, verdankte sich einem literarischen Zufall. Wie so oft in Wagners Leben.

Wagner hatte die Stelle des Musikdirektors am Theater zu Königsberg erhalten. Im Wähnen bürgerlicher Sicherheit bzw. zu erwartender Einkünfte wird er übermütig, macht Schulden und schreibt dabei seelenruhig Entwürfe zu einem Singspiel mit dem Titel »Die lustige Bärenfamilie«.

Währenddessen brennt ihm seine Frau Minna, deren preziöse und launische Eitelkeiten ihn nicht selten zur Weißglut bringen, mit einem Kaufmann namens Dietrich durch. Die erste der vielen Ehekrisen Wagners. Er reist Minna nach Dresden nach, will retten, was zu retten ist. In Blasewitz bei Dresden, wo man Quartier bezogen hat, verbringt er mit ihr »kümmerliche Tage«, wie er später schreiben wird. Es ist Ende Juni. Aber Wagner tröstet sich – wie so oft in ähnlichen Situationen – mit produktiver Lektüre. Es ist Edward Bulwers, des Barons Lytton, eines erfolgreichen Schriftstellers, historischer Roman »Rienzi, der Letzte der Tribunen«. Das Buch war 1834 erschienen, wurde drei Jahre später ins Deutsche übersetzt und war sofort in Wagners Hände gefallen. Darin fand er nun den Stoff zu seiner enthusiastisch gewollten Grand Opéra. Schon im Juli schreibt er einen Prosaentwurf nieder.

Wagner reist über Dresden, Berlin und Schwerin nach Lübeck, um sich dort nach Riga einzuschiffen, wo er eine neue Stelle am dortigen Theater antreten wird. Minna wird ihm zwei Monate später nachfolgen. Der Gedanke an »Rienzi« läßt ihn nicht mehr los. Bis August folgenden Jahres schreibt er das Textbuch zu »Rienzi, der letzte der Tribunen«. Er bekennt später: »Die Friedensboten, der kirchliche Auferstehungsruf, die Schlachthymnen, – das war es, was mich zu einer Oper, Rienzi, bestimmte.«

Kaum, daß er das »Rienzi«-Textbuch vollendet, beginnt Wagner im August 1838 auch schon mit der Komposition der Oper. Im folgenden Frühjahr verliert er seine Stelle am Rigaer Theater. Er hat sich nicht besonders geschickt verhalten, hat ungewohnte Anforderungen an das Theater gestellt, wollte das Außergewöhnliche. Sein anmaßendes Verhalten irritierte schon damals.

Die Schulden treiben Wagner und Minna zum Äußersten: Richard macht einen vierwöchigen Französisch-Intensivkurs. Er hat eine abenteuerliche Flucht beschlossen. Ohne Pässe überschreitet das Ehepaar Wagner die russisch-ostpreußische Grenze. Königsberg verläßt man an Bord eines Seglers mit Namen »Thetis« in Richtung Kopenhagen. Ein Sturm im Skagerrak verschlägt das kleine Schiff mit nur sieben Mann Besatzung allerdings nach Sandwiken auf der Insel Bröya an der norwegischen Südküste. Die Granitklippen, der Sturm und das Echo des Schiffsrufs der Matrosen inspirieren Wagner zu seiner nächsten Oper.

Der Sturm nimmt kein Ende. Vor der englischen Küste erwartet das Ehepaar Wagner in der Kajüte schließlich den Tod. Indes, man kommt doch noch heil in London an, von wo aus die Flucht per Dampfschiff weiterführt nach Frankreich. Boulogne-sur-Mer ist der Anlaufhafen. Man wohnt außerhalb der Stadt im Hause eines Weinhändlers. Sofort macht sich Wagner wieder an die Komposition des »Rienzi«. Er lernt schließlich Giacomo Meyerbeer kennen und entschließt sich, nach Paris zu ziehen, in der Hoffnung, durch Meyerbeer an der Pariser Oper mit »Rienzi« sein Glück zu finden. Doch schon bald muß er seine hochfliegenden Illusionen aufgeben. Meyerbeers Referenzen bleiben wirkungslos. Wagner ist genötigt, sich mit entwürdigenden Lohnarbeiten durchzuschlagen: als Kopist, Arrangeur und Komponist französischer Lieder nach Gedichten von Hugo, Ronsard und Reboul. Auch Heinrich Heines »Les deux grenadiers« vertont er.

Die Bekanntschaft Wagners mit dem Exilanten Heinrich Heine und anderen Linksintellektuellen der Pariser Künstlerszene des Vormärz veranlaßt ihn, für die renommierte, progessive Zeitschrift »Gazette Musicale« kunst- und musiktheoretische Aufsätze zu schreiben, die seine Distanz zu allem Französischen, seine oppositionellen, um nicht zu sagen, vorrevolutionären Musik- und Musiktheater-Absichten bereits deutlich werden lassen. Vor der Erstaufführung von Webers »Freischütz« in Paris schreibt er in jener »Gazette Musicale« einen Aufsatz, der die Franzosen vor Mißverständnissen und Verunstaltungen des Werks bewahren soll. Für die »Dresdener Abendzeitung« berichtet der von Heimweh geplagte, erfolglose Exilant über diese Erstaufführung nicht ohne nationalistisches Pathos.

Mit drei musiktheoretischen Essays hat sich Wagner in der »Gazette Musicale« allerdings Nachruhm erworben: mit den Erzählungen »Der Virtuos und der Künstler«, »Eine Pilgerfahrt zu Beethoven« und »Ein

Ende in Paris«. Letzteres beschloß er auch für sich selbst, nach drei seiner deprimierendsten Hungerleiderjahren, die er in der damaligen Hauptstadt der europäischen Oper verbrachte. Allerdings nicht, ohne die Komposition des »Rienzi« schon in seinem ersten Pariser Jahr abgeschlossen zu haben. Die Not, die gänzliche Erfolglosigkeit und der Neid auf das Pariser Opernleben mit seinem Opernkaiser Meyerbeer hatten in ihm den Ehrgeiz, der Pariser Grand Opéra etwas entgegenzusetzen, zu schonungsloser Produktivität angestachelt. 1842 kehrte er Paris den Rücken, nicht nur den »Rienzi«, sondern schon die nächste fertige Oper, den »Fliegenden Holländer« im Gepäck. Und nicht nur das: Wagner hatte sich durch die Lektüre von Heines Schriften, frühsozialistischen Klassikern, Proudhons vor allem, aber auch Ludwig Feuerbachs, eine neue künstlerische und politische Haltung zugelegt. Er betrat, wie er es in der »Mitteilung an meine Freunde« bekräftigte, eine neue Bahn, die »der Revolution gegen die künstlerische Öffentlichkeit der Gegenwart«. Woraus sich bald auch eine gegen die politische ergeben würde. Doch bevor es dazu kam, wurde sein »Rienzi« uraufgeführt. Allerdings weder, wie erhofft, in Paris, noch in Berlin, stattdessen in der sächsischen Elbmetropole Dresden.

Man setzte die Uraufführungs-Premiere für den 20. Oktober 1842 an, mit hochkarätiger Besetzung: mit einem der gefeiertsten Tenöre der Zeit, Josef Tichatschek, in der Titelpartie, und mit der grandiosen Sängerdarstellerin Wilhelmine Schröder-Devrient in der Hosenrolle des Adriano, Wagners einziger je komponierter Hosenrolle nach dem Vorbild des Romeo in Bellinis »I Capuleti e i Montecchi«. In unserem Jahrhundert sollte die Partie des Adriano für Tenor wie für Bariton umgeschrieben werden. Die Uraufführung der »Großen Tragischen Oper in fünf Akten«, »Rienzi, der Letzte der Tribunen« im Königlich Sächsischen Hoftheater zu Dresden wurde einer der zu Lebzeiten größten Erfolge Richard Wagners.

Schon nach der Ouvertüre des »Rienzi« erhob sich donnernder Beifall, wie Zeitzeugen berichten. Viermal wurde Wagner vom enthusiasmierten Publikum vor den Vorhang gerufen. Die Aufführung dauerte von 18 Uhr bis nach Mitternacht. Niemand war vorzeitig gegangen. Das Publikum übte die seltene Disziplin des Schweigens. Man war ergriffen. Alles, was in Dresden Rang und Namen hatte, war zugegen. Der König zwar nicht, aber nur, weil er des Morgens vom Pferd gestürzt war und sich am Knie verletzt hatte. Aber die Prinzessinnen waren zugegen. Und auch sie hatten ausgeharrt bis zum Schluß. Prinzessin Amalie, so berichtet der Dresdener Kostümmaler Ferdinand Heine in einem Brief über die Uraufführung an den Maler Ernst Benedikt Kiez, Prinzessin Amalie – deren künstlerischer Urteilskraft besondere Qualität beigemessen wurde – habe wiederholt geäußert, solch einen Eindruck habe noch keine Komposition auf sie gemacht. Es sei ihr immer gewesen, »als wenn ein kostbarer Seidenstoff, mit Gold und Perlen durchwebt, vor ihr ausgebreitet würde«. Die Hofdame Friederici habe ihm dies erzählt.

Alle sechs Aufführungen der ersten »Rienzi«-Serie waren trotz erhöhter Eintrittspreise ausverkauft, man riß sich förmlich um die Plätze. Wagner selbst hatte Schwierigkeiten, seine Freunde mit Karten zu versorgen.

Merkwürdig, daß auch Wagner, 36 Jahre später, am 28. Oktober 1878 gegenüber Cosima den »Rienzi« als einen »Goldbrokat-Mantel mit Blumen« charakterisierte. Er mochte im Nachhinein dieses Werk nicht mehr leiden. Gegenüber seiner Berliner Anhängerin Alwine Fromman hatte er sich bereits 1844 noch abfälliger über seinen »Rienzi« geäußert. Er nannte ihn seinen »Schreihals« und bekannte unumwunden: »ich liebe dieses Ungetüm nicht«. Wie auch immer man das bewerten mag: Probleme hatte er von Anfang an mit den Dimensionen des »Rienzi«. Das Werk war für die übliche Aufführungspraxis der Theater schlichtweg zu lang. Es hatte noch nicht die für seine späteren Musikdramen charakteristische, auf drei Akte geraffte Konzentration der Dramaturgie.

Schon für die zweite Aufführung hatte Wagner das Werk deshalb erheblich gekürzt. Es dauerte nurmehr bis viertel nach zehn, also an die zwei Stunden weniger als bei der Uraufführung. Der geschäftstüchtige wie praktisch denkende Intendant des Dresdner Hoftheaters, August Freiherr von Lütichau, hatte 1843 sogar eine Zweiteilung des Werks vorgeschlagen für die Aufführung an zwei aufeinanderfolgenden Abenden, betitelt »Rienzis Größe« und »Rienzis Fall«. Wagner hatte sich einverstanden erklärt und für »Rienzis Fall« sogar eine eigene Ouvertüre nachkomponiert:

Schon nach drei Aufführungen wurde die Idee, Wagners »Rienzi« an zwei Abenden à zwei Akten aufzuführen, als unbefriedigend verworfen. Ebensowenig ließ sich die ursprüngliche Uraufführungsfassung durchsetzen. Wagner selbst hat in den auf die Uraufführuung folgenden Monaten mehrfach an Verkürzungsversionen der Oper herumgebastelt, hat Striche auf- und wieder zugemacht, nachkomponiert, gerafft und verändert. Für die Berliner »Rienzi«-Aufführung vom 26. Oktober 1847 – die Wagner selbst dirigierte – hat er zum letzten Mal Hand an die Partitur gelegt. Es betraf allerdings nur Rienzis Schlußworte im letzten Finale der Oper. Ansonsten wurde die gründlich überarbeitete Dresdner Version vom 19. November 1843 zugrunde gelegt, die schließlich zur definitiven Fassung aller folgenden Editionen der Oper geworden ist.

Spätestens mit Beginn der Arbeit am »Tannhäuser« im Jahre 1844, zu schweigen vom nachfolgenden »Lohengrin«, hatte Wagner alles Interesse an »Rienzi« verloren. Mit diesen beiden Opern betrat Wagner denn auch Neuland! Er war auf dem Wege von der Oper zum »Musikdrama«, oder, um in Wagners Terminologie zu bleiben, zum »Kunstwerk der Zukunft«.

Der »Rienzi« war demgegenüber noch etwas durchaus Anderes gewesen. Doch erst eigentlich die Wirkungsgeschichte des »Rienzi« hat offenbart, daß das Werk mehr ist als nur ein »Goldbrokat-Mantel mit Blumen«, um noch einmal Wagners eigenes, abfälliges Urteil über diese Oper in Erinnerung zu rufen.

Hans von Bülow hatte natürlich nicht ganz unrecht, den »Rienzi« polemisch als »Meyerbeers beste Oper« zu bezeichnen. Tatsächlich ist das Werk formal eine »Grand Opéra«. Der Pomp der Instrumentierung und der Ensemblesätze erinnert an Meyerbeer, aber auch an Auber, Spontini und den von Wagner verehrten Halévy. Über die konventionellen musikalischen Formen und dramaturgischen Strukturgesetze der Oper geht

Wagner kaum hinaus. Die Musik im »Rienzi« dient eher dekorativen, situationsschildernden Zwecken als der psychologischen Motivierung. Dennoch läßt ein Netz motivischer Beziehungen den späteren Leitmotiviker schon erahnen. Wirkungsvolle musikdramatische Effekte, aber auch subtile Klangmittel und einfallsreiche Melodien haben dem Werk seinen durchschlagenden Erfolg gesichert.

Und immerhin bleibt festzuhalten: nach zwei stilistisch noch sehr unsicheren, erfolglosen Jugendopern, »Die Feen«, nach Gozzi, und »Das Liebesverbot«, nach Shakespeare, ist Wagner mit »Rienzi« ein erstes großes Werk originellen Zuschnitts gelungen. Der Dresdener Lokaltriumph 1842 wurde durch die Berliner Aufführung 1847 zu einem durchschlagenden Erfolg auf den Opernbühnen des In- und Auslandes. In Berlin blieb das Werk ein Jahrhundert lang im Repertoire. Weitere Aufführungen in ganz Europa folgten rasch, wenn auch (bis heute) in stark gekürzten, sehr unterschiedlichen Strich-Fassungen.

Was aber entscheidend ist: mit dem Titelhelden des »Rienzi« stellte Wagner zum erstenmal einen für sein Werk so bezeichnenden tragischen Helden im Sinne eines Erlösers oder Erretters auf die Bühne, der als charismatisch begabter, stigmatisierter Einzelner am Ende scheitert. Holländer, Tannhäuer, Lohengrin, Siegfried, Tristan, sie alle sind solche scheiternden Helden.

Das historische Vorbild Wagners ist übrigens – hinter die Romanvorlage Bulwer Lyttons zurückgehend – Cola Rienzi, der 1313 als Sohn eines Gastwirts in Rom geboren wurde, vom Volk zum Tribun gewählt, an seiner Hybris scheiterte und bei einem Aufstand 1354 ums Leben kam. Doch Wagner wäre nicht Wagner, hätte er den Stoff nicht, seinen radikalen tragischen Gesetzen entsprechend, umgestaltet und vermengt mit weltgeschichtlichen, religiösen, sozialen und privaten Motiven.

Die Handlung spielt, wie gesagt, im Rom des vierzehnten Jahrhunderts. Im ersten Akt wird Rom als eine Stadt geschildert, die zerrissen ist von den rivalisierenden Kämpfen zweier Adelscliquen: der Colonna und der Orsini. Rienzi stellt Ruhe und Ordnung wieder her und verspricht,

Rom von der Willkür-Herrschaft des Adels zu befreien. Vom Volk gefeiert, läßt er sich mit dem Segen der Kirche zum Volkstribun ernennen. Im zweiten Akt verkünden Boten Friede und Freiheit im ganzen römischen Reich. Rienzi hat sein Ziel erreicht. Offiziell erkennen ihn sogar die Nobili an. Hinterrücks allerdings planen sie seine Ermordung zur Rückeroberung ihrer Macht. Während eines von Rienzi arrangierten Friedensfestes verüben die Nobili einen Anschlag auf ihn, der allerdings fehlschlägt. Rienzi übergibt die Attentäter dem Gesetz, das für Hochverrat die Todesstrafe vorsieht. Adriano, dem Sohn des Colonna-Clans und Irene, der Schwester Rienzis, gelingt es, Rienzi von der Vollstreckung des Urteils abzubringen. Schon hier erweist er sich als leicht beeinflußbarer, schwacher und leicht zu täuschender Charakter. Entgegen den Warnungen seiner Berater begnadigt Rienzi die Colonna und die Orsini. Sie schwören ihm erneut den Treue-Eid. Der dritte Akt zeigt sie allerdings als das, was sie immer noch sind: machtbesessen und falsch. Vor den Toren der Stadt haben sie eine Armee zusammengezogen und provozieren eine Schlacht gegen Rienzi. Dieser siegt, Colonna und Orsini, die Häupter der beiden Adelsfamilien, fallen. Aber auch viele Römer müssen ihr Leben lassen. Der Siegesjubel wird getrübt durch Trauer und düstere Prophezeiungen. Schließlich keimen nach seines Vaters Tod in Adriano Rachegedanken, und er erklärt sich zum Feind Rienzis.

Im vierten Akt wendet sich das Blatt für Rienzi. Nach dem großen Blutvergießen empört sich das Volk gegen ihn. Daß er den Geschlagenen Gnade erwiesen hat, wird als Zeichen von Verrat gedeutet. Adriano sieht die Stunde seiner Rache gekommen. Er hetzt die Römer gegen Rienzi auf, indem er behauptet, jener habe sich den Colonna verbinden wollen. Als dann noch der Kardinal den Bannfluch gegen Rienzi und seine Verbündeten schleudert, ist der Mann des Volkes vollends ein Mann ohne Volk. Alle Anwesenden, bis auf Irene, verlassen ihn. Im fünften Akt schließlich bleibt Rienzi nichts weiter zu tun, als in einem inbrünstigen Gebet Gott um Hilfe anzuflehen, sein Werk doch noch vollenden zu können. Rienzis Gebet wird nicht erhört. Noch einmal versucht er, das Volk durch eine

Rede vom Balkon des Capitols zur Vernunft zu bringen. Doch der von den zurückgekehrten Nobili geschürte Volkszorn ist nicht mehr zu bremsen. Man bewirft ihn mit Steinen und legt das Kapitol in Flammen. Seine Utopie wird mit ihm unter den Trümmern des Kapitols begraben. Auch Adriano, der Irene in letzter Minute retten will, wird von den zusammenbrechenden Mauern erschlagen. Die zurückkehrenden Nobili reißen mit brutalen Gewaltaktionen wieder die Herrschaft an sich. Die Konterrevolution, die Reaktion hat gesiegt.

Zweifellos sind es Ideen des »Jungen Deutschland«, die in diesem Revolutionsdrama mit-schwingen. Freiheit für alle Bürger, Auflehnung und Revolte gegen die Willkürherrschaft des Adels, Gleichheit vor dem Gesetz, das sind die Parolen der Freiheitskämpfer in Frankreich wie im übrigen Europa am Vorabend von 1848.

Hinter theatralischem Pomp, großen Finali, effektvollen Ensembles und Chorszenen, dekoriert mit Waffenlärm, Glockengeläut, Chorälen, Duetten, Terzetten und der ganzen Ausdruckspalette des Formenkanons der großen heroischen Oper präsentiert Wagner eine Botschaft von allerdings erstaunlicher Aktualität. Er läßt seinen Revolutionshelden Rienzi scheitern am Volke! Eine erstaunlich moderne Einsicht Wagners. Das Volk erhebt den Revolutionär, das Volk zerschmettert ihn. Wankelmut, Unberechenbarleit, Manipulierbarkeit, ja Verführbarkeit der Masse werden hier exemplarisch vorgeführt auf der Opernbühne. Die Revolution frißt ihre Kinder! Diese Einsicht sollte Wagner 1849 auch persönlich machen. Im »Rienzi« hatte er sie vorweggenommen. Mehr noch: er hatte den jähen Fall eines vom Machtrausch Besessenen, eines charismatischen Führers und vermeintlichen Volksbefreiers gelehrt. In der Oper, die er schon vor der Geburt der Idee vom »Kunstwerk der Zukunft« als »moralische Anstalt« begriff, und nicht als Amüsiertempel!

Es entbehrt nicht der Ironie, daß ausgerechnet Adolf Hitler in »Rienzi«, den er mit 17 Jahren in einer Linzer Aufführung im Jahre 1906 zum ersten Mal sah, sein Vorbild zu erkennen glaubte. August Kubizek hat das Gespräch mit seinem Jugendfreund Hitler nach jener »Rienzi«-Aufführung festgehalten. Da heißt es über Hitler: »Wie eine aufgestaute Flut durch die berstenden Dämme bricht, brachen die Worte aus ihm hervor. In großartigen, mitreißenden Bildern entwickelte er mir seine Zukunft und die seines Volkes.« Hitler selbst erinnerte sich laut Kubizek an jenen Abend mit den Worten »In jener Stunde begann es.« Albert Speer, um eine andere Quelle zu zitieren, überliefert folgendes Hitler-Zitat: »Bei dieser gottbegnadeten Musik hatte ich als junger Mensch im Linzer Theater die Eingebung, daß es auch mir gelingen müsse, das Deutsche Reich zu einen und groß zu machen.«

Man ist sprachlos nicht nur angesichts des Größenwahns Adolf Hitlers, sondern auch seiner Blindheit gegenüber Wagners »Botschaft«: immerhin kommt Rienzi als verblendeter Politiker, von politischen Visionen beflügelt, vom Machtrausch und dem Jubel der wankelmütigen Masse verführt, am Ende zu Fall. Sein Einigungswerk gelingt nur für kurze Zeit, wird zu einer Chimäre. Seine Utopie erweist sich als Illusion mit zerstörerischen, ja selbst- und volksmörderischen Folgen. Das aber kann Hitler wohl kaum wahrgenommen haben!

Der Wagnerkenner Peter Wapnewski hat das Phänomen solchen Mißverständnisses aufgrund partieller Wahrnehmungsausblendung auf den Punkt gebracht: »Es ist eben das Zeichen des rabiat-kleinbürgerlichen Kunstverstandes, daß er sich eine Botschaft des Kunstwerkes zurechtmodelt, die zwar seinen privat-verquasten Ambitionen und dumpfen Dimensionen, nicht aber der Realität der Kunst entspricht.« Weiter heißt es bei Peter Wapnewski: »In diesem Fall entsprach solche Lehre nicht einmal der Realität der Geschichte. Dieser Mann Hitler, eine Frucht kleinstbürgerlich-dubioser Herkunft, erzwang sich eine Vision von der Herrlichkeit des römischen Gastwirtssohns, die weder mit dem historischen Rienzi, noch mit dessen Kunstfigur das mindeste zu tun hatte.«

Die Parallelität Rienzis und Adolf Hitlers liegt, aus heutiger Sicht betrachtet, indes auf der Hand: beide sind sie von ihren utopischen Visionen und Machtleidenschaften verführt worden. Beide erlebten ein anderes

Ende, als sie es sich erträumten. Auch Rienzi verflucht schließlich nach seinem Niedergang das eigene Volk und hinterläßt nichts als Elend und verbrannte Erde. So wie Rienzi in den Trümmern des Kapitols, endete Hitler unter den Trümmern der brennenden Reichskanzlei. Ersterer allerdings als Held, letzerer als barbarischer Paranoiker, als Verbrecher und Größenwahnsinniger.

Wagner wollte mit dem »Rienzi« ein musiktheatralisches Exempel über Machtrausch und Verführung, revolutionäre Utopie und tragisches Scheitern statuieren. Das aber hat nichts zu tun mit jedweder Glorifizierung der Macht, der Führerschaft oder des Volks. In einem Brief an Albert Niemann vom 25. Januar 1859 hat Wagner es klar ausgesprochen: Rienzis Tragik liege darin, »daß nur seine Idee, nicht aber das Volk die Wahrheit war«. Rienzi fehlt noch jene Einsicht, die einmal der Wanderer im »Siegfried« haben wird, daß den Weg zur »Erlösung« und zum Frieden der Menschen nur bereitwilliger Machtverzicht zur rechten Stunde ebnen kann.

Der »Fliegende Holländer« zwischen Odysseus und Ahasver

Am 6. Januar 1834 vollendete der eben 21-jährige Richard Wagner die Partitur seiner Erstlings-Oper »Die Feen«, frei nach Carlo Gozzis Komödie »La donna serpente«. »Ein leichtsinniges Jugendwerk« nennt er sie später und verbannt sie – wie auch »Das Liebesverbot« – in die Beinkammer seiner unaufführenswerten Jugendsünden. Es lassen sich denn auch Einflüsse Marschners und Webers schwerlich von der Hand weisen! Was Wunder: ein Jahr zuvor hatte Wagner eine schlechtbezahlte Stelle als Chordirektor am Würzburger Theater angetreten, wo er unter anderem Meyerbeers »Robert Le Diable«, Marschners »Vampyr« und »Hans Heiling« einzustudieren hatte. Hochromantische Geisterstoffe, die ihn faszinierten und den Gärungsprozeß einer eigenen romantischen Gespensteroper in Gang setzten. Im Jahre 1834 war es auch, in dem Heinrich Heines Fragment »Aus den Memoiren des Herren von Schnabelewopski« im ersten Band seiner Text-Sammlung »Salon« erschien. In dieser ironischen Erzählung heißt es, wie in einer Vorwegnahme der späteren Handlung der Wagnerschen Oper: »Die Fabel von dem ›Fliegenden Holländer‹ ist euch gewiß bekannt. Es ist die Geschichte von dem verwünschten Schiffe, das nie in den Hafen gelangen kann und jetzt schon seit undenklicher Zeit auf dem Meere herumfährt (...) Jenes hölzerne Gespenst, jenes grauenhafte Schiff führt seinen Namen von seinem Kapitän, der einst bei allen Teufeln geschworen, daß er irgendein Vorgebirge, dessen Namen mir entfallen (gemeint ist das Kap der Guten Hoffnung), trotz des heftigsten Sturms, der eben wehte, umschiffen wolle, und sollte er auch bis zum Jüngsten Tage segeln müssen. Der Teufel hat ihn beim Wort gefaßt, er muß bis zum Jüngsten Tag auf dem Meere herumirren, es sei denn, daß er durch die Treue eines Weibes erlöst werde. Der Teufel, dumm wie er ist, glaubt nicht an Weibertreue und erlaubte daher dem verwünschten Kapitän, alle sieben Jahr einmal an Land zu gehen und zu heiraten und bei dieser Gelegenheit seine Erlösung zu betreiben. Armer Holländer! Er ist oft froh genug, von der Ehe selbst wieder erlöst und seine Erlöserin loszuwerden, und er begibt sich dann wieder an Bord. (...) » Soweit Heinrich Heine in den »Memoiren des Herren von Schnabelewopski«. Heines Darstellung liest sich im weiteren wie eine vereinfachte Inhaltsangabe der Oper »Der Fliegende Holländer«, zu der sie Wagner anregte, der natürlich zugunsten eines Erlösungsdramas Heines Sarkasmus ausblendete. Es sollte allerdings noch eine Weile dauern, bis es dazu kam, daß Wagner diese Oper in Angriff nahm.

Zunächst schreibt er bei einer Reise durch Böhmen auf der Schlackenburg bei Teplitz den Prosaentwurf zu seiner zweiten Oper »Das Liebesverbot«, frei nach Shakespeares »Maß für Maß«; er wird für eine Saison Musikdirektor des Goethe-Theaters Bad Lauchstädt, lernt dort seine erste Frau, die hübsche Schauspielerin Minna Planer kennen und schreibt eine Symphonie in E-Dur, die allerdings Fragment bleibt und erst 1888 aus dem Nachlaß auftaucht.

Am 10. Oktober 1834 tritt Wagner eine neue Anstellung an: das Amt des Musikdirektors in Magdeburg. Seine Oper »Das Liebesverbot«, die er dort uraufführt, fällt mit Pauken und Trompeten durch. Die nächste Station seiner beruflichen Karriere führt ihn 1837 nach Königsberg, er schreibt dort den »Rienzi«, trennt sich von Minna, vereint sich bald darauf wieder mit ihr und nimmt den Posten eines Musikdirektors in Riga an, wo er unter anderem 1839 Webers »Oberon« aufführt. Nicht zuletzt durch diese romantische Geisteroper animiert, liest Wagner vermutlich zum ersten Mal Heinrich Heines »Aus den Memoiren des Herren von Schnabelewopski«. Nur wenige Monate später erfährt er, wie er in seiner »Autobiographischen Skizze« festhält, bei einem Sturm im Skagerrak, »die Sage vom Fliegenden Holländer ... aus dem Munde der Matrosen bestätigt«. Die verschuldeten Wagners flüchten vor Gläubigern in einer Nacht- und Nebel-Aktion per Schiff über England nach Frankreich. Das maritime Sturmerlebnis inspiriert Wagner zur Idee der Komposition eines »Fliegenden Holländers«. In Paris, wo er als Kopist, Auftragskomponist und Arrangeur ein Elendsdasein fristet, teilt er schon im kommenden Jahr, also 1840, dem um Hilfe und Protegierung ersuchten Giacomo Meyerbeer mit, daß er die Ballade Sentas, das Lied der norwegischen Mannschaft und den Gesang der Holländer-Matrosen »zur Audition« fertig komponiert habe. Dem Direktor der Grande Opéra, Léon Pillet, übergibt er einen kurz gefaßten Prosaentwurf der Oper, den er in französischer Sprache verfaßt. Der renommierte Musikschriftsteller und Librettist Eugène Scribe sollte darauf ein Opernlibretto für die Pariser Oper schreiben, mit dessen Komposition Wagner betraut zu werden hoffte. Doch es kam weder zu der erhofften Vorführung der drei Musiknummern bei einer Audition, noch zu dem Kompositionsauftrag. Die vielleicht schmerzlichste Ironie seines Pariser Daseins bestand darin, daß der Pariser Operndirektor zwar bereit war, den in Frankreich nicht ganz neuen Opernstoff über das »Vaisseau fantôme«, das »Gespensterschiff« zu akzeptieren, er kaufte das Exposé für 500 Francs, aber er betraute schließlich den Autor Paul Foucher mit der Ausführung des Librettos und den Hauskomponisten Pierre-Louis Dietsch mit der Komposition der Oper, die zwei Jahre später auch tatsächlich in Paris uraufgeführt wurde.

Eine herbe Enttäuschung für Wagner. Immerhin aber, mit den 500 Francs kauft er kurzentschlossen und hoffnungsfroh ein Klavier. Silvester des Jahres 1840 feiert er mit alten Freuden aus der Heimat: dem Philologen Samuel Lehrs, dem Bibliothekar Anders und dem Maler Ernst Benedikt Kiez, der das erste Bleistiftporträt Wagners anfertigte. Ihm widmete der strahlende Besitzer eines Pianofortes, der arme Richard Wagner, ein leidenschaftlich-schwärmerisches »Albumblatt für Klavier in E-Dur«.

Auf seinem neuen Klavier stürzt sich Richard Wagner nach der Absage der Pariser Oper mit geradezu inbrünstigem Trotz auf die Komposition seines »Fliegenden Holländers«. In der »Mitteilung an meine Freunde« bekennt Wagner: »Es war eine wollüstig schmerzliche Stimmung, in der ich mich damals befand«. Sie »gebar mir den längst bereits empfangenen ›Fliegenden Holländer‹ «. In nur zehn Tagen schreibt er das Textbuch, in sieben Wochen hat er die Komposition abgeschlossen. Die gesamte Partitur ist in nur vier Monaten fertig. Vergeblich bietet er die Oper dem Berliner Hoftheater zur Uraufführung an. Sie wird erst zwei Jahre später, am 2. Januar 1843, nur sechs Wochen nach der Uraufführung des »Rienzi« im Königlich Sächsischen Hoftheater in Dresden zum ersten Mal das Licht jener Bretter erblicken, die für Wagner die Welt bedeuteten.

In der romantischen Oper vom »Fliegenden Holländer« hat Richard Wagner einen der ältesten und in der Weltliteratur meistverbreiteten Mythen dramatisiert: den Ahasverus-Mythus, der in mehr als zweihundert Werke der Weltliteratur eingegangen ist. Um nur einige herausragende Bearbeiter des Stoffs zu nennen: Lord Byron, Shelley und Goethe, Eugen Sue und Alexandre Dumas, Lenau, Hauff, Heyse, Auerbach, Lienhard und Strindberg, schließlich Walter Jens und Stefan Heym. Angeregt durch das siebte Kapitel aus Heinrich Heines Parodie der Sage vom Fliegenden Holländer in den »Memoiren des Herren Schnabelewopski«, worin Heine selbst die Titelfigur als »den ewigen Juden des Ozeans« bezeichnet, bekannte Wagner in seiner »Autobiographischen Skizze«: »Besonders die von Heine einem holländischen Theaterstücke gleichen Titels entnommene Behandlung der Erlösung dieses Ahasverus des Oceans gab mir Alles an die Hand, diese Sage zu einem Opernsujet zu benutzen.« Des Seeräubers Erlösung durch eine unbescholtene Jungfrau: Eine Oper, in der er zum ersten Mal jenen für sein späteres Werk so charakteristischen dreiaktigen, tragischen Zusammenhang aus Flucht, Treue-Eid, Betrug und Erlösung knüpft. Es sind Motive, deren Varianten neben dem Todesmotiv alle späteren Werke Wagners durchziehen. Tod als Opfer und Erlösung, die Frau als erlösende Todesgöttin: das trifft auf Elisabeth wie Brünnhilde, Isolde und Senta zu. Lohengrin und Parsifal sind die männlichen Ausnahmen unter den Wagnerschen Erlöserfiguren.

Zum ersten Mal begegnet man im »Fliegenden Holländer« einer typischen Wagner-Problematik. Mit Nachdruck und mit einiger Berechtigung hat Wagner denn auch selbst in der »Mitteilung an meine Freunde« betont: »Von hier an beginnt meine Laufbahn als Dichter«. In der Tat weist der »Holländer« in dem tragischen Konflikt zwischen Sentas auf irdische Bindung gerichteten Treueschwur und des Holländers Hoffnung auf seine endliche Erlösung im Sinne einer gemeinsamen Vernichtung, jenes Moment der Absurdität, der antinomischen Unlösbarkeit auf, das Wagner in der Eheschließung Elsas mit Lohengrin noch steigern wird. Mit solcher Konstellation geht Wagner auf der Opernbühne über alle literarischen und librettistischen Vorbilder weit hinaus!

Was nun den Fliegenden Holländer als Personifikation der Gestalt des Ahasverus angeht, gestatten Sie mir einen kleinen literaturgeschichtlichen Exkurs: ursprünglich war Ahasver eine heidnische Gestalt, ein Römer. Erst seit der »Chronique Rimée« des Philipp Monsques, Bischof von Tournai (seine Geburt datiert man mit 1263), wird Ahasver als Jude geschildert. Seit dem achtzehnten Jahrhundert flossen in den weitverbreiteten Ahasverus-Stoff zunehmend antisemitische Tendenzen ein. Weder die Erzählung vom Antichrist noch vom Ahasver hatten von vornherein eine antisemitische Tendenz, wie die Forschung erwies. Dagegen war bereits für Arthur Schopenhauer der ewige Jude »nichts Anderes, als die Personifikation des ganzen jüdischen Volks. Weil er an dem Heiland und Welterlöser schwer gefrevelt hat, soll er von dem Erdenleben und seiner Last nie befreit werden und dabei heimatlos in der Fremde umherirren«, wie es in den 1851 erschienenen »Parerga und Paralipomena« heißt.

Richard Wagner wollte allerdings seine Variante des Ahasver-Mythos, seinen »Fliegenden Holländer« anders verstanden wissen! Für ihn ist diese Gestalt, wie er in der schon mehrfach zitierten »Mitteilung« erläutert, »eine merkwürdige Mischung des Charakters des ewigen Juden mit dem des Odysseus«, eine Mischung also aus mittelalterlich ahasverischer Todessehnsucht einerseits und griechische »Sehnsucht nach der Heimat, nach Haus, Herd und – Weib« wie es da heißt. Wagner faßt den Fliegenden Holländer halb als jene hellenisch-christliche, »immer und ewig, zweck- und freudlos zu einem längst ausgelebten Leben« verdammte, sich nach Erlösung im Tode sehnende Gestalt des »ewigen Juden« auf, die das »irdisch heimatlose Christentum« erfunden habe; halb allerdings auch als die Verkörperung des der »weltgeschichtlichen Epoche der Entdeckungsreisen« zugehörigen Verlangens nach »einem Neuen«, wie er es formuliert. Das aber ist – mit Worten Hans Mayers – die Sehnsucht nach »dem Unerhörten, nach dem Ausbruch aus der Gegenwart und Umwelt. Senta ist keine Närrin und Hysterikerin, wie man so oft gesagt und auf der Bühne dargestellt hat. Sie ist ein junger, leidenschaftlicher und sehr einsamer Mensch in einer engen und geistig platten Umwelt«. Kurzum eine Aufbegehrende, eine aus der Konvention Ausbrechende.

Dazu heißt es in Wagners Selbstkommentar, in der »Mittelung an meine Freunde«: »Der holländische Seefahrer ist zur Strafe seiner Kühnheit vom Teufel (...) verdammt, auf dem Meere in alle Ewigkeit rastlos umherzusegeln. Als Ende seiner Leiden ersehnt er, ganz wie Ahasveros, den Tod; diese, dem ewigen Juden noch verwehrte Erlösung kann der Holländer aber gewinnen durch ein Weib, das sich aus Liebe ihm opfert: die Sehnssucht nach dem Tode treibt ihn somit zum Aufsuchen dieses Weibes; dies Weib ist aber nicht mehr die heimatlos sorgende, vor Zeiten gefreite Penelope des Odysseus, sondern es ist das Weib überhaupt, aber das noch unvorhandene, ersehnte, geahnte, unendlich weibliche Weib, – sage ich es mit einem Worte heraus: das Weib der Zukunft.«

Senta ist jenes »erlösende Weib der Zukunft«, von dem Wagner 1851 sprach, was immer er zu diesem Zeitpunkt im Sinne seiner revolutionären, utopisch sozialistisch geprägten Zukunftshoffnungen darunter verstanden haben mag. Insofern ist es kein Zufall, daß er – gleich welchen Wahrheitsgehalt man seiner Inspirationslegende beimessen mag – bekannte: »Ich entsinne mich, noch ehe ich zur eigentlichen Ausführung (...) schritt, zuerst die Ballade der Senta im zweiten Akt entworfen und Vers und Melodie ausgeführt zu haben. In diesem Stück legte ich unbewußt den thematischen Keim zu der ganzen Musik der Oper nieder. Es war das verdichtete Bild des ganzen Dramas, wie es vor meiner Seele stand. Als ich die fertige Arbeit betiteln sollte, hatte ich nicht übel Lust, sie ›dramatische Ballade‹ zu nennen.« Inwieweit dies den entstehungsgeschichtlichen Tatsachen entsprach oder nicht, sei dahingestellt, Wagner liebte Inspirationslegenden: der Balladencharakter des Ganzen ist indes unverkennbar. Und der auf die Urschrift zurückgehende Regieeinfall Cosima und Siegfried Wagners, im Jahre 1901, als sie zum ersten Mal den »Fliegenden Holländer« in Bayreuth aufführten, das Stück in einem Zuge, weder durch Aktschlüsse noch Pausen unterbrochen, spielen zu lassen, leuchtet ein und hat Schule gemacht.

Neben dem zentralen Aspekt des Fliegenden Holländers als eines personifizierten Ahasverus darf ein zweiter beim Verständnis der Titelfigur, wie der Oper schlechthin, nicht übersehen werden: »ein uralter Zug des menschlichen Wesens«, der in der Gestalt des ahasverischen Holländers »mit herzergreifender Gewalt« sich ausspreche: »die Sehnsucht nach Ruhe aus Stürmen des Lebens«, um es in Wagners eigenen Worten zu sagen. Oder, abstrakt gesprochen, die Sehnsucht des von Neugier, Gefahr, Eroberung, Ehrgeiz und Erwerbsgier geprägten patriarchalischen Mannes nach der Erlösung durch das Weib und seine mütterliche Umfassung, nach Bergung, nach Ruhe und Heimat. Eine romantische Vorstellung, diese Heimkehr in den Mutterschoß und seine Nacht, nach Vergessen und Vergehen, Auflösung in Natur, Erlösung des Männlichen durch das (sich aufopfernde) Weibliche.

Nicht nur in der Verwendung dieser stofflich-geistigen Antithese, auch in den musikalischen Mitteln steht der »fliegende Holländer« noch ganz in der Tradition der deutschen romantischen Oper. »Der Fliegende Holländer« ist eine Nummernoper mit Ouvertüre, Introduktion und Lied, Rezitativ und Arie, Kavatine, Ballade, Duett, Terzett, schulgerechten Finali samt Schlußchören. Die romantische Harmonik mit den verminderten Septimen Webers, Mendelssohns und Marschners kommt noch einmal zu hohen Ehren.

Das spielopernhaft volkstümliche Biedermeier der Spinnstube, die Genreszenen alkoholseliger, tanzender und singender Matrosen läßt Wagner – einmal abgesehen von aufschimmernd kühner, progressiver Chromatik – allerdings schon in der Ouvertüre weit hinter sich. Sie geht über die Potpourri-Ouvertüre insofern hinaus, als sie den Gang der Handlung der Oper bereits in wesentlichen Motiven musikalisch vorwegnimmt:

nicht nur in einigen Hauptthemen, sondern als durchentwickeltes geschlossenes Musikstück: eine kleine sinfonische Dichtung, wenn man so will. Demgegenüber erscheint das kantable Liebesduett des zweiten Aktes wie gefällige Konvention, in der allerdings der antinomische Grundkonflikt deutlich zutage tritt. In Holländer und Senta stehen sich ein Erlösungssuchender und eine Liebende gegenüber, ein Geisterwesen und ein Mensch, ein junges Mädchen, das sich aufopfert und ein altes Gespenst, das sich nach Vernichtung sehnt. Solch antagonistischer Aufprall von menschlicher und geisterhafter Welt ist das Grundprinzip, nach dem auch Opern wie »Der Freischütz«, »Oberon« oder »Undine« von E.T.A. Hoffmann, zu schweigen von den Opern Heinrich Marschners, angelegt worden sind. Das tragische Ende solcher Konfrontationen mit dem Übernatürlichen ist in jedem Falle vorgezeichnet. Doch bei Wagner ist es mehr, es ist Aufbegehren gegen überkommene Rollen und gegen Prädestination. Das Ahasverische spielt dabei nur eine untergeordnete Rolle als literarisches Motiv. Es geht Wagner im »Fliegenden Holländer« nicht um eine spezifisch jüdische Problematik. Der Holländer wird schließlich in keiner Weise mit tradierten, negativen »jüdischen« Eigenschaften ausgestattet. Im Gegenteil: Wagner macht aus der Legendengestalt des ewigen Juden eine von der mythischen Vorlage befreite, modern anmutende Weltschmerzgestalt. Der Holländer ist ein großzügiger, man möchte sagen, edler Verdammter, bestimmt zu absurdem, ewigem Leben und nicht endender Sehnsucht nach dem Tode. Wider Erwarten findet er Erlösung im Opfertod einer liebenden Frau. Nicht nur bei Wagner, sondern in der Literatur schon der dreißiger und vierziger Jahre des 19. Jahrhunderts war Ahasver gebräuchliches Symbol des Weltschmerzes und der Skepsis gegenüber Welt und Geschichte. Der Text Wagners weist denn auch eine ziemlich eindeutige Verwandtschaft mit anderen Weltschmerz-Dichtungen der Zeit auf. Man denke nur an Byrons »Manfred«, Büchners »Danton«, Lenaus Ahasver-Ballade oder Eugen Sues Roman vom Ewigen Juden.

Der Monolog des Holländers ist – wenn man so will – eine grandiose Weltschmerz-Nummer, kantabler musikalischer Ennui auf der Opernbühne, ist vorwegenommener Schopenhauer. Solch pathetischer Verzweiflungspessimismius lag in den vierziger und fünfziger Jahren des 19. Jahrhunderts in der Luft. Der Literaturwissenschaftler Dieter Borchmeyer hat zurecht darauf hingewiesen: Wenn man Ahasverus »mit Hamlet, Faust und Don Juan zu den in immer neuen Metamorphosen auftauchenden Repräsentanten des Weltschmerzes« zählt, kann man füglich Wagners »Fliegenden Holländer« als »Oper des Weltschmerzes« bezeichnen. Auch wenn die literarische Gestalt des Ahasver zu Wagners Zeiten mit antisemitischen Tendenzen behaftet ist, in Wagners Oper vom Ewigen Juden des Meeres ist eine antijüdische Tendenz nicht erkennbar. Die Behauptung eines der fanatischsten wie unseriösesten Wagnerverächters, Hartmut Zelinsky mit Namen, Wagner habe in der Erlösung des »Fliegenden Holländers« gefordert, »was er und nur er aufgrund seines Erlösungssyndroms ihnen (den Juden) zugedacht«, was er schließlich »in der Erlösung der ahasverischen … Kundry als ihre Vernichtung in den ›Parsifal‹ aufgenommen« habe, diese Behauptung entbehrt jeder textlichen Grundlage. Senta ist weder Kundry noch Jüdin. Und in Sentas beherztem Sprung in die norwegischen Fluten ist bereits Isoldes Liebestod vorgezeichnet. Nachsterben aus Liebe als Erlösung, Verschmelzung und als Utopie eines Neuen, das meint immerhin eine Möglichkeit von Glück in einer anderen, besseren Zeit. Insofern ist auch »Der Fliegende Holländer« vom Geist der Utopie beseelt. Und Utopien sind bei Wagner immer auch politische! Der Schluß der Oper mit Tod und Verklärung, der den Regisseuren meist Unbehagen bereitet, ist eindeutig. Da heißt es nach Sentas und des Holländerschiffes Untergang vor sich erhellendem Himmel: »beide in verklärter Gestalt, entsteigen dem Meere«. Was aber entscheidend ist: der Holländer »hält sie (Senta) umschlungen«.

Der Bayreuther »Jahrhundertring«:
Politikum in doppelter Hinsicht

Des Nibelungen »Ring«: eine kosmo-politische Parabel

Im Königlichen Opernhause zu Berlin dirigierte Richard Wagner am 5. Mai 1871 höchstselbst seinen Kaisermarsch. In Anwesenheit des Kaisers, der Kaiserin Augusta und des gesamten Hofes. Auf dem Programm außer Beethovens fünfter Sinfonie nur Stücke aus eigenen Werken. Wagner hatte es geschafft! Er war hof-fähig geworden und hatte sich als Komponist Anerkennung und Respekt errungen. Ein halbes Jahr später sollte sein Werk auch Italien, das Herkunftsland der Oper, erobern. Der »Lohengrin« erlebt in Bologna seine italienische Erstaufführung. Kein Geringerer als Giuseppe Verdi ist anwesend.

Nur wenig mehr als zwei Wochen vor seinem Auftritt vor dem Berliner Hof hatte Wagner, gemeinsam mit Frau Cosima, zum ersten Mal das fränkische Städtchen Bayreuth besucht: am 15. April 1871. Im Hotel »Zur Sonne« wird logiert, man besichtigt das Markgräfliche Opernhaus, findet die Bühne jedoch zu klein und ungeeignet zum Zwecke der Aufführung der Wagner-Festspiele. Doch der Ort gefällt Richard, so daß er beschließt, sich in Bayreuth niederzulassen, ein Festspielhaus zu errichten und die Aufführung des »Rings des Nibelungen« vorzubereiten, obwohl der letzte Abend der gewaltigen Tetralogie in der Orchestrierung noch unvollendet ist. Schon am 22. Mai folgenden Jahres findet um 11 Uhr vormittags die Grundsteinlegung des Bayreuther Festspielhauses statt, bei strömendem Regen und verfinstertem Himmel. Nachmittags um fünf dirigiert Wagner im festlich illuminierten Markgräflichen Opernhaus Beethovens neunte Sinfonie. Aus der benachbarten Synagoge borgt man eigens für diese Aufführung einen großen Deckenleuchter. Anschließend gibt Wagner für die Patrone und Delegierten der zum Zwecke der Finanzierung der Bayreuther Festspiele gegründeten Wagner-Vereine ein Festbankett im »Hotel Sonne«. Am 14. September des Jahres ziehen die Wagners vom Schweizerischen Tribschen nach Bayreuth um, zunächst in das Haus Dammallee 7.

Es wird noch 2 Jahre dauern, bevor man in die Villa Wahnfried einziehen kann, deren Bau König Ludwig mit einem gewaltigen Kredit ebenso bezuschußt, wie er mit einer noch beträchtlicheren Bürgschaft auch den Bau des Festspielhauses vor dem Ruin bewahrt. Auf die Vorderfront seiner behaglichen Villa läßt Wagner das selbst verfaßte Motto anbringen: »Hier wo mein Wähnen Frieden fand – Wahnfried sei dies Haus von mir benannt!« Der Spruch sollte sich bewahrheiten! Hier wurden beispiellose Erwartungen und Hoffnungen eines unbescheidenen, rebellischen Künstlers erfüllt. Richard Wagner in Bayreuth, das ist die Geschichte eines Sieges, die nur eine Parallele kennt: Goethe in Weimar.

1873 feiert man Richtfest des Festspielhauses. Sogar Anton Bruckner reist an. Er wird von Wagner huldvoll empfangen und widmet ihm seine dritte Sinfonie. Wagner küßt ihn »ein übers andere mal«. Ludwig II. von Bayern, Wagners rettender Mäzen, verleiht Wagner den Maximilians-Orden. Aber er verleiht ihn zugleich Johannes Brahms, Wagners musikalischem Widersacher. Was für sich spricht: der König war nicht dumm!

Am 13. August 1876 werden in Anwesenheit Kaiser Wilhelms I. die ersten Bayreuther Festspiele eröffnet, die Krönung des Lebenswerks Richard Wagners. Es ist die Erfüllung des vielleicht exzessivsten Künstlertraums einer ganzen Epoche. Anwesend sind nicht nur Vertreter der Hochadels, internationale Presse und von weit her angereistes Publikum, auch zahlreiche Komponisten aus nah und fern waren zu dem musikalischen Event in die bayerische Provinz gereist: darunter Anton Bruckner und Peter Tschaikowsky. Auch die französischen Komponisten wurden nicht müde, nach Bayreuth zu pilgern, im Eröffnungsjahr wie in den Jahren danach. Und manch einer, wie etwa Gabriel Fauré, drehte bei aller Begeisterung für den Bayreuther Meister dem schnell entstehenden Kult, der um ihn getrieben wurde, mit den ironisch-persiflierenden »Souvenirs de Bayreuth« – musikalisch jedenfalls – eine Nase.

Trotz des nur mäßigen Erfolgs der ersten Bayreuther Festspiele waren sich die meisten Anwesenden bewußt, daß das dreitägige Bühnenfestspiel von der Welt Anfang und Ende, »Der Ring des Nibelungen«, nebst »Vorabend« eine einzigartige Stellung in der Geschichte des Musiktheaters einnimmt. Das Werk ist schon von seinen Ausmaßen her ein vergleichslos gewaltiges, sozialutopisches Kunstwerk: eine mythologisierende Fabel, ein musikalisch-psychologisches ineinander verwobenes Endzeitdrama, in dem Wagners Erlösungsgedanke in all seinen Spielarten zum Zuge kommt. Es geht darin allerdings keineswegs um den Untergang der Welt schlechthin, sondern vielmehr um die Vernichtung einer überalterten, weil auf Vertragsbruch und Betrug, Diebstahl, Machtgier und Egoismus aufgebauten Welt der Gold- und Gewaltherrschaft zugunsten einer neuen, von Liebe, Gewaltfreiheit und sozialer Verantwortung gekennzeichneten Menschheitsepoche, auch wenn deren erste Repräsentanten, Siegfried und Brünnhilde, den tragischen Ereignissen zum Opfer fallen.

Die utopisch-politische Stoßkraft der Tetralogie ist unübersehbar. Ludwig Feuerbachs antiidealistische Philosophie, Marxsche Thesen von der Entfremdung des Menschen, sozialrevolutionäre Ideen französischer Provenienz, vor allem Proudhons, aber auch anarchistische Gedanken Bakunins sind in die Konzeption des »Rings« ebenso eingegangen wie Schopenhauerscher Pessimismus der Weltverneinung, der dem von der Revolution, von der politischen Praxis enttäuschten Bürger das Wort redete.

Stofflich hat Wagner im »Ring« auf nordische Quellen zurückgegriffen, auf die Edda, die Volsunga-Saga, auf Wilkina- und Niflungasaga. Er hat aber auch mittelalterliche Texte verwertet, etwa das Deutsche Heldenbuch oder die Deutsche Heldensage von Wilhelm Grimm, zu schweigen von Grimmschen Märchen, ja Kasperlemotiven. Außerdem standen dem Werk Shakespearsche Tragödienkonstellationen und vor allem das Arsenal der antiken griechischen Mythologie Pate. Trotz der stofflichen Unzeitgemäßheit war der »Ring« ein höchst zeitgemäßes Werk, denn die germanische Mythologie ist nur die Fassade, die Staffage eines wesentlich komplexeren, eines in seinen Personenkonstellationen und psychologischen Problemen höchst gegenwärtigen Dramenzyklus, der geradezu Erkenntnisse Freudscher Psychoanalyse vorwegnimmt, was schon Thomas Mann mit Nachdruck betonte, als er schrieb, der »Ring« sei eine »Mischung aus mythischer Urtümlichkeit und psychologischer, ja psycho-analytischer Modernität.« Wagners »Ring« ist aber auch ein Meisterstück musikalischer Tonmalerei und subtilen Stimmungszaubers, der »Kunst des Übergangs« und dessen, was man »unendliche Melodie« nennt. Die subtile musikalische Charakterisierungsfähigkeit von Mensch und Natur, ja die psychologische Funktion von Musik hat in Wagners »Ring« jedes bis dahin gekannte Maß an Differenziertheit überschritten. Nicht ohne Grund feierte Nietzsche Wagner als den »größten Miniaturisten der Musik«.

Die Entstehung der Ring-Dichtung ist aufs engste verknüpft nicht nur mit frühsozialistischer Lektüre, sondern auch mit den revolutionären Ereignissen im Umfeld von 1848/49. Zu jenem Zeitpunkt fand Wagner den Stoff seines Lebens, der ihn insgesamt 25 Jahre beschäftigen sollte. Er schrieb zunächst die Prosa-Fassung von »Siegfrieds Tod«, die später in »Götterdämmerung« umbenannt wird. 1851 entwift Wagner den »Jungen Siegfried«, das ist der spätere »Siegfried«, 1852 folgen »Walküre« und »Rheingold«. In umgekehrter, also chronologischer Reihenfolge, hat sich Wagner dann an die Komposition herangemacht. Sie hat ihn – mit zwölfjähriger Unterbrechung zwischen dem zweiten und dem dritten Akt des »Siegfried« – von 1853 bis 1874 in Anspruch genommen.

Trotz der engen gedanklichen Verknüpfung der einzelnen Abende der Tetralogie, trotz der dichten, einheitstiftenden (wenn auch zuweilen befremdlichen) Sprache des Stabreims, die nur gesungen sich legitimiert, und einer hochentwickelten musikalischen Leitmotivtechnik ist der musikalische Bruch im »Siegfried« nicht zu überhören. Die »Tristan-« und »Meistersinger«-Erfahrungen haben im »Siegfried« und in der »Götterdämmerung« ihre Spuren hinterlassen. Dennoch bildet das Werk als Zyklus eine angesichts des langen Entstehungszeitraums bewundernswerte Einheit. Immerhin hatte Wagner ein Vierteljahrhundert am Ring gearbeitet!

Des Einflusses der Philosophie Arthur Schopenhauers zum Trotz, deren Lektüre Wagner während der Komposition der »Walküre« erschütterte und ihm eine neue Lesart des Werks erschloß (ihn übrigens auch zu zahlreichen Varianten des Schlußmonologs der Brünnhilde veranlaßte), trotzdem ist an Wagners Intention einer antikapitalistischen Parabel angesichts der zahlreichen – auch späten – Selbstkommentare nicht zu zweifeln. Schon am Ende des ersten Abends, im »Rheingold«, das die Parabel im Kern enthält, verrät Loge, der Wotan gegenüber kritisch eingestellte Feuergott, daß der sich in Machtzuwachs sonnende Götterclan als herrschende Klasse todgeweiht ist: »Ihrem Ende nun eilen Sie zu, die so stark im Bestehen sich wähnen!«

Es ist gerade die Mischung aus hochbrisanter politischer Parabel und theatralischem Rückzug in die Welt der germanischen Mythologie, die den Reiz und die Vielschichtigkiet der Tetralogie ausmacht, aber auch die Schwierigkeit einer adäquaten und einleuchtenden Aufführung auf dem Theater. Schon Wagner war sich der Tatsache bewußt, daß der »Ring« nicht im üblichen Repertoire der Opernhäuser zu spielen sei, weshalb er von Anfang an die Idee einer zyklischen Festspielaufführung in einem eigens dafür hergerichteten Theater hatte. In seinem Schweizer Exil träumte er von einer Aufführung an den Ufern des Zürcher Sees, später schwebte ihm eine (kostenlose) Aufführung am Ufer des Rheins vor, bevor er schließlich den Plan zum Bau des Bayreuther Festspielhauses faßte, wo das demokratische Fest dann doch nicht stattfand, auch wenn die Bayreuther Eintrittspreise, verglichen mit anderen Festspielen, stets als preiswert zu bezeichnen waren und sind.

Die Gefahr, daß hinter allzu realistischem, mythisch-germanischem Ausstattungspomp das moderne, das revolutionäre Potential des Stücks verlorengehen könne, hatte schon Wagner erkannt. Die Erfahrungen der Bayreuther Uraufführungsproduktion hatten ihn zu großer Skepsis gegenüber allzu realistischer, historisierend-germanischer Ausstattung bewogen, wie sie schon in den von Ludwig II. angeordneten Münchner Uraufführungen von »Rheingold« (1869) und »Walküre« (1870) den Blick auf das Revolutionäre des Werks verstellte. Den Ausspruch ihres Gatten »Immer tiefere Einsicht in die Unvollkommenheit der Darstellung!!« notiert Cosima am 28. Juli 1876 in ihr Tagebuch. Weiter heißt es da: »So weit wird die Ausführung vom Werk zurück bleiben, wie das Werk von unsrer Zeit fern ist!«. Zwei Tage später moquiert sich Richard auch über die Bühnenkostüme des Professor Doepler: »Die Costüme erinnern durchweg an Indianer-Häuptlinge und haben neben dem ethnographischen Unsinn noch den Stempel der Kleinen-Theater-Geschmacklosigkeit! Ich bin darüber trostlos«. Am 8. September schließlich ist Richard völlig verzweifelt. Kostüme, Dekorationen, alles müsse für die Wiederholung noch einmal neu überdacht und neugestaltet werden. Cosima notiert: »R. ist sehr traurig, sagt, er möchte sterben!«

Der Bayreuther »Ring des Nibelungen« hatte trotz des großen gesellschaftlichen und künstlerischen Echos überwiegend ablehnende Pressereaktionen und ein gewaltiges finanzielles Defizit zur Folge. Viele der anwesenden Theaterintendanten hielten den »Ring« schon technisch für unaufführbar außerhalb Bayreuths. Dennoch wagte schon 1878 München einen eigenen kompletten »Ring«, ein Jahr später folgte Wien, 1881 brachte Angelo Neumann einen »Ring« als Gastspielproduktion im Berliner Victoria-Theater heraus, Neumann, der als »reisendes Wagner-Theater« auf seinen vielen Tourneen durch ganz Europa das Werk populär machte. In New York wurde der »Ring« erstmals 1889 gespielt, in Paris kam der erste Zyklus 1911 heraus. Danach wurde der »Ring« auf der ganzen Welt in die Spielpläne der Opernhäuser aufgenommen. Bis heute bedeutet er noch immer für jedes Opernhaus eine gewaltige technische, künstlerische und finanzielle Herausforderung.

In seinem aufsehenerregenden Wagner-Brevier »The perfect Wagnerite«, das 1907 erstmals ins Deutsche übersetzt wurde, hat George Bernard Shaw als Erster soviel Scharfsinn bewiesen, den »Ring des Nibelungen« als ein »Drama der Gegenwart« zu interpretieren und die Figuren der Tetralogie als symbolische Abbilder gesellschaftlicher Typen der Wagnerzeit zu bezeichnen. Shaw hat den »Ring« und sein Personal zurecht aus dem politischen Denken und Agieren Wagners im Umkreis der Revolution von 1848 gedeutet und erklärt, daß Wagners »Schilderung des Nibelungenreiches unter Alberichs Herrschaft die dichterische Vision des unkontrollierten industriellen Kapitalismus ist, der in Deutschland um die Mitte des 19. Jahrhunderts durch Engels‹ ›Die Lage der arbeitenden Klassen in England‹ bekannt wurde«. Eine Provokation für alle Ignoranten der politischen Dimensionen des Wagnerschen Werks! Und doch hat Wagner selbst einer solchen »sozialistischen« Deutung des »Rings« – die indes nur eine, wenn auch wesentliche – Bedeutungsebene dieses komplexen Kunstwerks darstellt, durchaus Vorschub geleistet, wie diversen seiner zahlreichen Selbstkommentare des Werks zu entnehmen ist. So bekannte Wagner in einem Gespräch über die Dresdner Revolution am 2. Mai 1874 seiner Frau Cosima: »Ich selbst, ich hätte, glaube ich, den Ring nicht konzipiert ohne diese Bewegung«. Auch in seiner Autobiographie schrieb er klipp und klar, daß der »Ring« geboren worden sei aus revolutionärem Antrieb der Dresdner Zeit. In einem Brief an seinen Freund Theodor Uhlig, aus dem Zürcher Exil geschrieben, hatte es Wagner schon am 12. November 1851 deutlich ausgesprochen: mit dem »Ring« gebe er »den Menschen der Revolution (...) die Bedeutung dieser Revolution nach ihrem edelsten Sinne, zu erkennen.«

Und während einer London-Reise im Jahr nach der Bayreuther Uraufführung des ersten kompletten »Rings« hat Cosima die aufschlußreiche Äußerung Wagners vom 25. Mai 1877 notiert, die er während einer Schiffahrt auf der Themse von sich gab: »Der Traum Alberichs ist hier erfüllt, Nibelheim, Weltherrschaft, Tätigkeit, Arbeit, überall der Druck des Dampfs und Nebel.« Schließlich kann man noch am 15. Februar 1881, also zwei Jahre vor Wagners Tod, in Cosimas Tagebuch lesen: »In diesen Tagen freute sich R., im Ring des Nibelungen das vollständige Bild des Fluches der Geld-Gier gegeben zu haben und des Unterganges, welcher daran geknüpft ist.«

Einen Monat zuvor schrieb Wagner diesen Gedanken selbst nieder und zwar in dem Aufsatz »Erkenne dich selbst«. Darin heißt es: »Der verhängnisvolle Ring des Nibelungen als Börsenportefeuille dürfte das schauerliche Bild des gespenstischen Weltbeherrschers zur Vollendung bringen.« Und dieser Weltbeherrscher ist für Wagner, man liest es einige Zeilen später, das »Gold als der unschuldwürgende Dämon der Menschheit«. Es ist angesichts solcher Äußerungen Wagners, denen noch viele hinzugefügt werden könnten, nicht nur legitim, sondern sogar geboten, sein mythopoetisches, musikalisches Gedicht von der Welt Anfang und Ende mit Hans Mayer als »revolutionäres Musiktheater« zu deuten, »in dem Proudhon, Bakunin, Feuerbach und Stirner, frühsozialistische wie anarchistische Theoreme den ›weltanschaulichen‹ Kern abgeben«.

Schon George Bernhard Shaw war klug genug, seine Deutung des Rings aufs Politische zu beschränken. Rassentheoretische Spekulationen ließ er aus dem Spiel, obwohl es sich angeboten hätte, bei seiner Deutung des »Rings« als antikapitalistische Parabel die Juden ins Spiel zu bringen, die bekanntlich schon in Karl Marxens Schrift »Zur Judenfrage« als »Schacher« bezeichnet werden, deren »weltlicher Gott« das »Geld« sei, kurz: als Kapitalisten par excellence .

Aber weder der Text der Tetralogie, noch Wagners kommentierende Äußerungen geben konkrete Hinweise darauf, daß er im »Ring« auch nur eine einzige Gestalt als dezidierte Judenkarikatur habe anlegen wollen. Weder Loge, noch Mime, Alberich oder gar Hunding, die geradezu »klassischen«, von Paul Bekker bis hin zu Theodor W. Adorno immer wieder als Judenkarikaturen gedeuteten Personen des »Rings«, wurden von Wagner jemals, weder in öffentlichen, noch in privaten Äußerungen als solche bezeichnet. In keiner seiner zahlreichen, zum Teil sehr detaillierten Erläuterungen des »Rings« ist die Rede von »jüdischen« Gestalten. Und das will schon etwas heißen, denn Richard Wagners Sorge, daß sein Werk mißverstanden werden könne, führte ja zu einer wahren Erklärungsmanie und verleitete ihn immer wieder zu ausführlichen Selbstinterpretationen. Mythologisch, politisch-gesellschaftskritisch, musiktheoretisch und psychologisch hat er sein dramatisches Haupterk gedeutet, zum Teil provozierend. Da sollte Wagner einen Aspekt ausgeklammert, vergessen oder gar verheimlicht haben, der ihm wichtig gewesen wäre? Einen Aspekt gar, der nach Meinung Hartmut Zelinskys, des erbittertsten unter jenen Wagnerverächtern, die Wagner von Hitler aus deuten zu müssen glauben, die zentrale »Werk-Idee« sämtlicher Dramen darstellt?

Es ist, gelinde gesagt, unangemessen, von einer solchen Annahme auszugehen. Eher doch davon, daß Wagner seine Musikdramen, sein Theater, bewußt frei halten wollte von irgendwelchen Auseinandersetzungen um Juden und Judenhaß, der ihm augrund seiner essayistischen wie privaten Infamien schon genug Probleme bereitet hatte. Probleme, über die noch zu reden sein wird. Die Faktenlage spricht eher dafür, daß Wagner in seinem künstlerischen, also seinem musikdramatischen Werk Gegenentwürfe zur Realität schaffen wollte, Utopien, politische Visionen und gesellschaftliche Modelle, angesiedelt im Raum einer künstlerischen Idealität des »Reinmenschlichen«, in zeitlos mythischen Konstellationen und Konfigurationen, die keine politischen Tagesprobleme duldeten (und der Antisemitismus war für ihn ein solches, da er die Assimilation, ja Enkulturation der Juden als noch nicht vollendet betrachtete). Eine beiläufige, aber interessante Bemerkung Cosimas vom 10. Februar 1881 bestätigt das. Im Zusammenhang eines Gesprächs mit Richard über die Juden und die Frage, ob sie »erlöst werden können«, seien sich beide einig gewesen, daß »unsere Kunst (...) nur eine Flucht sein kann vor dem Bestehenden«.

Daß Wagner in der nationalen Identität der Personnage seiner Nibelungen-Tetralogie die »jüdische Rasse« ausgespart hat und damit jegliche antisemitische Tendenz, die durch eindeutige Charakterisierung, wo nicht Karikierung der Bühnenfiguren zweifellos möglich wäre, geht auch aus folgender Äußerung unzweifelhaft hervor, die Cosima in ihrem Tagebuch festgehalten hat. Am 17. November 1882 heißt es da: »In der Frühe heute gingen wir die Gestalten des R. des Nibelungen durch vom Gesichtspunkt der Racen aus, die Götter, die Weissen, die Zwerge, die Gelben (Mongolen), die Schwarzen die Äthiopier; Loge der métis«. Von Juden ist nicht die Rede. Hätte Wagner wirklich Alberich, Mime, Hunding oder Hagen als solche verstanden wissen wollen, er hätte ganz sicher, wie er es in anderen Zusammenhängen praktizierte, im vertraulichen Gespräch mit seiner notorisch antisemitischen Frau kein Blatt vor den Mund genommen.

Man könnte, wenn man sich denn zu einer exzentrischen rassistischen Deutung entschließen wollte, Wagnern bzw. Cosima beim Wort nehmend, den »Ring« allenfalls als Sinnbild raffgieriger, schachernder »Mongolen« und »Äthiopier« und eines »Germanen« auffassen – man vergesse Wotan nicht! Damit allerdings erwiese sich Hartmut Zelinskys rassistische Deutung des »Rings« als eines Sinnbilds einer »vom Juden beherrschten Welt des Geldes, des Besitzes und des Eigentums«, in dem der Brand Walhalls Wagners vermeintlich antisemtische Untergangsvision darstelle, als völlig überzogenes Gedankengebäude, das jeglicher Grundlage entbehrt.

Im übrigen spricht gegen die Annahme Zelinskys, daß die Nibelungen, vor allem Mime und Alberich, von Wagner negativ gewertete Schacher-Juden seien sollen, auch folgende, von Cosima am 2. März 1878 notierte Bemerkung Wagners zur Entstehung seines »Rings«: »daß er einst völlige Sympathie mit Alberich gehabt« habe. Und schließlich gilt es zu bedenken, daß in der utopischen Schlußvision der Tetralogie alle vom Fluch des »Rings« Betroffenen, also Götter, Menschen und Zwerge erlöst werden durch die Opfertat Brünnhildes. Erlöst vom Ring als Symbol kapitalistischer Machtgier und Inhumanität. Ginge man von der Hypothese aus, die Schwarzalben (die Zwerge also und deren Repräsentanten Alberich und Mime), sowie Loge seien Judenkarikaturen, wäre am Ende des »Rings« – nach solcher Lesart – nichts anderes als die Erlösung auch der Juden proklamiert.

Dies bedeutete aber, daß Wagner die gemeinsame Erlösung der Juden und der Nichtjuden meinte. Und das wäre dann derselbe versöhnliche Gedanke, der am Ende der zweiten Auflage seiner Schrift über »Das Judentum in der Musik« expressis verbis ausgesprochen wird, wie noch zu erörtern sein wird. Doch nichts davon im »Ring«! Von antisemitischem Vernichtungsdenken kann keine Rede sein.

Richard Wagner, der Spitzenfreund.

Nachdem die **„neue Presse“** die Spitzenliebhaberei des großen Meisters schon ent
hüllte, erlauben wir uns die Verehrer des Zukunftsmusikers auch durch die Wiedergabe eine
Fotografie zu erfreuen, welche den Schöpfer der **„Walküre“** im graziösen Spitzenhösche
darstellt.

Erotische Bekenntnisse im »Zirkus Walküre«

Als »Zirkus« hat Friedrich Nietzsche die »Walküre« bezeichnet. Seine Einschätzung kommt nicht von ungefähr! Zirkus lebt von Sensationen, grellen Effekten, spannenden Dressurakten und gefährlichen Momenten, wo der Zuschauer den Atem anhält. Zum Zirkus gehören das Vordergründige ebenso wie Musik und Erotik.

All dies trifft auf die »Walküre« zu. Sie ist nicht nur musikalisch der effektvoll-populärste Teil des »Rings«, sie ist es auch handlungsmäßig: eine dramatische Ballung von Amoralität, Verbrechen und anstößiger Erotik. Mit Grund darf man die »Walküre« als das erotische Interludium zwischen dem »Rheingold« (dem Machtspiel der Tetralogie) und »Siegfried« (dem Revolutionsstück) bezeichnen. Im Vordergrund der »Walküre« stehen immer wieder »sex and crime«, wie – mit anderen Worten freilich – schon Ernst von Pidde feststellte, Amtsrichter in Gifhorn und Autor jener amüsanten Studie über »Richard Wagners ›Ring des Nibelungen‹ im Lichte des deutschen Strafrechts«. Darin liest man: »Auf der Flucht gerät der heimatvertriebene Siegmund, ein unehelicher Sohn Wotans, in die Wohnküche des Riesen Hunding.« Hier irrt Herr von Pidde, denn Hunding ist kein Riese. Hunding entlarve seinen Gast sogleich »als notorischen Querulanten. Um so günstiger urteilt Hundings Gattin Sieglinde: sie glaubt in Siegmund keinen Geringeren als ihren verschollenen Zwillingsbruder wiederzuerkennen. Während der Riese seinen Schwager für den nächsten Tag zum Zweikampf fordert, faßt dieser, der nahen Verwandtschaft ungeachtet, zur Hausfrau eine Neigung, die nicht ohne Folgen bleibt. Wotan, ursprünglich gesonnen, seinem illegitimen Abkömmling den Sieg zu verleihen, wird von Fricka umgestimmt und läßt Siegmund durch dessen – gleichfalls außerehelich zur Welt gekommene – Halbschwester Brünnhilde das Todesurteil verkünden. Durch den Anblick des Geschwisterpaares gerührt, trotzt Brünnhilde jedoch der väterlichen Weisung, so daß sich Wotan zu persönlichem Eingreifen genötigt sieht: er zerschmettert Siegmunds Schwert, das dieser sich in seinem Nachtquartier heimlich zugeeignet hat; Hunding tötet den Wehrlosen, wird aber gleich darauf selbst von Wotan niedergestreckt. Brünnhilde wird zur Strafe für ihre Insubordination auf einem feurigen Felsen eingeschläfert: wer die Lohe durchdringt, soll sie ehelich besitzen.«

So also liest sich die Inhaltsangabe der »Walküre« aus der Sicht eines Juristen. Im Lichte des Deutschen Strafrechts besehen, lassen sich in diesem Stück folgende Straftatbestände feststellen: ein geradezu klassischer Fall von Blutschande (Siegmund und Sieglinde), Mordabsicht (Siegmunds gegenüber Hunding), Totschlag (Hundings Tötung Siegmunds), noch einmal Totschlag und Beihilfe zum Totschlag (Wotans Beteiligung am Tod Siegmunds wie Hundings) und Anstiftung zum Mord (Frickas Wunsch, daß Hunding falle). Nicht zu reden von erotischer Freizügigkeit auf der Bühne und frivoler Verbalerotik, etwa der Walküren im Walkürenritt.

»Sex and crime« befeuert als dramaturgisches Prinzip bis heute die trivialmythischen Handlungen zahlloser auf Kommerz zielender Filme und Romane. Wagner sollte dies in der »Walküre« vorwegnehmen. Nietzsche hatte schon Recht mit seinem Wort von Wagner als »Cagliostro der Modernität«. Aber es ging Wagner natürlich um mehr als nur einen reißerischen Action-Plot nach billigem Strickmuster.

Wie Wagner selbst in seiner Autobiographie erläuterte, wurde der Ring, wurde die Walküre geboren aus revolutionärem Antrieb der Dresdner Zeit. »Auf meinen nun gänzlich vereinsamten Spaziergängen«, so schreibt Wagner in »Mein Leben«, »arbeitete ich (...) in meinem Kopfe, zu meiner großen Gemütserleichterung, immer mehr die Vorstellungen von einem Zustande der menschlichen Gesellschaft aus, zu welchem die kühnsten Wünsche und Bestrebungen der damals im Aufbau ihrer Systeme so tätigen Sozialisten und Kommunisten mir eben nur die gemeinsame Unterlage boten, während eben diese Bestrebungen erst von da ab Sinn und Bedeutung für mich gewannen, wo ich sie am Ende der erzielten politischen

Umwälzungen und Konstruktionen angelangt sah, um dort nun mit meiner der Kunst zugewandten Neubildung meinerseits zu beginnen«. In einem Brief an seinen Dresdner Freund Theodor Uhlig vom 12. November 1851 betont Wagner: mit dem »Ring« gebe er »den Menschen der Revolution dann die Bedeutung dieser Revolution nach ihrem edelsten Sinne, zu erkennen.«

Im folgenden Jahr, von Juni bis Juli 1852, schrieb er das Textbuch der »Walküre« nieder, die Komposition führte er von Juni 1854 bis März 1856 aus. Uraufgeführt wurde die »Walküre« erst am 26. Juni 1879 im Münchner Hoftheater vor einem enthusiasmierten Ludwig II. Seinem Geschmack entsprechend wurde die »Walküre« allerdings – durchaus nicht im Sinne Wagners – als germanisches Kostüm- und Ausstattungsstück gegeben, hinter dem das moderne, revolutionäre Potential verborgen blieb.

Ein Vierteljahrhundert hatte Wagner am »Ring« gearbeitet. Des Einflusses der Philosophie Arthur Schopenhauers, dessen Lektüre Wagner 1854, während der Komposition der »Walküre«, zutiefst beeindruckte und ihm eine neue Lesart des Werks erschloß, zum Trotz: daß Wagners »Ring« als antikapitalistische Parabel auf dem Boden sozialistisch-kommunistischer Gesellschaftsvorstellungen zu verstehen ist, daran ist kein Zweifel. Nicht zuletzt die Tagebücher Cosimas bestätigen dies. Noch am 15.2.1881 heißt es: »In diesen Tagen freute sich R., im Ring des Nibelungen das vollständige Bild des Fluches der Geld-Gier gegeben zu haben und des Unterganges, welcher daran geknüpft ist.« Gottvater Wotan resümiert im zweiten Akt der »Walküre« die bisherige Handlung, seine Schuldverstrickung und seine ausweglose Situation. Er bekennt gegenüber seiner Lieblingstochter Brünnhilde, daß er nur noch eines erhofft: den Untergang der fluchbeladenen Göttergesellschaft!

Die »Walküre« nimmt innerhalb des »Ring«-Ganzen insofern eine bedeutsame Funktion ein, als in ihr die Weichen gestellt werden für den Untergang Wotans, des Herrn der Verträge, durch die freieste Tat eines Helden und die dadurch bewirkte Erlösung der fluchbeladenen Götter und Menschen vom Fluch des Rheingoldes (sprich Geldes).

In der »Walküre« wird Siegfried gezeugt von einem inzestuösen Liebespaar, das seinerseits unehelich gezeugt wurde von Wotan mit einer Irdischen. Zu einer weiteren, ebenfalls unehelichen Tochter, die er mit Erda gezeugt hatte, der »Wunschmaid« Brünnhilde, unterhält er eine äußerst zärtliche, väterlich-erotische Beziehung. Und nur diesem außergewöhnlichen Vater-Tochter-Verhältnis ist es zu verdanken, daß Brünnhilde nach ihrer Gehorsamsverweigerung von Wotan »nur« eingeschläfert und mit einem Flammenring umgeben wird, den allein der kühne Siegfried wird durchschreiten können: jener Wotan trotzende, freie Held, durch dessen Erweckung die göttliche Jungfrau Brünnhilde zur wissenden Frau und zur späteren Erlöserin der Götter und Menschen wird.

In der »Walküre« wird der Knoten komplizierter Verwandtschaftsverhältnisse und erotischer Tabulosigkeiten geschürzt, die den »Ring« durchziehen wie ein rotes Band. Die skandalisierendste Tabuverletzung im »Ring« ist ohne Frage die blutschänderische Geschwisterliebe zwischen Siegmund und Sieglinde. Inzest oder zumindest zärtlich-intime Geschwisterliebe ist neben Muttersuche und Heimatlosigkeit eines der Motive, denen man in Wagners Werk immer wieder begenet. Das hat zu tun mit Wagners Biographie, in der sein Verhältnis zu seinen Schwestern, besonders zu seiner ältesten, Rosalie, außergewöhnlich innig gewesen sein wird, wie er selbst eingestand. Auch seine übergroße Mutterliebe mag da, psychologisch gesprochen, eine Rolle gespielt haben, ebenso wie seine Vorliebe für das »gebundene Weib«, das ihn ja stets am meisten von allen reizte. Man denke an Mathilde Wesendonk, Cosima von Bülow, Jessey Laussot, Judith Gautier-Mendès und wie seine Lieben mehr heißen …

In der »Walküre« verschränken sich nun politische und erotische Vorstellungen wie in keinem anderen Teil des »Rings«, ja wie in keinem anderen Werk Wagners aufs innigste, denn in diesem Teil der Tetralogie werden die Bedingungen des revolutionären Handlungsumschwunges hergestellt, die Grundlagen aller späteren Vorgänge.

Voraussetzung der Zeugung des freiesten Menschen Siegfried ist das inzestuöse Liebesverhältnis Sieglindes und Siegmunds. Man muß nicht in Jungsche Archetypenlehre abtauchen, um den Sinn des libidinösen Symbols »Inzest« zu entschlüsseln. Ob Wagner Inzest als symbolische Vereinigung mit einer symbolischen Mutter versteht, wohinter sich die Sehnsucht nach der Rückkehr in einen paradiesischen Urzustand, in die Geborgenheit des Mutteschoßes verberge, sei dahingetellt. Näherliegend ist wohl die »Vorstellung von der Durchdringung und Summierung der am innigsten zusammengehörenden Kräfte, der schlackenlosen Filterung des edelsten Blutes, der reinsten Zucht durch Inzucht«, wie es der Wagnerkenner Peter Wapnewkis in Worte faßte. Eine Vorstellung übrigens, wie sie in der Literatur ja immer wieder auftaucht.

Wesentlich ist ganz sicher eines: das Utopische, dem Wagner in der »Walküre« das Wort redet, die Freiheit eines neuen Menschengschlechts, ist für ihn geknüpft auch an sexuelle Freiheit, an eine befreite Moral, an erotisch-sittliche Rebellion. Spätestens wenn »Winterstürme« dem »Wonnemond« weichen, hat das Zeitalter der freien Liebe begonnen, an das Wagner wie die Jungdeutschen seit der Lektüre Ludwig Feuerbachs glauben. Der freien Liebe redete Wagner nicht nur das Wort, er hat ihr in der Schlußszene des ersten Aktes der »Walküre« die brünstigste Musik komponiert.

»Braut und Schwester bist du dem Bruder – so blühe denn, Wälsungenblut!« heißt es am Schluß des ersten Aktes der »Walküre«, und Wagner hat folgende Regieanweisung gegeben: »Er zieht sie mit wütender Glut an sich, sie sinkt mit einem Schrei an seine Brust – der Vorhang fällt schnell.« Was folgt, ist Musik, die keinen Zweifel offen läßt. Thoms Mann faßt deren Eindeutigkeit in seiner Erzählung »Wälsungenblut« in folgende Worte: »die Musik drehte sich in einem tosenden, brausenden, schäumenden Wirbel reißender Leidenschaften, drehte sich und stand mit gewaltigem Schlag still!« Auch wenn die Siegmund-Sieglinde-Episode nurmehr illustratives Zwischenspiel im Wotan-Drama der »Walküre« ist, dessen zentrale Szene der Wotan-Brünnhilde-Dialog im vierten Akt ist, von dem Wagner zurecht sagte, er sei »für den Gang des großen vierteiligen Dramas die wichtigste Szene«, dieser erste Akt mit Siegmunds und Sieglindes Vereinigung illustriert immerhin die Schaffung von weitreichenden Voraussetzungen des Dramas. Und er plädiert für eine neue Moral. Nietzsche hat auch darin recht: Siegfrieds Zeugung in der »Walküre« ist »eine Kriegserklärung an die Moral«. In der Konfrontation Wotan-Fricka wird die Mißachtung der bürgerlichen Moral, die Sprengung moralischer Tabus dramatisches Ereignis. Das erst schafft die Möglichkeit des Erlösungsdramas, das in der Götterdämmerung zu seinem Abschluß kommt. Und es ist die Geburtsstunde eines befreiten Menschengeschlechts. Zum neuen, freien Menschen gehört für Wagner das Bekenntnis zum entfesselten Eros, die Durchbrechung gesellschaftlicher Tabus, die Abschaffung christlicher Sexualfeindlichkeit, die Nietzsche zutreffend in einem seiner schönsten Aphorismen charakterisierte: »Das Chistentum gab dem Eros Gift zu trinken – er starb zwar nicht daran, aber entartete, zum Laster.« Im »Parsifal« wird der alte Wagner Nietzsche Recht geben, indem er in seinem »Weltabschiedswerk« das utopische Experiment einer Erlösung vom Trieb zelebrieren läßt.

Richard Wagner hat sich, dem »Parsifal« zum Trotz, Zeit seines Lebens zur Sexualität bekannt, hat immer wieder erotische Sujets aufgegriffen und schämte sich nicht seiner überschüssigen und amoralischen libidinösen Phantasien. Sein musikdramatisches Œuvre spiegelt vom »Tannhäuser« bis zum »Parsifal« die ihn auch biographisch prägenden Antinomien von Lust und Sünde, Eros und Agape, Sinnlichkeit und Spiritualität, Trieb und Triebverzicht.

Geschwisterliebe – in ungewöhnlich inniger Variante – durchzieht sogar schon sein Frühwerk. Das beginnt in den »Feen« (Arindal und Lora), setzt sich fort im »Liebesverbot« (Claudio und Isabella) und verstärkt sich in Rienzi und Irene. Den radikalen Akt erotischer Tabuverletzung wagt Wagner allerdings erst im »Ring«.

Cosima notierte am 7. April 1879, drei Jahre also nach den ersten Bayreuther Festspielen, in ihrem Tagebuch: Wagner freue sich über die Nibelungen: »sie sind so heidnisch: da ist nicht ein Fünkchen Christentum darin«. Der frommen Cosima muß das ein Stich ins Herz ihrer Moralität gewesen sein. Wagner allerdings war stets ein großer Verehrer heidnischer Ungezügeltheit und Freizügigkeit. Eheliche Sexualität schien für ihn – wie seine Biographie bezeugt – erotisch jedenfalls keine Erfüllung zu sein. Seine vielen – ihn vielfältig inspirierenden – Affären und Amouren, denen er sich mit immer neuer Leidenschaft während zweier Ehen hingab, bedürfen keines Kommentares.

Am 25.4.1882 schreibt Cosima in ihr Tagebuch »Beim Kaffe spricht R. von seiner künftigen größten Arbeit, indem er es laut ausspricht, was aus einer Race werden solle, in welcher das Wichtigste, das Mächtigste, der Geschlechtstrieb, nur noch zu Standesehen verwendet würde!« Diese »künftige größte Arbeit« hat Wagner leider nicht mehr ausgeführt. Der Tod nahm ihm die Feder aus der Hand. Wahrscheinlich meinte Cosima mit dieser »künftigen größten Arbeit« den Aufsatz »Über das Weibliche im Menschen«, jene letzte Arbeit, über der Wagner am 13. 2. 1883 in Venedig starb. Die letzten Worte, die er niedergeschrieben hatte, lauteten: »Die Emanzipation des Weibes vollzieht sich nur unter ekstatischen Zuckungen ...«

Es wäre hochinteressant, zu wissen, was genau Wagner in seiner letzten theoretisch-essayistischen Auseinandersetzung mit Weiblichkeit und Eros, Ehe und Moral abhandeln wollte. Man wird es nicht mehr erfahren! Doch sein musikdramatisches Œuvre ist ein offenes Buch für jeden, der Augen hat zu lesen und Ohren, zu hören! Die vorhandenen Selbst-Kommentare lassen im übrigen keinen Zweifel daran, wie sehr Wagners ganzes Schaffen ein erotisches Selbstbekenntnis war, ein Ringen mit dem Konflikt aus Anspruchshaltung und Triebstruktur, Pflicht und Neigung, gesellschaftlicher Erwartung und persönlicher Bedürftigkeit. Es sei nun einmal »der Geschlechtstrieb, mit welchem alle Produktivität zusammenhängt«, habe Wagner am 21. 8. 1871 gegenüber Cosima – gut schopenhauerisch – geäußert. So wie er im »Tristan« der sublimierten Erotik, sprich transzendierenden Liebe, ein Denkmal setzte, hat er in der »Walküre« dem ungezügelten, elementaren Sexual-Trieb ein tönendes Denkmal gesetzt.

»Der Deutsche in seinem wahren Wesen« – Die »Meistersinger von Nürnberg«

Am 25. Januar 1860 gab Wagner das erste seiner drei Pariser Konzerte, bei dem er unter anderem den »Tannhäuser«-Marsch dirigierte. Es war ein beispielloser Erfolg und eine Wiedergutmachung für den Komponisten, der in den 50er Jahren Paris aus Elend und Erfolglosigkeit den Rücken kehrte. Anwesend waren bei diesem ersten Konzert unter anderen die Komponisten Auber, Berlioz, Gounod und Meyerbeer, aber auch der Schriftsteller Champfleury, der zwei Tage nach dem Konzert eine Eloge auf Wagners Kunst verfaßte. Auch das zweite und dritte dieser Pariser Konzerte, am 1. und 8. Februar 1860, verschafften Wagner große Anhängerschaft in Frankreich. Der Komponist Camille Saint-Saens, der Illustrator Gustav Doré, der Schriftsteller Catulle Mendès und viele andere Größen der Pariser Kulturszene machen Wagnern ihre Aufwartung: Charles Baudelaires überschwängliche Wagner-Verehrung markiert den Beginn des folgenreichen Wagnérisme, der bis weit in unser Jahrhundert hineinreichte. Daran konnte selbst die ein Jahr später durch Napoleon den Dritten angeordnete »Tannhäuser«-Aufführung, die in einem Skandal endete, nichts ändern. In Paris ist Wagner nunmehr anerkannt, wenn auch umstritten, sein Selbstwertgefühl fürs erste zufriedengestellt. Auch in Wien wird Wagner, der dort einer »Lohengrin«-Vorstellung beiwohnt, stürmisch gefeiert. Seinen »Tristan« allerdings lehnt man als unaufführbar ab. Dafür empfängt ihn Fürst Metternich gnädigst. Aber Wagner gibt sich mit dem Erfolg seiner älteren Werke nicht zufrieden. An Minna schreibt er am 19. Oktober 1861: »Meine älteren Opern sind überall herum: mit meinen neueren Werken stoße ich auf fast – unüberwindliche Schwierigkeiten. Ich bin mit meinen neuen Arbeiten meiner Zeit und demjenigen, was unsere Theater leisten können, weit – weit vorausgeeilt.(...) ich habe ganz und gar wieder von vorne anzufangen.« Auch wenn diese letzte Bemerkung als Übertreibung gelten darf: Wagner ging mit einem neuen

Werk schwanger! Und wieder war es Venedig, das ihm die Idee zu einer neuen Oper eingab. Otto Wesendonck hatte ihn in die Lagunenstadt eingeladen. Wagner beschloß ebendort, die »Meistersinger« auszuführen! Die Idee zu diesem Werk trug er allerdings schon 16 Jahre mit sich herum.

Es war während einer Kur im böhmischen Marienbad, als Wagner im Juli 1845 in Gervinus' »Geschichte der deutschen Literatur« schmökerte und auf Hans Sachs stieß, den er sofort als »die letzte Erscheinung des künstlerisch produktiven Volksgeistes« auffaßte, wie er später erklärte. Auf einem Spaziergang konzipierte Wagner bereits damals bis in die Einzelheiten die Szene Sachs-Beckmesser aus dem zweiten Akt und schrieb in einem Atem eine umfangreiche Prosaskizze zu den »Meistersingern« nieder.

Wie gesagt, erst sechzehn Jahre später, 1861, war die Idee der »Meistersinger« gereift zur praktischen Inangriffnahme. Noch in Paris schreibt Wagner die Urschrift des Librettos. In seinem neuen Wohnort Biebrich bei Mainz beginnt Wagner mit der Komposition. Wieder hat er eine Muse, die ihn beflügelt: die Notarstochter Mathilde Maier aus dem nahegelegenen Ort Alzey. Sie wird ihm in seiner produktiven Einbildungskraft zum Evchen, er selbst empfindet sich gegenüber seiner »Tristan«-Muse Mathilde Wesendonck, die keineswegs vergessen ist, als resigierender Hans Sachs. Doch schon tritt eine neue Frau in sein Leben: Cosima von Bülow, die Gattin seines ergebenen Dirigenten und Wegbereiters Hans von Bülow. Wagner, wie immer in Geldnot und hoch verschuldet, gibt ein Konzert nach dem anderen: eine Rußland-Konzertreise ist äußerst erfolgreich, sodaß er sich in Wien ansiedeln will, nachdem man ihm in Biebrich wegen Zahlungsverzugs gekündigt hatte. Doch nach Abzug der dringendsten Schulden bleibt nicht viel übrig von seinen Einkünften. Wieder dirigiert er: diesmal in Wien, in Prag, in Karlsruhe und in Breslau. Auf dem Weg dahin macht er Station in Berlin. Dort besiegeln Wagner und Cosima während einer Spazierfahrt im Wagen, »unter Tränen und Schluchzen«, wie es in der Autobiograpie heißt, das Bekenntnis, »uns einzig gegenseitig anzugehören.« Aber selbst Wagner konnte von Liebe allein nicht leben! Seine Schulden wuchsen wieder einmal ins Unermeßliche. »Ein gutes, wahrhaft hilfreiches Wunder muß mir jetzt begegenen; sonst ist's aus«, schreibt er am 8. April 1864 an Peter Cornelius.

Das Wunder ließ nicht lange auf sich warten. Keine vier Wochen später läßt ihm der frischgekrönte bayerische König Ludwig II. eine Botschaft übermitteln, ihn künftig aller materiellen Sorgen zu entheben. Wagner siedelt sich in München an, wo Ludwig den »Tristan« uraufführen läßt, später auch das »Rheingold« und die »Walküre«. Zunächst einmal kann er aber in Ruhe die »Meistersinger« zuende komponieren. Das heißt er könnte, doch seine Affäre mit der Frau des Hofkapellmeisters von Bülow wird zum Politikum, das Wagner erneut ins Exil treibt. Wieder ist es die Schweiz, in die er flüchtet, wenn auch nur vor der Presse und der königlichen Ministerialbürokratie. Er bezieht, gefolgt von Cosima und ihren Töchtern Daniela, Blandine und Isolde im Jahre 1866 eine behagliche Villa in Tribschen am Vierwaldstätter See. Dort vollendet er die »Meistersinger«. Im Februar 1867 wird dort Eva, die zweite Tochter Cosimas und Wagners, geboren. Am 21. Juni 1868 wird die Oper im Münchner Hoftheater uraufgeführt: es ist der größte Erfolg Wagners zu Lebzeiten nach »Rienzi«. Gegen alle Etikette nimmt Wagner, in der Königsloge neben Ludwig II. stehend, die Ovationen des Premierenpublikums entgegen.

Von Anfang an, also seit dem 16. Juli 1845 in Marienbad, hatte Wagner die letzte Zeile der Schlußansprache des Hans Sachs konzipiert: »zerging' in Dunst / das heil'ge röm'sche Reich, / uns bliebe gleich / die heil'ge deutsche Kunst!« Immer wieder sind diese Worte falsch verstanden, ist ihnen ein falscher, Ihnen gar nicht innewohnender Sinn unterlegt worden. Mit national-patriotischem Bekenntnis haben sie nämlich ebensowenig zu tun wie mit rassistisch-chauvinistischem Gedankengut. Im Gegenteil: Wagner hat es ja in Bezug auf den frischgebackenen Meistersänger Walther von Stolzing wenige Zeilen zuvor ausgesprochen, daß er sich auf Abstammung und Macht überhaupt nichts einzubilden brauche: »Nicht Euren Ahnen, noch so wert, / nicht Eurem Wappen, Speer, noch Schwert, /

daß Ihr ein Dichter seid, / ein Meister Euch gefreit, / dem dankt Ihr heut' Eu'r höchstes Glück«.

Es ist allein die Kunst, die Stolzing auszeichnet, die ihn im Sinne Sachsens adelt. Nur der künstlerischen Begabung verdankt Stolzing sein Glück. Freilich deshalb, weil die Gemeinschaft der Meistersinger, jene altehrwürdige, traditionelle Handwerker- und Künstlergilde, seine Kunst, die eine innovative ist, letztendlich zu würdigen und zu honorieren weiß. Eben deshalb fragt Sachs zurecht: »wie kann die Kunst wohl unwert sein, / die solche Preise schließet ein?« Sachs mahnt den übermütig stolzen, rücksichtslos-selbstgefälligen Junker zurecht mit empörtem Nachdruck: »Verachtet mir die Meister nicht, / und ehrt mir ihre Kunst!« Und der Chor der Zünfte und Bürger simmt mit ein!

Sachsens Schlußansprache, die die Nürnberger Bürger und Handwerker mit dem Lobpreis des Schlußchors honorieren, ist nichts anderes als ein radikales Plädoyer für die kulturstiftende Funktion der Kunst und eine engagierte Absage an die Staatsmacht und an den Machtstaat. Wagner stellt darin die Kunst über die Politik, die Kultur über die Nation. Was allein die Identität einer Nation zu stiften vermag, ist laut Sachs (und durch ihn spricht der Künstler Wagner) nicht die Politik, sondern die Kunst. Und wenn alle Politik und Staatlichkeit versage, so bleibe doch immer noch diese Kunst. Solange sie bewahrt und anerkannt werde, brauche man sich um den Bestand einer Kulturnation nicht zu sorgen. Deshalb Sachsens Forderung: »verachtet mir die Meister nicht!«

Die »Meistersinger« sind alles andere als ein butzenscheibenhaftes Historienstück. Wagner konzipierte die von zeitgemäßem, deutschem Einigungsstreben erfüllten »Meistersinger« nicht zufällig im Ausland. Wagner wirft und entwirft in ihnen einen Blick auf das alte Deutschland von außen. Nicht zu unrecht nennt Hans Mayer das Werk eine Variante jener politisch inspirierten Novelle »Ein Musiker in Paris«. Hinter der Fassade spätmittelalterlichen Alt-Nürnbergs, hinter scheinbar nationalem Pathos verbirgt sich ein Künstlerdrama von erstaunlicher Aktualität, wirft es doch – jenseits nationaler Borniertheit – die Frage auf: wieviel Kunst braucht das Land?

Zur Beantwortung dieser Frage spannt Wagner einen Bogen von der altehrwürdigen Meistersingerkunst, die er vor allem in Jacob Grimms Buch »Über den altdeutschen Meistergesang« und Johann Christoph Wagenseils Buch »Von der Meistersinger holdseligen Kunst« kennenlernte, zu der seines eigenen Musikdramas im Sinne eines »Kunstwerks der Zukunft«, als dessen Pionier Walther von Stolzing begriffen werden darf. Sachsens Ausführungen zur Gesangskunst legt Wagner sein eigenes ästhetisches Programm in den Mund. Der Rückgriff auf die traditionelle Form der Komischen Oper ist nichts als ein raffinierter Trick zur Verbergung des radikal Neuen, ja Anarchischen, das sich hinter Sachsens resignativ-zynischen Weltreflexionen wie hinter Stolzings anarchisch-asozialem und künstlerischem Übermut verbirgt.

Von deutschtümelnder Fest- oder gar Nationaloper kann nicht die Rede sein. Wohl dürfen die »Meistersinger« als eine Apotheose bürgerlichen Selbstbewußtseins aufgefaßt werden, als dessen Repräsentant Hans Sachs anzusehen ist. Er wird am Ende der Oper ja auch vom Volk mit Jubel und »Heil«-Rufen gefeiert. Aber auch der Junker von Stolzing, der Neutöner, der gesellschaftliche Rebell und musikalische Avantgardist findet durch sein Preislied Anerkennung! Nach dieser Bewährungsprobe wird der Junker von Stolzing nicht nur in die Meistersinger-Gilde aufgenommen, er erhält auch Eva, seine Angebetete, zur Frau. Ein Happy-End freilich, auf Kosten des Hans Sachs, der immerhin Evchen hätte gewinnen können! Doch zum Hahnrei ist sich Sachs zu schade, er will nicht Herrn Markes Glück, auch wenn ihn der Fliederduft zu noch so sinnlichen Regungen animiert:

Vergleicht man die heiter-resignativen »Meistersinger von Nürnberg« mit dem tragisch-hitzigen »Tristan«, auf den Sachs ja deutlich anspielt, dann erweisen sie sich tatächlich als das, was sie – laut Wagner – ursprünglich sein sollten: ein »heiteres Satyrspiel«. Die Oper »Die Meistersinger von Nürnberg« ist nicht nur handlungsmäßig Wagners modernstes Drama, ohne Dämonen, Götter oder tragische Helden, sie ist auch die einzige Oper Wagners mit einem lieto fine und nicht nur kurzem Glück der Liebe. Doch hinter altdeutscher Idylle verbirgt sich Schopenhauerscher Weltschmerz, Byronscher Ennui und Nietzschesche Verzweiflung an der Gegenwart.

Indem Wagner unter der Oberfläche scheinbar fröhlicher Volkstümlichkeit die latente Gewalttätigkeit bieder-braver, rechtschaffener Bürger durchscheinen läßt, verrät er sein durchaus kritisches Bild der »deutschen Volksseele«, das mit Butzenscheibenromantik ebensowenig zu schaffen hat wie die Heiterkeit des Hans Sachs, von der Carl Dahlhaus zu recht meint, sie entstamme einem »Humor, dem nicht zu trauen ist«.

Die »Meistersinger von Nürnberg« sind neben dem »Tristan« wohl das dramaturgisch ausgefeilteste Werk Richard Wagners. Hinter der komischen Oper verbirgt sich ein Künstlerdrama von geradezu programmatischem Charakter. Es hieße, das Werk gründlich mißverstehen, würde man Hans Sachs als komische Figur betrachten. Sein Humor ist Ergebnis eines erfahrungsreichen, auch leidensreichen Lebens, ist, werkgeschichtlich betrachtet, die Antwort auf die Tragik des »Tristan«. Der Wahnmonolog läßt keine Fragen offen: der Schusterpoet Hans Sachs hat den Schleier der Maya weggezogen, um es mit Schopenhauer zu sagen, er hat das Wesen der Welt durchschaut und weiß dem Eros entsagend Paroli zu bieten. Hans Sachs ist die humanistisch idealisierte Integrationsfigur einer, wie der Politikwissenschaftler Udo Bermbach betont, »ästhetischen Weltordnung«. Mit ihr redet Wagner einer demokratischen Gesellschaftsordnung das Wort, in der Natur und Kultur, Kunst und Leben versöhnt werden. Die »Meistersinger« enthalten die »Utopie einer das Leben anleitenden Kunst« auf dem Theater! Die Utopie auch der Versöhnung des Alten mit dem Neuen. Mit der Figur des Junkers Walther von Stolzing, der gegen die meistersingerliche Spießbürgerschaft rebelliert, gegen Nürnberger Tradition und Althergekommenes in der Kunst, gleichwohl am Ende durch die Figur des Hans Sachs mit der Tradition der deutschen Meister versöhnt wird, mit dieser Figur plädiert Wagner für das Neue, das Produktive in der Musik, das er dem Formelhaft-Erstarrten gegenüberstellt, für das Sixtus Beckmesser steht, der Pedant, mit dem Hans Sachs ein böses Spiel treibt, bis der Volksspott sich am Ende in Hohngelächter über ihn ergießt.

Die Gestalt des Stadtschreibers Sixtus Beckmesser ist immer wieder Anlaß zahlreicher Spekulationen geworden. Nicht ganz ohne Grund ist Beckmesser als Karikatur des (jüdischen) Wiener Musikkritikers Eduard Hanslick aufgefaßt worden. Tatsächlich erwog Wagner 1861, die komische Figur seiner Komödie, in Anlehnung an den Wiener Musikkritiker, Veit Hanslich zu nennen, nachdem Hanslick sich von Wagner losgesagt und schließlich in seiner musikästhetischen Programmschrift »Vom Musikalisch-Schönen« 1854 eine deutliche Opposition zu Wagners Kunstauffassung vertreten hatte. Doch hüte man sich, daraus falsche Schlüsse zu ziehen! In der ursprünglichen Handlung des Nürnberger »komischen Spieles«, das bereits 1845 in Marienbad erstaunlich detailliert konzipiert wurde, war die Gestalt des Sixtus Beckmesser schon angelegt als die eines zwar pedantisch-traditionalistischen, aber ehrenwerten Stadtschreibers und Merkers der Meistersinger.

Erst in einer Wiener Zwischen-Fassung von 1861 muß Wagner, wohl unter dem Eindruck der Wandlung Hanslicks vom Verehrer zum Gegner seiner Kunst, angestachelt auch wohl vom Pariser »Tannhäuser«-Skandal, die Absicht gehabt haben, tatsächlich seinen Kritiker mit der Gestalt Beckmessers zu karikieren. Der Merker wurde Veit Hanslich genannt. Doch Wagner verwarf diese Idee später wieder. Als Wagner am 23. November 1862 in Wien seine »Meistersinger« vorlas, bei Anwesenheit Eduard Hanslicks wohlgemerkt, kam es – wie nicht anders zu erwarten – zum endgültigen Bruch mit ihm, denn Hanslick empfand wohl, wie Wagner selbst in seiner Autobiographie eingesteht, »diese ganze Dichtung als ein gegen ihn gerichtetes Pasquill«.

In der Schlußfassung von 1862 hieß der Merker wieder, wie von Anfang an geplant, Sixtus Beckmesser. Aus dem zwischenzeitlichen Plan, mit dem Namen der Gestalt auf Hanslick anzuspielen, kann keinesfalls eine grundsätzliche Karikatur eines jüdischen Kritikers abgeleitet werden, denn bereits in der ersten Fassung, als Wagner und Hanslick noch einvernehmlich miteinander umgingen, war ja an eine solche Karikatur gar nicht gedacht worden und die Gestalt des Stadtschreibers bereits in allen Einzelheiten angelegt. Im übrigen schließen die soziale Rolle und der Beruf des Stadtschreibers im Nürnberg des sechzehnten Jahrhunderts einen Juden von vornherein aus. Und was die Anspielung auf Hanslick angeht, so hat dieser selbst in seiner autobiographischen Schrift »Aus meinem Leben« das Treffende hierzu gesagt: »Die Wagnerianer«, so heißt es da, »haben mir den Beinamen ›Beckmesser‹ aufgebracht und damit bewiesen, daß sie ihren Meister und dessen verständlichste Figur nicht verstehen. Der Stadtschreiber Beckmesser in den ›Meistersingern‹ ist der Typus eines an lauter Kleinlichkeiten und Nebensachen hängenden Pedanten, ein Philister ohne Schönheitssinn und geistigen Horizont, ein bornierter Silbenstecher, der jede falsche Betonung, jede von der ›Regel‹ abweichende Note als ein Verbrechen an der Kunst ankreidet und mit der Addition dieser einzelnen Fehler den Sänger vernichtet zu haben glaubt. Ich habe Wagner nie um Kleinigkeiten willen angegriffen, niemals einzelne Regelwidrigkeiten in seinen Werken aufgespürt (...) Ich habe gegen Wagners Musikdramen immer nur große Gesichtspunkte, nur fundamentale Forderungen der Tonkunst geltend gemacht.« Und Hanslick fährt fort: »Hingegen scheinen mir gerade die Wagnerianer viel Ähnlichkeit mit Beckmesser zu haben. Es gibt auch Adorations-Beckmesser. Sie gönnen sich keine Ruhe, bevor sie nicht die unbedeutendste Note, die allergewöhnlichste Phrase, die unschuldigste Sechzehntelpause hervorgestöbert und als unerreichbares Geniewerk verherrlicht haben.«

Wie auch immer: was der ganzen Debatte um die Beckmesser-Figur und ihre vermeintlich antisemitische Tendenz die Grundlage entzieht, ist eine Äußerung Richard Wagners vom 16. März 1873, die jeden Verdacht, Beckmesser sei die Karikatur eines jüdischen Kritikers, ad absurdum führt. Cosima hat sie in ihrem Tagebuch festgehalten: »mit der ehrwürdigen Pedanterie, dacht ich mir den Deutschen in seinem wahren Wesen, in seinem besten Licht.« So entpuppt sich also die vermeintliche Judenkarikatur des Beckmesser als Mißverständnis auf mehreren Ebenen, der biographischen, der geschichtlichen (was die historische Gestalt angeht) und der entstehungsgeschichtlichen. Gewichtiger: die Musik! Was sie angeht, so wird in Diskussionen gelegentlich behauptet, Wagner habe im sogenannten Ständchen Beckmessers (im zweiten Akt) jüdische Musik, genauer: Synagogengesang persiflieren wollen. Bereits Cosima berichtet in ihrem Tagebuch unter dem 14. März 1870 von einem solchen Vorwurf: »In der Musikalischen Zeitung ist ein Bericht über die Aufführung der MSinger in Wien. Unter anderem hatten die J(uden) dort verbreitet, das Lied von Beckmesser sei ein altes jüdisches Lied, welches R. habe persiflieren wollen.«

Weder in Cosimas Tagebuch-Aufzeichnungen, noch in den Schriften und sonstigen Äußerungen Richard Wagners ist auch nur der kleinste Hinweis darauf zu finden, daß Wagner tatsächlich in der Gestalt Beckmessers jüdische Musik habe persiflieren wollen. Im Gegenteil: Wagner zeigte mit zunehmendem Alter immer mehr Hochachtung vor jüdischer Musik, so rühmte er wiederholt den »großen Stil« und die »künstlerische Verwertung jüdischer Klänge« in Halévy's Oper »Die Jüdin«. Am 27. Juni 1882 hebt er, wie Cosima in den Tagebüchern festhielt, in Gegenwart Levis bei Tisch »die Schönheiten in der ›Jüdin‹ hervor, das Passahfest, die letzten Chöre, auch den lebendigen ersten Akt und sagt, daß darin der beste Ausdruck des jüdischen Wesens sei«. Wenn der von Cosima überlieferte Vorwurf berechtigt gewesen wäre, hätte Wagner ihn ganz sicher in irgend einer seiner vielen Erläuterungen seiner Werke, in privaten Äußerungen, zumindest aber im Gespräch mit Cosima bestätigt, wahrscheinlich sogar mit Genugtuung.

Natürlich hat Wagner mit Beckmessers Ständchen (auch mit dem von Beckmesser verzerrten Preislied Stolzings) ein parodistisches Stück Musik geschaffen! Doch es soll als Gegensatz zu Walthers innovativer Kunst verknöcherten musikalischen Formalismus, Pedanterie, einfallslos mechanischen Koloratur-Gesang charakterisieren, der als »Inbegriff des musikalisch Obsoleten« (Carl Dahlhaus) verstanden werden darf. Dieses Ständchen, ein um Eva werbendes Liebeslied von geradezu grotesk einfältigem

Text, begleitet von absurd betontem, auf Quartenintervallen basierendem, steifen Koloraturgesang, der, von Sachsens Hammerschlägen unterbrochen, die Melodie der Lautenbegleitung wiederholt, stellt nichts anderes als die »parodistische Gestaltung des Grundtyps der Quarten-Melodik« dar, um den großen Musikwissenschaftlers Paul Bekkers zu zitieren. Was bedeutet, daß auch rein musikalisch betrachtet die Behauptung, Wagner habe im Beckmesser-Ständchen jüdische Musik, speziell Synagogengesang, persiflieren wollen, unhaltbar ist, denn der Charakter des synagogalen Sprechgesangs, dessen Melodie meist spielerisch-melismatischen Charakter zeigt, ist ja gerade das Fortschreiten der Melodie in Primen oder Sekunden und ihr jeweiliges Aufschreiten von der Tonika zur Quart oder Quint. Und das steht nun wirklich im Gegensatz zur Beckmesser-Musik. Von daher verwundert es nicht, daß sich nicht die geringste musikwissenschaftliche Spur finden läßt, die die Aufrechterhaltung der These, Wagner habe mit der Beckmesser-Musik jüdische Musik persiflieren wollen, rechtfertigte. Zu diesem Ergebnis kamen jedenfalls, auf meine Anfrage hin, nicht nur der Doyen der deutschen Wagnerforschung, Carl Dahlhaus, sondern auch die Musikwissenschaftler Ruth Katz, Israel Adler und Batya Bayer, Spezialisten für jüdische Musik, von der Hebräischen Universität Jerusalem.

Um jedes Mißverständnis zu vermeiden, möchte ich noch einmal betonen: eine Persiflage ist Beckmessers Ständchen allerdings! Aber nur in folgendem Sinne: es persifliert die »italienische« Manier der Zertrennung von Musik und Wort, den artifiziellen Gesangsstil der italienischen Oper, gegen die Wagner ja Zeit seines Lebens zu Felde zog. Es ist eine Persiflage alter Musik im Gegensatz zu neuer Musik, die Stolzing repräsentiert: Beckmessers Ständchen und sein verzerrtes Preislied sind »sinnfällig als veraltete Musik charakterisiert: Mechanische Koloraturen, modale Züge in der Melodik und eine karge, auf wenige Lautenakkorde und -Figuren beschränkte Begleitung … Andererseits ist jedoch Walthers Preislied nichts weniger als ›neue‹ Musik.« So noch einmal Carl Dahlhaus. Diese Auseinandersetzung um den Gegensatz von Altem und Neuem in der

Kunst im Allgemeinen, in der Musik im Besonderen, ist wohl der eigentliche Kern dieses Künstlerdramas, abgesehen von einer biographische Fakten widerspiegelnden Ebene, derzufolge man füglich mit Peter Wapnewski die »Meistersinger« als »das große Denkmal einer schmerzhaften, den Kern der Persönlichkeit empfindlich bedrohenden und verwandelnden Entsagung« bezeichnen kann. Immerhin verzichtete, wie Sachs auf Evchen, Wagner auf Mathilde Wesendonck. Dies war die Initialzündung zu seiner Meistersinger-Komposition. Allerdings lachte ihm bald schon, vorübergehend getröstet von Mathilde Maier, eine andre Muse: Cosima von Bülow! Es dürfte ihrem damaligen Gatten, Hans von Bülow, nicht leicht gefallen sein, seine Meistersinger-Paraphrase zu schreiben! Dennoch ist sie eine der schönsten geworden!

Dem Gegensatz von Altem und Neuem, erstarrt Formelhaftem und genialisch Ungehörtem, scheinbar Formlosem, aber Innovativem, entspricht die Partitur der Meistersinger: eine virtuose Verschränkung von Archaisierendem und Modernem. Parodierendes Pathos, feinster Lyrismus und effektvolle Klangfiguren ergänzen die subtil und meisterhaft entworfene Gesellschaftskomödie mit ihren fein schattierten Charakteren, unter denen Hans Sachs machtvoll und sympathisch herausragt. Er ist der Repräsentant einer selbstbewußten, bürgerlichen Kunst, die sich auf Tradition beruft, aber Neuem gegenüber durchaus aufgeschlossen ist. Gerade der augenzwinkernd-rebellische Umgang mit altdeutscher Tradition, mit bürgerlicher Lebenswirklichkeit (Nürnberg im 16. Jahrhundert), empfunden und gestaltet in demokratischem Geiste, ist es, der den »Meistersingern« bis heute ihre Modernität und ihre große Bühnenwirksamkeit sichert. Wagners Zeitgenossen empfanden die »Meistersinger«, in denen Junker zu Bürgern werden, in denen Kunst und Können mehr zählen als Herkunft, (Staats-) Macht und Machtstaat, als ungeheure Mahnung und Appell.

Gerade in Zeiten, in denen der Rotstift verordneter Sparzwänge die Kulturpolitik bestimmt, in denen Theater geschlossen, Kultur vor allem nach Rentabilität und Wirtschaftlichkeit bemessen wird, in Zeiten neuer alter Nationalismen, zu schweigen von rechtsradikalen Rufen, die nicht nur auf der Straße laut werden, gerade unter solchen Auspizien gereicht es jedem Opernhaus, das es sich leisten kann, zur Ehre, die »Meistersinger« im Repertoire zu führen. Freilich nicht als mißverstandene nationale Festoper, als Kostümfest oder gar als unpolitisches Ausstattungsstück! Die »Meistersinger« sind die passende Antwort des Musiktheaters auf Demokratie-Krisen und Kulturverdrossenheit, ja auf den leichfertigen Umgang so mancher Kulturpolitiker mit gewachsener Tradition und Avantgarde.

Wagners Traumpaar:
Malwine und Ludwig Schnorr von Carolsfeld

»Tristan«: Vollendung der Romantik, Avantgarde und Zukunftsmusik

Wagner hatte mit der Komposition des zweiten Aktes der »Walküre« begonnen, als er im September 1854 durch seinen Züricher Freund und Gesinnungsgenossen, den Schriftsteller Georg Herwegh, auf Arthur Schopenhauers Hauptwerk »Die Welt als Wille und Vorstellung« gestoßen wurde. Das Buch beeindruckt ihn mächtig, er liest es binnen weniger Monate zweimal! Nicht nur versteht Wagner jetzt seinen Wotan besser, wie er in seiner Autobiographie bekennt, er wird auch zu einem neuen Werk angeregt: »Es war wohl zum Teil die ernste Stimmung, in welche mich Schopenheuer versetzt hatte, und die nun nach einem ekstatischen Ausdruck ihrer Grundzüge drängte, was mir die Konzeption eines ›Tristan und Isolde‹ eingab«, schreibt er in »Mein Leben«. Wagner kannte natürlich schon seit Dresdner Zeiten Gottfried von Straßburgs »Tristan«-Epos in der neuhochdeutschen Bearbeitung von Hermann Kurtz. Jenes höfische Epos, das über mittelalterliches Denken und Fühlen bereits deutlich hinausweist, in dem es darstellt, daß die Erfüllung irdischen Daseins, die Liebe also, mit dem Verlust irdischen Daseins erkauft werden muß. Das tragisch-schöne Scheitern des Liebespaares Tristan und Isolde an dieser Welt, das war ein Stoff für Richard Wagner! Zumal er gerade selbst zutiefst verwickelt war in Gefühlsverstrickungen mit der schönen Mathilde Wesendonck, der Frau seines Zürcher Mäzens, Verstrickungen, von denen die Mit- und Umwelt nichts wissen durfte, deren Erfüllung kaum je realisierbar schien. Doch zunächst ist Wagner noch mit dem Komponieren an »Walküre« und »Siegfried« beschäftigt. Im Juni 1857 teilt er Liszt mit, jetzt wolle er »den ›Tristan‹ in kleinen, eine Aufführung erleichternden Dimensionen« ausführen und hoffe, daß dadurch ein »durchaus praktikables Opus« werde, das ihn »für einige Zeit flott erhalten« werde. Am 18. September ist die Urschrift des »Tristan« fertig. Im November entstehen erste musikalische Vorstudien, denn Wagner vertont fünf Gedichte seiner heimlichen Geliebten Mathilde Wesendonck.

Es kommt natürlich, wie nicht anders zu erwarten, zu einem Eklat zwischen Wagners Frau Minna und Mathilde Wesendonck, sodaß Wagner im Sommer 1858 das Zürcher Asyl räumt, um in Venedig Zuflucht zu suchen. Im Palazzo Giustiniani am Canale Grande bezieht er Quartier und schreibt dort mit wahrer Leidenschaft an der Komposition des zweiten Aktes. »Seit gestern beschäftige ich mich wieder mit dem Tristan. Ich bin immer noch im zweiten Akte. Aber was wird das für Musik! (...) So etwas habe ich denn doch noch nicht gemacht: aber ich gehe auch ganz in dieser Musik auf« schreibt Wagner in sein Tagebuch für Mathilde.

Venedig, so inspirierend auch für Wagner, ist nicht die Stadt der Vollendung des »Tristan«. Nachdem der noch immer steckbrieflich verfolgte Revolutionär aus dem zu Österreich gehörigen Venedig ausgewiesen wurde, machte sich Wagner wieder auf den Weg zurück in die Schweiz, nach Luzern am malerischen Vierwaldstätter See. Wagner hatte nun einmal eine Schwäche für pittoreske Produktionsstätten und Aufenthaltsorte! Dort, am Fuße der schweizerischen Alpen, vollendet er am 6. August 1859, im Hotel Schweizerhof, nachmittags um halb fünf Uhr, in Anwesenheit des Komponisten und Klavierpädagogen Felix Draeseke, eines Freundes aus alten Dresdner Tagen, die Partitur von »Tristan und Isolde«, eines wegweisenden Werkes der Musikgeschichte. Friedrich Nietzsche hatte die überragende Bedeutung des Werks sofort erkannt: »Von dem Augenblick an«, so schreibt er, »wo es einen Klavierauszug des Tristan gab – mein Kompliment, Herr von Bülow! – war ich Wagnerianer. (...) ich suche heute noch nach einem Werk von gleich gefährlicher Faszination, von einer gleich schauerlichen und süßen Unendlichkeit, wie der Tristan ist – ich suche in allen Künsten vergebens. Alle Fremdheiten Leonardo da Vincis entzaubern sich beim ersten Tone des Tristan. Dies Werk ist durchaus das non plus ultra Wagners.«

Nietzsches Lobeshymnen übertreiben nicht! Der »Tristan« ist das Paradigma des Wagnerschen »Kunstwerks der Zukunft«, gemessen an den eigenen theroetischen Maßstäben der musiktheaterästhetischen Programmschrift »Musik und Drama«.

Es sind vor allem drei konstitutive Elemente, die das Wagnersche Musikdrama charakterisieren. Ich will sie im folgenden kurz darstellen: erstens das dramaturgische Prinzip der »Verdichtung« der in den stofflichen Vorlagen enthaltenen Handlungen, Motive, Themen und selbst sprachlichen Ausdrucksformen. Wie Wagner seine Methode der raffenden Zusammendrängung und Konzentrierung begründet, erläutert er in »Oper und Drama«: »alles Zufällige, Kleinliche und Unbestimmte« sei auszuscheiden, »alles von außen her Entstellende, pragmatisch Historische, Staatliche und dogmatisch Religiöse« müsse eliminiert werden, um den eigentlichen »Inhalt als einen rein menschlichen, gefühlsnotwendigen darzustellen«! Der Begriff des »Reinmenschlichen« ist ein Schlüsselbegriff der Wagnerschen Kunst!

Der zweite Grundsatz des Wagnerschen Musikdramas ist die Idee der Synthese von Wort und Musik um der »Gefühlswerdung des Verstandes« willen, wie Wagner schreibt, im Sinne einer differenzierten »Wort-Tonsprache«, welche allein zum »höchsten Menschenverständnisse« führe. Wesentliche Elemente dieser »Wort-Tonsprache« sind der natürliche Sprachakzent der Gesangsmelodie, eine gegenüber der Oper wesentlich erweiterte Funktion des polyphonen Orchesters zur »Kundgebung des Unaussprechlichen«. Dazu dient vor allem ein Gewebe musikalischer Motive, die Beziehungen herstellen, aufeinander verweisen und psychologisch kommentierenden wie vertiefenden Symbolcharakter haben. »Plastische Gefühlsmomente« nennt Wagner diese melodischen Momente, die seit Hans von Wolzogens Begriffsbildung »Leitmotive« genannt werden. Ein Wort noch über Wagners kondensierte Sprache, die Nietzsche zutreffend als »Gefühlsrede« bezeichnete. Vor allem im Stabreim sah Wagner den »sinnlich vollendeten Sprachausdruck (...) in welchem einst das Volk selbst dichtete, als es eben noch Dichter und Mythenschöpfer war«. So nachzulesen in »Oper und Drama«. Zugegeben: Wagners Sprachbildungen befremden zuweilen, berühren peinlich, ja werden nicht selten als lächerlich empfunden. Wagner war sich dessen durchaus bewußt: am 22. Januar 1871 betonte er gegenüber Cosima, die es in ihrem Tagebuch festhielt: »Ich bin kein Dichter, und es ist mir ganz gleich, ob man meiner Diktion Vorwürfe macht, bei mir ist alls Aktion; es ist mir bis zu einem gewissen Grad gleichgültig, ob man die Verse versteht, meine Handlung wird man schon begreifen«.

Die dritte Säule der Musiktheaterkonzeption Wagners ist der Mythos und »das von aller Konvention losgelöste Reinmenschliche«, wie es in »Eine Mitteilung an meine Freunde« heißt. Wagner wollte nicht Gesellschaft abbilden, analysierend und kritisierend, sondern in mythischen Bildern utopische Visionen vorführen. In mythischen Gleichnissen legte er den Finger an die Wunden seiner Zeit und der Gesellschaft, die ihn umgab, um zukünftige, bessere Zustände zu imaginieren. Es war die Einfachheit, Klarheit und archetypische Beispielhaftigkeit, die Wagner in seinen literarischen Vorlagen suchte. Es leuchtet ein, daß er, um ihn noch einmal zu zitieren, als »den idealen Stoff des Dichters (und damit meint er sich selbst als einen »Wort-Tondichter«) den ›Mythos‹ bezeichnen zu müssen« glaubt, um das schon erwähnte »rein Menschliche (...) zu zeigen«.

In den »Unzeitgemäßen Betrachtungen« preist Friedrich Nietzsche den »Tristan« als das »eigentliche opus metaphysicum aller Künste«, und er fügt eine essentielle Ergänzung an: es sei »ein Drama von der herbsten Strenge der Form«! Recht hat er: der »Tristan« ist – vom formalen Standpunkt betrachtet – das Gelungenste der Wagnerschen Musikdramen! Schon weil Wagner es vermochte, die ungeheuer breite und bunte literarische Stoffvorlage so zu verdichten, daß ein in sich klares, übersichtliches und stringentes Drama von drei Akten zustande kam. In kaum einem anderen Werk ist das Wagner so geglückt. Der »Ring« ist, bei aller Faszination, sowohl musikalisch als auch dramaturgisch entglitten, weil Wagner die Fülle verschiedener epischer Vorlagen nicht zu einem einheitlichen Drama von überschaubarer Anlage und Ausdehnung verdichten konnte.

Der ursprünglich Plan eines Dramas wurde zur Tetralogie ausgeweitet. Ein unüberblickbares Netz von »Grundmotiven« wurde geknüpft, immer wieder wurde der Gang der Handlung durch Monologe und Dialoge unterbrochen und aufgehalten, um des besseren Verständnisses wegen Vorgeschichte berichtend nachzuholen. Der epischen Ausuferung des »Rings« in dramatischer Hinsicht entsprach die stoffliche Vielschichtigkeit, da sich »reinmenschliche« Konflikte mit politisch-utopischen Absichten und mythologischen Anspielungen vermischten. Schließlich entstanden unter dem Wandel der geistigen Entwicklung Wagners während der langen Entstehungszeit nicht weniger als drei Konzeptionen und Schlußfassungen.

Aber auch die »Meistersinger« sind – bei aller inhaltlichen Modernität – kein eigentliches Musikdrama im strengen Sinne der Theorie Wagners. Schon deshalb, weil er sich in diesem Werk ganz bewußt wieder den musikalischen Formen und dramaturgischen Prinzipien der konventionellen Oper zuwendet. Das Drama an sich weist streckenweise reichlich theoretisierende, dramatisch retardierende Passagen auf. Die Liebesgeschichte schließlich bleibt an der Oberfläche. Es geht in den »Meistersingern« mehr um die Idee der Kunst als um das in der eignen Kunst-Theorie so beschworene »Reinmenschliche«.

Und der eigens für das Bayreuther Festspielhaus konzipierte »Parsifal« schließlich kehrt zwar wieder zu den Ausgangspositionen des in »Oper und Drama« Geforderten zurück, aber er reicht bei weitem nicht an die Geschlossenheit, Straffheit und Stringenz des »Tristan« heran: auch im »Parsifal« gleitet Wagner über weite Strecken ins Epische ab, es gibt endlos monologisierende Rückblicke zur Ausbreitung der Vorgeschichte, die den Fluß der Entwicklung bremsen.

Im Gegensatz zu seinem Freund Karl Ritter, der ebenfalls eine Bearbeitung des Tristanstoffes plante, allerdings im Sinne eines »theaterbunten Bilderbogens ritterlich-höfisch-erotischer Vorgänge«, entschloß sich Wagner zu einer gründlichen Entschlackung, zur Reduktion der Vorlage auf den Kern, die »Haupttendenz«. Alles »hiervon abliegende Beiwerk«

sollte eliminiert werden. Aus den 20.000 Versen des höfischen Romans mit seinen Aventüren, Festen. Spielen, wunderbaren Ereignissen einschließlich Drachenkampf, den detailfreudigen Beschreibungen von Gegenständen, Vorgängen und Entwicklungsstadien hat Wagner die tragischen Motive herausfiltriert und zu einem »Drama« von drei Akten verarbeitet, das er schlicht »Handlung« nennt, nicht Oper, nicht »Festspiel«, einfach nur »Handlung«. Dem entspricht das Werk.

Wagner konzentriert sich ganz auf das innere Geschehen: Liebe, Liebesnot, Liebesqual, Liebestrieb und Liebestod. Wagner hat nur wenige Personen, Handlungsstrukturen, Schauplätze und Motive von Gottfried übernommen. Mathilde Wesendonck hat er in einem Brief aus Luzern vom 30. Mai 1859 sein dramaturgisches Grundprinzip erläutert: »ich muß alles in drei Hauptsituationen von drastischem Gehalt so zusammendrängen, dass doch der tiefe und verzweigte Inhalt klar und deutlich hervortritt; denn so zu wirken und darzustellen, das ist nun einmal meine Kunst.« Diese drei Hauptsituationen sind erstens die Entstehung der Liebe und ihre Problematik, zweitens der Versuch der Realisierung dieser Liebe, die Einsicht in die Unmöglichkeit und die Konzeption einer jenseitigen Liebesverwirklichung, schließlich drittens der Liebestod als je einzelner Tod der beiden Liebenden. Diesen drei Situationen entspricht die symmetrische Anlage des Dramas in drei Akten, deren Schauplätze die folgenden sind: im ersten Akt das Schiff auf der Überfahrt nach Kornwall, im zweiten Markes Burg in Kornwall und im dritten Akt Tristans Burg in der Bretagne. Diese Orte kann man mit Peter Wapnewskis füglich als die Schauplätze dreier aufeinanderfolgender Stufen des Dramas auffassen: »Liebesnot, Liebesvollzug, Liebestod.« Ein Minimum also an szenischer, äußerer Aktion zugunsten eines Optimums innerer Handlung und Seelendarstellung. Dem entspricht die Sprache des »Tristan«. Auch bei deren Charakerisierung ist der Wagnerkenner Peter Wapnewski schwerlich zu übertreffen, weshalb er noch einmal zitiert sei. Es ist eine Sprache, die »mit ihren elliptischen Figuren, ihren steifen Verschränkungen, ihrem mystischen Lallen, ihren stoßweise atmenden Kurzzeilen, den immer wieder anbrandenden Versen, deren ständiges Variieren des einen einzigen Gedankens wie ein bewußtloses Stammeln in einer Metasprache anmutet, die in ihrem stetigen Wiederholungszwang einen endlosen Liebesrausch vorspiegelt.« Doch es erweist sich als Mißverständnis, wollte man diese Sprache als Dilletantismus oder schriftstellerisches Unvermögen abtun: es ist vielmehr eine Kunstsprache von dezidierter Bewußtheit und musikalischer Absicht! Nietzsche hat auch diesen Sachverhalt kurz und bündig auf den Punkt gebracht: die Sprache des »Tristan« sei in einer Art »Urzustand (…) wo sie fast noch nicht in Begriffen denkt, wo sie noch selber Dichtung, Bild und Gefühl ist«.

Richard Wagner betrachtete den »Tristan« als sein bestes Werk, vor allem vom zweiten Akt sagte er: »Es ist der Gipfel meiner bisherigen Kunst«. In sein Tagebuch für Mathilde Wesendonck schrieb er 1860: »Der Tristan ist und bleibt mir ein Wunder! … ich habe da alles weit überschritten, was im Gebiet der Möglichkeiten unserer Leistungen liegt.« Wagner meinte damit vor allem die Musik. Tatsächlich ist es Wagner im »Tristan« gelungen, auf überzeugende Weise das in seiner Theorie des »Kunstwerks der Zukunft« errichtete Ideal einmal wenigstens weitgehend zu verwirklichen. Und das nicht zuletzt wegen der selbständigen, kraftvollen, beinahe sinfonischen Orchestersprache, die nicht mehr, wie noch im »Ring«, unter dem allzu strengen Diktat des Wortes leidet, sondern eine eigenständige, äußerste Differenziertheit des Ausdrucks erreicht. Die »Ring«-Musik hatte noch eher dekorativen Charakter, was Theodor W. Adorno zurecht animierte, in solchem »Musikdrama« die »Geburt des Films aus dem Geiste der Musik« zu erkennen. Anders im »Tristan«: hier ist die Musik ebenbürtiger Partner des Wortes. Die Verschränkung von Text und Musik wird im »Tristan« zum charakteristischen Formgedanken, Musik und Text, Motiv- und Dialoggliederung greifen ineinander, um jenes Prinzip zu verwirklichen, das Wagner in einem Brief an Mathilde Wesendonck, die Muse seines »Tristan«, folgendermaßen umschrieb: »Ich erkenne nun, dass das besondere Gewebe meiner Musik (natürlich immer im genauesten Zusammenhang mit der dichterischen

Anlage), (...) seine Fügung namentlich dem äußerst empfindlichen Gefühle verdankt, welches mich auf Vermittlung und innige Verbindung aller Momente des Übergangs der äußersten Stimmungen ineinander hinweist. Meine feinste und tiefste Kunst möchte ich jetzt die Kunst des Übergangs nennen«.

Das Ineinandergreifen und Sich-aufeinander-Beziehen von Musik und Text, Motiv- und Dialoggliederung, die Ergänzung von Wort und Ton im Sinne eines »Verschweigens« und »Ertönenlassens« ist es, die Wagner in der Theorie gefordert hat. Im »Tristan« erfüllt sie sich beispielhaft, indem die Musik da einsetzt, zu erklären und psychologisch zu deuten, wo das Wort schweigt, wie überhaupt der »Tristan« ein Drama des Verschweigens ist, da aus Gründen der höfischen Etikette, der Ehre und verletzter Gefühlslagen wesentliches Emotionale von den handelnden Protagonisten verschwiegen wird oder aber unsagbar ist. Das psychologische Erklingenlassen des Verschwiegenen geschieht mittels einer Fülle allegorischer und expressiver musikalischer »Erinnerungs-« und »Ahnungs-Motive«, wie Wagner unterscheidet. Es fällt schwer, diese Grundmotive zu benennen, denn sie werden aufeinander bezogen, gehen ineinander über, erscheinen als Umkehrung anderer Motive und verlieren sich oft ins Ungreifbare. Der »Tristan« ist, mit dem Musikwissenschaftler Paul Bekker zu reden, »Musik als Handlung, als ein Auf- und Ab, ein Sehnen und Erfüllen zueinander strebender und einander abstoßender tonlicher Kräfte«.

Die »Tristan«-Musik war – und Wagners Zeitgenossen sind sich darüber einig gewesen – Zukunftsmusik, weil ihre Klänge »aus der handlungsmäßigen Anschauung des Tonlebens erzeugt und nur aus ihr zu begreifen sind. Die Chromatik und Enharmonik, die Stimmüberschneidungen, Vorhalte und modulatorischen Verschlingungen (...), die Hervorhebung dissonierender Einschaltklänge, das Überraschende der harmonischen Wendungen, denen der Trugschluß, die Vermeidung der einfachen Kadenzlösung, der Wechsel von Spannung zu Spannung das bezeichnende Gepräge geben«, all das hat »zur Auflösung der Tonalität, zur Emanzipation der Melodik und des Kontrapunkts von vorgeformten Akkordzusammenhängen« geführt. Nicht nur Carl Dahlhaus hat deshalb postuliert: der »Tristan ist eine der Ursprungsurkunden der musiklaischen Moderne.« Und Wagners apercuhaftem Bekenntnis vom 31. Januar 1881 gegenüber seiner Frau Cosima stimmt man gerade in Bezug auf die »Tristan«-Musik ohne Einschränkung zu: »Wir Musiker sind Blausäure, wenn die Musik beginnt, ist alles übrige nichts«.

Aber nicht nur des beispielhaft geglückten »Prinzips Verdichtung« und des innovativen Musikausdrucks wegen ist der »Tristan« Wagners Musikdrama par excellence, sondern auch deshalb, weil er im Gegensatz zur politischen Parabel und mythischen Kosmogonie des »Rings«, zum Kunst- und Künstlerdrama der »Meistersinger«, aber auch im Gegensatz zur Erlösungsmythe »Parsifal« der konsequenteste Versuch Wagners ist, das von ihm sogenannte »rein Menschliche« auf der Musiktheaterbühne darzustellen. In allen anderen Werken verstellen Philosopheme, Theoreme, historische Drapierung oder außer- und übermenschliche Gestalten den Blick auf das unmittlbar menschliche Geschehen und verlangen nach Dechiffrierung! Im »Tristan« stellt Wagner, so radikal wie in keinem anderen seiner Musikdraman, nur zwei Menschen und ihre Vertrauten auf die Bühne, um das menschlichste aller Themen, die Liebe, als Handlung darzustellen. Wieder hat Peter Wapnewski die Essenz dessen unübertrefflich in Worte gekleidet: »Tristan und Isolde sind das Bild des Menschlichen in seiner radikalen, ja puristischen Reduktion auf den machtvollsten aller Triebe. Und sind deshalb so ganz von dieser Welt; und so gar nicht von dieser Welt«.

Der Wagner-Enkel Wieland hat die Handlung des »Tristan« auf eine einfache Formel gebracht: es ist der »aus der Urzeit keltischer Sagen überlieferte Mythos vom tödlichen Eros, von Ehebruch und destruktiver Leidenschaft«. An einem exemplarischen Fall zweier Liebender demonstriert Wagner den schönen Traum von der Einheit und Überwindung der Zweiheit als gewaltigen, egoistischen, ja asozialen Trieb, der das Leben optimiert und dennoch eine Sucht zum Tode ist. Die unerfüllbare Liebe zu Mathilde Wesendonck, romantische Nachtverherrlichung und Schopenhauersche Erosauffassung als stärkste Manifestation des Willens, aber auch unstillbare Begierde, die in Selbstzerstörung und Todestrieb (als Sehnsucht nach dem »Nirwana«) treibt, gehen in diesem Werk eine beispiellose Synthese ein. Doch es ist – darin möchte ich allen landläufigen Tristan-Interpretationen widersprechen – nicht die Verherrlichung der Liebe als eine die Realität transzendierende Macht, um die es Wagner geht, sondern eher das gebrochene Verhältnis zwischen Liebesanspruch als Ideal und Liebeswirklichkeit, das Wagner im »Tristan« vor Augen und Ohren führen möchte!

In einer Erläuterung des »Tristan«-Vorspiels, die Wagner in Paris 1860 verfaßte, heißt es: »Sehnsucht, Sehnsucht, unstillbares, ewig neu sich gebärdendes Verlangen, Dürsten und Schmachten; einzige Erlösung: Tod, Sterben, Untergehen, Nichtmehrerwachen!« Das meint nichts anderes als die Schopenhauersche Sehnsucht nach der Aufhebung der Lebens- und Liebesqual, die Sehnsucht nach dem Nirwana. In einem Brief Wagners an Mathilde Wesendonck vom 3. März 1860 schreibt Wagner denn auch eindeutig schopenhauerisch: »sehnsüchtig blicke ich oft nach dem Land Nirwana … Doch Nirwana wird mir schnell wieder Tristan«.

An Franz Liszt schreibt Wagner im Dezember 1854: »Da ich nun aber doch im Leben nie das eigentliche Glück der Liebe genossen habe, so will ich diesem schönsten aller Träume noch ein Denkmal setzen, in dem von Anfang bis zum Ende diese Liebe sich einmal so recht sättigen soll, die einfachste, aber vollblutigste Konzeption; mit der schwarzen Flagge, die am Ende weht, will ich mich dann zudecken, um – zu sterben.-« Die schwarze Flagge am Ende, ein Relikt aus einer der vielen literarischen Tristan-Bearbeitungen, hat Wagner zwar eliminiert, aber den schönsten aller Träume hat Wagner zweifellos im »Tristan« dargestellt, wenn auch in seiner furchtbaren Fragwürdigkeit! Im zweiten Akt entwickelt das Liebespaar eine Liebeskonzeption, die den Tod als Tor zur ewigen Liebe betrachtet, als Aufhebung aller durch die Individuation und die gesellschaftlichen Gegegebenheiten bedingte, unüberwindliche Trennung. Es ist der ins

Überdimensionale gesteigerte Traum der Liebe als ein selbstsüchtiges Streben nach erotischer Vereinigung, nach Separierung von der Welt. Doch Wagner zeigt im dritten Akt, daß dieser Traum eine Utopie ist, die an der Realität scheitert. Tristan und Isolde sterben getrennt, je für sich! Der seit Geburt am Leben leidende Tristan reißt sich bereits vor der Ankunft Isoldes die Wunden auf, um in ihren Armen zu verbluten und aller Lebens- und Liebesqual ein Ende zu machen. (Ich darf daran erinnern, es ist schon sein dritter Selbsttötungsversuch: im ersten Akt trank er einen vermeintlichen Todestrank und im zweiten stürzte er sich in Melots Schwert!) Am Ende des dritten Aktes endlich gelingt es Tristan, ins Nichts einzutauchen, das auch musikalisch nicht mehr darstellbar ist für Wagner! Nach Tristans letztem Wort, das seinen Tod anzeigt, kann Isolde nur noch einen Stoßseufzer hervorbringen, Wagner läßt das Orchester verstummen, setzt eine Pause ein. Danach stirbt Isolde ihren einsamen Liebestod, wenn man so will, einen psychogenen Tod aus Trennungsangst, der in einer wahnhaften Extase gipfelt. Hans Mayer hat recht: »Dieser Liebestod bedeutet kein Überspielen der tragischen Lösung, und der ausgehaltene letzte H-Dur-Akkord meint Untergang, nicht Übergang«. »Tristan und Isolde« ist die Vollendung, aber auch die Überwindung der romantischen Liebesvorstellung!

Bühnenweihfestspiel Parsifal
Apotheose Richard Wagners.
Höchsten Heiles Wunder
Erlösung dem Erlöser.
Nachdruck verboten.
Orig. Entwurf v. Max Herterich, Bayreuth.

»Parsifal« oder die Erlösung vom Trieb. Wagners letzte Karte

In der Londoner Royal Albert Hall dirigierte Wagner 1877, im Jahr nach den ersten Bayreuther Festspielen, die mit einem deprimierenden Finanzdefizit endeten, acht Konzerte mit Ausschnitten aus der »Walküre« und dem »Fliegenden Holländer«. London war im Wagner-Fieber! Der Höhepunkt der Ehren, die ihm erwiesen wurden, war ein Empfang der Queen Victoria auf Schloß Windsor am 17. Mai des Jahres 1877. Am Abend jenes Tages las Wagner einem kleinen Kreis von Freunden ein neues Projekt vor: die vollständige Urfassung des »Parsifal«-Textbuches. Er hatte es wenige Wochen zuvor erst, im April, geschrieben, nachdem er die Idee zu einem Parsifal-Drama schon seit 12 Jahren mit sich herumtrug. 1865, er wohnte bereits in München, hatte er innerhalb von drei Tagen einen ersten ausführlichen Prosaentwurf geschrieben. Ende Januar 1877 dann, wie gesagt, einen zweiten. Die auslösende Lektüre des »Parzival«-Epos Wolframs von Eschenbach lag indes viele Jahre zurück. Sie datiert im gleichen Jahr 1845, in dem Wagner – während einer Kur im böhmischen Marienbad – die ersten Ideen auch zum »Lohengrin« und zu den »Meistersingern« faßte. Er hatte sich mit reichlich Reiselektüre, bestehend aus mittelalterlicher Literatur und philologischen Kommentaren, eingedeckt. Wie so oft im Leben Wagners, sollten Jahre vergehen, bis die Idee zum konkreten Kunst-Plan reifte, der nach Ausführung verlangte. Es waren wohl die erfolglosen ersten Bayreuther Festspiele mit dem gewaltigen Schuldenberg, die ihn animierten, die alte Absicht, einen »Parsifal« zu schreiben, wieder aufzugreifen. Gedanken daran hatte er ja nie ganz aufgegeben. 1877 also begann er mit der Arbeit am »Parsifal«. Und er komponierte fieberhaft, wenn auch unterbrochen von diversen stimulierenden Italien-Reisen. Am 13. Januar 1882 beendete Wagner die Partitur des »Parsifal«. Der Schott-Verlag bezahlte ihm kurz darauf ein nicht nur für damalige Verhältnisse horrendes Honorar von 100.000 Mark. Auguste

Renoir porträtierte Wagner in Palermo. Der Komponist war auf dem Höhepunkt seines Ruhmes, der nur durch den Erfolg des »Parsifal« noch gekrönt wurde, denn selbst sein Kritiker Hanslick hatte bei diesem Werk die Waffen gestreckt. Fast alle der vielen Kollegen vom Fach, die anreisten, waren zutiefst beeindruckt. Franz Liszt und Anton Bruckner, Leo Delibes und Camille Saint-Saëns, der junge Gustav Mahler, um nur die Wichtigsten zu nennen. Während der letzten Vorstellung der Uraufführungsserie, am 29. August, dirigierte Wagner vom 23. Takt der Verwandlungsmusik im dritten Akt an den »Parsifal« selbst zuende. Der Beifall wollte nicht enden. Er hielt eine Rede, »daß alles zu weinen anfing«, wie Hermann Levi, der Dirigent der Uraufführung, berichtete. Doch die beängstigenden Herzanfälle Wagners häuften sich. Schon am 14. September macht er sich, begleitet von seiner Familie, auf nach Venedig, aus dem er nicht mehr lebend zurückkehren sollte.

Cosima hatte Wagner am 4. April 1882 erklärt, daß er sich »dieses Werk für die höchste Reife erspart habe«. Und, »daß der Parsifal gewiß sein letztes Werk zu sein habe«. Am 28. März 1881 hatte er ihr gegenüber den »Parsifal« seine »letzte Karte« genannt. Als Entgegnung auf den Rassenantisemiten Gobineau, der die Germanen als ›letzte Karte der Natur‹ bezeichnete. Der »Parsifal« ist tatsächlich Wagners »letzte Karte«. Er ist es in mehrer Hinsicht: er ist zunächst persönlich-bekenntnishaftes Weltabschiedswerk im psychologischen Sinne, den Peter Wapnewski folgendermaßen umschreibt: »Um sich vor der zerstörerischen Heftigkeit des mächtigsten aller Triebe zu schützen, um ihn zu bändigen, zu pönalisieren, beschwor Wagner ein Reinigungs-Exerzitium, veranstaltete er ein flagellantisches Fest der Selbstkasteiung, der Selbstbestrafung durch die pathetische Zelebrierung christlicher Riten und ihrer sinnenabtötenden Postulate. Ein Versuch, den Klingsor in uns, die Kundry in uns zu überwinden.« Aber der »Parsifal« ist mehr, ist Summe des Lebens auch in handwerklich-kompositionstechnischer Hinsicht. Und in nahezu sämtlichen Gestalten und wesentlichen Handlungsmomenten auch eine Rekapitulation des Wagnerschen Gesamtwerks. Cosima gegenüber bezeichnete Wagner schon am 5. Januar 1882 »dieses letzte Werk auch als sein Meisterwerk«. Womit er ihm den Charakter eines künstlerischen Vermächtnisses zuschrieb, eines »Weltabschiedswerkes«. Tradierter, pseudosakraler Ritus der Inszenierungsgeschichte des »Bühnenweihfestspiels« und Bayreuther Tempeldienst, den die Wagner-Witwe initiierte, haben dem Werk nach Wagners Tod den Nimbus des Weihevollen, ja Quasi-Religiösen verliehen. Dennoch machten in den letzten 20 Jahren immer wieder Autoren auf sich aufmerksam, die im »Parsifal« manifesten, ja militanten Antisemitismus witterten. Hartmut Zelinsky, der lautstärkste und obsessivste der Wagnerverächter behauptete gar, im Parsifal kulminiere eine Wagnersche »Vernichtungsideologie«, die er eine rassistische »Blutideologie« nannte, in der »die Erlösung des arischen Jesus vom Judentum den zentralen Hintergrund« bilde. Eine schwerwiegende Behauptung, die zu verifizieren wäre! Was schwerfallen dürfte, denn Wagner selbst hob am 14. 12. 1881 gegenüber Cosima mit Nachdruck hervor, was er immer wieder erklärte, »daß ›Parsifal‹ sein versöhnendstes Werk sei.« Wenn man mit Carl Dahlhaus der Auffassung ist, daß die »Substanz eines Dramas … in der Konfiguration der Personen und Handlungsmomente (besteht), aus denen es sich zusammensetzt«, sucht man im Drama, das sich zwischen Kundry (Klingsor), Amfortas und Parsifal ereignet, vergeblich nach antisemitischen oder rassistischen Strukturen. Schon die Suche nach einer eindeutig jüdischen Figur erweist sich ja als aussichtslos, denn Kundry wird im Text selbst vornehmlich als »Heidin« und als »Zauberweib« in wechselnden Gestalten bezeichnet. Die Jüdin Herodias ist ja nur eine der vielen Gestalten, in denen sich ihr Archetyp verkörperte. Klingsor verrät es: »Ur=Teufelin! Höllen=Rose! Herodias warst du, und was noch? / Gundryggia dort, Kundry hier«

Wagner bringt in der Gestalt der Kundry die indische Vorstellung von der Seelenwanderung, der endlosen Folge von Wiedergeburten, und – wichtiger noch – des ewigen Kreislaufs der Natur in Verbindung. Kundry hält ja regelmäßig einen förmlichen Winterschlaf. In jedem Frühjahr erwacht sie mit der Natur zu neuem Leben. Im dritten Akt wird der Zuschauer vor offenem Vorhang Zeuge ihrer vorösterlichen Auferweckung. Kundry ist also auch so etwas wie die Verkörperung der erlösungsbedürftigen Natur. Bezeichnenderweise löst ihre Erlösung durch die Taufe ja auch den sogenannten »Karfreitagszauber« aus, in dem sich für Wagner die Erlösung auch der außermenschlichen (botanischen) Natur symbolisch ausdrückt. Wenn man von der entstehungsgeschichtlichen Karfreitagslegende Wagners einmal absieht.

Und doch ist Wagners Kundry auch (wie die Herodias im Mittelalter) das weibliche Pendant zur Gestalt des Ahasverus, eine »Verwünschte … zu büßen Schuld aus früherm Leben«, wie es im Textbuch Wagners heißt. Sie hat Jesus auf seinem Leidensweg verlacht und muß sich zur Strafe »endlos durch das Dasein« quälen, findet weder Ruhe noch Erlösung und muß einem Gralsgegner (Klingsor) zu sklavischen Diensten sein.

Bereits im Prosaentwurf (1865) zum »Parsifal« schreibt Wagner: »Kundry lebt ein unermeßliches Leben unter stets wechselnden Wiedergeburten, in Folge einer alten Verwünschung, die sie, ähnlich dem ›ewigen Juden‹, dazu verdammt, in immer neuen Gestalten das Leiden der Liebesverführung über die Männer zu bringen.« Man geht nicht zu weit, wenn man behauptet, daß sie mit ihrer verführerischen Sinnlichkeit die Antithese zur christlichen Ethik selbstlosen Mitleidens verkörpert, die im Zentrum des »Parsifal« steht. Eben daraus ergibt sich ihre dramaturgische Funktion. Es ist immerhin Kundrys gescheiterter erotischer Verführungsversuch, ihr Kuß, der Parsifal »welt=hellsichtig« macht, ihn also das »Prinzip Mitleid« begreifen, sich seiner selbst und seiner Berufung zur Erlösung des Grals bewußt werden läßt. Kundry ist Katalysator der Erlösung und zugleich Symbol erotischen Getriebenseins. Insofern verkörpert sie (ob bewußt oder unbewußt konzipiert, sei dahingestellt) auch eine nicht unwesentliche Komponente ihres Schöpfers, Richard Wagners. Man darf den »Parzifal« daher mit Peter Wapnewski zurecht als ein »Kunst-Drama der Sinnenabtötung als Rettung vor dem privaten Drama der Sinnenlust« begreifen. Man vergesse nicht, welche Bedeutung der Eros für den Komponisten hatte! Sein Gesamtwerk legt beredtes Zeugnis davon ab!

In Kundry bündelt sich die Erotik des Weibes, wie es in Wagners Bühnenwerken auftritt. Kundry ist eine Mischung aus Elisabeth und Venus, Sieglinde und Brünnhilde, Senta, Isolde und Erda. Sie ist zweifellos die vielschichtigste, die interessanteste weibliche Gestalt des Wagnerschen Bühnenpersonals. Eine dezidiert jüdische, zumal eine mit negativen Attributen und negativen Affekten besetzte, ist sie jedoch gerade nicht!

Auch wenn Wagner in Kundry die Verkörperung der Herodias als einer mythologisch vorgegebenen Jüdin anspricht: er gibt doch gerade ihrer Musik ein immenses, eindeutig liebevoll charakterisiertes Mitleidspotential. Und da ist nicht die Spur musikalischer Karikatur oder Denunzierung! Es wäre auch abwegig, wollte Wagner ausgerechnet die Gestalt der Kundry mit negativen Eigenschaften ausstatten, denn Muse und Vorbild gerade dieser Frauengestalt war Wagners letzte (heimliche) Geliebte, Judith Gautier. Sein Briefwechsel mit ihr bezeugt es eindrucksvoll. So zum Beispiel bittet Wagner Judith in einem Brief vom 1. Oktober 1877: »vielleicht legen Sie etwa ein halbes Dutzend Papiersachets bei, damit ich sie zwischen meine eigene Morgenwäsche stecken kann, so verschaffe ich mir eine innige Beziehung zu Ihnen, sobald ich mich ans Klavier setze, um die Musik zu Parsifal zu komponieren.« Wagner bestellt bei Judith in Paris Stoffe, Parfums und aromatische Öle. Sie werden ihn während der Komposition der sinnlich-verführerischen Kundry-Passagen inspiriert, ja animiert haben.

Nebenbei bemerkt, war die schöne Judith die Tochter des mit Heinrich Heine befreundeten Schriftstellers Theophile Gautier, der wahrscheinlich jüdische Vorfahren hatte. Verheiratet war Judith mit dem Kritiker Catulle Mendès, der, dem mit kritischer Skepsis zu begegnenden, weil unseriösen Wagnerbiographen Robert Gutman zufolge, »ein sephardischer Jude« gewesen sein soll. Warum auch nicht? Im persönlichen Umgang hatte Wagner nie Scheu vor Juden! Schon gar nicht, wenn sie weiblichen Geschlechts und schön waren!

Doch zurück zum »Parsifal«! Daß am Schluß des dritten Aktes Kundry wie dem Gral, der Gralsgesellschaft und auch dem siechen Amfortas

Erlösung zuteil wird, ist logisch innerhalb des »Parsifal«-Dramas und hat gar nichts zu tun mit irgend einer Art von »Vernichtungsideologie« (Hartmut Zelinsky). Die bereits von Parsifal getaufte Kundry wird erlöst als eine zu erotischem Verführungszwang Verfluchte durch mitleids- und entsagungsvolle Keuschheit. Sie wird nicht als Jüdin durch einen Christen erlöst! Das ist ein entscheidender Unterschied! Daß Kundry am Ende entseelt zusammenbricht, meint nicht, wie Hartmut Zelinsky es interpretiert, die symbolische Vernichtung des Juden in ihr, sondern die Erlösung von ihrem ahasverischen (geschlechtlichen) Fluch. Schon in Wagners Prosaentwurf von 1865 heißt es eindeutig: »Erlösung, Auflösung, gänzliches Erlöschen ist ihr nur verheißen, wenn einst ein reinster, blühendster Mann ihrer machtvollen Verführung wiederstehen würde.« Deutlicher kann man es nicht sagen: Keuschheit ist das Zauberwort, mit dem sie von ihrem Fluch befreit werden kann, nicht Christentum! Sexualität ist das Thema des Bühnenweihfestspiels, nicht Judentum!

Im Gegensatz zu Parsifal, der aus innerer Erkenntnis und echtem Mitleid mit dem dahinsiechenden, erlösungsbedürftigen Amfortas keusch ist, hat Klingsor, der mit Hilfe der Blumenmädchen (und vor allem Kundrys) die Gralsritterschaft zerstören und das Heilswerk des Grals an sich reißen will (er besitzt bereits die Speer-Reliquie) sich selbst entmannt, um seiner Triebhaftigkeit Herr zu werden und keusch sein zu können. Womit er endgültig alle Chancen verspielte, jemals in die Gralsgemeinschaft aufgenommen zu werden! Klingsor symbolisiert die selbstkasteite Sinnlichkeit im Kontrast zur echten Askese der Gralswelt. Eben dadurch repräsentiert Klingsor nicht etwa das Judentum, was auch dieser Bühnenfigur nachgesagt wurde, sondern, so Wagner am 2. März 1878 zu Cosima »das Eigentümliche, welches das Christentum in die Welt gebracht«. Ein Gedanke, den Friedrich Nietzsche sechs Jahre später (in »Jenseits von Gut und Böse) in den bereits zitierten Aphorismus kleidete: »Das Christentum gab dem Eros Gift zu trinken: – er starb zwar nicht daran, aber entartete, zum Laster.« Dieser Gegensatz Sinnlichkeit-Keuschheit, Spiritualität und Trieb, Mitleid und Selbstsucht, Eros und Agape ist es, der im

Zentrum des »Parsifal« steht. Im zweiten Akt mit seinem musikalischen Impessionismus antizipierenden Blumenmädchenchor, aus dem Kundry als Verführerein hervortritt, um in zähem, verführerischem, dialogischem Ringen der Keuschheit Parsifals zu unterliegen, wird die zentrale Antithese theatralisches Ereignis.

Die Frage nach dem Sinn der rätselhaften und vielgedeuteten Schlußformel »Erlösung dem Erlöser!« am Ende des Bühnenweihfestspiels steht im Mittelpunkt einer jeden Auseinandersetzung mit dem »Parsifal«. Im dramatischen Zusammenhang erweist sich der Sinn dieser Zeile als eindeutig, ja unmißverständlich: Parsifal hat den Gralsdienst wieder hergestellt, hat den Gral, den symbolischen Kelch mit dem »Blut des Erlösers«, wie im »Braunen Buch« Wagners nachzulesen ist, und damit den Erlöser selbst aus der »Pflege befleckter Hände«, der sündigen Hände des Amfortas, erlöst. Parsifal hat damit aber auch die Bitte der »Gottesklage« im zweiten Akt erfüllt: »erlöse, rette mich aus schuldbefleckten Händen!«. Verbirgt sich hinter dem textimmanenten Sinn der berühmt-berüchtigten Schlußformel wirklich noch ein anderer, apokrypher Sinn, wie oft gemutmaßt, ja anmaßend behauptet wird? Versteckt Wagner hinter »der Botschaft ›Erlösung dem Erlöser‹ … tatsächlich Wagners Zentralidee des reinen, das heißt vom Judentum gereinigten, arischen, sündelosen Jesus«, wie Hartmut Zelinsky meint? Schon vom Text her erweist sich diese Behauptung als ganz und gar unsinnig. Parsifal ist nämlich nicht der Vollziehende, sondern lediglich prädestiniertes Medium der Erlösung, also nicht selbst Erlöser, Heiland, gereinigter Jesus oder Ähnliches. Der Theologe Hans Küng hat in einem bemerkenswerten Aufsatz klargestellt, daß Parsifal, wie alle Personen der Handlung, erlösungsbedürftig ist. »Wir tun … gut daran«, so schreibt Küng, »die Formel vom erlösten Erlöser theologisch nicht zu überziehen, sondern als Summe des Lebenswegs von Parsifal zu interpretieren. Parsifal kann dann durchaus als Erlöser verstanden werden, aber keineswegs als Erlöser-Ersatz, der mit Christus oder Gott identisch wäre. Im Bewußtsein seines Abstandes zu Gott und Christus, aber im Lichte des Erlösungsgeschehens am Kreuz wird er durch

Mitleid zum Erlöser – für die verführerische Kundry, für den leidenden Amortas, für die lebensunfähige Gralsgemeinschaft: nachdem er selber der Erlösung aus seiner Blindheit, Schuldverstricktheit und Triebhaftigkeit teilhaftig wurde!« Somit steht außer Frage, daß im »Parsifal« mit der »Rücknahme des Machtdenkens und Durchsetzungswillens zugunsten des Mit-Leidens mit Mensch und Natur ... das künstlerisch gestaltet ist, was christliche Kreuzestheologie immer auch als ihr Tiefstes erkannt hat« So jedenfalls nach Meinung Hans Küngs.

Wagner hat übrigens allen Spekulationen darüber, daß Parsifal ein Abbild Christi sei, am 20. Oktober 1878 im Gespräch mit Cosima eine eindeutige Absage erteilt: »Ich habe an den Heiland dabei gar nicht gedacht.«

Parsifal erlöst am Ende den Gral (und damit den eigentlichen Erlöser) nicht aus den Händen Kundrys (oder Klingsors), nicht also aus den Händen vermeintlicher Juden, sondern aus denen des Amfortas, der ja selbst bei Zelinsky nicht in den geringsten Verdacht einer jüdischen Gestalt gerät.

Um es noch einmal in aller Deutlichkeit zu sagen: es geht im »Parsifal« überhaupt nicht um »Rassisches«, nicht um den Gegensatz von Judentum und Christentum, sondern allein um den Gegensatz von (heidnischer) Sinnlichkeit und christlicher Askese, von Triebhaftigkeit und Triebverzicht. Eines der Schlüsselthemen der nicht nur Wiener Moderne im Spannungafeld zwischen Karl Kraus und Siegmund Freud.

Die Dimension des »Rassischen« hat Wagner sogar bewußt aus dem »Parsifal« ausgeklammert, wie anhand der Aufzeichnungen Cosimas zu erkennen ist. Besonders deutlich zeigt sich das an Wagners Reaktion auf die Gobineauschen Rassentheorien, deren Einfluß auf die Entstehung des »Parsifal« immer überschätzt wurde. Auch dies eines der fatalen Mißverständnisse in Sachen Wagner! Aus den Tagebüchern der Cosima erfahren wir, daß Gobineaus Einfluß auf die Entstehung des »Parsifal« äußerst gering ist. Die Konzeption des »Parsifal« war ja bereits lange abgeschlossen, als Wagner zum erstenmal mit Gobineau zusammentraf und dessen Rassentheorien kennenlernte. Am 11. Mai 1881 besuchte Gobineau Wagner in

Bayreuth für vier Wochen. Bereits vier Jahre zuvor, Ende April 1877, hatte Wagner das »Parsifal«-Textbuch fertiggestellt.

Wagner, obwohl zunächst fasziniert von den Gedanken Gobineaus, lehnte letztlich dessen Rassentheorien ab. Ganz unmißverständlich kommt das zum Ausdruck in einer Notiz Cosimas vom 14. Februar 1881: man wisse, so habe Wagner zu ihr gesagt, »daß es auf etwas anderes ankommt als auf Racenstärke, gedenkt man des Evangeliums«. Am 17. Dezember desselben Jahres notiert sie eine weitere diesbezügliche Bemerkung Wagners: »Eines aber ist sicher, die Racen haben ausgespielt, nun kann nur noch, wie ich es gewagt habe auszudrücken, das Blut Christi wirken.« Und am 23. April des folgenden Jahres schließlich wirft Wagner es Gobineau vor, »das eine ganz außer achtgelassen zu haben, was einmal der Menschheit gegeben wurde, einen Heiland, der für sie litt und sich kreuzigen ließ!« Diese Zitate belegen im übrigen, was auch die drei in den Bayreuther Blättern veröffentlichten Begleitschriften zum »Parsifal« erläutern, daß das letzte und radikalste Erlösungsdrama Wagners mit der Musik und »mit den Symbolen des christlichen Mythos, mit den Worten von ›Brot‹ und Wein und den Gesängen vom Blut des Erlösers den alten romantischen Traum der Einheit von Religion und Kunst« vollendet, wie Paul Arthur Loos in seiner lesenswerten Studie über »Richard Wagner. Vollendung und Tragik der deutschen Romantik« ausführt. Gleichzeitig zielt der »Parsifal« (im Sinne eines allerdings für uns heute absonderlich wirkenden Regenerationsgedankens) auf ein utopisches Urchristentum, das durch Parsifals Mitleid und Entsagung wiederhergestellt wird, nicht aber durch eine vermeintliche Vernichtung des Jüdischen. Um es noch einmal ganz klar und deutlich zu sagen: Erlöst wird im »Parsifal« von Triebhaftigkeit, nicht vom Judentum. Und erlöst wird der Gral und das Gralsrittertum (Wagners diffuser Inbegriff einer schopenhauerisch-buddhistisch-christlichen Mitleidsgemeinschaft), und zwar durch reine, sozusagen männlich »jüngfräuliche«, keusche Hände (Parsifals) aus verunreinigten, will sagen sündhaft lustbesudelten Händen (des von Kundry verführten Amfortas). In diesem Zusammenhang besonders interessant, wie die fanatisch fromme und unbarmherzig antisemitische Cosima die kryptische Finalgebärde des »Parsifal«, »Erlösung dem Erlöser«, (am 25. Juli 1878), auf Wagners Aufsatz »Publikum und Popularität« anspielend, im übersteigerten Sinne der Erlösungsbedürftigkeit des erlösenden Jesus Christus von seinem jüdischen Erbteil interpretierte. Wagner entgegenete ihr, eher verwundert, denn zustimmend: »Du bist kühn, Weibchen«! Daß Hartmut Zelinsky Cosimas Deutung übernimmt (mit nationalsozialistischer Konsequenz auslegt) und behauptet, » ›Erlösung dem Erlöser‹ bedeutet ... die Erlösung als Vernichtung des Judentums«, ja es handele sich mit diesem Spruch »Erlösung dem Erlöser« um eine chiffrierte Aufforderung an das Bayreuther Publikum, an die Wagnergemeinde schlechthin, das Christentum vom Judentum durch dessen Ausrottung zu reinigen, ist durch nichts gerechtfertigt! Auch nicht durch des Autors einzigen »Beweis«, nämlich einen Brief Wagners an Hans von Wolzogen vom 17. Januar 1880, in dem der Heiland als der »für alle Zukunft wahrhaft erkannte, von aller alexandrinisch-judaisch-römisch despotischen Verunstaltung gereinigte und erlöste, unvergleichlich erhaben einfache Erlöser in der historisch erfaßbaren Gestalt des Jesus von Nazareth« bezeichnet wird. Carl Dahlhaus hat hierzu den notwendigen Kommentar geliefert: »Wagner schrieb ›alexandrinisch-judaisch-römisch‹, nicht bloß ›judaisch‹. Was er retten wollte, war eine christliche Substanz, die er durch eine jurifizierte Kirche (›römisch‹), durch eine petrifizierte Dogmatik (›alexandrinisch‹) und einen ›ruchlosen Optimismus‹ (›judaisch‹) gefährdet glaubte.« Und Dahlhaus weist mit recht darauf hin, daß der Begriff »judaisch« im Sinne eines »ruchlosen Optimismus‹« gemeint ist, den Schopenhauer dem Judentum zugeschrieben hat und der von Wagner übernommen wurde. Insofern ist Dahlhaus nichts hinzuzufügen: »Zelinskys These ..., ›Parsifal‹ sei als Kunstwerk ein Mittel zum Zweck chiffrierter antisemitischer Propaganda, ist absurd. Und dem publizistischen Effekt, den sie erzielte, kann man darum mit Recht vorwerfen, was Wagner von Meyerbeers Opern zu Unrecht behauptete: Er ist ›Wirkung ohne Ursache‹«. Ergänzende Bemerkung: Es geht in dieser

Briefstelle übrigens keineswegs bloß um die Reinigung des Christentums von jüdischen Verunstaltungen, sondern ebenso von römisch-katholischen. Wagner hat ja zeitlebens gegen die katholische Kirche gewettert, wie gerade die Tagebücher Cosimas deutlich belegen. Er nahm in seinem Haß gegen alles Katholische kein Blatt vor den Mund. Schon 1865 notierte er in seinem »Braunen Buch«: Mir ist dieser ganze katholische Kram in tiefster Seele zuwieder«. Die Bemerkung, ihm »sei ein Pfaff das Unausstehlichste, was er kenne«, notierte Cosima am 27. April 1879, und noch am 10. Februar 1880 bezeichnete Wagner dieKirche als »das Gräßlichste in der Geschichte«. »Parsifal«-Regisseure sollten sich gelegentlich an diese Aussprüche erinnern!

Worum es Wagner im »Parsifal« eigentlich ging, was das Thema des »Parsifal« sei, darüber hat Wagner sich, aller Zelinskyschen Auslegungsakrobatik zum Spott, gegenüber Cosima am 12. Juni 1878 klar und unmißverständlich geäußert: »Er spricht von seinem jetzt ihn beschäftigenden Thema und sagt, wie mit diesem Gott in sich in den Entwicklungsjahren Wesen wie die Jungfrau von Orléans und Parsifal der Sinnenlust auf ewig durch einen großen Eindruck entrissen sei(en). Er glaube, daß das Christentum in dieser Weise noch einmal rein und wahr der Welt gepredigt werden könne. Schopenhauer gebe dazu das ganze Material für seine Abhandlung an die Hand.« Was Wagner mit dem »Gott in sich« meinte, hat er einen Tag zuvor ausgesprochen: »diesen Gott, der in uns wohnt, nennt er ›das angeborene Gegengift gegen den Willen‹«, eine genuin Schopenhauersche Auffassung wie Formu-lierung. Der »Parsifal« Richard Wagners ist und bleibt nicht mehr und nicht weniger als ein Gegengift gegen den Willen, um es schopenhauerisch zu formulieren, ein Therapeutikum gegen den mächtigsten Trieb, Eros! Das eben macht die fin de siècle-hafte Faszination des Werks aus, aber auch das Unbehagen an der in pseudochristlichen Ritus eingekleidete Botschaft, das selbst den glühendsten Wagnerianer zuweilen anwandelt.

HINTERGRÜNDE UND SEITENBLICKE

Szenen einer Ehe: Cosimas Wagner und Wagners Cosima

Nicht nur Richard Strauss, auch Richard Wagner hatte ein »Heldenleben« komponiert: »Siegfrieds Trauermarsch«. Er findet sich als orchestrales Intermezzo im dritten Akt der »Götterdämmerung«. Man darf es als Rekapitulation der wesentlichen Handlungs-Momente und musikalischen Motive, aber auch als in sich abgeschlossene sinfonische Dichtung des Siegfried-Dramas verstehen. Eine Rückschau auf Liebe und Haß, Kampf und Aventüren, Leben und Sterben des Wagnerschen Helden, der auszog, das Fürchten zu lernen, um in göttlichem Auftrag die Welt zu erlösen – und doch das tragischste Opfer des Nibelungen-Fluches wurde.

Wagner komponierte dieses Stück im August 1871. Er war inzwischen etabliert und anerkannt, dirigierte vor dem Kaiser eigene Werke und setzte erstmals seinen Fuß in die Stadt Bayreuth, die er zur Errichtung seines Festspielhauses auserkoren hatte, gemeinsam übrigens mit Frau Cosima, seiner zweiten und letzten Ehefrau, die schon zu Wagners Lebzeiten eifrig an ihrer Selbststilisierung arbeitete, um von Wagners Nachwelt vollends als »Hohe Frau« verklärt zu werden.

Die Ehe zwischen Richard und Cosima – so sehr sie im Sinne einer Produktionsgemeinschaft für ihn von Vorteil und für sie dienende Bestimmung zu sein schien – sie war kein ungetrübtes Glück. Die Tagebücher Cosimas enthüllen es Seite für Seite und unmißverständlich. In jenem »Trauermarsch-Kompositions-Monat« August des Jahres 1871 war es, als Wagner – im Alter von 58 Jahren – Cosima erklärte, und sie hat es am 20. August aufgeschrieben, »daß mit dem Geschlechtstrieb (...) alle Produktivität zusammenhängt«. Schon von Kindheit an fühlte Wagner eine starke Affinität zu Fausts Worten vom »Ewig-Weiblichen«, das uns hinanziehe. Erlösung des Mannes durch die Frau: das war sein Thema vom »Holländer« bis zum »Tristan«, in gewissem Sinne sogar bis zum »Parsifal«. Man darf Wagner ohne zu übertreiben als den Erotomanen unter den Opernkomponisten bezeichnen. Seine Opernbühne ist der Tummelplatz erotischer Konstellationen der heikelsten und pikantesten Art: Reflex seines privaten Lebens, in dem die Ehe (allen Verklärungen zum Trotz) keineswegs die alleinseligmachende Form erotischer Selbstverwirklichung war, auch und gerade nicht die Verbindung mit Cosima. Sein »Weltabschiedswerk« »Parsifal«, unter Cosimas Obhut komponiert, wurde denn auch zum resignativen Alters-Drama der Sinnenabtötung, eine mythisch-pseudochristliche Entsagungsoper par excellence. Der vergebliche Versuch, die Kundry oder auch den Amfortas in sich zu überwinden, will sagen, den Anfechtungen seiner Sexualität Herr zu werden. Indes, sie sollten ihn bis zum Tage seines Todes verfolgen.

Das offizielle Dreigestirn der Frauen in Wagners Leben hieß Minna, Mathilde und Cosima. Die erste hatte er geheiratet, die zweite war seine unsterbliche Geliebte, die dritte, Cosima – uneheliche Tochter Franz Liszts und der Gräfin d'Agoult – heiratete ihn. Nach Jahren wilder Ehe mit Richard hatte sie ihrem Gatten, Hans von Bülow, den Laufpaß gegeben. Schuldgefühle quälten sie noch Jahrzehnte später. Ein Skandalon in der damaligen Gesellschaft. Dennoch genoß sie als resolute wie aufopferungsvolle Wagner-Gattin schon bald den Respekt und die Ehrerbietung der Mitwelt.

Cosima hat Richard um 47 Jahre überlebt. Nicht erst, als sie 1930 starb, wurde sie verklärt zur unsterblichen Geliebten Wagners, zur ebenbürtigen Künstlergattin und Verwalterin seines Werks. Ein fataler Irrtum, wie die Tagebücher Cosimas eindrucksvoll bezeugen! 1976 wurden diese Tagbücher nach wechselvoller Geschichte mit unklaren Rechtsverhältnissen und langfristigem Publikationsverbot veröffentlicht. Ein einzigartiges kulturgeschichtliches Dokument von mehr als zweitausend Seiten Umfang, geschrieben zwischen dem 1. Januar 1869 und dem 12. Februar 1883, dem Todestag Richard Wagners.

Gegen alle Vermutungen mancher Zweifler, es handele sich bei diesen Tagebüchern um nicht mehr als ein neu erschlossenes Medium stilisierter Selbstdarstellung der Autorin und idealisierter Darstellung ihres Mannes, kann man nur verweisen auf die oftmals geradezu naive Offen- und Treuherzigkeit, mit der die Diaristin einer Verklärung ihres Gatten und »Meisters« zuweilen gar nicht so Förderliches zu Papier gebracht hat. Ganz zu schweigen von den von ihr festgehaltenen negativen Äußerungen ihres Mannes über sie selbst. Auch wenn Cosima manches biographische Ereignis unterschlagen und natürlich nicht alle Aussprüche Wagners notiert hat, so ist doch die Authentizität der von ihr notierten Aussprüche Richard Wagners kaum zu bezweifeln. Es kann angesichts ihres fast pathologischen Unwertgefühls, das gepaart war mit einem Rollenverständnis als Frau und Künstler-Gattin, das von ihr völlige Selbstverleugnung und Unterwerfung unter den Willen ihres Genie-Gatten forderte, wohl für bare Münze genommen werden, was die fromme Liszt-Tochter Cosima am 16. Januar 1871 in ihr Tagebuch schrieb: »Jedes Wort von ihm ist mir ein Glaubenssatz«.

Menschliches, Allzumenschliches hat Cosima in ihren Tagebüchern überliefert, Episoden, die in das Altarbild, das die Nachwelt von Wagner zu malen sich auf unterschiedlichste Weise bemühte, nicht so recht passen wollen. Auch hat sie in (wie es scheint) naiver Gewissenhaftigkeit und Demut kritische, allzu kritische Bemerkungen ihres Mannes über sie selbst, die »Frau Meisterin« notiert, Bemerkungen, die ein neues Nachdenken über die Rolle Cosimas in einer bisher als ideal verklärten Ehe- und Geistesgemeinschaft nötig machen, eine Ehe, die so ideal nicht war. Zu schweigen von Cosimas frömmelnden Selbstanklagen und den Bekenntnissen ihres Inferioritätsbewußtseins.

Nicht ohne Grund haben, dilettantisch zwar und in töricht harmloser Absicht, einige fromme Tempeldiener Bayreuths versucht, die Tagebücher im Nachhinein einer reinigenden Zensur zu unterziehen. Die gewissenhafte Edition Martin Gregor-Dellins und Dietrich Macks hat dies glücklicherweise zum Vorschein gebracht und korrigiert. Man kann die

Bedeutung der Tagebücher Cosimas für die Wagenrforschung gar nicht hoch genug veranschlagen. Und man darf Hans Mayers vielzitierter Forderung: »Wer sich mit Richard Wagner abgibt, muß sich auf das Ganze einlassen.« auch in Bezug auf die Tagebücher Cosimas zustimmen. Richard Wagner konnte, »wie die Aufzeichnungen Cosimas von 1869 bis Februar 1883 ausführlich belegen, alle geistigen Stationen seines Lebens, auch alle Lebenserfahrungen eines geistigen Mitläufers, in fast unschuldsvoller Gleichzeitigkeit bis zum Schluß für sich aufbewahren(...): Heinse und Feuerbach, Proudhon und Bakunin, Schopenhauer und die Rassentheorien des Grafen Gobineau«. Noch sechs Tage vor Wagners Tod liest man in den Tagebüchern Cosimas Wagners Ausspruch: »Eigentum! Der Grund alles Verderbens«. Und in der letzten Eintragung, die Cosima hinterließ, an jenem Tage, an dem Wagner starb, heißt es: »Er geht an das Klavier, spielt das Klage-Thema ›Rheingold, Rheingold‹, fügt hinzu: ›Falsch und feig' ist, was oben sich freut.‹ ›Daß ich das damals so bestimmt gewußt habe!‹ – Wie er im Bette liegt, sagt er noch: ›Ich bin ihnen gut, diesen untergeordneten Wesen der Tiefe, diesen sehnsüchtigen.‹ «

In den Tagebüchern der Cosima ergießt sich eine so faszinierende wie desillusionierende, beinahe erdrückende Informationsflut über den Leser dieser vieltausend Einzeleintragungen, die das Panorama zeittypischer und doch singulärer, über sich selbst hinausweisender »Szenen einer Ehe« ausmachen. Daneben finden sich Gedanken und Gespräche über Kunst und Politik, Musik und Literatur, Selbstbekenntnisse Wagners von frappierender Schonungslosigkeit. Aber auch und gerade Alltägliches ist notiert, Gemeines und Besonderes, Einträchtiges wie Disharmonisches, Bewegendes wie Banales. Diese Tagebücher dokumentieren das vierzehnjährige Paradebeispiel einer bürgerlichen, einer ehelichen Auseinandersetzung mit konstruktiven Folgen trotz grundsätzlicher Dissonanzen. Sie lesen sich wie das missionarische Protokoll über All- und Feiertag eines »Hohen Paares« in den Niederungen der Wirklichkeit. Sie enthüllen vor allem die ganze Verschiedenheit der Persönlichkeiten Richards und Cosimas. Schonungslos ausschweifend ergeht sich Cosima immer wieder in gequälten Reflexionen und Selbstanklagen, in denen sich religiös verbrämter Masochismus und pathologische Selbsterniedrigung verraten. Geradezu erfrischend lesen sich ihre halb pathetisch, halb betulich-akribischen Aufzeichnungen über Wagners humorig-kauzige Äußerungen einer erstaunlichen geistigen Beweglichkeit und Weitsicht, seinen immensen Produktivitätsdrang und seine Schwächen und Schäbigkeiten.

Es darf als ein Glücksfall für die Wagnerforschung bezeichnet werden, daß ihr Pflichtgefühl Cosima veranlaßt hat, eine Fülle gerade auch solcher Äußerungen Wagners aufzuschreiben, die die ganze Diskrepanz des politischen, weltanschaulichen, nicht zuletzt auch ›anti-jüdischen‹ Denkens Richards und Cosimas deutlich zutage treten lassen. Unterschiede, die allerdings in der Wagner-Literatur häufig verwischt werden. Vieles im Werk und im Leben Wagners muß man seit der Veröffentlichung dieser Tagebücher anders bewerten, anders verstehen als zuvor. Auch die Ehe zwischen Wagner und Cosima. Dennoch wurde und wird die Ehe- und Arbeitsgemeinschaft zwischen Cosima und Richard immer wieder verklärt zum Paradigma bürgerlicher Zweisamkeit, als letzte große Manifestation der Ehe-Utopie. Allen verklärenden Vokabeln von der Einmaligkeit und der Idealität dieser Ehegemeinschaft zum Trotz drängt sich bei genauer, kritischer Lektüre der Tagebücher der Eindruck auf, daß diese Ehe nicht durchaus glücklich gewesen sein muß. Schon bald nach ihrer endgültigen Vereinigung mit Wagner (im Jahre 1869) verfiel Cosima mehr und mehr in eine bigotte Religiösität. Am 3. 11. 1873 schreibt sie in der für sie typischen, naiv-sentimentalen Frömmelei in ihr Tagebuch: »Allerseelentag! Ich gehe zu Beichte und Abendmahl (…) am Altar einzige Gemeinsamkeit mit dem Volke, Sorge, Kummer, in Reue und Andacht sich verlierend, nicht nur kein Zweifel, sondern kein Gedanke möglich in dieser Wahrhaftigkeit des Glaubens … unausgesprochene Liebe waltet, und meine Seele begrüßt die ernsten gefurchten Bauernantlitze, das bist du, und alles bist du, alles zum Leib geboren, zum Heil erkoren; ewige Ruhe, kein Wunsch ist wach, keine Sorge sehrt, kein Leiden kränkt, keine Sünde quält, in allen Tiefen ist Ruh, keine Regung spürest du, und nun ruhst du auch!«

Am 1. 2. 1871 liest man: »den ganzen Tag möchte ich beten, büßen, danken«; und am 21. November 1874 vertraut sie ihrem Tagebuch an: »Und so freue ich mich meines Schmerzes und falte dankbar die Hände!«. In einem durchaus sebstkritischen Augenblick erkannte Cosima: »Ich könnte mir leicht denken, daß eine andere Zeit mich als religiöse Schwärmerin gesehen hätte«. Wagner hat Cosimas Frömmelei und Bigotterie früh durchschaut. An manchen Tagen kann er sich, wie Cosima notiert hat, ihr gegenüber die Bemerkung nicht versagen, sie trage wieder einmal ihr »katholisches Gesicht«. Worüber die – im Gegensatz zu Richard – völlig humorlose Cosima wohl kaum gelacht haben dürfte.

Ihre Gesamtpersönlichkeit war der Richards in Vielem diametral entgegengesetzt: sie war politisch konservativ-reaktionär, erzkatholisch, auch wenn sie, Richard zuliebe, zum Protestantismus übertrat, sie war, um es direkt zu sagen, offensichtlich verklemmt, war ohne Humor, ohne Sinnlichkeit, autoritätshörig und von einer bildungsbürgerlichen Beflissenheit, die verglichen mit der künstlerischen Kreativität, geistigen Quirligkeit und Flexibilität Richards, der bei aller Saturiertheit seiner beiden letzten Lebensjahrzehnte doch auch immer der jungdeutsche Bürgerschreck geblieben war, konservativ und lähmend genannt werden muß. Ihr immenses Schuldgefühl gegenüber Hans von Bülow, den sie Wagner zuliebe verlassen hat, aber auch ihr extremes Unwertgefühl gegenüber Richard Wagner kompensierte sie mit fanatischer Religiosität und unbelehrbarem Antisemitismus. »Das Gefühl meines Unwertes steigert sich täglich« heißt es in einer Tagebuch-Notiz vom 29. 11. 1877. Richard unterwarf sie sich denn auch völlig. Sie verehrte ihn nicht nur, sondern betete ihn geradezu an, wie sie es später auch von der Welt verlangte, als künstlerisches Genie »und als gewaltige Rettung des germanischen Geistes«. Richard erscheint ihr »immer göttlich und einzig«. Deswegen notiert sie auch alles, was ihr Gedächtnis zu speichern vermag, sorgfältig in ihr Tagebuch. Es wimmelt in den Tagebüchern von selbstquälerischen Bekenntnissen übergroßer Schuld- und Inferioritätsgefühle nach der Devise: »mich laßt mit Fassung leiden, daß meiner Sendung ich nie vergesse«.

Cosimas drittes Lebensproblem bestand neben Schuldgefühlen (gegenüber Bülow) und Unwertgefühlen (gegenüber Richard) darin, daß sie schlichtweg an ihrer Weiblichkeit litt. Sie vermochte kein solides Selbstwertgefühl als Frau zu entwickeln. So wie sie auf der Suche nach einem Gatten war, zu dem sie aufblicken konnte, sehnte sie sich nach einer Mutter, die sie ja in der Tat in ihrer von Gefühlsarmut und Liebesentzug bestimmten Kindheit schmerzlich vermißt hatte. Am 20. 2. 1869 schreibt sie im Tagebuch: »wie glücklich ich jetzt sein würde, wenn ich eine Mutter hätte! Eine Mutter, die alles verstünde«. Cosimas weibliches Rollenideal, ihre Vorstellung von der Aufgabe der Frau, kommt unzweideutig zum Ausdruck in einer Notiz vom 22. 4. 1879: »Die tierische Geduld zur heiligsten Aufopferung erhebend, so begreife ich sie.« Daß Cosima die aufkommende Emanzipationsbewegung der Frauen, zu deren Vorkämpferinnen einige Freundinnen Wagners gehörten, mit Abscheu betrachtete, bedarf keiner Erläuterung. »Dienen, dienen!«, um die Worte Kundrys zu zitieren, das war Cosimas Losung.

Auch wenn Wagner am Vorabend seines Todes, wie sie am 12. 2. 1883 notierte, ihr nach langer und zärtlicher Umarmung das rätselhafte Bekenntnis zugeraunt haben soll »Alle 5000 Jahre glückt es!«: diese Ehe war doch eher kein Glück, genau betrachtet, zumindest in erotischer Hinsicht. Schon am 16. 6. 1869 stellt Cosima eine tiefgreifende Differenz zwischen ihr und Richard fest, dergestalt, »daß er Freude an Wohlsein und hübschen Dingen hat, während ich beinahe lieber entbehre als genieße«. Schon etwas konkreter heißt das im Zusammenhang von Gesprächen »apropos von Geburten oder von Erzeugungen: Nachmittags einigen Kummer, daß Richard sich in seinen Neigungen nicht einschränken läßt.« Richards spöttischer Kommentar zu ihrer asketischen Haltung bei anderer Gelegenheit: »Ja ja, ich weiß, du möchtest auch gern solch eine Entsagungs-Wirtschaft hier einführen, ich weiß doch -« (6. 8. 1869). Am 16. Mai 1870 klagt Cosima erneut: »Könnten wir die Leidenschaften doch bezähmen; könnten sie aus dem Leben gebannt sein«. Einige Tage später vertraut sie ihrem Tagebuch an: »wie ich schon lange dem sinnlichen

Ausdruck der Liebe entsage, nahm ich mir vor, jedwede kleine Freude, ja nur Annehmlichkeit zu opfern« (1. 6. 1870). Und schon am 12. November 1869 konstatierte sie: »ich glaube, ich wäre jetzt für das Kloster reif.« Aber selbst 12 Jahre später noch, am Abend des 13. 1. 1881 notiert Cosima: »Gute Nacht und stets dieselbe liebe Kloster-Ordnung.« Was Wunder, wenn Wagner (stets verfolgt von Cosimas Eifersucht) in diversen erotischen Eskapaden Zuflucht suchte und zuguterletzt den »Parsifal« schrieb! Doch auch beim Komponieren des »Parsifal« kam er nicht ohne eine erotische Muse aus. Der Schriftstellerin Judith Gautier schrieb er glühende Liebesbriefe. Sie schickte ihm Parfums und Stoffe aus Paris. Ihr Besuch in Wahnfried hätte fast zum Eklat zwischen Richard und Cosima geführt. Selbst Richards letzten Lebenstage waren überschattet von erotischen Eskapaden: die Rede ist von der Sängerin eines Blumenmädchens namens Carrie Pringle. Sie wollte Wagner besuchen, im Februar 1883. Er hatte sie eingeladen. Darüber kam es zwischen Richard und Cosima zu heftigem Streit, der möglicherweise jenen tödlichen Herzinfarkt Wagners am frühen Nachmittag des 13. Februar 1883 ausgelöst haben mochte.

Noch die Witwe Cosima verstand und präsentierte sich als Inbegriff einer Leidenden, deren Daseinsberechtigung nur im Bewahren und Ausführen des letzten Willens ihres »Meisters« lag. Demonstrativ hatte sie sich nach seinem Tod ihre langen Haare abgeschnitten und in den Sarg Richards gelegt. Die Welt sollte sie nur noch als Wagner-Witwe sehen, die der Sinnlichkeit abhanden gekommen war, strenge Hohepriesterin und würdevoll beherrschte Leidensfigur. Aber wir wissen, daß Cosima nicht erst nach Wagners Tod eine »Schmerzensfrau« war. Schon ihre Ehe mit Richard liest sich in ihren Tagebüchern – allen Glücksbeteuerungen zum Trotz – wie ein vierzehnjähriger Leidensbericht.

Cosima litt täglich und in sich hinein nach dem Motto: »Leiden, ewiges, unerforschliches Leiden, sei Du still getragen«, wie sie am 31. Januar 1869 notierte. Ihr einziges Ventil war ein ausgeprägter Franzosen-, Sozialisten-, Jesuiten- und Judenhaß. An Richard hatte sie keine Stütze, keinen Gesprächspartner für ihr Leiden und ihre Sorgen. Er hatte nur

Ohren für seine eigenen Probleme und Kümmernisse, widmete sich fast ausschließlich seinem künstlerischen Schaffen. So sind die Tagebücher Cosimas, die ja eigentlich (zunächst den Kindern, später nur noch) dem Sohn Siegfried als detaillierte Erinnerung an seinen Vater zugedacht sind, zunehmend auch so etwas wie ein stummer Vertrauter intimster Eingeständnisse und Mitteilungen, die sich Cosima vom Herzen, wo schon nicht reden, so wenigstens schreiben konnte: »Wem ihn sagen, wem ihn klagen diesen Schmerz, gegen R. kann ich nur schweigen, diesen Blättern vertraue ich es an, meinem Siegfried« So liest man am 21. November 1874. Cosimas Tagebücher dürfen – unter dieser Perspektive gelesen – als Dokumente heimlicher Opposition gegenüber Richard verstanden werden. Viele Jahre hat sie ihren Schmerz wohl zu ertragen sich bemüht. Kein Wunder, daß sie irgendwann danach trachtete, aufzubegehren, ein Stück weit wenigstens das aufgeopferte, unterdrückte Selbst zu verwirklichen. Wohl nicht nur am 25. Januar 1869 fragte sie sich: »Was sind wir ohne diese Teilnehmung an dem Genius?«

Richard hielt Cosima für kindlich, er nannte sie gern seine »gute Glucke« (23. 1. 1870). Vielleicht hielt er sie für zu kindlich, um eine Beeinflussung ihrerseits für möglich zu halten. Aber so ganz naiv war Cosima nicht! Immerhin versuchte sie, Richard mit ihren eigenen Vorstellungen und Gedanken, ihren Wünschen und ihrer Religiosität zu beeinflussen. Wenn auch mit wenig Erfolg, so trachtete Cosima doch danach, sein revolutionäres, utopisch-sozialistisches Denken zurückzudrängen und impfte ihn, nicht gänzlich ohne Erfolg, mit ihren aristokratischen, antifranzösischen und reaktionären Vorstellungen. Es waren vor allem ihre religiösen (und damit korrespondierend die antijüdischen) Haltungen, mit denen sie, bei genauer Kenntnis seiner ideologischen Ambivalenzen und Anfälligkeiten, aber auch seiner antisemitischen Vorurteile, Wagner äußerst geschickt zu infiltrieren verstand. Überhaupt war die Religionsausübung, Kirchgang, Lektüre christlicher Bücher und Bußübungen, allen abschätzigen Äußerungen Wagners zum Trotz, für Cosima, die nur des lieben Friedens mit Richard wegen zum Protestantismus konvertierte, neben dem Dienst am vergötterten Gemahl das Wichtigste, wie zahllose Eintragungen in den Tagebüchern bezeugen. Sie war eben doch – in dieser Hinsicht zumindest – die Tochter ihres Vaters, der ja ebenfalls (im Gegensatz zu ihr allerdings mit ausgeprägter Sinnlichkeit ausgestattet) einen Hang zu Bigotterie und Frömmelei hatte:

Cosima hielt Richard, je länger sie mit ihm zusammenlebt, für »göttlich«, sie verklärte ihn zum »Meister« und erhob sein Werk ins Quasi-Religiöse. Ihr Ziel war die Gründung einer Gemeinde. Bayreuth sollte zum Zentrum einer religiösen Regeneration werden. Von Anfang ihrer Gemeinschaft an fühlte sich Cosima zuständig für das, was man heute »Öffentlichkeitsarbeit« nennt und zelebrierte in Wahnfried einen weihevollen Repräsentationsstil. Sie war an der Gründung der Hauszeitschrift, der »Bayreuther Blätter«, nicht unwesentlich beteiligt. Sie war es auch, die die Herausgabe eines Wagner-Lexikons initiierte und die Entstehung der ersten, so monumentalen wie idealisierenden Wagner-Biographie Carl Friedrich Glasenapps förderte. Cosima nahm schon zu Lebzeiten Wagners die finanziellen Angelegenheiten energisch in die Hand und entwarf konsequent ein stilisiertes Bild vom »Bayreuther Meister«, weihte Wahnfried und das Festspielhaus zu Tempeln einer fast sakralen Kunst, deren Höhepunkt sie im »Parsifal« erblickte. Sich selbst machte Cosima zur Oberpriesterin, Wagner wurde zum sakrosankten Genius erklärt.

Aber bereits in einem Brief von 1865, also aus der Anfangszeit der Beziehung Cosimas zu Richard, beklagte der Komponist Peter Cornelius, wie auch andere Freunde Wagners aus früheren Jahren, die zunehmende Entfremdung gegenüber Wagner seit dem energisch-dominanten Auftreten Cosimas, die ihn ganz und gar beherrsche: »Die Hauptsache aber ist das Liebesverhältnis zwischen Wagner und Cosima … Seitdem ist Wagner gänzlich und unbedingt unter ihrem Einfluß. … man kann ihn nicht mehr allein sprechen, es kommt kein Brief mehr an ihn, den sie nicht erbricht und ihm vorliest …«

Am 16. November 1868 zieht Cosima endgültig zu Richard Wagner nach Tribschen in das gemeinsame Haus. Am 1. Januar 1869 beginnt sie mit der Niederschrift ihres Tagebuchs. Am 15. Juni bittet Cosima Hans von Bülow schriftlich um die Einwilligung zur Scheidung. Die gemeinsame Niederschrift der offiziellen, nicht zuletzt für den bayerischen König geschriebenen Autobiographie Wagners, die er zunächst auf eigene Kosten in wenigen Exemplaren unter dem Titel »Mein Leben« drucken läßt, wird beendet. Das Tribschener Idyll beginnt! Eine der ungetrübtesten, wenn auch kurzen Zeiten im Leben Richard Wagners, in der das Zusammenleben mit Cosima wohl glücklich genannt werden darf, in der übrigens auch die Freundschaft mit Friedrich Nietzsche ihren Höhepunkt errichte. Zum 33. Geburtstag Cosimas, also am 25. Dezember 1870, überraschte Richard Wagner sie mit der Darbietung eines musikalischen Geschenkes. Auf der Treppe des Tribschener Hauses läßt er eine Geburtstagskomposition von einem kleinen Orchester musizieren: Cosima nennt sie in ihrem Tagebuch noch »Tribschener Idyll«. Wagner hat das Stück später, bezugnehmend auf die in der Komposittion verarbeiteten Motive aus dem soeben fertiggestellten »Siegfried« und auf die zurückliegende Geburt seines Sohnes Siegfried, »Siegfried-Idyll« genannt; es ist eine seiner intimsten Kompositionen.

Cherchez le Juif und Tempelkunst. (Cosimas Judenhaß und Wagneridolisierung)

Richard Wagner arbeitete an der Reinschrift der Partitur seines zweiten »Siegfried«-Aktes mit dem bestialischen Effektstück, dem Drachenkampf, als seine Gattin Cosima die erste Seite ihres Tagebuchs begann, das heute jedem, der sich ernsthaft mit Wagner auseinandersetzt, als eine der wichtigsten Quellen dient. Man schrieb den ersten Januar 1869. Cosima beginnt ihr Tagebuch folgendermaßen: »Mit Weihnachten, meinem 31. Geburtstage, sollte dieses Buch beginnen; ich bekam es in Luzern nicht. So soll denn der erste Tag des Jahres auch den Anfang meiner Berichte an euch, meine Kinder, enthalten. Ihr sollt jede Stunde meines Lebens kennen, damit ihr mich dereinst erkennen könnt, denn sterbe ich früh, so werden die anderen gar wenig über mich euch sagen können, sterbe ich alt, so werde ich wohl nur noch zu schweigen wissen. Ihr sollt mir so helfen, meine Pflicht (zu) erfüllen.« Nur wenige Zeilen später erläutert Cosima, worin ihre Pflicht – gegenüber Richard – bestehe: »Als die Sterne es fügten, daß Ereignisse, die ihr anderweitig erfahren werdet, den einzigen Freund, den Schutzgeist und Erretter meiner Seele, den Offenbarer alles Edlen und Wahren, einsam, verlassen, freudlos freundlos, in die Einsamkeit trieben, rief ich ihm zu: Ich komme zu dir und will mein höchstes heiligstes Glück darin finden, dir das Leben tragen zu helfen.« Wie groß ihre Hochachtung vor Richard war, man darf schon beinahe von Ergebenheit sprechen, erfährt man schon auf der nächsten Seite des ersten Tagebuchblattes: »Ich bin immer so überwältigt von seiner Güte zu mir, bei dem steten tieferen Innewerden seiner Größe, daß ich eigentlich in seiner Gegenwart immer in Tränen zerfließen möchte.«

Cosimas Leben dreht sich nur noch um Richard. Seine Aussprüche sind ihr heilig, sie notiert, sie protokolliert tagtäglich, hält für die Nachgeborenen fest, was sie von seinen Äußerungen behalten kann. Ein Glücksfall für die Nachwelt.

Cosimas Tagebücher enthalten denn auch zahlreiche aufschlußreiche Kommentare, Hinweise und Informationen, die von großem Wert für das entstehungsgeschichtliche Verständnis der Musik, der Dramen und der theoretischen Schriften Wagners sind. Vor allem die Selbstbekenntnisse Richard Wagners zum »Ring« und zum »Parsifal« sind von großer Bedeutung. Eine Fülle von Äußerungen Wagners über zeitgenössische Persönlichkeiten, zu gesellschaftlichen und politischen Ereignissen, zur Literatur und zum Musiktheater nicht nur seiner Zeit, aber auch zu Religion und Philosophie erlauben nicht nur, sondern verlangen Korrekturen in vielen Fällen bisheriger Erkenntnisse der Wagnerforschung. Was den besonderen Wert der Tagebücher ausmacht, ist die Tatsache, daß sie äußerst differenziert den heterogenen, ja widersprüchlichen, sich wandelnden Antisemitismus Richard Wagners zwischen 1869 und 1883, aber auch die bedeutsame Differenz des antisemitischen Denkens Richard und Cosima Wagners spiegeln wie kein anderes zeitgeschichtliches Dokument. Gerade im Hinblick auf den Antisemitismus, der sich in ihnen in relativ ungefilterten und spontanen (daher besonders interessanten) Äußerungen kundtut, sind sie bisher weit unterschätzt worden.

Der schon erwähnte obsessive Wagnerverächter Hartmut Zelinsky hat von den Tagebüchern Cosimas behauptet: »Diese Tagebücher beseitigen nun auch den letzten Zweifel daran, daß Wagner sich als Religionsstifter und Bayreuth als religiöses Erlösungszentrum verstand, daß das Judenproblem das zentrale Problem seines Lebens war«. Die Absurdität dieser Behauptung wird schon durch eine bloß quantitative Überlegung offensichtlich: Die Tagebücher Cosimas datieren vom Jahre 1869 bis ins Jahr 1883. Die Aufzeichnungen innerhalb dieses vierzehnjährigen Zeitraums umfassen in der Edition Gregor-Dellins rund 2000 Druckseiten.

Stellt man alle sich auf das Thema »Judentum« beziehenden Notierungen Cosimas zusammen, so kommt man, grob gerechnet, auf ungefähr 20 – 30 Druckseiten, was 1 – 1,5% des Gesamtvolumens ausmacht. Für die Behandlung eines »zentralen Problems« nicht gerade viel. Ganz davon abgesehen, daß in diesen 20 – 30 Seiten alle im weitesten Zusammenhang mit dem Judentum gemachten Äußerungen Cosimas oder Richard Wagners enthalten sind, also auch völlig belanglose. Greift man die essentiellen Äußerungen heraus, so reduziert sich der Anteil dieser Äußerungen auf einen Bruchteil dieses Prozentsatzes. Die Häufigkeit der notierten Äußerungen zu »jüdischer Thematik« schwankt zwischen maximal (etwa) 50 Notierungen im Jahre 1881 und 2 erwähnenswerten Notierungen im Jahre 1876.

Doch nicht nur quantitativ erweist sich das Judenproblem als keineswegs zentrales Thema Wagners in den Tagebüchern Cosimas: auch inhaltlich stehen persönliche, ganz alltägliche, finanzielle, gesundheitliche, psychologische, aber auch allgemein kulturhistorische, politische, religiöse und philosophische, vor allem aber künstlerische Werk-Probleme Richards und deren Erörterung im Vordergrund der Aufzeichnungen. Nicht zu vergessen die zuweilen ausschweifenden, an religiös verbrämten Masochismus und pathologische Selbsterniedrigung grenzenden Selbstanklagen und Reflexionen Cosimas, ihre Kommentare zu den akribisch fixierten Aussprüchen ihres Gatten und ihre Berichte über die banalen Vorkommnisse des Familienlebens.

Wollte man wirklich (was natürlich einer Simplifizierung dieser Aufzeichnungen gleichkäme) aus der immensen Fülle der Tagebucheintragungen Cosimas so etwas wie ein »zentrales Problem Wagners« destillieren, so wäre es am ehesten das seiner künstlerischen und menschlichen Selbstverwirklichung. Das »Judenproblem« stellt nur eines unter vielen dar, die Auseinandersetzung mit ihm steht keineswegs im Mittelpunkt der Tagebuchaufzeichnungen. Gleichwohl gehört das Thema in den Fundus der sowohl Cosimas wie Richards Denken beschäftigenden Zusammenhänge. Immer wieder setzen sich beide mit dem »Judentum« auseinander, angeregt durch Tagesereignisse, durch Presseveröffentlichungen, Begegnungen, Gespräche und Diskussionen, Lektüre oder persönliche Erfahrungen mit jüdischen Freunden, Kollegen, Gästen, Künstlern, Wissenschaftlern oder Politikern. Man weiß, daß in der zweiten Hälfte des 19. Jahrhunderts, mehr noch im letzten Drittel, im weiteren Umfeld der rechtlichen Gleichstellung der Juden, die sogenannte »Judenfrage« in aller Munde war. Die Auseinandersetzungen im Hause Wagner können in ihrer Komplexität, die fast alle Facetten dieser Problematik sichtbar werden läßt, als geradezu (wenn auch im extremen Sinne) repräsentativ für die Haltung des deutschen Bürgertums dieser Zeit zur »Judenfrage« betrachtet werden.

Eine der wichtigsten Erkenntnisse, die man aus der geduldigen Lektüre der Tagebücher Cosimas gewinnt, ist die Tatsache, daß sich der Antisemitismus Richard Wagners von dem seiner Frau wesentlich unterscheidet, auch wenn der Eindruck einer ersten, flüchtigen Lektüre der sein mag, beider Antisemitismus sei deckungsgleich. Dieser Eindruck trügt, denn Cosima schien mit Vorliebe gerade solche Äußerungen ihres Mannes aufzuschreiben, die ihren eigenen Ansichten nahekamen.

Immerhin hat aber ihr Pflichtgefühl Cosima veranlaßt, eine Fülle auch solcher Gedanken und Formulierungen Wagners aufzuschreiben, die die ganze Verschiedenheit des ›antijüdischen‹ Denkens Richards und Cosimas deutlich zutage treten lassen. Unterschiede, die allerdings in der Wagner-Literatur häufig verwischt werden. Nicht zuletzt durch die sich in den Tagebüchern offenbarenden Differenzen Richards und Cosimas wird deutlich, daß die antisemitische Politik des »Hauses Wagner« – nicht erst nach Wagners Tod – wohl maßgeblich von Cosima bestimmt wurde. Eine Erkenntnis, mit der der Antisemitismus Richard Wagners weder herabgespielt, noch entschuldigt, wohl aber einer differenzierteren Beurteilung unterzogen werden soll.

Der wesentliche Unterschied zwischen Wagner und Cosima liegt darin, daß er immer wieder zu selbstkritischer Distanzierung, zu Revisionen seiner Ansichten fähig ist, eine gewisse Lernfähigkeit, gekoppelt mit wachem politischem Bewußtsein und einer aufmerksamen Beobachtungsgabe für gesellschaftliche Veränderungen zeigt, wohingegen sie in ihren Urteilen statisch ist. Cosimas Antisemitismus erweist sich, im Gegensatz zu dem ihres Mannes, von der ersten bis zur letzten Seite ihrer Tagebücher als gleichbleibend borniert, starr und unbeugsam, ja militant und nicht zuletzt stark christlich-religiös eingefärbt: das Erbteil ihrer streng katholischen Erzieherin Madame Patersi de Fossombroni.

Die Einfältigkeit ihres so diffusen wie kategorischen Antisemitismus, gepaart mit der für sie kennzeichnenden Bigotterie, zeigt sich in Notierungen wie der vom 7. März 1870, wo Cosima sich über den gemeinsamen Freund Heinrich Porges folgendermaßen äußert: »Viele sonderbare Nöte wegen der jüdischen Abstammung Porges', jeder Augenblick bringt den Herrn Jesus auf unsere Lippen!« Womit sie wohl eher für sich spricht, denn Frömmelei war nicht Wagners Art. Alles Jüdische ist ihr per se derart unheilvoll, angsteinflößend und schlimm, daß sie überall Juden, »Judenempfindlichkeit und Judenrache« wittert. Ernest Newmans, des bedeutendsten Wagner-Biographen, Bemerkung über die Devise Cosimas: »Cherchez le Juif« erfährt hier ihre Rechtfertigung. Von Juden fühlt sich Cosima geradezu verfolgt, die stereotype Formel ihres antisemitischen Verfolgungswahns lautet in ihren Tagebüchern: »israelitische Nöte«. Cosima haßt jüdische Bärte und sieht sich überall von jüdischen Physiognomien angewidert, vor allem im Theater. Am 13. 10. 1881, während eines Besuchs in Leipzig, notiert sie zum Beispiel: »dann gehen wir ins Theater, wo viel Israel wieder herrscht. Merkwürdige Organe vor allem.« Hinter den meisten ihr und ihrer Sache (bzw. der Sache Wagners) nicht zuträglichen Personen vermutet sie grundsätzlich Juden. Hat sie jemanden als solchen »entlarvt«, schreibt sie dessen negative Eigenschaften seiner jüdischen Herkunft zu und spricht dann von dessen »eigentümlich semitischer Weise«. So zum Beispiel notiert sie am 10. August 1873 über einen »Dr. Brée«, (gemeint ist wahrscheinlich der Nietzsche-Begleiter und Freund Dr. Paul Rée), »der als Jude sich entpuppend, ... lästig wirkt«. Ähnliches notiert Cosima auch bei Hermann Levi, dem Dirigenten der Bayreuther »Parsifal«-Uraufführung.

Wenn Joseph Rubinstein, fleißiger und hingebungsvoller Pianist und Verfertiger von Wagners Klavierauszügen, treuer Diener der »Nibelungenkanzlei« also, beim gemeinsamen Konzertieren Fortschritte macht, dann heißt es bei ihr am 7. Juni 1874, er habe eben »Vater (Liszt) auf jüdische Art sehr zu seinem Vorteil allerlei abgeguckt.« Spielt Rubinstein nicht wie erwartet, dann ist daran seine vermeintliche jüdische Unsensibilität schuld.

Auch greift Cosima mit Eifer antijüdische Gerüchte auf: »Die Soldaten sollen durch schlechte Verpflegung krank geworden sein, die Lieferanten sind alle Juden und geben schlechtes Brot, schlechtes Fleisch u.s.w.« liest man am 9. Mai 1876. Daß ihr ehemaliges Wohnhaus verwildert sei, wie sie am 19. Juli 1877 feststellt, geht ihrer Meinung nach ebenfalls aufs Konto der Juden: »Tribschen (...) ist verwildert und verwachsen, französische Juden bewohnen es.«

Gerade in ihren antisemitischen Äußerungen zeigt sich, wie sehr Cosima ihrem Gatten an geistiger Größe, will sagen Differenziertheit, Beweglichkeit, Spontaneität, auch an Belesenheit, vor allem aber an politischem Bewußtsein nachstand. Als Wagner, um ein treffendes Beispiel zu nennen, am 17. 6. 1879 den Kindern erklärte, daß die Französische Revolution zwar den Feudalismus gebrochen, aber, wie er glaubt, den Kapitalismus geboren habe, lautete Cosimas einziger Kommentar dazu: »O wie wohl tut es einem, von da weg auf die Bäume zu blicken!«

Cosimas antisemitischen Äußerungen zeugen von einer geradezu einfältig zu nennenden Art blinder Vorurteilsgläubigkeit. Sie zeugen aber auch von der Unfähigkeit zu selbständiger Urteilsbildung und gedanklicher Differenzierung, wie von Unsensibilität und sublimem Machtwillen. Man kann den affektiven Antisemitismus Cosimas wohl nur richtig einschätzen vor dem Hintergrund ihrer (bis heute noch immer verklärten) Gesamtpersönlichkeit, die nicht frei war von pathologischen Zügen, wie die Tagebücher dokumentieren. Letztlich sind die Wurzeln ihrer Persönlichkeitsstruktur, welche die Voraussetzung ihres spezifischen Antisemitismus bildet, sicher in der autoritären, aristokratisch-katholischen Erziehung ihrer als äußerst streng geltenden Erzieherin, Madame Patersi de Fossombroni, zu suchen, also in ihrer kindlichen Elternlosigkeit, in der Einsamkeit eines sterilen aristokratischen Sozialisations-Prozesses. In den Tagebüchern offenbart sich der spezifische Charakter von Cosimas

Antisemitismus beinahe als so etwas wie eine »Projektion« ihres immensen Schuldgefühls gegenüber Hans von Bülow, den sie Wagner zuliebe verlassen hat, als Ventil aber auch eines extremen Unwertgefühls gegenüber Richard Wagner. In einer Notiz vom 29. 12. 1877 heißt es: »Das Gefühl meines Unwertes steigert sich täglich.« Cosima unterwarf sich Richard denn auch völlig, verehrte ihn, ja betete ihn beinahe an, wie sie es später auch von der Welt verlangte. Diesem Genie zu dienen, betrachtete sie als ein verdientes Büßen und Leiden, dem sie geradezu inbrünstig huldigte im krankhaften Bewußtsein einer »Daseins-Schuld«. Sie notierte am 5. August 1869: »Ich wage es kaum, mir zu bekennen, wie todessüchtig ich bin«.

Zum Ensemble der Minderwertigkeits- und Schuldgefühle Cosima Wagners gesellte sich ein geradezu kindlicher Aberglaube. Immer wieder schreibt sie z.B. über ihre Fledermaus-Angst. So zum Beispiel berichtet sie am 16. September 1870 davon, daß sich abends fünf Fledermäuse in Richards Stube verirrten: »wie ich es erfahren habe, dann, mich fassend, habe ich gebetet, daß, was auch für ein Unheil mir drohen möchte, ich meine Aufgabe als Christin, als Weib, als Mutter erfüllen möchte.« Zu Spinnen hingegen hatte Cosima ein positives Verhältnis. Am 22. 1. 1872 schreibt sie: »Einzig labend eine Spinne, die bei Lampenschein auf dem Cohn'schen Brief unablässig wandert. Stiller, schwerer Abend!« Die Aufzählung der skurrilen Charakterzüge Cosimas, wie sie sich in ihren Tagebuchaufzeichnungen dokumentieren, ließe sich beliebig fortsetzen.

Da Cosima, in ihrer spezifischen Charakterstruktur, die sie jene unterwürfig-anbetende Haltung gegenüber Richard einnehmen ließ, bei gleichzeitigem Bedürfnis nach Gleichwertigkeit, sich gegenüber Richards übergroßer Autorität nicht durchzusetzen vermochte, versuchte sie, insgeheim zumindest, teilzuhaben an der Entstehung seiner Werke, und sei es nur an den schriftstellerischen. Es waren vor allem ihre religiösen (und damit korrespondierend die antijüdischen) Vorstellungen, mit denen sie, bei genauer Kenntnis seiner ideologischen Ambivalenzen und Anfälligkeiten, Wagner äußerst geschickt, wie sich zeigen sollte, zu beinflussen wußte. Es war, ich habe schon darauf hingewiesen, Cosimas Anliegen, schon zu seinen Lebzeiten Richard Wagner, der ihr göttlich schien, zum »Meister« zu verklären, sein Werk ins Quasi-Religiöse zu erheben, eine Gemeinde zu gründen, um Bayreuth zum Zentrum einer religiösen Regeneration zu machen. In dieser Absicht fühlte sie sich verantwortlich für das, was man heute »Public Relations« nennt. Sie leitete die Herausgabe eines Wagner-Lexikons in die Wege und das Unternehmen der monumentalen Wagner-Biographie Carl Friedrich Glasenapps, von dem Wagner allerdings nicht besonders viel zu halten schien, wie einer Notiz Cosimas vom 14. Juli 1878 zu entnehmen ist: »er mache die Toten lebendig und die Lebendigen tot durch seine Art, Biographien zu schreiben« habe Wagner ihr gesagt.

Wenn überhaupt, dann ließe sich weit eher von Cosima behaupten, was Hartmut Zelinsky Richard Wagner unterstellte, daß er sich »als Religionsstifter und Bayreuth als religiöses Erlösungszentrum verstand«. Cosimas Anteil an dem, was unter dem Bayreuther Wagner zu verstehen ist, kann von den ersten Anfängen ihres Zusammenseins an nicht hoch genug veranschlagt werden. Es ist anzunehmen, daß Cosima schon vor Bayreuth, schon in der Münchner Zeit bedeutenden Einfluß zu nehmen suchte auf Wagners Schaffen wie Verhalten. Ich kann an dieser Stelle darauf verzichten, den Brief von Peter Cornelius aus dem Jahre 1865, in dem er sich darüber beklagt, daß Wagner seit Cosimas Auftreten »gänzlich und unbedingt unter ihrem Einfluß« stehe, noch einmal zu zitieren.

Schon die über tausendseitige Autobiographie Wagners, die er Cosima in die Feder diktierte, ist durch Cosimas Mitwirkung zur Selbststilisierung geronnen. Sei es nur dadurch, daß sie Wagner dazu verleitete, ihr Unangenehmes zu beschönigen oder wegzulassen. Zur Erinnerung: Im November 1868 zieht Cosima endgültig zu Richard nach Tribschen in das gemeinsame Haus. Am 1. Januar 1869 beginnt sie mit der Niederschrift ihres Tagebuchs. Merkwürdigerweise hat Wagner just zu dieser Zeit die Beschäftigung mit dem »Judenthema« wieder ins Auge gefaßt. Im Frühjahr 1869 veröffentlicht er mit einem Vorwort an Marie Muchanoff (eine Freundin Cosimas und Mäzenin Wagners) zum Entsetzen selbst bester

Freunde eine Neuausgabe seiner Schrift aus dem Jahre 1850, »Das Judentum in der Musik«, diesmal allerdings nicht als Zeitschriftenaufsatz, sondern als selbständige Broschüre. Cosimas Tagebuch-Aufzeichnungen in puncto Antisemitismus sind denn auch im Jahre 1869 beherrscht von den Auseinandersetzungen um und den Reaktionen auf die Wiederveröffentlichung dieser Schrift. Schließlich soll die »Judenbroschüre«, wie sie fortan genannt wird, ins Französische, die Muttersprache Cosimas, übersetzt werden: Cosima leitet das in die Wege, nimmt Kontakt auf mit einer Übersetzerin. Stolz notiert sie am 17. Juni 1869 Richards Ausspruch: »Wie wir doch wirklich zusammenarbeiten.« Am 15. September erhält Cosima einen langen Besuch Marie Muchanoffs, »durchaus angenehm«, wie sie notiert. Cosima berichtet: »Sie erzählt mir, daß die Leute mir Schuld an der Judenbroschüre geben.« Und Cosima ist darüber nicht im mindesten befremdet oder gar gekränkt. Im Gegenteil: Mit heimlichem Stolz fügt sie hinzu: »Die guten Leute!« Nun, die Leute werden vielleicht nicht völlig unrecht gehabt haben.

Ein weiterer Hinweis auf Cosimas maßgebliche Mitwirkung an Richard Wagners schriftstellerischem Antisemitismus findet sich in folgender Notierung vom 18. Januar 1881: »Er sagt mir, er habe Lust, die Arbeit über die jetzige Judenfrage zu machen, ich hätte sie ihm angegeben, und er wolle es jetzt gern tun«. Wagner schreibt den Aufsatz »Erkenne dich selbst«, der im Februar / März des Jahres in den »Bayreuther Blättern« erscheinen wird. Am 11. Februar notiert Cosima: »Wie die Freunde fort sind, liest er mir den veränderten Schluß seines Aufsatzes, er scheint mir entsprechender dem ganzen als der erste, und R. sagt selbst, er habe ja über uns, nicht über die Juden schreiben wollen. Und doch muß ich es ihm sagen, wie unheimlich mir die Empfindung ist, daß er auf meine Veranlassung hin etwas verändert«. Hier wird nun ohne Zweifel deutlich, daß Cosima offensichtlich Richard bewogen hat, erneut etwas zum »Judenproblem« zu sagen und überdies den Schluß dieser Abhandlung zu verändern.

Aber Cosima hat nicht nur auf das schriftstellerische Schaffen Wagners Einfluß genommen: sie hat mit ihrer im täglichen Gespräch stets präsenten Religiösität wohl auch entscheidend auf die Entstehung des »Parsifal« eingewirkt, nicht so sehr auf die Konzeption, die stand lange fest, wohl aber auf die religiöse Bedeutung jenes »Bühnenweihfestspiels«, mit dem unter ihrer Ägide, nach Richard Wagners Tod, über Jahrzehnte eine Art sakralen Kultes getrieben wurde, jenes letzten Werks Wagners, das höchste künstlerische Meisterschaft verrät und doch gegenüber all seinen bisherigen Werken eine plötzliche und radikale weltanschauliche Kehrtwendung zum Geist eines schopenhauerisch inspirierten Christentums zeigt. Friedrich Nietzsche, in den Jahren der Tribschener Zeit jedenfalls engster Freund und intimster Kenner Cosimas und Richard Wagners sowie seines Werks, hat auch diesen Zusammenhang als Erster erkannt. In seinen nachgelassenen Fragmenten vom November 1887 – März 1888 findet sich die folgende Äußerung, für die er ganz zu unrecht oft gescholten wurde: »Cosima Wagner ist das einzige Weib größeren Stils, das ich kennengelernt habe, aber ich rechne es ihr an, daß sie Wagner verdorben hat. ... Der Parsifal W(agner)s war zu allererst und anfänglichst eine Geschmacks-Kondeszendenz W(agner)s zu den katholischen Instinkten seines Weibes, der Tochter Liszt's, eine Art Dankbarkeit und Demut von Seiten einer schwächeren, vielfacheren, leidenderen Kreatur hinauf zu einer, welche zu schützen und zu ermutigen verstand, das heißt zu einer stärkeren, bornierteren: – zuletzt selbst ein Akt jener ewigen Feigheit des Mannes vor allem ›Ewig-Weiblichen‹. – Ob nicht alle großen Künstler bisher durch anbetende Weiber verdorben worden sind?«

Man muß wohl davon ausgehen, daß Cosima Wagner seit 1869 der verborgene Motor der neuerlichen antisemitischen Veröffentlichungen Richard Wagners gewesen ist, und zwar nicht nur, indem sie seine antisemitischen Schriften anregte, sondern wahrscheinlich auch, indem sie direkten Einfluß auf deren inhaltliche Gestaltung nahm. Es gilt, die erstaunlicherweise bis heute nicht beachtete Tatsache hervorzuheben, daß – 19 Jahre nach dem »Judentum in der Musik« – Richard Wagners rege schriftstellerische Aktivitäten in Sachen »Antisemitismus« eigentlich erst 1869 einsetzten, in dem Jahr des beginnenden Zusammenlebens mit Cosima Baronin von Bülow. (Wenn auch der Aufsatz »Das Judentum in der Musik« von 1850 die wichtigste dieser Publikationen darstellt, er war doch zu seiner Entstehungszeit so etwas wie ein faux pas, eine – allerdings infame – Ausnahme, gemessen an der Fülle von Wagners Äußerungen zu diesem Thema von 1869 an). Über Wagners Antisemitismus wird allerdings noch genauer zu reden sein!

Die dargestellte Koinzidenz ist indes kein Zufall, wie die Tagebücher Cosimas bezeugen. Bisher wurde dieser Zusammenhang kaum je wahrgenommen, ein Zusammenhang, der den Bayreuther Antisemitismus Richard Wagners in ein neues Licht stellt. Wie hoch der Anteil der Einflußnahme Cosimas gewesen sein mag, läßt sich natürlich nachträglich nicht mehr im einzelnen rekonstruieren. Entscheidend aber ist die aus unmißverständlichen Tagebuchäußerungen Cosimas hervorgehende Tatsache, daß Wagners antisemitische Schriften während des Zeitraumes des Zusammenlebens mit Cosima wohl auf ihre Initiative hin und durchaus in ihrem Sinne verfaßt und veröffentlicht wurden. Vielleicht, so läßt sich vermuten, hätte Richard Wagner ohne den Einfluß Cosimas nach der ersten Veröffentlichung seiner Schrift über »Das Judentum in der Musik« keine weiteren antisemitischen Schriften mehr verfaßt. Eine Vermutung bloß, aber keine von der Hand zu weisende. Immerhin hat Wagner, wie noch zu zeigen sein wird, seine antijüdischen Ressentiments zunehmend abgebaut, und seine späten Äußerungen über Juden und Jüdisches sind durchaus versöhnlich!

Den »Illustrator einer untergehnden Welt« hatte Richard Wagner seinen Schwiegervater Franz Liszt genannt, wie man am 12. Oktober 1871 in den Tagebüchern Cosimas nachlesen kann. Auch seine Tochter Cosima könnte man, um im Bild zu bleiben, die nostalgische Berichterstatterin und Konservatorin einer vergangenen Welt nennen, die allerdings so, wie Cosima sie im Nachhinein verklärte, nicht immer gewesen sein wird. Jedenfalls in Bezug auf das Œuvre Richard Wagners darf man dies behaupten! Die »Bayreuther Blätter« zum Beispiel, eine ursprünglich als Informationsorgan für die Mitglieder der Wagner-Patronats-Vereine ins Leben gerufene Hauszeitschrift, verkam unter Cosimas Leitung zur erzkonservativen, nationalistischen, antisemitischen »Deutschen Zeitschrift im Geiste Richard Wagners« – man muß hinzufügen: im vermeintlichen Geiste Richard Wagners. Aber auch Richard Wagners utopische »Botschaft«, so man von einer solchen reden darf, wurde vom Kreise seiner Bayreuther Nachlaßverwalter, an deren Spitze Cosima regierte, unter Reduzierung und Ergänzung im Sinne ihrer und der Anschauungen ihrer Autoren zum deutschnationalen »Evangelium« erhoben und als Wagnersches Erbe verkündet, das den Weg ebnete für die Usurpation Wagners durch den Faschismus.

Mit Cosima begann recht eigentlich die verfälschende Wagner-Idolisierung. Richard erschien ihr »als gewaltige Rettung des germanischen Geistes«, wie man am 10. 9. 1873 in ihrem Tagebuch lesen kann. Den »Parsifal« betrachtete sie als heiliges Werk eines neuen Christentums, dem sie missionarisch dienen zu müssen glaubte, wie sie Felix Mottl gegenüber am 16. August 1887 bekannte: »Auf unserem Hügel ist nun die feste Burg, da haben wir unseren teuren Heiland frei von allem Unwürdigen, welches eine traurige Menschheit ihm aufgebürdet. In diesem Gottes-Haus sind alle berufen, die nur wahrhaftig und notgedrungen sind«. Auch die Juden sind dazu berufen, denn Cosima meint damit vor allem Levi. Sie schreibt weiter: »so jubelt mein Herz zu dieser Kraft unserer Sache, welche einzig alle Scheidungen, die uns schmerzen, wirklich und wahrhaftig aufhebt.« Ein nachträgliches Zeugnis für die versöhnliche Botschaft des Parsifal, aber vor allem das Dokument einer Religionsgründung in Bayreuth, als deren Hohepriesterin sich Cosima empfand. Dienst am Werk wurde bei Cosima zum Gottesdienst, der Kreis der Getreuen zur Gemeinde. Der kluge, Wagner durchaus zu würdigen wissende Wiener Musikkritiker Eduard Hanslick nannte den Kreis der Wagner-Jünger um Cosima nicht zu Unrecht die »Betbruderschaft vom heiligen Richard«. Friedrich Nietzsche registrierte den Bayreuther Wagnerismus mit Abscheu. In seiner Schrift »Der Fall Wagner« schreibt er: »Die Jünglinge beten Wagner an … Bayreuth reimt sich auf Kaltwasserheilanstalt.«

Einer der getreuesten Diener Cosimas war Hans von Wolzogen, der Herausgeber der »Bayreuther Blätter«, der mit seinen eigenen Beiträgen in der Bayreuther Hauszeitschrift zum Sturm der Verkündigung eines dem Regenerationsgedanken verpflichteten germanischen Christentums blies. Eine ganze Autoren-Clique – die in den Bayreuther Blättern publizierte – stand seinen Intentionen zu Gebote: Heinrich von Stein, der Hauslehrer Siegfried Wagners, Karl Friedrich Glasenapp, der Bayreuther Haus-Biograph, der erste Gobineau-Übersetzter Ludwig Schemann und der Kunsthistoriker Henry Thode, Ehemann Daniela von Bülows, der ältesten Tochter Cosimas, um die wichtigsten des »inneren Bayreuther Kreises« zu nennen. Auch Nietzsches Schwager Bernhard Förster, dessen Reichstags-Petition Wagner seinerzeit nicht unterschrieben hatte, um sich von der öffentlichen antisemitischen Bewegung zu distanzieren, schrieb mittlerweile in den Bayreuther Blättern, ebenso der Berliner Hofprediger Stöcker, einer der übelsten antisemitischen Agitatoren seiner Zeit; auch der nationalistische, judenfeindliche Kulturphilosoph H. St. Chamberlain, von dem im folgenden noch ausführlich zu reden sein wird, daneben Theodor Fritsch, der spätere Verfasser des berüchtigten »Handbuchs der Judenfrage«, eines der antisemitischen Standardwerke des Dritten Reiches, aber auch der judenfeindlichen Schriftsteller Paul de Lagarde, Alfred Rosenberg, der spätere Chefideologe des Dritten Reiches und Karl Grunsky, einer der linientreusten Musikwissenschaftler des kommenden Dritten Reiches.

Wie Winfried Schüler in seiner wegweisenden Arbeit über den Bayreuther Kreis feststellte: »Was der Meister noch an Ursprünglichkeit, an Größe und Ungebundenheit des Denkens besitzt ... verengt sich bei den Jüngern zum Dogma, zur Formel, zum Programm. Zugleich mündet es ein in einen breiten Strom ähnlichgestimmter Erneuerungsbestrebungen.«

Zu ergänzen ist allerdings, daß wesentliche Elemente des Wagnerschen Denkens von den Autoren des Bayreuther Kreises, wie auch von den späteren nationalsozialistischen Wagner-Literaten schlichtweg ignoriert oder gar in ihr Gegenteil verkehrt wurden. So wurden vor allem die universalen, die übernationalen Elemente in Wagners Gesamtwerk völlig ausgeklammert oder ganz auf das Deutschtümliche reduziert, die frühen sozialistischen Anregungen ebenso negiert wie manche kritische Äußerung über die Deutschen und sein Mißtrauen gegenüber der Staatsmacht und dem Machtstaat. Zu schweigen von seiner im krassen Gegensatz zur entstehenden biologistischen Rassenlehre formulierten, grundsätzlich versöhnlichen Haltung gegenüber den Juden, die noch darzustellen sein wird. Trotz aller kulturpessimistischen und antimodernistischen Anknüpfungspunkte hatten sich die Bayreuther Wagnerapostel in dem, was sie als Wagnersche Gedanken ausgaben, von Wagner und seinem faszinierenden, zwischen Mythos und Aufklärung oszillierenden, letztlich aber doch human intendierten Werk weit entfernt.

Wagner wurde idolisiert zum Religionsgründer eines germanischen, antisemitischen, völkischen Christen- und Deutschtums. Damit machten sich die Autoren des Bayreuther Kreises unter Anleitung Cosimas zu den geistigen Wegbahnern des Nationalsozialismus. Einer der maßgeblichen Mittler dieses nationalistisch-antisemitischen Wagnerbildes war der populärphilosophische Kulturkritiker englischer Abstammung Houston Steward Chamberlain, der Wagners Tochter Eva 1908 heirate und damit zu des toten Wagners Schwiegersohn wurde und unmittelbaren Zugang zu Wahnfried erhielt. Er wurde der innigste Vertraute Cosimas während ihrer letzten Jahrzehnte. Diese Freundschaft sollte fatale Folgen haben! Aber das ist ein neues Kapitel. Cosima Wagner starb am 1. April 1930 in Bayreuth, fast ein halbes Jahrhundert nach dem Tode Richards. Nur vier Monate später starb ihr Sohn Siegfried, dem sie 1908 die Leitung der Festspiele übertragen hatte. Er hatte es nicht leicht gehabt unter Cosimas Fuchtel, und als Komponist steht er noch heute mißachtet im Schatten seines Vaters. Die Ära der unmittelbaren Wagnernachfolge ging mit Cosimas und Siegfrieds Tod zu Ende. Dunkle Wolken zogen sich über Bayreuth zusammen.

Meyerbeer: Weltbürger der Musik

Wagner contra Meyerbeer oder »Das Judentum in der Musik«

Giacomo Meyerbeers Oper »Le Prophète« wurde am 16. April 1849 uraufgeführt. Der siebenundvierzigsten Aufführung hatte Richard Wagner beigewohnt, der als steckbrieflich verfolgter, politischer Flüchtling aus Dresden kommend, auf dem Weg zu seinem mehr als achtjährigen Zürcher Exil ein kurzes, gänzlich erfolgloses Zwischenspiel in Paris gab. An seinen Dresdner Freund Theodor Uhlig schreibt er über seinen neuerlichen Paris-Besuch am 24. Februar 1850: »Einstweilen habe ich mir den Propheten zum ersten male in diesem Leben angesehen, und zwar am abend bevor ich Deinen letzten Brief mit dem Buche erhielt, wofür ich Dir schönsten Dank sage. Im letzten Acte wurde ich leider durch einen Bankier, der ungemein laut in seiner Loge sprach, zerstreut. Sonst habe ich mich überzeugt, (...) daß dieß Werk vor dem Publikum der Pariser Oper einen ganz unläugbaren, großen und dauerhaften Erfolg gewonnen hat: das Haus ist stets überfüllt und der Beifall enthusiastischer, als ich ihn sonst hier gefunden habe.« Eine Erfolgsbilanz, kein künstlerisches Qualitätsurteil, im Gegenteil! An Intimfreund Franz Liszt schreibt Wagner am 18. April 1851: »Ich kann als Künstler vor mir und meinen Freunden nicht existieren, nicht denken und fühlen, ohne meinen vollkommenen Gegensatz zu Meyerbeer zu empfinden und laut zu bekennen, und hierzu werde ich mit einer wahren Verzweiflung getrieben, wenn ich auf die irrthümliche Ansicht selbst vieler meiner Freunde stoße, als habe ich mit Meyerbeer irgend etwas gemein. Keinem meiner Freunde kann ich mich, mit Allem, was ich will und fühle, in reiner, deutlicher Gestalt hinstellen, als wenn ich mich vollständig von diesen verschwimmenden Umrissen lostrenne, in denen ich so Vielen noch erscheine. Es ist dies ein notwendiger Akt der vollen Geburt meines gereiften Wesens, – und – so Gott will – gedenke ich Manchem damit zu dienen, daß ich diesen Akt mit solchem Eifer vollziehe!« Der Eifer, auf den Wagner anspielt, ist eine wütende Diatribe mit dem Titel »Das Judentum in der Musik«. Mit ihr hat sich Wagner erstmals als Antisemit zu erkennen gegeben und unauslöschlich in die Geschichte des deutschen Antisemitismus eingeschrieben. Es ist seine zentrale antisemitische Schrift! Veröffentlicht hatte er sie in den Ausgaben der »Neuen Zeitschrift für Musik« Nr. 19 und 20 vom 3. und 6. September des Jahres 1850 unter dem Pseudonym R. Freigedank. Karl Ritter gegenüber erklärte Wagner den Grund der anonymen Veröffentlichung in einem Brief vom 24. August 1850: »Der Name R. Freigedank soll als gültig ausgegeben werden: daß alle Welt errathen wird, der Artikel sei von mir, macht nichts aus: ich vermeide dennoch durch den finguierten namen einen unnützen scandal, der absichtlich herbeigeführt sein würde, wenn ich meinen wirklichen Namen unterschriebe.«

Wagner schrieb sein antisemitisches Pamphlet in einer geschichtlichen Phase des modernen Antisemitismus, die der Judaist Hermann Greive in seinem Buch »Geschichte des modernen Antisemitismus in Deutschland« als »Zwischenzeit« bezeichnet. Es sind die Jahre zwischen der Reaktion auf die Emanzipationsedikte der Revolutionszeit, die in den Hardenbergschen Emanzipationsgesetzen gipfelten, und der Reichsgründung, mit der die Entstehung des eigentlichen »Antisemitismus« im Sinne einer »Reaktion der bürgerlichen Gesellschaft im Zeitalter der Industrialisierung auf die Gewährung staatsbürgerlicher Gleichberechtigung an die Juden« einherging. Der Begriff »Antisemitismus« im engeren Sinne wurde schließlich erst 1879 von Wilhelm Marr als politisches Schlagwort verwendet. Lange nach Wagners Pamphlet über »Das Judentum in der Musik«.

Die Spanne zwischen Vormärzzeit und Reichsgründung war eine Zeit relativer Ruhe und emanzipatorischen Fortschritts, auch wenn es immer wieder vereinzelte antijüdische Aktionen gegeben hatte. Und es fand in dieser geschichtlichen Phase immerhin ein so bedeutsames Ereignis wie die Durchsetzung der vollen rechtlichen Gleichstellung der Juden im gesamten Norddeutschen Bund im Jahre 1869 statt. Es war die Blütezeit der Assimilation der Juden in der deutschen Gesellschaft. Bislang verschlossene Bereiche der bürgerlichen Gesellschaft, des öffentlichen Lebens wurden nun auch den Juden zugänglich. Der Anteil der Juden in der Wirtschaft, im Handel, in den Wissenschaften, den freien Berufen und im Kulturleben stieg beträchtlich an.

Richard Wagner hatte in den dreißiger und vierziger Jahren eindeutig auf Seiten der bürgerlichen Emanzipationsbewegung gestanden. Er sympathisierte mit dem »Jungen Deutschland«, stritt, wie auch immer, »für Emanzipation der Juden«, wie er nicht zu Unrecht selbst in seinem antijüdischen Pamphlet behauptete. Seine zahlreichen beruflichen Kontakte, sein freundschaftlicher Umgang mit Juden, aber auch seine philosemitischen Äußerungen etwa über Heinrich Heine und Giacomo Meyerbeer in den frühen vierziger Jahren belegen es. So zum Beispiel hatte er noch 1841 in einem Aufsatz mit dem Titel »Über den Standpunkt der Musik Meyerbeers« geschrieben: »Meyerbeer schrieb Weltgeschichte, Geschichte der Herzen und Empfindungen, er zerschlug die Schranken der National-Vorurtheile, vermischte die beengenden Grenzen der Sprach-Idiome, er schrieb Thaten der Musik, Musik, wie sie vor ihm Händel, Gluck und Mozart schrieben, und diese waren Deutsche und Meyerbeer ist ein Deutscher.« Um so unverständlicher scheint die überraschende Wendung Wagners im Jahre 1850 zu sein: Plötzlich und unerwartet – zu einem von antijüdischen Aktionen relativ freien Zeitpunkt – gibt er seinen emanzipatorischen Standpunkt, den Standpunkt des liberalen Achtundvierzigers auf zugunsten einer dezidiert antijüdischen Haltung und bläst zur Attacke gegen Heine, Meyerbeer und alles vermeintlich Jüdische.

Und doch, bei genauem Hinsehen erweist sich dieser plötzliche antijüdische Ausbruch als durchaus lebensgeschichtlich vorbereitet und konsequent, auch im Sinne seiner künstlerischen Neubesinnung, die in den revolutionären Kunstschriften im unmittelbaren Umkreis der Schrift über »Das Judentum in der Musik« zum Programm ausgearbeitet wird. Und es zeigt sich bei Betrachtung dieser Schriften, was auch in späteren Jahren immer wieder deutlich hervortritt: Das Denken Richard Wagners entfernte sich von utopisch-sozialistischen Ideen nie wirklich. Anders freilich steht es mit seinen labilen subjektiven Gefühlen.

Die eigentlichen Motive Richard Wagners, die zur Abfassung des infamen Judenaufsatzes führten, waren nicht philosophische, ideologische, weltanschauliche oder gar politische Intentionen, sondern persönliche. Es waren Motive, die aufs engste mit seiner Biographie, mit seiner künstlerischen vor allem, zu tun hatten. Richard Wagner bekennt dies in einem Brief an Franz Liszt vom 18. April 1851 freimütig: »Ich hegte einen lang verhaltenen Groll gegen diese Judenwirtschaft, und dieser Groll ist meiner natur so nothwendig, wie galle dem blute ... und so platzte ich denn endlich einmal los.«

Persönliche Animositäten und Abgrenzungsbedürfnisse des Musikers Wagner gegenüber dem großen Konkurrenten Meyerbeer vermischten sich dann in dem Artikel mit vorgefundenem sozialistischen Gedankengut, mit alltäglichen Beobachtungen sowie weitverbreiteten traditionellen Vorurteilen (christlicher Herkunft) gegenüber Juden und jüdischen Künstlern. Eine höchst unoriginelle Mischung, intellektuell eher eine peinliche Angelegenheit, eine affektgeladene Gelegenheitsschrift eher denn »zentrale autobiographische Bekenntnisschrift«, aus der sich ein präzise kalkulierter, ein systematischer Lebens- und Werkplan ableiten lasse mit dem Ziel der »Erlösung der deutschen Kultur durch Vernichtung des Judentums«, wie der Wagnerverächter par excellence, Hartmut Zelinsky, erklärte. Davon kann in diesem Aufsatz nun wirklich nicht die Rede sein. Im schon zitierten Brief an Liszt erklärt Wagner kurz und bündig seine Absicht: »es scheint schrecklich eingeschlagen zu haben, und das ist mir recht, denn solch einen Schreck wollte ich ihnen eigentlich nur machen.«

Worum es Wagner inhaltlich geht, sagt er gleich zu Beginn seines Pamphletes unmißverständlich: »Da wir den Grund der volkstümlichen Abneigung auch unserer Zeit gegen jüdisches Wesen uns hier lediglich in bezug auf die Kunst, und namentlich die Musik, erklären wollen, haben wir der Erläuterung derselben Erscheinung auf dem Felde der Religion und Politik gänzlich vorüberzugehen.«.

Wagner betont also ausdrücklich, daß es ihm nicht um Politik gehe. Auch in der Religion seien die Juden »längst keine hassenswürdigen Feinde«

mehr, wie er betont. Es geht Wagner einzig um die Kunst, um die Musik, um Musiktheater, letzlich um die Rechtfertigung und Abgrenzung seines Musiktheaters gegenüber der Pariser Konkurrenz. In einem Brief vom 24. Februar 1850 an Theodor Uhlig aus Dresden hat es Wagner auf eine für ihn so bezeichnende, bildhaft derbe Formel gebracht: »So, lieber Freund, kuriert sich das Pferd in der Wildnis, indem es sich eine Ader aufbeißt; die Ader hieß bei mir: Pariser Oper; ich freue mich des Gefühles, wie dieses ungesunde, stockende Blut von mir geht!«

Der Inbegriff der Pariser Oper war für Richard Wagner nun einmal Giacomo Meyerbeer, wie er in einem Brief an Ferdinand Heine aus Dresden am 19. November 1849 erklärt: »In den letzten Jahrzehnten sind unter Meyerbeers Geldeinflusse die Pariser Opernkunstangelegenheiten so stinkend scheußlich geworden, daß sich ein ehrlicher Mensch nicht mit ihnen abgeben kann. (...) Wie es jetzt steht, hält Meyerbeer alles in seiner Hand, – d.h. in seinem Geldsacke; und der Pfuhl der zu durchschreitenden Intrigen ist zu groß, daß ganz andere und pfiffigere Kerle wie ich es längst aufgegeben haben, sich in einen Kampf einzulassen, in welchem einzig das Geld den Ausschlag giebt.«

Wie argumentiert nun Wagner in seinem Aufsatz? Ausgangspunkt seiner Überlegungen ist das vermeintlich volkstümliche Fremdheitsgefühl gegenüber der äußerlichen Erscheinung der Juden: Er nennt es das »unwillkürlich Abstoßende« und spricht von einer »instinktmäßigen Abneigung«. Womit er ausspricht, was zu seiner Zeit sicher weit verbreitet war!

Vor allem die Spracheigentümlichkeiten der Juden seien für die Unfähigkeit wirklicher künstlerischer Tätigkeit verantwortlich. Wagner versteigt sich zu der Behauptung, der Jude sei in der europäischen Zivilisation immer nur Ausländer, die Sprache sei ihm immer nur Fremdsprache: »In dieser Sprache, dieser Kunst kann der Jude nur nachsprechen, nachkünsteln, nicht wirklich redend dichten oder Kunstwerke schaffen.« Wahre Kunst hat für Wagner stets auf ein historisch Gemeinsames, auf den »Volksquell« zurückzugehen. Wo schon in der Sprache der Jude impotent sei, müsse er es um so mehr im Gesang sein, so schlußfolgert Wagner. Dennoch, so klagt er an: »Der Jude der an sich unfähig ist, weder durch seine äußere Erscheinung noch durch seine Sprache, am allerwenigsten aber durch seinen Gesang, sich uns künstlerisch kundzugeben, hat nichtsdestoweniger es vermocht, in der verbreitetsten der modernen Kunstarten, der Musik, zur Beherrschung des öffentlichen Geschmackes zu gelangen.«

Wagner fährt fort: der einzige Quell, aus welchem der Jude ihm verständliche volkstümliche Motive für seine Kunst schöpfen könne, sei die Synagogenmusik. Die aber sei in den Mitteln beschränkt und im Ausdruck starr. Womit er nicht unrecht hat. Folglich habe sich der jüdische Komponist, um erfolgreich werden zu können, fremde Stile angeeignet. Die verschiedensten Stile aller Meister und Zeiten werfe er durcheinander. Fazit Wagners: »wir müssen die Periode des Judentums in der modernen Musik geschichtlich als die der vollendeten Unproduktivität, der verkommenen Stabilität bezeichnen«.

Wagner konkretisiert nun seine Behauptungen und nennt zuerst das Beispiel Mendelssohns. Seine bösartigste, agressivste Invektive ist allerdings, zwar ohne Namensnennung, dennoch für jeden Leser erkennbar, gegen Meyerbeer gerichtet. Wagner charakterisiert noch einmal, ganz im revolutionären Sinne von 1848 / 49, Paris als Symbol bourgeoiser Verflachung der Künste. Es heißt da über die Pariser Opernhäuser: «Die Räume dieser Unterhaltungslokale füllen sich meistens nur mit jenem Teile unserer bürgerlichen Gesellschaft, bei welchem der einzige Grund zur wechselnden Vornahme irgendwelcher Beschäftigung die Langeweile ist: die Krankheit der Langeweile ist aber nicht durch Kunstgenüsse zu heilen; denn sie kann absichtlich gar nicht zerstreut, sondern nur durch eine andere Form der Langeweile über sich selbst getäuscht werden. Die Besorgung dieser Täuschung hat nun jener berühmte Opernkomponist zu seiner künstlerischen Lebensaufgabe gemacht.«

Das war ein Schlag gegen Meyerbeer, der traf! Doch es ging Wagner nicht nur um Meyerbeer persönlich, sondern auch um Paris als europäisches Zentrum einer seiner Meinung nach verrotteteten, kommerzialisierten und trivialisierten bürgerlichen Kunstauffassung – insbesondere im Bereich der Oper. Dies wird in folgendem Satz deutlich: »Wir glauben wirklich, daß er Kunstwerke schaffen möchte und zugleich weiß, daß er sie nicht schaffen kann: um sich aus diesem peinlichen Konflikte zwischen Wollen und Können zu ziehen, schreibt er für Paris Opern und läßt diese dann leicht in der übrigen Welt aufführen, – heutzutage das sicherste Mittel, ohne Künstler zu sein, doch Kunstruhm sich zu verschaffen.«

Wagners Kampf – wenn man denn von einem solchen sprechen zu dürfen glaubt – richtet sich in dieser Schmähschrift – wie auch in seinen kunst-programmatischen Zürcher Abhandlungen – vornehmlich gegen jene »Unfähigkeit unserer musikalischen Kunstepoche« (!), wie es kurz darauf heißt, und deren Inbegriff war für ihn nun mal Paris. Zur Erinnerung: Wagners Flucht aus Dresden im Mai 1849 hatte ihn im Juni des Jahres noch einmal für einige Tage nach Paris geführt. An den Dresdner Freund Ferdinand Heine schreibt Wagner über diese neuerlichen Pariser Erfahrungen am 19. November 1849, mittlerweile in Zürich angekommen: »Erlaß es mir, Dir hier umständlich über die empörende Nichtswürdigkeit des Pariser Kunsttreibens, namentlich auch, was die Oper betrifft, mich auszulassen.«

Nicht zuletzt diese Empörung über die »Pariser Opernkunstangelegenheiten« ist es, die Wagner veranlaßt, schon Ende Juli des Jahres seinen grundlegenden Aufsatz »Die Kunst und die Revolution« zu schreiben. Darin entwirft Wagner zum ersten Mal seine Idee des künftigen, im Dienste einer sozialen Revolution stehenden Gesamtkunstwerks und geißelt gut marxistisch den Kapitalismus als Grundübel der modernen Kunst: »wundern wir uns daher nicht, wenn auch die Kunst nach Gelde geht, denn nach seiner Freiheit, nach seinem Gotte strebt alles: unser Gott aber ist das Geld, unsere Religion der Gelderwerb.«

Kaum einen Monat später folgt dann der Aufsatz über »Das Künstlertum der Zukunft«. Und im November schließlich schreibt Wagner »Das Kunstwerk der Zukunft«, in dem er mit dem Rückgang auf die Ideale des Hellenentums und unter Bezugnahme auf Beethoven das »vollendete

Kunstwerk der Zukunft« entwirft, das er auch »das allgemeinsame Drama« nennt, eine Synthese aus Wort, Ton, Gebärde und Bühnenbild als bewußte Alternative, als Gegenentwurf zur Form der zeitgenössischen Oper. In diesen Arbeiten vollzieht Wagner im Sinne Feuerbachs, Stirners, Proudhons und auch Marxens den Bruch mit der Gattung der bürgerlichen Oper, wie sie ihm in Paris paradigmatisch zu existieren scheint. Wagner entwirft kühn vorwärtsweisend das radikale Programm seines »Kunstwerks der Zukunft«. Er wird es in programmatischer Ausführlichkeit ein Jahr später in seinem großen Essay »Oper und Drama« zu Papier bringen, um es im »Ring des Nibelungen« künstlerisch zu exemplifizieren.

Zwischen der Niederschrift von »Das Kunstwerk der Zukunft« und dem programmatischen Buch »Oper und Drama« schreibt Wagner Ende August 1850 »Das Judentum in der Musik«. Der Zusammenhang mit den utopisch-sozialistischen Kunstschriften und der ästhetischen Programmschrift ist evident. Die Quellen und Bezüge, auf die Wagner in der Schrift »Das Judentum in der Musik« zurückgreift, liegen auf der Hand. Es heißt darin: »Der Jude ist nach dem gegenwärtigen Stande der Dinge dieser Welt wirklich bereits mehr als emanzipiert: er herrscht und wird so lange herrschen, als das Gold die Macht bleibt, vor welcher all unser Tun und Treiben seine Kraft verliert. ... Was den Herren der römischen und mittelalterlichen Welt der leibeigene Mensch in Plack und Jammer gezinst hat, das setzt heutzutage der Jude in Geld um ... Was die Heroen der Künste dem kunstfeindlichen Dämon zweier unseliger Jahrtausende ... abrangen, setzt heute der Jude in Kunstwarenwechsel um.«

Das klingt ganz nach Karl Marx, der in seiner Entgegnungsschrift auf Bruno Bauers Abhandlung »Zur Judenfrage« 1843 geschrieben hatte: »Der Jude hat sich auf jüdische Weise emanzipiert, nicht nur, indem er sich die Geldmacht aneignet, sondern indem durch ihn und ohne ihn das Geld zur Weltmacht und der praktische Judengeist zum praktischen Geist der christlichen Völker geworden ist.« An anderer Stelle schreibt Marx: »Welches ist der weltliche Grund des Judentums? Das praktische Bedürfnis, der Eigennutz. Welches ist der weltliche Kultus des Juden? Der

Schacher. Welches ist sein weltlicher Gott? Das Geld! (...) Nun wohl! Die Emanzipation vom Schacher und vom Geld, also vom praktischen, realen Judentum wäre die Selbstemanzipation unserer Zeit.«

Und das ist, mit etwas anderen Worten, ja auch die Forderung Wagners am Ende seiner Judenschrift: Da postuliert Wagner mit Bezug auf den Autor Ludwig Börne und seine Sonderstellung als Jude, die ihn in christlicher Umgebung vergeblich Erlösung suchen ließ, »er (...) mußte sich bewußt werden, daß er sie nur mit auch unserer Erlösung zu wahrhaften Menschen« finden können würde. Gemeinschaftlich mit uns Mensch werden, heißt für den Juden aber zuallererst soviel als: aufhören, Jude zu sein.«

Der Wagnersche Antisemitismus ist also zu einem Gutteil vorgefundener Marxscher Antikapitalismus. Nicht zuletzt in der Übernahme Marxscher, aber auch utopisch-frühsozialistischer Ideen, auf die er in seiner Pariser Zeit aufmerksam wurde, erweist sich Wagner als dem Kreis um die »Gazette musicale de Paris« nahestehend. Autoren wie Liszt, Berlioz, Schlesinger (der Herausgeber der Zeitschrift, in der später der Judenaufsatz Wagners erscheinen sollte), Heinrich Heine und Balzac schrieben in der »Gazette musicale de Paris«. Einig war man sich darin, allen Arten von Kunst, die nach Kommerz und nach Erfolg beim kulturellen Establishment strebten, den Kampf anzusagen. Und der hatte durchaus eine politische Stoßrichtung. Konterrevolutionäre Karrieristen und künstlerische Konservativisten wurden scharf gegeißelt. Durchaus in diesem Sinne argumentiert Wagner auch in seinem Judenaufsatz: »Die Unfähigkeit der musikalischen Kunstart selbst wird uns in Mendelssohns (des spezifisch ungemein begabten Musikers) Kunstwirken dargetan; die Nichtigkeit unserer ganzen Öffentlichkeit, ihr durchaus unkünstlerisches Wesen und Verlangen, wird uns aber aus den Erfolgen jenes berühmten jüdischen Opernkomponisten auf das ersichtlichste klar.«

Das ist es eben, was Wagner als »Judenschaft in der Musik« definiert. Es geht nicht nur um tatsächliche jüdische Konkurrenten, sondern um prinzipielle Kritik an maroden, an korrumpierten Kunstzuständen. Daß ausgerechnet Mendelssohn und vor allem Meyerbeer zur Zielscheibe seiner Angriffe werden, gründet sich auf Lebensgeschichtliches. Wie Wagner selbst gegenüber Franz Liszt am 19. April 1851 brieflich erklärte: »Mit Meyerbeer hat es nun bei mir eine eigene bewandnis: ich hasse ihn nicht, aber er ist mir gränzenlos zuwider. Dieser ewig liebenswürdige, gefällige Mensch erinnert mich, da er sich noch den anschein gab mich zu protegieren, an die unklarste, fast möchte ich sagen lasterhafteste periode meines lebens; das war die periode der konnexionen und hintertreppen, in der wir von den Protektoren zum Narren gehalten werden … Zeit war es, daß ich mich vollkommen aus dem unredlichen Verhältnisse zu ihm losmachte.«

Es waren die bitteren Erfahrungen der von Erfolglosigkeit und Armut geprägten Jahre 1839 – 1842 in Paris, die Wagner, lange vor der Abfassung des »Judentums in der Musik«, bereits zu dem negativen Urteil über Mendelssohn und Meyerbeer bewog, ein Urteil, das teilweise sogar sachliche Gründe aufweist, die von vielen anderen Musikerkollegen geteilt wurden. Diese Geringschätzung erhielt dann in der Judenschrift nachträglich eine quasi grundsätzliche, zeit- und gesellschaftskritische Begründung. Die Vermutung des israelischen Historikers Jakob Katz liegt in der Tat nahe: »daß die Verurteilung seiner Rivalen nicht aus seiner antijüdischen Gesinnung herzuleiten ist, sondern umgekehrt seine anti-jüdische Gesinnung aus der Rivalität mit den zwei Juden verständlich wird«.

Richtet sich Wagners Aufsatz also vielleicht doch in erster Linie gegen den ungenannten Meyerbeer und nicht, wie Wagner vorgibt, gegen alles Jüdische an sich? Freilich, einmal am Fall Meyerbeer entzündet, haben sich antijüdische Vorurteile in Wagners Denken eingenistet. Eifrig geschürt vor allem von Cosima, entwickelte sich daraus mit der Zeit eine pathologische Judenphobie. Judenschmähung wurde Wagner zur Angewohnheit, doch sein Urteil über die Juden unterlag, wie noch zu erläutern sein wird, beträchtlichen Veränderungen. Auch seine Wahrnehmung negativer jüdischer Charakteristika in Bezug auf Freunde, Mitarbeiter und Kollegen war sehr selektiv, nämlich abhängig von seinem subjektiven Befinden und von seinen Launen. – Mal lobte er Halévy, dann wieder verachtete er Goldmark, mal denunzierte er seinen Schüler Joseph Rubinstein, dann wieder lobte er seinen Assistenten Carl Tausig über alles, der tatsächlich zu den interessantesten Wagner-Klavierbearbeitern gehörte!

Wagner war stets umgeben von Juden, war befreundet mit Juden, arbeitete mit ihnen zusammen und kannte die Werke der jüdischen Zeitgenossen. In seinem Aufsatz über das »Judentum in der Musik« findet sich denn auch ein ambivalenter Exkurs zur Person Heinrich Heines, mit dem Wagner in seinen Pariser Jahren immerhin persönlichen Umgang gepflegt hatte. Heine wird als »das Gewissen des Judentums« gewürdigt, ja mehr noch: als »das üble Gewissen der modernen Zivilisation«. Nur vor dem Hintergrund dieser Feststellung erklärt sich die schon einmal zitierte Schlußfolgerung bzw. der Schlußappell Wagners, der am Beispiel des Schriftstellers Ludwig Börne entwickelt wird: »Aus seiner Sonderstellung als Jude trat er, Erlösung suchend, unter uns: er fand sie nicht und mußte sich bewußt werden, daß er sie nur mit auch unserer Erlösung zu wahrhaften Menschen finden können würde. Gemeinschaftlich mit uns Mensch werden, heißt für den Juden aber zu allernächst soviel als: aufhören, Jude zu sein.«

Wenige Zeilen später liest man dann den entscheidenden Appell Wagners: »Nehmt rückhaltlos an diesem selbstvernichtenden, blutigen Kampfe teil, so sind wir untrennbar!« Von Selbstvernichtung ist die Rede, nicht von Vernichtung. Die physische kann Wagner damit schwerlich gemeint haben. Derlei ihm zu unterstellen wäre mit den Worten des Historikers Jakob Katz nicht nur »Willkür einer rückgewandten Interpretation«, sondern auch Ignoranz des wichtigen Zusatzes Wagners, daß die Erlösung des Juden, wie im Falle Börne, »nur mit auch unserer Erlösung zu wahrhaften Menschen« ermöglicht werden könne. Und damit wird unmißverständlich deutlich, daß Wagner bei der Lösung der Judenfrage nach wie vor das sozialistisch-utopische Konzept einer gesamtgesellschaftlichen Revolution vor Augen schwebte. Deutliche Anklänge an die Schlußforderung des Judenaufsatzes finden sich ja schon in dem Schlußappell des

Aufsatzes von 1848: »Wie verhalten sich republikanische Bestrebungen dem Königtum gegenüber?«. Da hieß es nach der Feststellung, daß die »Geschichte des letzten Jahrtausends mit blutiger Tinte eingeschrieben« sei: »Vergesset Eure Ahnen, werfet jeden Titel, jede mindeste Auszeichnung von euch, so versprechen wir euch, großmütig zu sein und die Erinnerung unserer Ahnen auch gänzlich aus unserem Gedächtnis zu streichen, damit wir fortan Kinder eines Vaters, Brüder einer Familie seien!«

Ganz in diesem Sinne ist Wagners Aufruf an die Juden gemeint, an der gemeinschaftlichen Menschwerdung, an dem gesamtgesellschaftlichen Erneuerungsprozeß durch »Selbstvernichtung« im Sinne der Abwendung vom Geist des Kapitalismus teilzunehmen. Wagners Absicht ist es zwar, die »Judenschaft in der Musik« zu geißeln und sich scharf gegen Meyerbeer abzugrenzen, dennoch aber zeigt er den – seiner Meinung nach – einsichtigen Tonsetzern unter der »Judenschaft« einen Weg aus der Stigmatisierung eben durch »Selbstvernichtung«, was nichts anderes heißen soll, als den Weg zu gehen, der mit Börne im Satz zuvor empfohlen wird: zu assimilieren! In der Zweitfassung des Textes über »Das Judentum in der Musik« aus dem Jahre 1869 wird dies deutlicher, ja unmißverständlich ausgesprochen: Wagner nimmt bei der Schlußforderung des Aufsatzes eine entscheidende inhaltliche Präzisierung vor. Statt »Nehmt rückhaltlos an diesem selbstvernichtenden, blutigen Kampfe teil, so sind wir unzertrennbar!« schreibt Wagner nun: «Nehmt rücksichtslos an diesem durch Selbstvernichtung wiedergebärenden Erlösungswerke teil, so sind wir einig und ununterschieden! Aber bedenkt, daß nur eines eure Erlösung von dem auf euch lastenden Fluche sein kann: die Erlösung Ahasvers, – der Untergang!« In dieser Form hat Wagner den Aufsatz schließlich auch in seine Gesammelten Werke und Schriften aufgenommen.

Es wird der revolutionären, sozialistisch-utopischen Idee der Verbrüderung der Menschen, gleich welcher Konfession, zu einem neuen Menschentum das Wort geredet. Mit dem Bild vom Untergang Ahasvers als Erlösung mythologisiert Wagner nurmehr die Assimilationsforderung im Sinne einer Anspielung auf die reinmenschliche Dimension seines

»Fliegenden Holländers«. Die Rückbesinnung auf das »Reinmenschliche« wird ja auch in seinen Schriften für die Bayreuther Blätter noch eine wichtige Rolle spielen, wie an anderer Stelle zu erläutern sein wird. Man vergesse übrigens nicht, daß Wagners Ahasverus-Gestalt, der von Heine übernommene »Fliegende Holländer«, durch die Liebe einer aufopferungsvollen Frau erlöst wird. Und im »Parsifal« schließlich ist es die christliche Caritas, die die heidnische Ahasverus-Kundry von ihrem Fluch erlöst – und mit ihr die christliche Ritterschaft.

So wie man dem »Parsifal« – dessen Vorspiel schon der alte Wagner das Motto »Glaube, Liebe, Hoffnung« auf die Fahnen schrieb – versöhnlichen Antirassismus und schopenhauerisches Christentum bescheinigen darf, so war Wagner schon 1850 mit seiner – bei aller Infamie der Schrift – im Grunde doch versöhnlichen Schlußformel des Judenaufsatzes von allen rassistischen Schriften des aufkommenden Antisemitismus weit entfernt. Wagner argumentiert überhaupt nicht mit dem militanten Vokabular jener rüden Biologie des Rassischen und Völkischen der Treitschke, de Lagarde, Dühring, Ahlwardt und ähnlicher Autoren. Und schließlich und endlich ist »Das Judentum in der Musik« aus dem Jahre 1850 auch nicht Wagners letztes Wort in der Judenfrage. Was leider meist ignoriert wird! Im Gegenteil: Es war sein erster, in ungezügeltem Affekt herausgeschleuderter antijüdischer Affront – Wagner hat seine darin geäußerte Meinung über Juden und Jüdisches später modifiziert, ja im Grunde zurückgenommen. 19 Jahre lang hat Wagner keinerlei weitere antisemitische Äußerungen zu Papier gebracht. Daß er dann, 1869, nach fast 20 Jahren diesen Aufsatz als selbständige Broschüre, die »Judenbroschüre« noch einmal herausgab, dürfte seinen Grund in nicht unwesentlichem Maße darin gehabt haben, daß Cosima ihn dazu gedrängt hat. Ich habe das ja bereits erläutert. Der mit Wagners Veröffentlichung des Aufsatzes ausgelöste Wagner-Streit, der eine Flut von Pro- und Contra-Schriften auslöste, hat die Gemüter mächtig erhitzt, im entfesselten Wagner-Streit hat sich geradezu beispielhaft die polarisierte Auseinandersetzung der Zeitgenossen mit der Assimilationsillusion gespiegelt, er hat das Wagner-Publikum nachhaltig gespalten. Aber eine auslösende, politisch wirkungsmächtige Funktion im Entstehungsprozeß des modernen deutschen Antisemitismus kann man Wagners »Judenbroschüre«, kann man Wagner nicht bescheinigen: Noch einmal möchte ich hierzu den israelischen Historiker Jacob Katz zitieren: »Vom ›Judentum in der Musik‹ waren gewisse Anregungen für Gleichgesinnte ausgegangen, aber eine breitere Wirkung war ihm zu dieser Zeit versagt geblieben. Die ... später aufflackernde Agitation gegen die Juden nährte sich aus völlig anderen Quellen«. Wie in einem späteren Kapitel noch zu zeigen sein wird! Nur soviel vorab zu diesen anderen Quellen der antijüdischen Agitation: Einmal war das eine idealistisch-philosophisch motivierte Denk-Richtung, die von einem historisch und ökonomisch verstandenen volkstümlichen ›Natur‹-Begriff her gegen die Juden argumentierte und an der sich sowohl Liberale als auch Konservative beteiligten. Zum Zweiten gab es in der ›Berliner Bewegung‹ um Stoecker eine wesentlich sozialpolitisch orientierte Richtung des Antisemitismus, die von konservativen Kreisen getragen wurde, und drittens war der radikale Rassen- und Radau-Antisemitismus, der seit den siebziger Jahren zunehmend hervortrat und – zunächst nur von einzelnen Agitatoren vertreten – allmählich zur Organisation verschiedener Antisemitenparteien, -komitees und -clubs führte, das wichtigste Verbindungsglied nicht nur, sondern der Wegbereiter einer neuen Entwicklung auf dem Weg von Wagner zu Hitler. Doch darauf komme ich noch zu sprechen!

Richard Wagner.
KRACH

Wagner und die Juden, Juden um Wagner, jüdische Wagnerianer

In einem Aufsatz, den Richard Wagner in der ersten Pariser Zeit verfaßte und Meyerbeer zusandte, ein Aufsatz, der allerdings nie veröffentlicht wurde, schrieb Wagner über die Oper »Die Hugenotten«, deren Ouvertüre ja bereits mit protestantischer Choralattitüde auf den im weiteren Verlaufe dargestellten blutigen Glaubenskonflikt verweist: »Wir haben durch diesen Sohn Deutschlands erfahren, wie auch auf der Bühne Religion gepredigt werden kann, wenn unter diesen Massen von Pracht und Leidenschaft ein so edler, einfacher und jungfräulicher Sinn erhalten blieb, wie er in Meyerbeer als der Quell aller seiner berauschenden Schöpfungen zugrunde liegt.«

Wagners Einstellung zu Meyerbeer wandelte sich radikal: den frühen Hymnen auf seinen Protektor folgten infame Schmähschriften, die ihn geradezu zum Antichristen seiner eigenen Musiktheaterauffassung abstempelten. Auch in Bezug auf Heinrich Heine, den Wagner ebenfalls in seinen ersten Pariser Jahren kennenlernte, läßt sich solche Sinneswandlung feststellen. Aus dem jungdeutschen Juden-Freund wurde ein Judenhasser. Und doch blieb es nicht dabei. Wagners Antisemitismus unterlag Wandlungen und Variationen. Was wunder, zeitlebens war Wagner umgeben von jüdischen Freunden und Protektoren, Mitarbeitern und Auftraggebern, Sängern und Dirigenten, Schriftstellern und Pianisten, Kritikern und Verehrern, von jüdischen Geliebten und Gehaßten. Obwohl Wagner mit seiner Judenbroschüre einen Salto mortale schlug, der ihn lebenslang als Judenfeind abstempelte, war schon seine Lebens-, mehr noch seine Wirkungsgeschichte auf erstaunliche Weise gepflastert nicht nur mit jüdischen Verächtern, sondern mehr noch mit jüdischen Apologeten und Hagiographen. Eine der Paradoxien in Sachen Wagner!

So waren bzw. sind die Repräsentanten scharfsinnigster Wagner-Forschung jüdischer Abstammung: der Philosoph des »Prinzips Hoffnung«,

Ernst Bloch, der Literaturwissenschaftler Hans Mayer und der englische Musikschriftsteller Ernest Newman, dessen 1933-1946 entstandene Wagner-Biographie nach wie vor maßgebend ist. Auch die Interpretationsgeschichte Wagners schließlich ist untrennbar verknüpft mit jüdischen Künstlern. Man denke nur an Frieda Leider oder Lauritz Melchior, Alexander Kipnis und Emanuel List, Friedrich Schorr und Lotte Lehmann, Richard Tauber und Ottilie Metzger-Lattermann. Um nur einige Herausragende zu nennen.

Auch unter den Wagner-Dirigenten der Nachwagnerzeit ragen bedeutende jüdische Persönlickeiten wie Gustav Mahler, Leo Blech und Otto Klemperer, Fritz Reiner und Bruno Walter wie Leuchttürme aus dem vorherrschenden Mittelmaß heraus. Selbst der Erfinder der Zwölftonmusik, Arnold Schönberg, feierte Wagner als »ewige Erscheinung«. Und Theodor W. Adorno, seit seinem Buch »Versuch über Wagner« bis heute maßgebliche Autorität der Wagnerkritik aus der Perspektive der Frankfurter Schule, kam von Wagner nicht los, wie seine »Nachschrift« zur Wagnerdiskussion aus dem Jahre 1964 bezeugt. Auch nach dem von Hitler entfesselten zweiten Weltkrieg mit seinem die Wagnerrezeption nachhaltig verdüsternden Holocaust sind es vor allem die jüdischen Dirigenten, die sich international stark machen für Wagner: man denke nur an Leopold Stokowski und Leonard Bernstein, James Levine oder Daniel Barenboim. Aber schon im Leben Wagners spielten Juden eine bedeutende Rolle: Samuel Lehrs, der Königsberger Altertumswisenschaftler, war ein enger Freund Wagners in seinen Pariser Elendszeit 1839-43. Carl Tausig, Sohn deutscher Juden in Warschau und Liszt-Schüler, assistierte Wagner schon im Zürcher Exil und wurde sein erster Geschäftsführer der Bayreuther Festspiele. Heinrich Porges, Musikschriftsteller und Chorleiter, war ebenfalls einer der ersten und bedingungslosesten Parteigänger Wagners, der sich in Prag wie in München für ihn einsetzte. Hermann Levi, Chef der Münchner Hofkapelle wurde Dirigent der Bayreuther »Parsifal«-Uraufführung. Angelo Neumann, Opernsänger, später Operndirektor des Stadttheaters Leipzig, führte nicht nur dort 1879 den gesamten »Ring« auf, sondern veranstaltete in Berlin 1881 vier »Ring«-Zyklen und gründete ein reisendes Wagner-Theater, das 1881 und 1883 insgesamt 135 »Ring«-Vorstellungen und 58 Wagner-Konzerte in Deutschland, Holland, Belgien, Italien, Österreich und Rußland gab. Joseph Rubinstein schließlich, russischer Pianist aus Charkow, bot Wagner 1872 seine Dienste an und blieb fortan als Hauspianist und Kopist, Verfertiger von Klavierauszügen des »Parsifal« und des Pariser »Tannhäuser« einer der treuesten Mitarbeiter Wagners.

Wie auch immer man das Phänomen der gegenseitigen Anziehung Richard Wagners und der Juden in Liebe und Haß zu erklären versuchen mag: Wagners war zeitlebens umgeben von Juden – und doch war er Antisemit. Allerdings unterlag sein Antisemitismus Wandlungen und Modifikationen.

Ein einzigartiger Spiegel des Wagnerschen Antisemitismus sind die Tagebücher Cosimas! Auch in dieser Hinsicht eines – wie Hans Mayer zurecht formulierte – »der wichtigsten Dokumente der neueren deutschen Kulturgeschichte«. In diesen Tagebüchern offenbart sich Wagners Haltung zur Judenfrage nicht als starre oder dogmatische, sondern als eine sich im Prozeß fortschreitender Auseinandersetzung weiterentwickelnde Judenfeindlichkeit. Das Endergebnis dieses Prozesses war eine milde Judenfreundlichkeit. Eben das unterscheidet Wagners Antisemitismus grundsätzlich von dem Cosimas. Und von jeder Art von Systemdenken, das er, wie auch jede Art von Wissenschaftlichkeit, verabscheute, wie die Tagebücher ebenfalls eindrucksvoll dokumentieren. Die Wissenschaftsfeindlichkeit Wagners kommt deutlich zum Ausdruck in einer Notierung Cosimas vom 14. 10. 1881. Da heißt es über ein wissenschaftliches Buch (es geht um Gobineau), daß im Gegensatz zu einem »geistvollen Gedanken«, einer »geniale(n) Hypothese«, die ihn immer interessiere, »dieses vorsichtige Zitats-Wesen ihm widerwärtig sei.« Insofern widerlegen gerade die Tagebücher Cosimas die Behauptungen Hartmut Zelinskys vom vermeintlich »systematischen religiös-rassistischen Vernichtungsdenken Wagners«, das nurmehr als nachträgliche Konstruktion des Systemkonstrukteurs Zelinsky aufgefaßt werden darf!

Es gilt, sich zu vergegenwärtigen, daß manche der von Cosima festgehaltenen Äußerungen ihres Mannes unreflektierte, allzu temperamentvolle Äußerungen einer impulsiven Mitteilungs-, Äußerungs- und Redeungebändigtheit darstellen, spontane Äußerungen, die nicht für die Öffentlichkeit bestimmt waren und oft weniger über Wagners sachliche Meinung zur »Judenfrage« als über Wagners rücksichslose Art des Drauf-Los-Redens aussagen, über sein Wesen, das er selbst in Momenten selbstkritischer Ehrlichkeit, etwa am 7. November 1882, als »ungezogen« bezeichnete. Auch sprach er an jenem Tag von der »Krankheit« seiner »Ungezogenheit«. Nur wenige Wochen vor seinem Tod, am 3. Januar 1883, bezichtigte er sich übrigens »eines schlimmen Charakters«. Es traf wohl zu, was Wagner am 20. Dezember 1882, sich mit seinem Schwiegervater Franz Liszt vergleichend, konstatiert: »Noblesse, Anstand, die habe ich nicht«.

Wagner war sich, bei aller partiellen Selbstüberschätzung doch seiner Kardinalschwäche bewußt, wie er am 23. Dezember 1882 Cosima gegenüber bekannte: »Ich kann nicht gerecht sein, dazu muß man selbst nichts sein, nichts anderes im Kopfe haben als das Abwägen.« Das Abwägen aber war seine Sache nicht.

Wenn man alle antisemitischen Äußerungen Richard Wagners, soweit sie von Cosima aufgezeichnet wurden, im Zusammenhang betrachtet, dann fallen drei Dinge ins Auge:

Erstens: Die Begriffe »Jude« und »jüdisch« werden in mehrerlei Bedeutungen verwendet. Es ist mindestens eine pejorativ-symbolische (alles »Undeutsche«, alles, was gegen ihn gerichtet war, alles Oberflächliche); eine politische (der Jude als der Schacher, der Kapitalist); und eine rassistische Bedeutung (im Sinne der Rassenlehre Gobineaus) zu unterscheiden.

Zweitens: Die antisemitischen Äußerungen Richard Wagners sind, als Ganzes betrachtet, in hohem Maße veränderlich, ja widersprüchlich. Sie reichen von infamen Bekundungen des Hasses und der Verachtung alles Jüdischen bis zu anerkennenden, ja anrührenden Worten des Verständnisses und der Zuneigung gegenüber einzelnen Juden wie der »Judenheit« überhaupt. So verwirrend diese Tatsache zunächst ist: es lassen sich bei sorgfältigem Vergleich der Äußerungen verschiedene Ebenen oder Schichten antisemitischer Reaktionen feststellen, Ebenen, die einander zuweilen überlagern oder sich sogar bedingen, zumeist aber voneinander unabhängig und in ihrer Bedeutung sehr differenziert zu beurteilen sind.

Da ist zunächst die Schicht alter, verinnerlichter Vorurteile, wie sie sich in der »Judenbroschüre« rüde dokumentieren; dann ist zu nennen eine Schicht realer Erfahrungen und (mehr oder weniger) sachlicher Auseinandersetzungen, die sich auch in Wagners öffentlichen Stellungnahmen zum Thema bekundet, schließlich ist da die Schicht spontaner, affektiver Reaktionen und unreflektierter Äußerungen, deren Gründe in tieferliegenden seelischen Motiven zu suchen sein mögen. Hier sind die (ausschließlich in den Tagebüchern geäußerten antisemitischen) Metaphern, Vergleiche und »Scherze« anzusiedeln. Der makaberste ist zweifelsohne der vom 18. Dezember 1881, »es sollten alle Juden in einer Aufführung des ›Nathan‹ verbrennen.«. Doch man sollte sich, so infam die Juden-Witze und »Scherze« Wagners auch sind, vergegenwärtigen, was der Historiker Peter Gay in seinem Buch »Freud, Juden und andere Deutsche« zu bedenken gibt: »daß der deutsche Antisemitismus im 19. Jahrhundert, wenn auch schon damals abstoßend und einer erschreckenden Zukunft trächtig, anders war, als seine Spielart im 20. Er gehörte zu einer derben, sichtbar groben Kultur, in der grausame ethnische Scherze – solche, vor denen wir uns heute ekeln würden – den Rohstoff lieferten für einen harmlosen, sogar gutmütigen Humor, und gefühllos gezeichnte ethnische Karikaturen – die wir inzwischen mit den tödlichen Klischees der Nazis zu identifizieren gelernt haben – gang und gäbe waren. Sowohl die Scherze wie auch die Karikaturen scheinen in der Tat die Zielscheiben ebenso amüsiert zu haben wie die Schützen.«

Wenn man nun – drittens – alle diese Äußerungen Wagners nicht nur nach Schichten, sondern auch in zeitlicher Folge ordnet, dann stellt man erstaunlicherweise eine geradlinige Entwicklung des antisemitischen Denkens Richard Wagners fest, jedenfalls seiner bewußten gedanklichen Auseinandersetzung mit dem Judenthema. Diese Entwicklung Wagners vollzieht sich relativ kontinuierlich, weg von einer unversöhnlichen Judenfeindschaft, hin zu einer versöhnlichen Haltung eines gewissen Verständnisses, der Anerkennung fast, und des Glaubens an Assimilierung, schließlich zur Hoffnung auf kulturelle »Regeneration« im Geiste eines eigenwillig gedeuteten Christentums, an der auch die Nichtjuden, die Christen also, teilzunehmen hätten. Vor allem aber hat der alte Wagner, so wie es sich – nicht nur, aber besonders deutlich – in den Tagebüchern Cosimas darstellt, dazugelernt! Hatte anhand konkreter persönlicher Erfahrungen und immer neuer Auseinandersetzungen seine früheren antisemitischen Vorurteile jedenfalls teilweise abgebaut. Die Modifizierung, ja Zurücknahme früherer Ansichten läßt sich auch an der Vermeidung von Einzelheiten früherer Argumentationen ablesen: so etwa, um nur ein Beispiel zu nennen, revidiert Wagner die noch in der »Judenbroschüre« vertretene These, daß Juden keine guten Schauspieler sein können. Am 17. September 1881 notiert Cosima: »dann kommt R. wieder auf das Thema der Juden als Schauspieler, daß er noch im Jahre 53 schreiben konnte, es gebe keine, und nun! Und wie sie mit der Sprache umgingen!« Wagner hatte spätestens am 19. 7. 1882 eingesehen: «was man vor 20 Jahren über die Israeliten sagen durfte … das darf man beileibe jetzt nicht mehr«.

Die Entwicklung von Wagners antisemitischem Denken vollzieht sich in fünf Stufen. Auf der ersten betrachtet Wagner die Emanzipation der Juden und die damit zusammenhängende öffentliche Auseinandersetzung um die Judenfrage, die nicht zuletzt auch in der völligen rechtlichen Gleichstellung von 1871 ihren späten Ausdruck fand, mit größtem Unbehagen. Die totale Assimilierung hält er für unmöglich. Am 25. Mai 1872 notiert Cosima: »R. sagt: Er hoffe doch noch, … daß diese ganze Erscheinung eine Krankheit sei, die auch verschwinden werde, da die Amalgamierung etwas Unmögliches sei und wir doch nicht denken könnten, daß die Deutschen von den Juden unterjocht würden«.

Der Gedanke, daß die Deutschen von den Juden, die im Zuge ihrer gesellschaftlichen Emanzipierung mit einem in der Tat bemerkenswerten

Intelligenz- und Begabungspotential erfolgreich in eine Vielzahl von Berufszweigen, Positionen des öffentlichen, nicht zuletzt auch des künstlerischen Lebens aufstrebten, beherrscht werden könnten, dieser Gedanke beschäftigt, ja beunruhigt Wagner aufs äußerste. Es ist ein Gedanke, der ihn nie ganz verlassen wird. Ein Gedanke auch, der natürlich zusammenhängt mit der sogenannten »deutschen Frage«, das heißt der Unsicherheit der noch jungen und gefährdeten Nation, die weit von dem Ideal entfernt war, das der einstige Jungdeutsche und Sozialrevolutionär Richard Wagner sich erträumt hatte. Solche und ähnliche Gedanken werden es gewesen sein, die Wagner in den folgenden Jahren allmählich zur Einsicht kommen ließen, daß das Problem der nationalen Identität (die aufs engste zusammenhängt mit einer vermeintlichen jüdischen Bedrohung) doch zunächst eine Frage der Verfassung der Deutschen und nicht der Bedrohung durch die Juden sei: in diesem Sinne rief er – laut Cosimas Tagebucheintragung vom 13. November 1879 – nach Lektüre einer Rede des antisemitischen Berliner Hofpredigers Stoecker verärgert aus: «Ach! Nicht die Juden sind es, ein jedes Wesen sucht sein Interesse zu fördern, wir sind es; wir«!

Damit ist die zweite Stufe der Entwicklung eines antisemitischen Denkens erreicht. Am 22. November 1878 heißt es bei Cosima: Richard habe gestern gesagt: «Wenn ich noch einmal über die Juden schriebe, würde ich sagen, es sei nichts gegen sie einzuwenden, nur seien sie zu früh zu uns Deutschen getreten, wir seien nicht fest genug gewesen, um dieses Element in uns aufnehmen zu können«. Wenige Tage später präzisiert Wagner diesen Gedanken. Sein Urteil über die Juden zusammenfassend sagt er: » ›Wenigstens sind sie ein Menschenalter zu früh bei uns emanzipiert worden.‹ … die Juden (sind) mindestens 50 Jahre zu früh uns amalgamiert worden …, wir mußten erst etwas sein. Nun ist der Schaden furchtbar«.

Am 27. Dezember betont Wagner gegenüber Cosima: »Persönlich habe er die besten Freunde unter den Juden gehabt, aber ihre Emanzipation und Gleichstellung, bevor … (noch die) Deutschen etwas … (gewesen seien), sei verderblich gewesen.» Auch gegenüber dem Dirigenten Hermann Levi betont Wagner diese Auffassung im folgenden Jahr, am 13. 1. 1879, noch einmal. Wagner spricht davon, daß die Juden »zu früh in unsere Kulturzustände eingegriffen haben, daß das allgemein Menschliche, welches aus dem deutschen Wesen sich hätte entwickeln sollen, um dann auch dem Jüdischen zugute zu kommen, daß dies in seiner Entfaltung aufgehalten worden ist durch die frühzeitige Einmischung in unsere Angelegenheiten, bevor noch daß wir gewußt, wer wir seien«.

Die zunehmende Skepsis gegenüber dem neugegründeten Zweiten Deutschen Kaiserreich mit seinen beängstigenden sozialen Fragen, aber auch mit seinem – in den Augen Wagners – beängstigenden kulturellen Strukturwandel, Zweifel vor allem an den immer deutlicher sich abzeichnenden menschenverachtenden Entfremdungsprozessen der sogenannten Gründerzeit lassen Wagner in politischen Visionen seiner Jugend, in utopisch-sozialistischen Hoffnungen Zuflucht suchen. Die er übrigens bis zu seinem Tode nie ganz aufgibt. Cosima hat zahlreiche Äußerungen überliefert, die eindeutig belegen, daß Antikapitalismus und utopischer Sozialismus Konstanten seines politischen Denkens sind. Noch am Vorabend seines Todes ruft er bei Betrachtung unbewohnter Paläste in Venedig aus: »Das ist Eigentum! Der Grund alles Verderbens, Proudhon hat die Sache noch viel zu materiell aufgefaßt«.

Die Judenfrage stellt sich für ihn damit neu! Das ist die dritte Stufe der Modifizierung seines Antisemitismus. Im Tagebuch Cosimas heißt es am 17. Juni 1879: »Immer lebhafter stellt sich ihm die Notwendigkeit des Unterganges der jetzigen Dinge vor, und findet er einzig den Arbeiter gleichsam lebensberechtigt. Die Folgen der Juden-Emanzipation stellt er den Kindern … heute dar, wie der Bürgerstand dadurch gedrückt und das niedere Volk zur Korruption verführt. Die Revolution habe den Feudalismus gebrochen, dafür den Mammonismus eingeführt«. Mit anderen Worten: die Juden – so Wagner – haben den Kapitalismus zu ihrem Lebensprinzip gemacht. Und eben den verurteilt Wagner aufs schärfste. Vor allem in Wirtschaft und Handel erscheinen ihm die Juden als Drahtzieher des Kapitalismus und er reaktiviert schon am 27. Juni 1879 den alten sozialistischen Gedanken, »daß von dem Industriellen aus, der Liebe für die Arbeiter haben wird, einst die neue Religion ausgehen wird.« In dieser Entwicklungsphase ist Wagners Judenfeindlichkeit am aggressivsten, ganz in der Tradition übrigens antisemitischer Vorurteile frühsozialistischen Denkens, durchaus vergleichbar mit seiner Judenfeindlichkeit, wie sie sich in dem Aufsatz »Das Judentum in der Musik« aussprach, der ja ebenfalls auf frühsozialistischem und marxistischem Gedankengut aufbaute, wie ich bereits dargestellt habe.

In dieser Phase gestattet sich Wagner seine schärfsten verbalen Attacken gegen die Juden. Er versteigt sich dazu, sie in spontanen und unreflektierten Äußerungen, die uns heute mit Schaudern an ein späteres Vokabular erinnern, gelegentlich als »Ratten und Mäuse« zu bezeichnen, die »trichinenartig im Körper der anderen« schmarotzten, vergleicht sie mit Warzen, ja mit lästigen Fliegen. Cosima hat in dieser Phase notiert, daß Wagner »alle Juden von sich abfallen lassen« wolle. Es war einer seiner vielen unüberlegten, später revidierten Aussprüche. Ob er wirklich je ernsthaft daran gedacht hat? Man weiß es nicht. Es ist zumindest fraglich, denn zu etwa der gleichen Zeit, am 12. August 1879, macht er immerhin Cosima gegenüber das Eingeständnis, »daß die Juden schließlich doch besser seien als die Bildungsphilister.«

Hermann Levi gegenüber bezeichnet er die Juden, verglichen mit Katholiken und Protestanten, am 2. Juli 1878 sogar als »die allervornehmsten«. Nicht zu reden von den wiederholten Äußerungen großer Wertschätzung mancher Werke etwa Mendelssohns, Heinrich Heines oder Jacques Fromental Halévys, dessen Oper »La Juive« Wagner außerordentlich schätzte, wie er Cosima gegenüber mehrfach betonte. So am am 16. Juni 1874, als er ihr erklärte, »diese Partitur … habe ihm … wieder den Sinn für saubere Musik gegeben«. Auch am 17. Januar 1880 äußerte er »Freude an vielen Schönheiten des Werkes«. Und noch am 27. Juni 1882 lobt er den ersten Akt der Oper über alles und erklärt, »daß darin der beste Ausdruck jüdischen Wesens sei.«

Richard Wagner lehnte die Unterzeichnung der an Bismarck gerichteten Juden-Petition Bernhard Försters (des Mannes der Nietzsche-Schwester Elisabeth) entschieden ab. In dieser Phase hat Wagner, am 12. 11. 1880, jene infame, nicht nur aus heutiger Sicht unerträgliche Bemerkung gegenüber Hermann Levi fallen gelassen, sehr »aufgeregt«, so Cosima, »er – als Jude – habe nur zu lernen zu sterben, was aber Levi gut versteht.« Das war ein Ausbruch tiefsten antisemitischen Empfindens aus einer der ältesten Schichten dieses Komplexes. Daß es aber wohl anders gemeint sein kann, als man es nach Auschwitz zu verstehen geneigt ist, nicht im Sinne physischer Vernichtung, sondern metaphorisch (in dem Sinne, daß Levi bei Wagner nichts anderes lernen könne, als »das Jüdische« in sich ersterben zu lassen, also sich zu amalgamieren) belegt ein Brief Levis vom 13. April 1882 an seinen Vater, in dem er, was man nicht ohne wunderliche Rührung liest, großes Verständnis für Wagners Antisemitismus aufbringt: »Auch sein Kampf gegen das, was er ›Judentum‹ in der Musik und in der modernen Literatur nennt, entspringt den edelsten Motiven, und daß er kein kleinliches Risches hegt, wie etwa ein Landjunker oder ein protestantischer Mucker, beweist sein Verhalten zu mir, zu Joseph Rubinstein und seine frühere intime Beziehung zu Tausig, den er zärtlich geliebt hat. – Das schönste, was ich in meinem Leben erfahren habe, ist, daß es mir vergönnt wurde, solchem Manne nahe zu treten, und ich danke Gott täglich dafür.«

Überhaupt ist die Affäre »Levi«, die sich bei genauerer Betrachtung mehr als ein »Fall Cosima« entpuppt denn als ein »Fall Wagner«, höchst aufschlußreich: Am 19. Januar 1881 berichtet Cosima von einem denkwürdigen Besuch Hermann Levis in Wahnfried. An jenem Abend kündigte Richard, so schreibt Cosima, »dem Kapellmeister zu seinem Erstaunen an, daß er den Parsifal dirigieren wird; vorher nehmen wir einen Akt mit Ihnen vor«. So schreibt Cosima. Und weiter heißt es: »Ich möchte, es gelänge mir, die Formel dafür zu finden, daß Sie sich ganz unter uns als zu uns gehörig empfinden. Das umschleierte Gesicht unseres Freundes läßt R. davon abbrechen, aber wie wir allein sind, besprechen wir länger diese Frage.«

Unter dem »Akt«, von dem hier die Rede ist, kann unschwer der Akt der christlichen Taufe vermutet werden. Die Bestätigung findet sich in Cosimas Notiz vom 19. April: »Er wünscht, Levi zu taufen und keine Juden zum Abendmahl zuzulassen.« schreibt Cosima über Richard. Am 2. Juli 1881 gebe Wagner dies, Cosimas Notierung zufolge, Levi mit Bestimmtheit zu verstehen, »daß er daran gedacht habe, ihn taufen zu lassen und mit ihm zum Abendmahl zu gehen.« Ob Richard Wagner wirklich jemals ernsthaft beabsichtigte, Levi oder irgend einen anderen Juden taufen zu lassen, ja ob der aberwitzige Gedanke dieses Vorhabens wirklich von Richard stammt, erscheint zweifelhaft! Tatsächlich hat Wagner weder bei Levi noch bei sonst jemandem je Anstrengungen zu einem Konfessionsübertritt unternommen. Es liegt die dringende Vermutung nahe, daß auch hier Cosima die treibende Kraft gewesen ist. Daß sie derlei Proselytenmacherei in die Tat umzusetzen imstande war, ist zumindest in einem Fall zuverlässig bezeugt, und zwar von Franz Liszt. In einem Brief vom 29. Oktober 1872 weiß Liszt seiner Geliebten, der Fürstin Carolyne von Sayn-Wittgenstein als ein Beispiel großer Gottergebenheit und Frömmigkeit folgende Tatsache über seine Tochter Cosima mitzuteilen:

»ich weiß, daß meine Tochter in diesem Sommer sogar eine höchst liebenswerte Israelitin – Frau Sventsen (!), die Frau des norwegischen Komponisten, veranlaßt hat, sich in Bayreuth taufen zu lassen und ihr als Katechetin und Patin gedient hat.«

Daß der Gedanke der Taufe nicht ursprünglich von Richard Wagner stammt, daß er für die »Lösung der Judenfrage« an etwas anderes gedacht haben muß, geht auch aus einem aufschlußreichen Hinweis in jenem zitierten Gespräch vom 19. Januar 1881 hervor: »in seinem letzten Aufsatz habe er ungefähr angegeben, welche die Formel sein könnte«, schreibt Cosima. Gemeint ist damit Wagners zweiter Ergänzungs-Aufsatz zu »Religion und Kunst«, betitelt »Erkenne dich selbst«, der im Januar 1881 geschrieben wurde und im Februar/März des Jahres in den »Bayreuther Blättern« erschienen ist, ein zivilisationskritischer Essay, in dem vor allem der Kapitalismus, das Geld, als verderbliche »Kulturmacht« angeprangert werden. Die Judenfrage läßt sich diesem Aufsatz zufolge nur lösen innerhalb einer gesamtgesellschaftlichen, politischen Veränderung.

Cosima ihrerseits will unbeirrt den Akt der Taufe. Aber sie will noch mehr. Sie will nichts Geringeres als eine Erneuerung des Christentums schlechthin, eine Regeneration! Wagners einziger Kommentar dazu: »Es ist ein verfluchtes Thema, welches Du da aufgebracht hast«.

Doch dieses Thema »Regeneration«, das offensichtlich Cosima initiierte, wird ihn noch beschäftigen. Zunächst aber begeistert er sich, wenn auch nur für kurze Zeit, für die Rassenlehre Gobineaus. Am 19. Januar 1881 glaubt er noch, »daß diese fremdartige Race nie ganz in uns aufgehen kann.«

Hierin ist die vierte Stufe seiner Entwicklung zu sehen. In dieser Phase rassistischen Denkens hat Wagner auch jenen Brief an Ludwig II. geschrieben, in dem er bekennt, ... »daß ich die jüdische Race für den geborenen Feind der reinen Menschheit und alles Edlen in ihr halte«

Cosima notiert am 15. Februar 1881: »Der Gedanke von Gobineau nimmt ihn immer mehr ein.« Doch kaum mehr als einen Monat später widerruft sie: »er hält noch an der Möglichkeit einer Regeneration der Menschheit fest«. Schließlich fordert Wagner am 24. Februar 1881 die »moralische Gleichheit« von Juden und Christen: »diese zu erlangen, darauf könnte man dringen.« Das »Wie« führt er in seinem Aufsatz »Heldentum und Christentum«, dem zweiten Ergänzungsaufsatz zu »Religion und Kunst«, aus: mit christlicher Ethik! Am 14. Februar 1881 äußert sich Wagner Cosima gegenüber, Bezug nehmend auf Gobineaus Rassenlehre, die er durch die Lektüre eines sich kritisch mit der Lehre von der Ungleichheit der Rassen auseinandersetzenden Buches eines Professors Pott kennenlernte, »daß es auf etwas anderes ankommt als auf Racenstärke, gedenkt man des Evangeliums«.

Mit dieser deutlichen Ablehnung der biologistischen Rassenlehre Gobineaus unter Berufung auf das Christentum ist die fünfte Stufe der Entwicklung des Antisemitismus Wagners erreicht.

Cosima hat eine Reihe von unmißverständlichen Äußerungen Wagners hierzu festgehalten: Am 17. Dezember 1881 zum Beispiel habe Wagner zu ihr gesagt: »Eines aber ist sicher, die Racen haben ausgespielt, nun kann nur noch, wie ich es gewagt habe auszudrücken, das Blut Christi wirken.« Noch deutlicher formuliert Wagner diesen Gedanken am 23. April 1882: Er werfe es Gobineau vor, so hat Cosima notiert, »das eine ganz außer acht gelassen zu haben, was einmal der Menschheit gegeben wurde, einen Heiland, der für sie litt und sich kreuzigen ließ!« Und nur in diesem Sinne ist seine Äußerung vom 28. März 1881 zu verstehen, der »Parsifal« sei seine »letzte Karte«: nämlich im Gegensatz zu Gobineau, der gesagt habe, »die Germanen waren die letzte Karte, welche die Natur auszuspielen hatte«. Nicht wie Zelinsky meint, als Kulminationspunkt einer religiös-rassistischen Vernichtungsideologie, sondern als künstlerischer Ausdruck eines christlichen Mitleids- und Versöhnungsethos ist Wagners letzte Karte, der »Parsifal«, aufzufassen. Entsprechend liest man denn auch am 14. Dezember 1881 bei Cosima: »Er klagt über seine Arbeit – hebt es aber hervor, daß ›Parsifal‹ sein versöhnendstes Werk sei«.

Die Tendenz zum Versöhnlichen, die am Ende der Entwicklung des antisemitischen Denkens Wagners festzustellen ist, eine Tendenz übrigens, die sich auch in den späten Bayreuther Aufsätzen abzeichnet, gipfelt in den letzten durch Cosima aufgezeichneten Worten Richards am Vorabend seines Todes: »Ich bin ihnen gut, diesen untergeordneten Wesen der Tiefe, diesen sehnsüchtigen.« Damit sind zwar zunächst die Rheintöchter gemeint; aber auch der raffgierige Ausbeuter Alberich (zu dem »er einst völlige Sympathie … gehabt«, wie Cosima am 2. März 1878 festhielt) gehört zu diesen untergeordneten Wesen der Tiefe, er, der oft genug als Judenkarikatur gewertet wurde.

Zwischen Fleischverzicht und Frömmelei: pazifistische, antirassistische Bayreuther Spätschriften

»Aus deutschem Herzen kam dies schwüle Kreischen?
Und deutschen Leibs ist dies Sich-selbst-Entfleischen?
Deutsch ist dieses Priester-Händespreizen,
Dies weihrauch-düftelnde Sinne-Reizen?
Und deutsch dies Stocken, Stürzen, Taumeln,
Dies ungewisse Bimbambaumeln?
Dies Nonnen-Äugeln, Ave-Glocken-Bimmeln,
Dies ganze falsch verzückte Himmel-Überhimmeln?
– Ist Das noch deutsch? –
Erwägt! Noch steht Ihr an der Pforte: –
Denn, was ihr hört, ist Rom –, Rom's Glaube ohne Worte!«

Friedrich Nietzsche schrieb dieses zynische Bänkelsanggedicht auf die »Parsifal«-Musik in seinem Buch »Jenseits von Gut und Böse«.Daß im »Parsifal« christliche Symbole, Riten und Vorstellungen enthalten sind, steht außer Frage. Doch was sind das eigentlich für Vorstellungen? Wagners religiöse Ansichten änderten sich schließlich im Laufe von fast vierzig Jahren. Nietzsche liegt mit seiner berühmten »Parsifal«-Polemik in »Jenseits von Gut und Böse«, in der er Wagner unterstellt, er predige in seinem letzten Werk »Roms Glaube ohne Worte!« völlig falsch, denn der »Parsifal« ist nicht im mindesten konfessionell, wenn auch christlich-mythisch. Schon der Wagner-Biograph Martin Gregor-Dellin hat im Zusammenhang von Wagners Äußerungen zum Thema »Christentum« von einer »verkappten Religion« gesprochen. Wie auch immer Wagners religiöse Vorstellungen waren, es ist jedenfalls die christliche Religion, die ihn sein Rassendenken und seinen Antisemitismus überwinden läßt und die in seinen späten Aufsätzen jeden Versuch Lügen straft, eine direkte ideologische Linie von Wagner zu Hitler zu ziehen. Vorausgesetzt, man registriert diese Spätschriften Wagners. Was leider selten genug geschieht, weshalb sie hier einmal in aller Ausführlichkeit kritisch analysierend gewürdigt werden sollen.

»Verkappte Religion«: Bei nüchterner Analyse aller Äußerungen Wagners zu theologischen Fragen ergibt sich folgendes Bild: Wagner hat im »Parsifal«, wie er in seiner Schrift aus dem Jahre 1880 »Religion und Kunst« ausführt, das Ziel verfolgt, »da, wo die Religion künstlich wird, der Kunst es vorbehalten sei, den Kern der Religion zu retten, indem sie die mythischen Symbole, welche die erstere im eigentlichen Sinne als wahr geglaubt wissen will, ihrem sinnbildlichen Werte nach erfaßt, um durch ideale Darstellung derselben die in ihnen verborgene tiefe Wahrheit erkennen zu lassen.« Wagners Vorstellungen von dieser Wahrheit allerdings sind keineswegs systematisch im Sinne eines theologischen Gebäudes, sondern konfus, synkretistisch wie die Mythologie seines Werks, zusammengetragen aus verschiedenstem Gedankengut. Und von der Absicht, eine Gemeinde oder gar eine eigene Religion zu gründen, hat Wagner in seinen Veröffentlichungen zur Religion niemals ernsthaft gesprochen bzw. geschrieben. Cosima hingegen intendierte die Bildung einer Wagner-Gemeinde schon zu Lebzeiten ihres Mannes. Und nach dessen Tod realisierte sie diese in gewissem Sinne auch in Bayreuth, das sie zum national-konservativen Wagner-«Heiltum«, zu einem Tempel, einem Gotteshaus stilisierte.

Im Gegensatz zu Wagner, der ein ziemlich realitätsbewußter, sinnlich-diesseitiger Künstler, Komponist, Mythenstifter und Inszenator, Baumeister, Histrione und Schauspieler war (und ganz und gar nicht Theologe, Politiker oder Kultur-Philosoph), im Gegensatz zu Wagner ist Cosima eine eminent religiöse Natur gewesen. Die Beschäftigung mit Religiösem gehörte für sie, nicht zuletzt in Form häufiger Lektüre religiösen Inhalts zur Tagesordnung. »Ich könnte mir leicht denken«, schreibt Cosima im ersten Jahr ihres Zusammenlebens mit Richard Wagner, am 6. Februar 1869, in ihr Tagebuch, »daß eine andere Zeit mich als religiöse Schwärmerin gesehen hätte«. Daß sie auch in Sachen Religion Einfluß auf Richard Wagners Anschauungen auszuüben suchte, ist keine Frage. Sie war, im Gegensatz zu ihrem Mann, geradezu davon besessen, eine Art neuen Christentums, »frei von allem Unwürdigen« und in Bayreuth ein »Gottes-Haus« mit einer eigenen Gemeinde zu gründen. Ohne voreilige Schlüsse daraus zu ziehen, ist es doch zumindest bemerkenswert, daß die wenigen Äußerungen Wagners zur religiösen Bedeutungen seines Werks und zur Bildung einer Gemeinde ausschließlich von Cosima überliefert werden – und zumeist in indirekter Rede. In Wagners eigenen Erläuterungen seiner Bühnenwerke und seiner Kunstabsichten findet sich nichts dergleichen. Daß sich Wagner mit zunehmendem Alter (unter zunehmendem Einfluß Cosimas) mit religiösen Dingen beschäftigte, steht indes außer Frage. Es sind im wesentlichen vier Momente, die Wagners Verständnis von Religion, insbesondere vom Christentum geprägt haben:

Erstens: Das Gedankengut der in den 40er Jahren des 19. Jahrhunderts aufkommenden freiheitlichen, vorrevolutionären Bestrebungen auch auf religiösem Gebiet, die vor allem in den Schriften D. Fr. Strauss', Bruno Bauers und Ludwig Feuerbachs ihren Ausdruck fanden, Autoren, deren Lektüre bei Wagner belegt ist.

Zweitens: Zur Zeit Wagners haben gerade in Sachsen freireligiöse christliche Tendenzen Fuß gefaßt und öffentliche Anteilnahme erregt, Tendenzen, die ebenfalls aus vorrevolutionären Impulsen gespeist wurden. Da gab es vor allem die besonders breite und demokratisch orientierte religiöse Erneuerungsbewegung der Deutsch-Katholiken mit ihren Wortführern, dem schlesischen Kaplan Johannes Ronge, der am 13. Oktober 1844 sein berühmtes »Sendschreiben an den Bischof Arnoldi« zu Trier schickte sowie Joh. Czerski und die gleichzeitig einhergehende freireligiöse Strömung der sogenannten »Lichtfreunde« innerhalb der protestantischen Kirche. Beide Strömungen, die sich 1859 im »Bund freireligiöser Gemeinden Deutschlands« zusammenschlossen, scheiterten letztlich, wenn sie auch bis in die 60er Jahre hinein in mehreren deutschen Staaten großen regionalen Zustrom verzeichnen konnten. Beide hatten das Ziel einer sich von allem Römischen, Jesuitischen und vermeintlich Jüdischen lossagenden, demokratisch organisierten deutschen Nationalkirche und beide setzten sich nicht unwesentlich aus politischem Protestpotential unterschiedlichster Herkunft zusammen. Wagner, bis 1849 in Sachsen lebend, dürften diese Bewegungen kaum entgangen sein und es ist zu vermuten, daß sie Einfluß auf seine religiösen Vorstellungen ausübten.

Drittens: Es sind vor allem Arthur Schopenhauers Ausführungen zum Christentum, die Wagner bis in Details der Formulierung in sein Denken (und Schreiben) übernommen hat. Was er übrigens Cosima gegenüber am 19. 2. 1879 freimütig eingestand: »Ja, mir hat Schopenhauer das Christentum erschlossen«. Die Bedeutung Schopenhauers auf Wagners Denken, auch auf sein religiöses Denken, kann nicht hoch genug veranschlagt werden. Immerhin hat Wagner Schopenhauers Hauptwerk, in dem die These von der Heterogenität des jüdischen Alten Testaments und des christlich-buddhistisch-brahmanischen Neuen Testaments entwickelt wurde, bereits 1854 in Zürich während der Arbeit am »Tristan« kennengelernt und danach mehrfach studiert, wie später auch die »Parerga und Paralipomena«. Wie sehr Wagner der gelehrige Schüler Schopenhauers gewesen ist, soll allerdings an späterer Stelle noch eigens veranschaulicht werden. ...

Wagner gestand seiner Frau Cosima am 25. November 1879: »Ich bin eine Anomalie!« Ein deutliches Wort der Selbstkritik! Zumindest wird man ihm darin zustimmen wollen, daß er eitel, exzentrisch, neurotisch wohl auch, widersprüchlich und uneindeutig in manchem war. Wagner predigte Sozialismus, während er in Villa Wahnfried in bourgeoisem Luxus residierte; er sprach viel von Fleischverzicht und wetterte gegen Tierquälerei und Vivisektion, obwohl er Täubchen und Rumpsteak nicht verschmähte. Wagner gönnte seinem sensiblen Leib, seiner überempfindlichen Haut immer wieder Kaltwasser- Luft- und Diätkuren, sei es in Marienbad oder in Palermo. Der Meister bedurfte schmeichelnder, feinster Stoffe vor allem für seine Unterwäsche, die er sich aus Wien schicken ließ (was allerdings auch mit seinen Hautproblemen zu tun hatte). Teuerste Parfums, Badeöle und Duftessenzen ließ er sich von der heimlichen Geliebten Judith Gautier aus Paris zusenden, er bevorzugte maßgeschneiderte Designer-Konfektion der altertümlich-eigenwilligsten Sorte, um sich bohèmehaft ausstaffiert der künstlerischen Produktion hinzugeben. Notwendige Inspirationsvoraussetzungen und ästhetische Rahmenbedingungen, die zu seiner Künstlerexistenz gehörten wie die Paradoxien und Widersprüche seines Denkens und Schreibens! Zu schweigen von den Schrullen und Knorrigkeiten seines privaten Verhaltens und seines Lebensstils.

Richard Wagner hatte schon in seiner Münchner Zeit (1864 – 1865) mit dem Gedanken einer Stil- und Vortragsschule gespielt, in der seine Vorstellung vom Musiktheater, vom »Kunstwerk der Zukunft« gelehrt würde. Nach den ernüchternden ersten Bayreuther Festspielen reifte dieser Gedanke zum konkreten Plan. Parallel hierzu sollte eine eigens ins Leben zu rufende Zeitschrift dieses pädagogische Unternehmen begleiten. Das Projekt einer Stil- und Vortragsschule wurde allerdings bald aufgegeben. Doch die Hauszeitschrift der »Bayreuther Blätter« wurde gegründet. Hans Paul von Wolzogen wurde zum Herausgeber der Zeitschrift ernannt. Der erste Jahrgang der »Bayreuther Blätter« erschien 1878, der letzte 1938, im Todesjahr des Herausgebers. Zunächst wurde die Zeitschrift vornehmlich an die Mitglieder der Wagner-Patronats-Vereine adressiert, mit Rechenschaftsberichten, Hinweisen auf die neueste Wagner-Literatur, Forschungsaufsätzen, mit Zeitungsschauen sowie Listen mit Wagner-Vorlesungen in ganz Deutschland. Die »Bayreuther Blätter« als »Deutsche Zeitschrift im Geiste Richard Wagners« waren aber nicht nur Publikationsorgan zum Ziele der Durchsetzung des Wagnerschen »Kunstwerks der Zukunft«, sondern – nach dem Tode Richard Wagners – bald auch Publikationsorgan deutschnationaler, antisemitischer Autoren. Dafür kann allerdings nicht Richard Wagner verantwortlich gemacht werden, sondern ausschließlich Hans von Wolzogen, der nach Wagners Tod zum unentbehrlichen Mitarbeiter Cosimas wurde und neben ihr maßgeblich die Hauspolitik Wahnfrieds bestimmte. Die »Bayreuther Blätter« nach Wagners Tod wurden in den Dienst der antisemitischen Bewegung gestellt. Diese aber, da darf man dem israelischen Historiker

Jakob Katz zustimmen, »hätte ohne Zweifel auch ohne die Mitwirkung der ›Bayreuther Blätter‹ ihren Weg angetreten«.

Wie zu zeigen sein wird, haben Wagners späte eigene Aufsätze in dieser Zeitschrift nichts mit jenem Geist zu tun, der nach seinem Ableben darin aufblühte. Wagner selbst hat von 1878 bis zu seinem Tod im Jahre 1883 zweiundzwanzig Beiträge für die »Bayreuther Blätter« geschrieben. Es sind dies unterschiedlichste, nicht immer bedeutende, zum Teil eher altersschrullig zu nennende Beiträge, in denen er seine Kunstanschauungen mit weltanschaulichen, politischen, tierschützerischen und religiösen Anschauungen aufs Abenteuerlichste vermischte. Es finden sich pragmatische Grundatzerklärungen, Beiträge, die Rechenschaft ablegen über die ersten Festspiele oder die Aktivitäten der Wagnervereine, Invektiven gegen Vivisektion und moderne Naturwissenschaften, offene Schreiben und Briefe sowie kunsttheoretische Spätschriften, die sogenannten Regenerationsschriften, überschrieben: »Publikum und Popularität«, »Wollen wir hoffen«, »Religion und Kunst«, »Was nützt diese Erkenntnis«, »Erkenne dich selbst« und »Heldentum und Christentum«. Im Gegensatz zu den großen kunsttheoretischen Schriften der Zürcher Zeit fehlt diesen späten Aufsätzen die klare gedankliche Linie, das diskursiv Zwingende. Die Texte verfahren überwiegend assoziativ und zeichnen sich durch zahlreiche Wiederholungen und durch eine streckenweise ermüdende Weitschweifigkeit aus. Wagner versteigt sich in diesen letzten Aufsätzen in die Vorstellung einer Regeneration der Gesellschaft nicht mehr durch eine politische und soziale Revolution, sondern durch eine quasi religiöse Erneuerungsbewegung. Wodurch sich natürlich Nietzsche besonders abgestoßen fühlte. Eine Vorstellung, an deren Genese ganz sicher Cosima in ihrer fanatischen Religiösität beteiligt gewesen ist.

Zwei dieser späten Aufsätze sind allerdings bedeutsam insofern, als sie Wagners entscheidenden Wandel in seiner Einstellung gegenüber der Judenfrage dokumentieren: die Ausführungen zu dem Aufsatz »Religion und Kunst«, nämlich: »Erkenne dich selbst« und »Heldentum und Christentum«.

Ausgangspunkt dieser Schriften ist Wagners Überzeugung vom Niedergang der deutschen Kultur, womit er ganz im Fahrwasser des Kulturpessimismus seiner Zeit treibt. Schon in seinem Aufsatz »Modern« (aus dem Jahre 1878), in dem Wagner als Reaktion auf einen Brief eines Rabbi Friedmann aus der Bukowina eine Art Bestandsaufnahme der scheinbar gewaltigen, ja maßgeblichen Beteiligung der Juden an der modernen Kultur vornehmen zu müssen glaubt, beklagt Wagner die »Verkommenheit« der Deutschen, die die Juden zu ihrem Vorteil ausnützten. Wagner gibt in diesem Aufsatz zu bedenken, daß die alte Welt als die »deutsche Welt« von jüdischen Autoren, Journalisten und Komponisten überwuchert werde und Gefahr laufe, ganz unterzugehen. Seit der Erstveröffentlichung des »Judentums in der Musik« hat sich in Wagners Denken mehr und mehr diese Wahnvorstellung eingenistet. Die Ursache dieser Mißstände schreibt Wagner allerdings weniger den Juden als den Franzosen und – merkwürdig genug, da er ihnen doch zeitweilig nahestand – den »Jungdeutschen« zu.

Ein neuer Gedanke wird erstmals ausgesprochen in »Publikum und Popularität« (im Jahre 1878). In dieser Schrift wettert Wagner gegen das Gartenlauben-Publikum einer »heruntergebrachte(n) Nation«, gegen Kritik, seichte Belletristik und zerstreuungssüchtiges Theaterpublikum, vor allem aber gegen diejenigen Autoren, die für ein solches Publikum und dessen Kunstbedürfnis schreiben, das Wagner mit dem Wort »Unterhaltungssucht« charakterisiert. Inbegriff solcher musikalischen Unterhaltungssucht war für ihn der Wahlpariser Jaques Offenbach, dessen geistreichen, satirischen Humor er leider völlig verkannte, obwohl, vielleicht gerade weil es so viele Berührungspunkte mit seinem eigenen Humor gab. Gegen jede Art von »Unterhaltungssucht« grenzt sich Wagner mit seinem Werk in aller Schärfe ab und rechtfertigt in seinem Aufsatz »Publikum und Popularität« aus den vermeintlich verrotteten Kunstzuständen noch einmal seine eigenen Bayreuther Bühnenfestspiele. Gleichzeitig holt Wagner zu einem Seitenhieb auf die Fortschritte der Naturwissenschaften aus, namentlich Darwin wird gegeißelt, und er betont noch einmal das national Volkstümliche als wichtige Grundlage aller Kultur und Kunst. Die Wichtigste aber sei für ihn das Christentum! Wobei Wagner nachdrücklich den »Judenweltmacher Jehova« von der erhabenen »Gestalt des Erlösers« unterschieden wissen möchte. Im Sinne eines schon erwähnten »Deutschkatholizismus« hofft Wagner, »daß die Theologie schließlich mit dem Evangelium in das Reine gekommen und die freie Erkenntnis der Offenbarung ohne jehovistische Subtilitäten uns erschlossen wäre«. Einem solchen (buddhistisch-schopenhauerisch gedeuteten) Christentum als Vademekum gegen den Verfall der Nation und ihrer Kunst zur Durchsetzung zu verhelfen, ja ihm als Zentrum einer »im erhabensten Sinne populären Kunst jetzt und zu jeder Zeit in der Weise vorzuarbeiten, daß die Bindeglieder der ältesten und edelsten Kunst nie vollständig zerreißen«, erklärt Wagner zu seinem Ziel. Es ist eine alte Idee: im Grunde beflügelte sie ihn schon im Jahre 1843, als er für eine fulminante Aufführung mit 1200 Sängern in der Dresdner Frauenkirche jene Parsifalchöre vorwegnehmende Kantate »Das Liebesmahl der Apostel« schrieb.

Christliche Zuversicht und Heilserwartung waren Richard Wagners Sache nach den ersten, ökonomisch jedenfalls als gescheitert zu bezeichnenden Bayreuther Festspielen nun wahrlich nicht! Auch sein Aufsatz »Wollen wir hoffen« atmet noch die Depression jener Enttäuschung von 1876. Wagner paraphrasiert darin noch einmal -wie immer höchst pathetisch- sein Verzweifeln an den gegenwärtigen Kunstzuständen, er fordert von den Patronatsvereinsmitgliedern, an die sich sein Aufsatz richtet, die Lektüre seiner Ansichten über das »Kunstwerk der Zukunft« und appelliert an das »Vertrauen auf den deutschen Geist«, das ihn sogar bei der Ausführung des »Parsifal« »erwärmt« habe. Was allerdings wohl eher propagandistisch verstanden werden darf, denn gegenüber Cosima hat Wagner ja bereits am 14. März 1878 unmißverständlich erklärt: »An (das) deutsche Volk habe ich blutwenig dabei gedacht«.

Wagner erklärt in diesem Aufsatz den Fortschritt der Wissenschaften (vor allem der Naturwissenschaften) für fragwürdig. Da heißt es zum

Beispiel: »Wenn unsere Wissenschaft, der Abgott der modernen Welt, unseren Staatsverfassungen so viel gesunden Menschenverstand zuführen könnte, daß sie z.B. ein Mittel gegen das Verhungern arbeitsloser Mitbürger auszufinden vermöchte, müssen wir sie am Ende im Austausche für die impotent gewordene kirchliche Religion dahinnehmen. Aber sie kann gar nichts«. Die Presse und alles Zeitungswesen und Zeitungslesen deklariert Wagner für verderblich und er rechnet – was oft überlesen wird – schonungslos mit dem preußisch-deutschen Reich und seinem Größenwahn ab, ja erklärt es für »unfähig …, die Kunst zu fördern« und damit unter Berufung auf Schiller als »barbarisch und durchaus kunstfeindlich«. »Die Deutschen«, so schreibt Wagner weiter – und das ist sein Credo und darin zeigt sich eine tiefgreifende Differenz zum späteren imperialistischen, zu schweigen vom nationalsozialistischen Sendungsbewußtsein der Deutschen – »Die Deutschen« seien »nicht zu Herrschern, wohl aber zu Veredlern der Welt bestimmt«!

»Wollen wir hoffen« lautet denn auch die Kernfrage des Aufsatzes »und in ihrer Beantwortung« so Richard Wagner, »haben wir das ›Müssen‹ aufzusuchen«. Dies schrieb Wagner am 13. Mai 1879 nieder, nur einen Tag, nachdem er die Orchesterskizze zum dritten Akt des Parsifal vollendete. Was in »Publikum und Popularität« bereits als Forderung in Aussicht gestellt wurde, wird schließlich in »Religion und Kunst« (dem Aufsatz aus dem Jahre 1880) sowie den drei Folgeschriften – den wichtigsten Schriften des späten Wagner – zum Programm ausgearbeitet: »Man könnte sagen«, so schreibt Wagner darin, »daß da, wo die Religion künstlich wird, der Kunst es vorbehalten sei, den Kern der Religion zu retten, indem sie die mythischen Symbole, welche die erstere im eigentlichen Sinne als wahr geglaubt wissen will, ihrem sinnbildlichen Werte nach erfaßt, um durch ideale Darstellung derselben die in ihnen verborgene Tiefe Wahrheit erkennen zu lassen.«. Ein Sprengsatz fast, der von den progressiven Frühromantikern der deutschen Literatur hätte stammen können.

Drei Kapitel hat diese Alters-Schrift Wagners: im ersten beschreibt er das Absterben der Religion als Voraussetzung für seine ästhetische Utopie, die Einbuße der sinnstiftenden Funktion der christlichen (kirchlichen) Religion als Voraussetzung des Wagnerschen Kunstwerks der Zukunft, die heilsgeschichtlichen Wahrheiten dieser Religion in mythischen Symbolen darzustellen. Diese Wahrheiten begreift Wagner ausschließlich im Sinne Schopenhauers als die »Erkenntnis der Hinfälligkeit der Welt und der hieraus entnommenen Anweisung zur Befreiung von derselben« durch Mitleid und Entsagung. Wagner beschreibt dann in endlosen, zum Teil recht umständlichen Paraphrasen die Umsetzung christlicher Wahrheiten in Werke der bildenden Kunst, um schließlich zu der Behauptung zu gelangen: »strenggenommen ist die Musik die einzige dem christlichen Glauben ganz entsprechende Kunst«. Womit der Bezug zu seinem Kunstwerk der Zukunft hergestellt wäre! Und Wagner spielt natürlich damit auf seinen »Parsifal« an, dessen Kernaussage er ja im Sinne des von ihm schopenhauerisch gedeuteten Christentums als das hier erklärte Kunstziel verstanden wissen möchte.

Im zweiten Kapitel versucht Wagner, »den mühsamen Weg« zu beschreiben, »auf welchem uns der Grund des Verfalles selbst der erhabensten Religionen, … vor allem auch der Künste, die von ihnen befruchtet waren, erklärlich zu machen sein dürfte.« Nach den theologischen Grundsatzerörterungen des ersten Kapitels folgt hier Wagners geschichtsphilosophisches Räsonnement. Und auch hier übt Wagner wieder – in ganz utopisch-frühsozialistischer Denkweise – Kritik an Herrschafts- und Eigentumsverhältnissen, die auf Besitz und Macht gegründet sind, daneben aber auch an jeglichem Kriegswesen. Wagner wütet geradezu gegen Rüstungsfabrikation und die Aufrüstung des Deutschen Reiches. Wagner als Pazifist: diese Passagen haben offenbar die Kaiserlichen Wagnerianer, aber auch die Nationalsozialisten geflissentlich überlesen!

Der Zerfall der ursprünglichen Religion, der Rückfall der Geschichte ins Alte Testament, Kapitalismus und imperialistisches Machtstreben, Militarismus und jegliche Form des Tötens, so Wagner, seien veranwortlich für das, was er »Degeneration« nennt. Der pazifistische Geist dieser erstaunlich modern anmutenden Überlegungen gipfelt in dem Satz Wagners: »die Gewalt kann zivilisieren, die Kultur muß dagegen aus dem Boden des Friedens sprossen«. Der pazifistische Charakter auch des »Parsifal« dürfte darin seine eindeutige Be-gründung erfahren. Jegliche Deutung des Werks in rassentheoretisch-militantem Sinne wird durch diese Schrift ad absurdum geführt. Wagners Regenerations-Gedanken entspringen einer durch und durch versöhnlichen, einer pazifistischen Idee.

Im dritten Teil der Schrift »Religion und Kunst« versucht Wagner einen Weg aufzuzeigen, auf dem dem der von ihm dargestellten Prozeß der politischen, künstlerischen, religiösen »Entartung des menschlichen Geschlechts« entgegengearbeitet werden könne. Das Allheilmittel scheint ihm neben »Pflanzendiät«, Vereinen »zum Schutz der Tiere«, Mäßigungsvereinen, Pazifismus und Sozialismus vor allem die Kunst, vornehmlich natürlich seine eigene Kunst, die den Schritt von der Degeneration zur Regeneration zu vollziehen imstande sei, der »Wiederauffindung des ›verlorenen Paradieses.‹ «

In einem Nachtrag des Aufsatzes »Religion und Kunst«, der unter dem Titel »Was nützt diese Erkenntnis« (ebenfalls 1880) erschienen ist, zieht Wagner die praktischen Konsequenzen aus seiner vorigen Schrift und empfiehlt dem geneigten Leser das Studium der Schopenhauerschen Schriften zur Erkenntnis dessen, was die christlichen Tugenden Liebe, Glaube und Hoffnung meinen (das Programm übrigens seines »Parsifal«-Vorspiels). Und er fordert (noch einmal in aller Schärfe die Bismarcksche Politik geißelnd) von der Kunst die »Kraft zu solcher Offenbarung«, die die Kirche nicht mehr habe.

Die Antwort auf die Titelfrage dieses Aufsatzes lautet: »Wir erkennen den Grund des Verfalles der historischen Menschheit, sowie die Notwendigkeit einer Regeneration derselben; wir glauben an die Möglichkeit dieser Regeneration und widmen uns ihrer Durchführung in jedem Sinne.« Auch die (meißt peinlich dargestellte) tierschützerische Schwanenepisode im »Parsifal« atmet solche Mitleids- und Regenerationsluft.

In der zweiten Nachschrift zu seinem grundlegenden Aufsatz »Religion und Kunst«, sie ist überschrieben »Erkenne dich selbst« (und entstand 1881), setzt Wagner seine Zivilisationskritik erbarmungslos fort. Er beklagt wiederum, daß »unsere Kultur und Zivilisation mit der christlichen Lehre im schreiendsten Widerspruche« stehe, er sieht die Ursache des Kulturverfalls und des allgemeinen gesellschaftlichen Mißstandes aber vor allem in den kapitalistischen Eigentumsverhältnissen: »Eine fast größere Heiligkeit als die Religion hat in unserem staatsgesellschaftlichen Gewissen das ›Eigentum‹ erhalten«. Richard Wagner bringt denn auch die Sprache auf die »Kulturmacht« des Geldes: Geld, so Wagner, sei »der unschuldwürgende Dämon der Menschheit«. Und Wagner betont hier noch einmal: in seiner »Ring«-Tetralogie habe er im Bilde des Ringes »als Börsenportefeuille« ein »schauerliches Bild des gespenstischen Weltbeherrschers« entworfen. Und gut marxistisch kommt Wagner mit diesem Gedanken schließlich noch einmal auf die Juden zu sprechen. Er knüpft an seine These an, die er schon in »Das Judentum in der Musik« vortrug, daß die Juden sich durch »die Kunst des Geldmachens« auszeichneten.

Aber nun entwickelt Wagner einen völlig neuen Gedanken in Bezug auf die Juden: In offensichtlicher Anspielung auf Gobineaus Schrift »Über die Ungleichheit der Rassen« greift Wagner dessen Theorie von der Ungleichheit der Rassen« auf, fügt aber gleich hinzu, daß, »wenn wir von einer deutschen ›Rasse‹ reden wollten, diese mit einer so ungemein ausgesprochenen und unverändert erhaltenen, wie der jüdischen, verglichen, sehr schwer, ja fast kaum, mit Bestimmtheit zu spezifizieren sei.« Wagner glaubt, im Juden »das erstaunlichste Beispiel von Rassenkonsistenz, welches die Weltgeschichte noch je geliefert« habe, zu erkennen, eine Rassenstärke, der die »deutsche Rasse« unterliege! Und noch einmal bringt Wagner – wahrscheinlich auf Bleichröder anspielend – sein marxistisch antikapitalistisches Judenressentiment zum Ausdruck: »Eine wunderbare, unvergleichliche Erscheinung; der plastische Dämon des Verfalles der Menschheit in triumphierender Sicherheit, und dazu deutscher Staatsbürger mosaischer Konfession, der Liebling liberaler Prinzen und Garant unserer Reichseinheit!«.

Dann aber kommt die entscheidende Wendung: Wagner folgt nicht der rassistischen Argumentation Gobineaus, sondern er distanziert sich ohne jeden Zweifel von ihr: die Lösung dessen, was Wagner unter dem Problem der »Degeneration« versteht – und daran geknüpft ist für ihn die Judenfrage – diese Lösung sieht Wagner nicht, wie Gobineau und in seiner Folge der aufkommende rassistische Antisemitismus, in angewandten biologistischen, rassistischen Überlegungen, sondern in einem Fragen und Forschen nach dem »Reinmenschlichen«, das er ja bereits in seinen Zürcher Kunstschriften, vor allem aber in den letzten Bayreuther Kunstschriften präzise charakterisiert hat als »Geist reiner Menschlichkeit«. Schon in seinen ersten Kunstschriften war das »Reinmenschliche« – Sie erinnern sich – ein Schlüsselbegriff, den Wagner sowohl in der griechischen Antike, als auch im christlichen Mythos vorfand und seiner Konzeption des Musikdramas einverleibte. Für Wagner ist dieses Suchen nach dem »Geist reiner Menschlichkeit« eben »der echte deutsche Instinkt«, und den gelte es zu erkennen und zu fördern. Welcher Idealismus!

Nachdrücklich distanziert Wagner sich übrigens von den politischen (antisemitischen) Parteien Deutschlands. Den Weg zur Regeneration sieht Wagner, der betont, »Wir, die wir zu keiner all jener Parteien gehören«, allein im »Erwachen des Menschen zu seiner einfach=heiligen Würde«. Und zum Schluß deutet er dann ganz marxistisch an, wie er sich die Regeneration der Kultur, der Sittlichkeit und der Gesellschaft, aber auch die Lösung der Judenfrage – die damit aufs engste verknüpft ist – vorstellt: »Nur aber, wann der Dämon, der jene Rasenden im Wahnsinne des Parteikampfes um sich erhält, kein Wo und Wann zu seiner Bergung unter uns mehr aufzufinden vermag, wird es auch – keinen Juden mehr geben.« Und was das Wort »Dämon« hier meint, wurde ja wenige Seiten zuvor erklärt: der Dämon ist die »Kulturmacht des Geldes ..., der unschuldwürgende Dämon der Menschheit«.

Das bestätigt nun zweifellos die überlieferte briefliche Äußerung Wagners gegenüber dem großen Leipziger Theatermann Angelo Neumann: »Der gegenwärtigen ›antisemitischen‹ Bewegung stehe ich vollständig fern; ein nächstens in den Bayreuther Blättern erscheinender Aufsatz von mir wird dies in einer Weise bekunden, daß Geistvollen es sogar unmöglich werden dürfte, mich mit jener Bewegung in Beziehung zu bringen.« Ein größerer Gegensatz dürfte in der Tat nicht denkbar sein, als der zwischen diesem Aufsatz Wagners und dem Antisemitismus der späteren Rassentheoretiker des völkischen, zumal des nationalsozialistischen Deutschland!

In der letzten seiner Regenerationsschriften, in »Heldentum und Christentum« (geschrieben ebenfalls 1881), geht Wagner noch einen Schritt weiter. Darin nämlich nimmt er noch einmal explizit Stellung zur rassistischen Argumentation, die vor allem durch Gobineau – und später H. St. Chamberlain – in die öffentliche Diskussion und damit auch in die Rechtfertigung eines qualitativ neuen Antisemitismus Eingang fand. Wagner referiert zunächst Gobineaus Theorie, wendet dann aber ein, es sei doch »beim Überblick aller Rassen die Einheit der menschlichen Gattung unmöglich zu verkennen«. Diese Einheit charakterisiert er als die »Fähigkeit zu bewußtem Leiden«. Und das ist für Wagner »die Anlage zur höchsten moralischen Entwicklung«. Ungeachtet der Rasse und der Nation nennt Wagner jene Menschen, »in welchen dieser erhabene Prozeß durch eine ihm entsprechende Tat als Kundgebung an uns sich vollzieht, Heldennaturen«. Ein sehr eigenwilliger Heldenbegriff, dem alles nationalistisch, gar militant Verklärende abgeht. Wagner nennt Beispiele: Herakles sei der griechische Typus, im christlichen Bereich seien das die Heiligen. Inbegriff aber »eines allen Eigenwillen bezwingenden Mitleides mit der des tiefsten Entsetzens über die Eigenschaft dieses die Welt gestaltenden Willens« sei »der Anblick, das Abbild oder die Vorstellung des am Kreuze leidenden Heilands«. Wer, so fragt nun Wagner, »wer sollte frevelnd fragen«, ob das »Blut des Heilandes, von seinem Haupte, aus seinen Wunden am Kreuze fließend«, ob es »der weißen oder welcher Rasse sonst angehörte?«

Wagner lehnt also angesichts seiner Vorstellungen von Christentum jeglichen Rassismus ab! In diesem Sinne ist zu verstehen, was er zu Cosima am 17. Dezember 1881 gesagt hat: »die Racen haben ausgespielt«! Wagner habe es Gobineau vorgeworfen, so notierte Cosima am 23. April 1882, »das eine ganz außer acht gelassen zu haben, was einmal der Menschheit gegeben wurde, einen Heiland, der für sie litt und sich kreuzigen ließ!« Es muß angesichts solcher eindeutigen Bekenntnisse nicht noch einmal betont werden, daß es geradezu absurd ist, Wagner als Vorläufer eines rassistischen Antisemitismus zu vereinnahmen und den »Parsifal« zum rassistischen, antisemitischen Lehrstück zu erklären!

Wagner erteilt Gobineaus Rassismus in diesem Aufsatz eine deutliche Absage: Gobineaus Rassentheorie rechtfertige, so Richard Wagner, »eine schlechthin unmoralische Weltordnung«. In derlei betont antirassistischer, christlicher Ethik darf man wohl den denkbar größten Gegensatz nicht nur zum aufkommenden rassistischen, sondern mehr noch zum späteren nationalsozialistischen Antisemitismus erkennen.

Am Schluß dieses Aufsatzes verkündet Wagner in geradezu radikaler Versöhnlichkeit, daß eine »mögliche Gleichheit aller durch ihre Vermischung sich ähnlich gewordener Rassen ... einzig nur dadurch denkbar ist, daß sie sich auf den Gewinn einer allgemeinen moralischen Übereinstimmung gründet, wie das wahrhafte Christentum sie auszuüben uns berufen dünken muß.« Mit Blick auf seinen »Parsifal« merkt Wagner an: »Auf der Grundlage einer wahrhaftigen, nicht ›vernünftigen‹ ... Moralität« könne »eine wahrhaftige ästhetische Kunstblüte einzig gedeihen.« Der »Parsifal« wird so unausgesprochen und doch entstehungsgeschichtlich eindeutig zum Paradigma christlicher Kunst erklärt.

Christliche Ethik als ästhetisches Prinzip und als gesellschaftliche Richtlinie zur Überwindung der »Rassenunterschiede«, wenn es sie denn gibt, was Wagner ja immerhin anzweifelt, christliche Ethik aber auch als Schlüssel zur Lösung der Judenfrage: Das ist eine entscheidende Rücknahme früherer politischer, d.h. sozialistisch-revolutionärer Positionen, aber eben auch die Rücknahme seines (wenn auch Assimilation anempfehlenden) bösartigen Antisemitismus, wie er sich noch im »Judentum in der Musik« manifestierte. Wagners intellektuelle Weiterentwicklung in Bezug auf die Judenfrage – die Tagebuchnotizen Cosimas belegen das (ich habe es bereits darzustellen versucht) – Wagners Gesinnungswandel hat in diesem Aufsatz seinen Kulminationspunkt erreicht. Insofern darf man diese letzte Nachschrift zu »Religion und Kunst« in Sachen seiner antisemitischen Schriften, aber auch seiner religiösen Gedanken als das bezeichnen, was Wagner seinen »Parsifal« in Bezug auf Gobineaus Rassismus am 28. März 1881 nannte: »die letzte Karte«. Es ist eine radikal versöhnliche.

Mäzenatentum als Mißverständnis: Wagner und Ludwig II.

Auf einem 1842 in München gebauten Tafelklavier aus hellem Holz hatte Richard Wagner bei seinem ersten Besuch auf Schloß Hohenschwangau dem bayerischen König Ludwig II. aus eigenen Werken vorgespielt, vor allem aus dem »Lohengrin«, der Lieblingsoper des Königs. Das Instrument ist neugotisch dekoriert, wie vieles auf Schloß Hohenschwangau, aber auch den anderen bayerischen Königs-Schlössern Ludwigs, der das romantisch nachempfundene Mittelalter zum ästhetischen Prinzip erhob, wo er sich nicht zur stilistischen Hybris einer kopierenden Nachschöpfung des französischen Sonnenkönigs verstieg.

»Lohengrin« ist das romantische Märchen an sich, von einem Wunder kündend, das sich ereignet inmitten dieser Welt, von einem wunderbaren Schwanenritter, der aus Glanz und Wonne einem bedrängten Menschen zuhilfe eilt und ihn von aller Sorgen Last befreit. Richard Wagners romantischste Oper ist denn auch das Favoritstück des bayerischen Königs. Er war dem Symbol des Schwans ohnehin eng verbunden. Auf Schloß Hohenschwangau, seinem Lieblingsschloß, hatte er, umgeben von Bruder Otto und seinen Eltern, König Maximilian II. und Königin Marie von Bayern, seine Kindheit verbracht. Schon sein Vater hatte im Schloß einen Schwanenrittersaal mit Fresken zur Sage errichten lassen. Das später errichtete Traumschloß Ludwigs sollte einst Neuschwanstein heißen. Vom Münchner Theatermaler Dominik Quaglio ließ Ludwig immer wieder das Schwanen- und Lohengrinmotiv auf Wände und Decken malen. Vielleicht war es des seltsam eigenbrödlerischen Königs eigene, aussenseiterhafte Natur, die ihn jene Affinität zu diesem tierischen Symbol des Zauberhaften, Unberührbaren, Stolzen und rätselhaft Anmutigen fühlen ließ. In seinen Schlössern wimmelte es von Schwanen-Bildern, Schwanen-Porzellan-Figuren, Schwanen-Bronzen und Schwanen-Stickereien. Immer wieder zeichnete er Schwäne, ja unterzeichente nicht selten mit Schwan und Kreuz seine jugendlichen Briefe. Der Schwanenritter war es, der schon des knabenhaften Kronprinzen Neigung für die Musik Richard Wagners weckte. Mit dreizehn las Ludwig zum erstenmal die »Lohengrin«-Sage, mit fünfzehn sah und hörte er seinen ersten »Lohengrin«. Der Wagnerkenner Peter Wapnewski hat völlig recht: »mit keiner anderen Phantasie-Figur hat sich der vielverkleidete König später so schwärmerisch identifiziert wie mit dem Schwanenritter: hier vereinten sich Sendungs-Mystik, Reinheits-Ideologie, Frauenfeindlichkeit und Tiersymbolik zu einem grandiosen Postkarten-Panorama stilisierter Helden-Einsamkeit.«

Es war am 3. Mai des Jahres 1864, als der Bayerische Kabinettsekretär Hofrat von Pfistermeister den wieder einmal vor seinen Gläubigern fliehenden, enorm verschuldeten Richard Wagner in Stuttgart aufsuchte und ihm ein Fotoporträt, einen Rubin-Ring und eine mündliche Botschaft des bayerischen Königs überbrachte, etwa folgenden Inhalts: so, wie dieser Rubin glühe, brenne der König vor Verlangen, den Schöpfer des Lohengrin zu sehen. Seine Majestät wolle Wagner für den Rest seines Lebens von jeder Last des Alltags freihalten und alles daransetzen, daß Wagner seine künstlerischen Zukunftspläne ganz nach eigenen Wünschen vollenden könne.

Noch wenige Tage zuvor, am 8. April, hatte Wagner Peter Cornelius sein seelisches, körperliches und finanzielles Leid geklagt. Er war einmal wieder am Ende, fühlte sich krank, von Gott und Menschen verlassen, es mangelte ihm an Inspiration und vor allem an Geld. Durch immer neue Wechselgeschäfte trieb Wagner seinem sicheren Ruin entgegen. In Wien, wo er zuletzt wohnte, hatte er all seine Habe verkaufen müssen und war auf Anraten seines Rechtsbeistandes nach Stuttgart gereist, um der drohenden Schuldhaft zu entgehen. In München hatte Wagner Zwischenstation gemacht. Natürlich war das Hotel »Bayerischer Hof« trotz Geldmangels gerade eben gut genug für ihn. Auf dem Weg dorthin hatte er bereits seine eigene Grabschrift verfaßt: »Hier liegt Wagner, der nichts geworden / nicht einmal Ritter vom lumpigsten Orden; / nicht einen Hund hinter'm Ofen entlockt' er, / Universitäten nicht 'mal 'nen Doktor«

Von München reist Wagner über den Bodensee nach Zürich, wo er bei seiner Freundin und Gönnerin, der Schriftstellerin Eliza Wille Station macht, um abermals eine freundschaftliche Geldspende entgegenzunehmen. Er reist weiter über Basel nach Stuttgart zu Kapellmeister Eckert, Kapellmeister des Königlichen Hoftheaters, wo man ihm Hoffnungen machte, den »Tristan« uraufzuführen, der in Wien nach Dutzenden von Proben abgesagt wurde. Auch in Stuttgart sollten seine Hoffnungen, daß das inkommensurable Werk dort uraufgeführt würde, enttäuscht werden. Seinem Untergang stand wieder einmal nichts mehr im Wege. Er hatte nicht ohne Grund an Cornelius geschrieben: «ein gutes, wahrhaft hilfreiches Wunder muß mir jetzt begegnen; sonst ist's aus!«

Wagner hatte umgerechnet etwa 100.000 Mark Schulden in Wien hinterlassen. Das rettende Wunder war ihm in Gestalt des achtzehnjährigen Königs Ludwig II., der keine acht Wochen zuvor erst den bayerischen Thron bestiegen hatte, entgegengeeilt, bzw. in Gestalt von dessen Kabinettsekretär. Auf der Stelle hatte Wagner einen Brief an seinen Erretter geschrieben:

»Teurer huldvoller König! Diese Tränen himmlischster Rührung sende ich Ihnen, um Ihnen zu sagen, daß nun die Wunder der Poesie wie eine göttliche Wirklichkeit in mein armes, liebebedürftiges Leben getreten sind! – und dieses Leben, sein letztes Dichten und Tönen gehört nun Ihnen, mein gnadenreicher junger König: verfügen Sie darüber als über Ihr Eigentum! Im höchsten Entzücken, treu und wahr. Ihr Untertan Richard Wagner, 3. Mai 1864«

Am nächsten Tag war Wagner noch zum Mittagessen bei Kapellmeister Eckart eingeladen, doch dann begab er sich sofort zu Hofrat Pfistertmeister um mit diesem gen München zu reisen. Ein neuer Abschnitt in seinem Leben begann. Und so endet denn auch seine für Ludwig II. geschriebene Auobiographie mit folgenden Sätzen: »Des Abends um fünf Uhr traf ich nun auf dem Bahnhofe mit Herrn Pfistermeister zusammen, um mit ihm gemeinschaftlich nach München zu fahren, wo mein Besuch dem Könige bereits für den folgenden Tag angemeldet war. Von Wien her hatte ich am gleichen Tage die dringendsten Abmahnungen von einer Rückkehr dorthin erhalten. Schrecken dieser Art sollten sich seitdem in meinem Leben nie widerholen. Der gefahrvolle Weg, auf den mich heute mein Schicksal zu höchsten Zielen berufen hatte, sollte nie frei von Sorgen und Nöten von bis dahin mir noch ganz ungekannter Art sein; nie jedoch hat unter dem Schutz meines erhabenen Freundes die Last des gemeinsten Lebensdruckes mich wieder berühren sollen.«

Tatsächlich beginnt mit diesem Datum eine der eigenwilligsten, der extremsten Freundschaften, die je zwischen einem Monarchen und einem Künstler geschlossen wurde. Wenn man so will, die Vollendung des Traums von der Künstlerexistenz im neunzehnten Jahrhundert. Zumindest aber ein in singulärem Briefwechsel überhöhtes Paradebeispiel einer Vereinigung von Künstler und Herrscher in mystischer Ebenbürtigkeit. Vielfach verklärt und doch meist mißverstanden von der Nachwelt, so wie schon Ludwig Wagners Kunst im Grunde mißverstand! Wohingegen Wagner in Ludwig den lange ersehnten Mäzen gewaltigsten Ausmaßes sofort erkannte und von ihm nicht mehr abließ.

Die Namen Richard Wagners und Ludwigs II. sind heute untrennbar miteinander verbunden, der eine assoziiert den anderen, in Bayern ist man stolz auf beide, Wagner und Ludwig, – heute jedenfalls! Zu beider Lebzeiten war das keineswegs so. Die Bedeutung allerdings dieser Freundschaft zwischen Fatum und Fatalitäten, zwischen Verehrung und Mißverständnis, Realität und Schauspielerei ist nicht anzuzweifeln: ohne sie wären die »Meistersinger« und der »Ring« vielleicht nie vollendet worden, der »Parsifal« wahrscheinlich nicht geschrieben und die Bayreuther Festspiele niemals zustandegekommen. Und doch war diese Freundschaft ein einziges Mißverständnis, das nur durch verbindende Gemeinsamkeiten überbrückt wurde. Beide, Ludwig und Wagner, waren sich einig darin, die Proportionen ihrer eigenen Person ins Maßlose zu steigern, beide bedurften der pompösen Potenzierung und Inszenierung ihrer selbst. Wobei sich Ludwigs Sendungsbewußtsein und Wagners Geniebegriff geradezu ideal ergänzten. Und last not least brauchte Wagner Ludwigs Geld.

Am 4. Mai 1864 stand Richard Wagner dem jungen bayerischen Monarchen also zum ersten Mal gegenüber. In einem Brief, den er am gleichen Tage noch an die Zürcher Freundin Eliza Wille schrieb, schildert er seinen Eindruck, den er vom König hatte: »Sie wissen, daß mich der junge König von Bayern aufsuchen ließ. Heute wurde ich zu ihm geführt. Er ist leider so schön und geistvoll, seelenvoll und herrlich, daß ich fürchte, sein Leben müsse wie ein flüchtiger Göttertraum in dieser gemeinen Welt zerrinnen. Er liebt mich mit der Innigkeit und Glut der ersten Liebe: er kennt und weiß alles von mir und versteht mich wie meine Seele. Er will, ich soll immerdar bei ihm bleiben, arbeiten, ausruhen, meine Werke aufführen; er will mir alles geben, was ich dazu brauche; ich soll die Nibelungen fertigmachen, und er will sie aufführen, wie ich will. Ich soll mein unumschränkter Herr sein, nicht Kapellmeister, nichts als ich und sein Freund. Und dies versteht er alles ernst und genau, wie wenn wir beide, ich und Sie, miteinander sprächen. Alle Not soll von mir genommen sein, ich soll haben, was ich brauche – nur bei ihm soll ich bleiben. Was sagen Sie dazu? – was sagen Sie? – Ist das nicht unerhört? – Kann das anders als ein Traum sein? – Denken Sie sich, wie ergriffen ich bin! … Mein Glück ist so groß, daß ich ganz zerschmettert davon bin. Von dem Zauber seines Auges können Sie sich keinen Begriff machen: wenn er nur leben bleibt; es ist ein zu unerhörtes Wunder! … ein zu unerhörtes Wunder!«

Der 18-jährige König verspach seinerseits in einem Brief, den er schon am nächsten Tag an den 58-jährigen Richard Wagner absandte: »Ich will alles tun, … um Sie für vergangenes Leiden zu entschädigen. Die niederen Sorgen des Alltagslebens will ich von Ihrem Haupt auf immer verscheuchen. … Unbewußt waren Sie der einzige Quell meiner Freuden von meinem zarten Jünglingsalter an, mein Freund, der mir wie keiner zum Herzen sprach, mein bester Lehrer und Erzieher.« Der Ton dieses einzigartigen Briefwechsels, den Wagner und der König zu schreiben begannen, ist an theatralischer Etikette, an Gefühls-Pathos und Überschwenglichkeit kaum zu übertreffen. Vor allem Ludwig ergeht sich in superlativischen Formulierungen: »O Heiliger, Ich bete Dich an!« heißt es in einem Brief vom 5. Januar 1865, »Einziger, Geliebter!« nennt er Wagner in einem Brief vom 1. Februar 1865. »Alles, ja alles bist Du mir (...) ach, für Dich zu sterben!« liest man am 21. Juni desselben Jahres. Kaum mehr als zwei Wochen später, am neunten Juli, heißt es »Ausschließlich für Sie, glühend Geliebter, bin ich zur Welt gekommen!«. Doch Ludwigs Briefstil steigert sich noch: am 12. Juli 1865 schreibt er Wagner »Preis und Anbetung Dir, der Du mehr bist als ein Mensch!« Schließlich nennt er Wagnern am 28. Januar 1866 einen »Gottgesandten« und »Himmelssohn«. Wagner schien für den realitätsflüchtigen Ludwig jener Lohengrin zu sein, der er selbst, freilich in materiellerem Sinne, für Wagner gewesen ist. Wagner kam sich denn auch wie in einem Märchen vor. In einem Brief an Eliza Wille bekennt er am 8. Oktober 1864: »daß ich nahe daran war, vor ihm hinzusinken und ihn anzubeten«. Und so stimmt auch Wagner schließlich in den hymnischen Anrede- und Verehrungsstil Ludwigs II. ein. Am 11. Dezember 1864 schreibt er ihm: »Ich bin nichts mehr, ohne Ihn ... Oh mein König, Du bist göttlich!« An Sylvester 1864 trägt Wagner gegenüber Ludwig besonders dick auf: »Letztes! Höchstes! Schönstes meines Lebens! Wundervoller König! ... O mein König! Mein Erlöser! ... Heil! Heil! Zum neuen Jahre neuen Lebens Heil! Dank und ewige Liebe! Aus tiefstem Herzen untertan Richard Wagner!«

Immer wieder redet Wagner den König als geliebten Freund an, beteuert seine Treue und Ergebenheit, ergeht sich in verbaler Anbetung und bestätigt die Affinität, die Gleichgestimmtheit der Empfindungen und Kunstabsichten. Beide schienen berauscht vom Gefühl idealer Übereinstimmung. Noch waren sie beide blind für die Fehler des anderen. Wagner brauchte die materielle Unterstützung Ludwigs und genoß die pekuniäre Geborgenheit bei seinem königlichen Freund. Dieser brauchte Wagners Musik, Wagners Opern, denn ohne Theater und Musik konnte und wollte der realitätsscheue Ludwig nicht leben.

Ludwig stellte Wagner zunächst eine veritable Villa, das Haus Pellet am Starnberger See, zur Verfügung, von wo aus Wagner ihn fast täglich besuchte. Im September 1864 bezog Wagner ein Haus in der Münchner

Briennerstraße. Er nahm die Arbeit am Ring wieder auf, Ludwig erteilte ihm den offiziellen Auftrag zur Vollendung und plante bereits ein Münchner Wagnerfestspielhaus. Der erste triumphale Höhepunkt der ungleichen Freundschaft wurde die Uraufführung des »Tristan« im Jahre 1865 im Königlichen Hoftheater unter Leitung von Hans von Bülow, der das sensationell Innovative dieser Musik kongenial aus der Taufe zu heben verstand. Das Ehepaar Ludwig und Malwine Schnorr von Carolsfeld verkörperte Tristan und Isolde in einer Idealität, wenn man Wagners eigenen Worten Glauben schenken darf, wie es in unserem Jahrhundert wohl nur Kirsten Flagstad und Ludwig Suthaus gelang.

Trotz der spektakulären »Tristan«-Uraufführung hatte sich schon allerhand Zündstoff im München Ludwigs und Wagners angesammelt. Man entrüstete sich über des Komponisten Unbescheidenheit, seine Verschwendungssucht, das teure Wagner-Theater-Projekt, ja die Wagnerverfallenheit Ludwigs und seine Vernachlässigung repräsentativer Staatsaufgaben zugunsten der Förderung und finanziellen Unterstützung Wagners. Nicht zuletzt erregte das (berechtigte) Gerücht, Wagner habe ein Verhältnis mit Baron von Bülows Gattin Cosima, die Gemüter und sorgte für Ärger in der Ministerialbürokratie. Wagner war trotz der Schikanen subalterner Beamten in seinen Geldforderungen maßlos. Am 16. Oktober 1865 schrieb er Ludwig: »Schenken Sie königlich, und überlassen Sie es meinem Gewissen, wie ich dereinst dies königliche Vertrauen erwiedere!« Cosima hatte übrigens den Nagel auf den Kopf getroffen, als sie 14 Jahre später (am 19. August 1879) Richard im Hinblick auf den König erklärte: »einer Anomalie, wie Du bist, konnte auch nur eine Anomalie helfen!«

Was übrigens den (von Gottfried Semper zu erbauenden) Festtheaterbau am Isarufer in München anging, so war Wagner davon gar nicht sonderlich begeistert, wie seinem Braunen Buch – unterm 9. September 1865 – zu entnehmen ist: »Wie hasse ich dieses projektierte Theater, ja – wie kindisch kommt mir der König vor, daß er so leidenschaftlich auf diesem Projekt besteht!« Auf fünf Millionen Gulden wurde der Bau veranschlagt, bei einer Bauzeit von sechs Jahren. Möglicherweise hätte man damit Wagner auf immer an München gebunden. Das Projekt scheiterte trotz Ludwigs energischem Einsatz nicht zuletzt daran, daß Wagner München zunehmends verleidet war. Die Ministerialbürokratie wußte den Bau durch Verzögerungstaktik so lange zu verhindern, bis ein anderes Bau-Projekt Ludwigs in den Vordergrund rückte: das Schloß Neuschwanstein. Ein überdimensionales Wagnerpanoptikum, wenn man so will, denn Burghof und Schlafzimmer entstanden nach Bühnenbildern der ersten Münchner »Lohengrin«-Inszenierung, Sängersaal und Venusgrotte waren durch den »Tannhäuser« inspiriert, der Thronsaal wurde zur Gralshalle. Wagner hat dieses Schloß übrigens niemals betreten! Auch Schloß Linderhof hat Ludwig mit einer großen Venusgrotte ausgestattet, wo er selbst als »Lohengrin« verkleidet in einem Schwanennachen bei künstlicher Beleuchtung herumzufahren pflegte, dazu hatte er übrigens eine der ersten elektrischen Beleuchtungen Bayerns installieren lassen. Auch an einer Hundingshütte und einer Gurnemanz-Einsiedelei samt Karfreitagsaue fehlte es in Linderhof nicht. Sein Starnberger Dampfschiff taufte Ludwig auf den Namen »Tristan«. Zwar mochte sich der mythische Auserwähltheitsglaube Seiner Majestät möglicherweise in Wagners Göttern und Helden präfiguriert sehen, doch im Grunde war Ludwigs Wagnerei nur Teil eines weit umfassenderen feudalen Mummenschanzes, den der unglückliche, nicht zuletzt wegen seiner Homosexualität vereinsamte König zum Überleben in katholischer Umgebung offenbar benötigte. Man denke nur an seine inszenierten Künstler- und Männerorgien, seine erzwungenen Klassiker-Rezitationen von so renommierten Schauspielern wie Josef Kainz und an groteske Aufführungen eigens für ihn geschriebener historischer Rühr- und Schauerdramen. Ludwig kam mit dieser Welt nicht zurecht, weshalb er in die Opernwelt flüchtete und die Welt als Oper zu inszenieren und zu leben trachtete. Er wollte und brauchte den rauschhaften Genuß, die Droge. Und Wagner war eine seiner Lieblingsdrogen.

Schon seit 1865 versuchte die Ministerialbürokratie den Einfluß Wagners auf Ludwig einzudämmen. Man unterstellte Wagner politischen Einfluß, man nahm es ihm übel, daß er den König zu wirklichkeitsfremden Träumereien verführte, man fürchtete in Wagner andererseits immer auch den einstigen Revolutionär und Sozialisten. Er war den Münchnern von Anfang an suspekt, nicht zuletzt seines extravaganten und im bürgerlichen Sinne schamlosen Lebenswandels wegen.

Wagner wurde tatsächlich in die bayerische Politik hineingezogen, als rivalisierende Parteien versuchten, ihn zu bestechen. Die Ultramontanen versprachen ihm Theater, Kunstschulen, Villen, Renten und Aktien für den Fall, daß er den König in ihrem Sinne beeinflussen würde. Aber Wagner lehnte ab. Ein Intrigant war er doch eigentlich nie gewesen! Als die Königsgegner Ludwig in einer großen Pressekampagne 1865 Verschwendung vorwarfen, riet Wagner ihm die Abschaffung des stehenden Heeres und die Bildung einer Volksmiliz; er riet ihm auch, sich an die Spitze der Deutschen Bewegung zu stellen und sich zum Kaiser wählen zu lassen. Das war natürlich für die Münchner ein erneuter Anlaß, in Wagner einen gefährlichen Berater des Königs zu wittern.

Am 26. November warf der Münchner Volksbote Wagner vor, er wolle den Kabinettsekretär Pfistermeister beseitigen. Wagner bezichtigte daraufhin diesen der Intrige und forderte den König tatsächlich zur Kabinettsumbildung auf. Als Wagner zu den Waffen seiner Gegner griff und seinerseits einen anonymen Brief in den Neuesten Nachrichten veröffentlichte, in dem er die Entfernung unliebsamer Kabinettsmitglieder forderte, gab er jenen die vernichtende Waffe in die Hand. Das Kabinett drohte mit Rücktritt, falls Wagner nicht augenblicklich aus München entfernt würde. Die königliche Familie und der Klerus unterstützten diese Forderung; es drohte vielleicht sogar wirklich ein Volksaufstand, wie man Ludwig nahebrachte.

Trotz eines enthusiastischen, achttägigen Beisammenseins des Königs und Wagners auf Hohenschwangau mit Lohengrin-Musik von den Türmen und Schwanenritter-Ankunft auf dem Alpsee, nachdem Ludwig an Cosima schrieb: »Oh er ist göttlich, göttlich! Mein Beruf ist, für Ihn zu leben, zu kämpfen, zu leiden …« blieb dem König nichts anderes übrig, als seinen Freund Wagner zu bitten, München für einige Monate zu verlassen. Wagner war fassunglos. Noch mehr litt allerdings Ludwig unter der Erkenntnis, zu solchem Opfer gezwungen worden zu sein. »Ich leide fürchterlich«, schrieb er Cosima am 2. Januar 1866, »zu ihm will ich ... oder – sterben!«

Wagner ließ sich in Tribschen am Vierwaldstätter See nieder, ließ nun allerdings nicht davon ab, Ludwig die Entlassung Pfistermeisters und von der Pfordtens einzureden. Wie hoch sein politischer Einfluß auf Ludwig eingeschätzt wurde, mag man daran ermessen, daß selbst Bismarck versuchte, mit Wagners Hilfe auf Ludwig einzuwirken, als der Krieg Preußens mit Bayern drohte. Stattdessen entwarf Wagner allerdings das politische Programm einer Rettung Deutschlands durch Bayern, das sich an die Spitze des von Preußen und Österreich verlassenen Deutschen Bundes stellen sollte. Sein Rat, die Neutralität zu wahren, wurde vereitelt, Bayern beschloß den Kriegseintritt an der Seite Österreichs. Durch Bayerns Niederlage dachte Ludwig an Abdankung. Doch Wagner riet Ludwig, der neuen Lage entsprechend ein ausgleichendes Verhältnis zu Preußen zu suchen und den ultramontanen Minister von der Pforten endlich abzusetzen. Ludwig entsprach nun diesem Rat. Ludwig hoffte, Wagners Rückkehr nach München stünde nichts mehr im Wege. Wagner dachte allerdings gar nicht mehr daran! Im Herbst 1869 veranlaßte Wagner den König, eine Aufsatzfolge über »Deutsche Kunst und deutsche Politik« zu veröffentlichen, worin Wagner die Kunstfeindlichkeit des Bürgertums kritisierte und vor der Preisgabe der Kulturwerte durch die Profitgesellschaft warnte. Der König setzte diese öffentlich kritisierte Artikelserie ab. Es kam zu einer ersten nachhaltigen Verstimmung mit Wagner.

Auch die Verbindung Wagners mit Cosima von Bülow, der Frau des »Tristan«-Dirigenten, sorgte in München noch immer für Skandale, zumal sie am Tage der ersten Orchesterprobe zum »Tristan« Wagners erste Tochter, Isolde, zur Welt brachte. Dem König gegenüber spielte Cosima nach wie vor die Rolle der Seelenfreundin, Sekretärin und aufopferungsvollen Mitarbeiterin, sie überredete den König sogar zur Unterzeichnung und Veröffentlichung einer Ehrenerklärung gegen die Schmähartikel in Münchner Zeitungen. Daß Isolde Wagners Tochter war, verriet sie dem König nie! Erst im Herbst 1868 gestand Wagner Ludwig die Wahrheit seines Liebesverhältnisses mit Cosima ein, was allerdings nur eine kurze Phase der königlichen Ungnade zur Folge hatte. Bereits zum 21. Juni 1868 hatte Ludwig die Uraufführung der »Meistersinger« anberaumt, auf Wunsch des Königs saß Wagner neben ihm in der Loge und nahm an der Brüstung stehend den tosenden Beifall des Publikums entgegen. Ein ungeheurer Etikettebruch und eine triumphale Rückkehr des verjagten Künstlers.

Zu fogenschwerer Verstimmung zwischen König und Künstler kam es allerdings, als Ludwig im September 1869 die »Rheingold«-Aufführung anberaumte. »Wie seltsam das Schicksal«, notierte Cosima am 16. Juli 1869 in ihrem Tagebuch, »daß es gerade diesen unfähigen König so begeistert für Richards Werke macht, wie seltsam schrecklich!« Und Wagner, der recht eigentlich für die Nibelungen zu leben meinte, tröstete sich und Cosima am 25. Oktober des Jahres mit folgender Bemerkung: «Man muß noch Gott danken, daß ein Wesen wie der König einen so sonderbaren Sparren im Kopf hat und die Dinger durchaus sehen und haben will, freilich ohne jene großartigen Gedanken damit zu verknüpfen ... Umbringen kann er das Werk nicht, ich kann es allein umbringen, wenn ich mit ihm breche und es nicht vollende. Daß er die Sache jetzt so verdirbt, wird den Eindruck nicht vermindern, wenn sie einmal in meinem Sinne aufgeführt werden!«

Um Schlimmeres zu verhindern, konnte Wagner König Ludwig (den er gegenüber Cosima nicht nur einmal als »Kretin« bezeichnete) wenigstens dazu bewegen, den von ihm hochgeschätzten Hans Richter zum Dirigenten zu ernennen. Doch der Münchner Intendant von Perfall widersetzte sich sämtlichen Vorstellungen Wagners, zumindest eine Musteraufführung zu produzieren. Die Hauptprobe ließ Schlimmstes befürchten. Woraufhin Hans Richter die musikalische Leitung niederlegte und Wagner beschwor, den König um Verhinderung der Premiere zu bitten.

Der König seinerseits empörte sich über diesen Widerspruch und ließ Wagner durch den Intendanten mit Gehaltsentzug, Aufführungsverbot und Hausverbot drohen. Ein gewöhnlicher Sterblicher, sei es auch ein Künstler, hatte sich dem königlichen Willen unterzuordnen! Die Uraufführung fand natürlich statt, und zwar unter Franz Wüllners Leitung, am 22. September 1869. Diese Vorgänge bewirkten eine tiefe Verstörung, ja Entfremdung zwischen dem König und Wagner. Die Fremdheit zwischen den ästhetischen Idealen des Künstlers und der selbstherrlichen Genußsucht seines Mäzens war damit ein für allemal besiegelt, auch wenn der freundschaftlich-wohlwollende Kontakt in bewährtem Konversations-Stil offiziell aufrechterhalten wurde.

Am 26. März 1879 liest man in Cosimas Tagebüchern: »Richard schreibt an den König, und beim Kaffe sagt er mir, diese Briefe hätten etwas Künstliches, und er habe ein Gefühl der Scham und des Unrechts gegen mich, wenn er in solche Dithyramben zu einem anderen sich einlasse, die Lage, die Briefe des Königs brächten es aber so mit sich.« Und am 27. Mai 1879 notierte Cosima, wiederum beim Kaffe habe ihr Richard erklärt, »daß diese Briefe immer eine Art Krampf seien, er fühle sich nicht wahrhaftig und wieviel müsse man sich dann vormachen um sich zu beweisen, daß es dennoch Wahrheit sei.«

Ludwig versuchte als erster die Wiederannäherung, indem er Wagner im November 1869 schrieb, »die Begierde, ihr gottvolles Werk zu hören, war so übermächtig, … verzeihen Sie ihrem seine Schuld einsehenden Freund!« Dennoch ordnete der opernsüchtige Ludwig ohne Rücksicht auf Wagner bereits die nächste Wagner-Uraufführung an: die der »Walküre«. Wagner erfuhr es aus der Presse, nachdem Ludwig ihm noch am 6. Januar 1870 versichert hatte »Sie bleiben mein König und Gott. Meine Krone trage ich um Ihretwillen … aber entziehen sie mir nicht die Lebensluft, indem sie mir die Aufführung Ihrer Werke untersagen«. Wagner war wieder zum Nachgeben genötigt, wurde aber nicht zur Premiere eingeladen. Schon deshalb nicht, weil er seine Verbindung mit Cosima noch immer nicht legitimiert hatte. Die Aufführung der »Walküre« im Juni fand ohne Wagner statt. Der hatte spätestens zu diesem Zeitpunkt beschlossen, in Bayreuth eigene, vom König unabhängige Festspiele zu planen. Vom König hielt er nicht mehr viel, wie in einer Tagebuchnotiz Cosimas vom 12. April 1879 zu lesen ist: »O er ist schlecht und diese Lüge des Lebens!«

Freilich lebte auch Wagner weiter mit der Lüge von der Königsfreundschaft. Cosima sprach denn auch am 27. Dezember 1873 von »förmlich gespenstischen Beziehungen« zwischen Ludwig und Richard. Wagner verzögerte die Vollendung des »Siegfried« bewußt, ja verschwieg sie dem König, der lange Zeit dem Bayreuther Vorhaben ablehnend gegenüberstand, bevor er es dann aber doch unterstützte. Eine Unterstützung, die in ihrer Bedeutung nicht überschätzt werden kann. Allerdings hatte Wagner am 27. Juli 1871 Cosima bekannt: »Diese Schmach, von diesem König abhängig zu sein, es ist unerhört und unerträglich.«

Um den Vorwurf etwas zu entkräften, Wagner habe in seiner Freundschaft mit Ludwig schamlos die bayerische Staatskasse ausgebeutet, einige Fakten und Zahlenvergleiche: sämtliche Zuwendungen des Königs an Wagner wurden aus Mitteln der königlichen Zivilliste bezahlt! Insgesamt erhielt Wagner in den 19 Jahren der Freundschaft von Ludwig etwas mehr als eine halbe Million Mark. Gehälter, Mieten, Geldwert der Sachgeschenke und 75000 Mark für den Bau des Hauses Wahnfried inbegriffen. Das macht nicht einmal den siebten Teil eines Jahresetats der königlichen Zivilliste aus (das waren 4,2 Millionen Mark), über den der König nur zu einem Drittel frei verfügen konnte. Für seine gespenstischen Separatvorstellungen bezahlte der König in 13 Jahren immerhin mehr als 980 000 Mark, also fast das Doppelte! Und seine Schlösser schließlich kosteten ihn 32,4 Millionen. Allein für die Einrichtung des Schlafzimmers in Schloß Herrenchiemsee gab Ludwig 652000 Mark aus, mehr also, als ihn Wagner in 19 Jahren kostete. Und die Brautkutsche für die Hochzeit, die nie stattfand, kostete 1,7 Millionen Mark.

Als König Ludwig 1874 den zu scheitern drohenden Weiterbau des Bayreuther Festspielhauses ermöglichte und als er 1878 den Rest des gewaltigen – Wagner persönlich belastenden – Defizits der ersten Bayreuther

Festspiele beglich, geschah beides in Form von verzinslichen Darlehen von zusammen 316000 Mark, die beide von der Familie vollständig zurückgezahlt wurden. Doch als das Festspielhaus stand, war die Freundschaft zwischen König und Komponist längst in die Brüche gagangen. Der früher von spontanem Enthusiasmus erfüllte Briefstil war vollends zur hohlen Form erstarrt. »Wovon lebe ich« habe sich laut Cosimas Tagebucheintragung vom 3. Januar 1874 Richard gefragt: »Von meinen Opern und von der Gnade eines Königs, der mich nicht verstehen will!«

Ludwig war denn auch zur Eröffnung der Bayreuther Festspiele nicht erschienen, wohl auch wegen der Anwesenheit des deutschen Kaisers. Er besuchte nur den letzten »Ring«-Zyklus, ebenso blieb er zu Wagners großer Enttäuschung der Uraufführung des »Parsifal« fern. Man hatte sich nichts mehr zu sagen. Schon am 20. Juli 1871 hatte Cosima in ihr Tagebuch geschrieben: »Richard bricht in Tränen über den König aus, … nach allen Seiten habe er Wahrhaftigkeit sich erobert, einfach stehe er da und mit dieser einen Lüge würde er zu Grabe gehen, er weint heftig.«

Immerhin konnte sich Ludwig II. im Februar 1883, als er die Nachricht von Wagners Tod erhielt, gegenüber seinem Kabinettsekretär Bürkel zurecht rühmen: »Den Künstler, um den jetzt die ganze Welt trauert, habe ich … der Welt gerettet.« Auch die Prophezeiung, die er schon in einem Brief an Wagner vom 4. August 1865 äußerte, sollte sich – zumindest in monetärer Hinsicht für Bayern, das Ludwigs-Land der Königsschlösser und der Bayreuther Festspiele – erfüllen: »Und wenn wir beide längst nicht mehr sind, wird doch unser Werk noch der späteren Nachwelt als leuchtendes Vorbild dienen, das die Jahrhunderte entzücken soll.«

Sternenfreundschaft und Erdenfeindschaft: Wagner und Nietzsche

Als siebzehnjähriger machte Friedrich Nietzsche Bekanntschaft mit dem Klavierauszug des »Tristan«. Es war sein erster Kontakt mit der Musik Richard Wagners. Es blieb zunächst ein episodisches Kunsterlebnis des musikinteressierten Gymnasiasten. Der rechte Zeitpunkt, die rechte Stunde zur fortwirkenden Infizierung mit dem Wagner-Gift kam erst sieben Jahre später. Es war im Jahre 1868, als Nietzsche ein für allemal zur Kunst Richard Wagners bekehrt wurde. Und zwar beim Anhören der Vorspiele zu »Tristan« und »Meistersinger«: »jede Faser, jeder Nerv zuckt an mir«, schrieb der vierundzwanzigjährige noch gleichen Tags an Freund Erwin Rohde. Am 8. November 1868 kam es zur ersten persönlichen Begegnung zwischen Friedrich Nietzsche und Richard Wagner, im Hause von Ottilie und Hermann Brockhaus in Leipzig, des Schwagers Richard Wagners also. Nietzsche war ja seinem Bonner Universitäts-Lehrer, dem Philologen Friedrich Wilhelm Ritschl, nach Leipzig gefolgt. Vier Wochen nach dieser ersten Begegnung mit Wagner schrieb er an Freund Erwin Rohde: »Wagner, wie ich ihn kenne, ist die leibhaftige Illustration dessen, was Schopenhauer ein Genie nennt.«

Als der vierundzwanzigjährige Friedrich Nietzsche auf Empfehlung seines Lehrers Rietschl, noch vor seiner Promotion, eine Berufung als außerordentlicher Professor der klassischen Philologie an die Universität Basel erhielt, hatte er das Glück, Wagnern nah zu sein, der am 4. April 1866 in Tribschen am Vierwaldstätter See ein idyllisches Haus angemietet hatte, in dem er – vor den Münchner Kabalen und Intrigen fliehend – in wilder Ehe mit Cosima von Bülow sechs Jahre verbrachte. Er heiratete sie übrigens erst am 25. August 1870. Wagner vollendete in Tribschen die »Meistersinger«, den dritten »Siegfried«-Akt und schrieb dort die gesamte Kompositionsskizze zur »Götterdämmerung«.

In diesen sechs Tribschener Jahren besuchte Nietzsche Wagner und dessen Lebensgefährtin Cosima 23 mal. Der erste Besuch, den der frischgebackenen Professor Wagnern abstattete, fand am Pfingstmontag, den 17. Mai 1869 statt. Cosima notierte in ihrem Tagbuch lapidar: »Zu Tische ein Philologe Professor Nietzsche, welchen Richard bei Brockhausens hat kennengelernt und welcher Richards Werke gründlich kennt und selbst aus ›Oper und Drama‹ in seinen Vorlesungen zitiert. Ein ruhiger, angenehmer Besuch, um vier fahren wir bei leichtem Regen in die Stadt.«

Aus dieser laut Cosima so nüchtern-freundlichen Begegnung entwickelte sich eine herzliche Freundschaft intensiver Auseinandersetzungen. Arthur Schopenhauers Philosophie, vor allem seine Metaphysik der Musik, und das antike Griechentum waren die Themen, die Wagner und Nietzsche aufs engste verbanden. Schon in seinen Zürcher Kunstschriften hatte Wagner sich ja als profunder Kenner der griechischen Literatur gezeigt. In seiner späteren Abhandlung »Ecce Homo« schrieb Nietzsche über die Besuche in Tribschen: »Hier, wo ich von den Erholungen meines Lebens rede, habe ich ein Wort nötig, um meine Dankbarkeit für das auszudrücken, was mich in ihm bei weitem am tiefsten und herzlichsten erholt hat. Dies ist ohne allen Zweifel der intimere Verkehr mit Richard Wagner gewesen. Ich lasse den Rest meiner menschlichen Beziehungen billig; ich möchte um keinen Preis die Tage von Tribschen aus meinem Leben weggeben, Tage des Vertrauens, der Heiterkeit, der sublimen Zufälle – der tiefen Augenblicke …«

In dieser Begeisterung der Tribschener Jahre glaubte Nietzsche sogar an eine gemeinsame Arbeit mit Wagner, wie einem Brief an Freund Rohde zu entnehmen ist: »wir könnten zusammen den kühnen, ja schwindelnden Gang seiner umstürzenden und aufbauenden Ästhetik gehen, wir könnten uns von dem Gefühlsschwunge seiner Musik wegreißen lassen, von diesem Schopenhauerschen Tonmeer, dessen geheimsten Wellenschlag ich mitempfinde, so daß mein Anhören Wagnerscher Musik eine jubelnde Intuition, ja ein staunendes Selbstfinden ist!«

Doch mit seinen Illusionen der künstlerischen Übereinstimmung, ja gemeinsamer Arbeit mit Wagner stieß der Herr Professor beim Komponisten auf Granit. Wagner duldete keinen Ebenbürtigen neben sich. Was er brauchte, waren Apologeten und Hagiographen. Zunächst erfüllte ihm Nietzsche den Wunsch nach Er- und Verklärung seines Œuvres. Der erste Höhepunkt der Freundschaft zwischen Wagner und Nietzsche gipfelte denn auch in Nietzsches Veröffentlichung einer Richard Wagner und seinem Musikdrama huldigenden Schrift »Die Geburt der Tragödie aus dem Geiste der Musik« im Jahre 1872.

Nietzsches Angebot, für Bayreuth als Propagandist tätig zu sein, lehnte Wagner entschieden ab, doch zur Grundsteinlegung des Bayreuther Festspielhauses am 22. Mai 1872 wurde Nietzsche eingeladen. Als Hausphilologe und Hausphilosoph konnte er wertvolle Dienste leisten. Natürlich war das Nietzsche zu wenig! Er veröffentlichte zwar 1876 im vierten Teil seiner »Unzeitgemäßen Betrachtungen« noch ein verehrungsvolles, die künftigen Bayreuther Festspiele feierndes Kapitel mit der Überschrift »Richard Wagner in Bayreuth«. Er hatte allerdings schon seit geraumer Zeit kritische Aphorismen über Wagner geschrieben. Eine schleichende Entfremdung deutete sich an, je erfolgreicher Wagner und je selbständiger – und isolierter – der Philosoph und Kulturkritiker Nietzsche wurde. Auch zu Cosimas dreiunddreißigstem Geburtstag – also 1870 – wurde Nietzsche eingeladen und erlebte am zweiten Weihnachtsfeiertag 1870 die Uraufführung des »Siegfried-Idylls«.

Zu den kuriosen Seiten Nietzsches gehört es, daß seine Eitelkeit sich auch auf das Terrain der Musik erstreckte. Er liebte es, am Klavier zu phantasieren. Sein Ehrgeiz ließ ihn glauben, er habe Talent zum Komponieren. Wagner allerdings nahm – wie auch sonst – in Nietzsches Gegenwart kein Blatt vor den Mund und spendete ihm bei Gelegenheit einer solchen Improvisation das zweideutige Lob: »Nietzsche, Sie spielen zu gut für einen Professor!«

Nachdem Wagner seiner Gattin zu Weihnachten 1870 das »Siegfried-Idyll« geschenkt hatte, ließ Nietzsche es sich nicht nehmen, ihr zum darauffolgenden Weihnachtsfest ebenfalls eine eigene Komposition zu schenken: »Nachklang einer Sylvesternacht« mit Prozessionslied, Bauerntanz und Mitternachtsglocken. Als Nietzsche 1872 in Tribschen wieder einmal zu Besuch weilte, wurde das Stück von Cosima und dem Dirigenten Hans Richter (der später den Bayreuther »Ring« uraufführte) am Flügel durchgespielt. Hans Richter schrieb über dieses Erlebnis später: »ich lasse es mir nicht nehmen, daß Nietzsches Abfall an dem Abend begann, als wir mit der Frau Meisterin zusammen die Sylvesterglocken spielten. Wagner saß unruhig dabei, knetete sein Barrett und ging vor Schluß hinaus. An der Tür stand der ehrliche Jakob und sagte: ›das scheint mir nicht gut zu sein‹. Nach dem Schlusse ging ich ebenfalls hinaus; ich fürchtete ein Donnerwetter. Aber Jakobs Kritik hatte es abgeschwächt; ich fand den Meister bloß in vollem Lachen.« Und Hans Richter berichtet weiter, Wagner habe gesagt: »Da verkehrt man nun schon anderthalb Jahre mit dem Menschen, ohne dergleichen zu ahnen; und nun kommt er so meuchlings, die Partitur im Gewande.«

Eine Kluft hatte sich zwischen Nietzsche und Wagner aufgetan! Der vermessene Anspruch Nietzsches, von Wagner nicht nur als Philosoph und Philologe, sondern auch als Komponist ernstgenommen zu werden und dabei doch nur Wagners Geringschätzung zu erfahren, dürfte eine der gravierenden Ursachen einer beginnenden Distanzierung zwischen beiden gewesen sein! Wagner schätzte Nietzsches kompositorische Begabung als ebenso dilettantisch, schlecht und unbedeutend ein wie der Pianist und Dirigent Hans von Bülow, der von der Komposition »Nachklang einer Silvesternacht« meinte, dergleichen habe er nie auf Notenpapier gesehen: das sei »Notzucht an der Euterpe«.

Nach der herben Enttäuschung, die Nietzsche mit seiner Sylvester-Komposition bei Wagners in Bayreuth einstecken mußte, wagte er noch einen Vorstoß mit seinen kompositorischen Ambitionen: diesmal wandte er sich im Juli 1872 mit einer »Manfred-Meditation« an den Dirigenten und Pianisten Hans von Bülow. Der schrieb ihm daraufhin folgenden Brief: »Ihre Manfred-Meditation« ist das Extremste von phantastischer Extravaganz, das Unerquicklichste und Antimusikalischste, was mir seit langem von Aufzeichnungen auf Notenpapier zu Gesicht gekommen ist … Ist es mit Bewußtsein, daß Sie allen Regeln der Tonverbindung, von der höheren Syntax bis zur gewöhnlichen Rechtschreibung ununterbrochen Hohn sprechen? Abgesehen vom psychologischen Interesse (…) hat ihre Meditation vom musikalischen Standpunkte aus nur den Wert eines Verbrechens in der moralischen Welt.«

Am 2. November 1876 kam es zwischen Wagner und Nietzsche zur letzten Begegnung. Man verabredete sich im malerischen Sorrent. Elisabeth Förster-Nietzsche, die ehrgeizige, ihres Bruders Werk und Vita nachhaltig verfälschende Schwester, hatte die Legende erdichtet und in die Welt gesetzt, es sei in Sorrent zu schwerwiegenden Auseinandersetzungen zwischen Wagner und Nietzsche gekommen. Bei einem Spaziergang an der Steilküste habe man sich in unversöhnlichem Dissenz ein für alle Mal getrennt. Wie wir heute wissen, ist daran nicht das mindeste wahr! Im übrigen kannte Nietsche den »Parsifal« bereits seit dem Jahre 1869, er war damals Gast in Tribschen und bekam den Prosa-Entwurf zum »Parsifal« von Wagner persönlich vorgelesen, also 7 Jahre zuvor. Er konnte also später nicht überrascht sein von dem Werk.

Was allerdings zu einem unwiderruflichen Bruch mit Wagner führte, war eine ungeheuerliche Verletzung der Schweigepflicht von Nietzsches Arzt und eine mindestens ebenso ungeheuerliche Indiskretion Wagners. Dokumentiert ist sie in einem Briefwechsel beider aus dem Jahre 1877, ein Briefwechsel, der – wenn er denn überhaupt wahrgenommen wurde – immer wieder beschönigt, nur ausschnittweise zitiert oder vollends mit falschen Legenden übertüncht wurde: Nietzsches Frankfurter Arzt, Dr. med. Otto Eiser, Gründer des Frankfurter Richard-Wagner-Vereins und naturgemäß Wahnfried ganz ergeben, hatte Nietzsche zu einem Vortrag nach Frankfurt eingeladen. Durch dessen Absage erfuhr er von Nietzsches Erkrankung und lud ihn ein, sich von ihm und einem befreundeten Augenarzt namens Dr. Krüger untersuchen zu lassen. Dazu kam es auch, und beide Ärzte diagnostizierten erhebliche Veränderungen des Augenhintergrunds, eine schwere Schädigung der Netzhaut und einen chronischen Entzündungsprozeß, der den mit extremer Heftigkeit auftretenden Kopfschmerz Nietzsches mitbedingte. Als Nietzsche Wagner über den schlimmen Zustand seiner nicht mehr zu verheimlichenden Erkrankung informierte ließ Wagner durch Hans von Wolzogen, den Redakteur seiner Bayreuther Blätter, bei Dr. Eiser nach Genauerem fragen. Als Dr. Eiser den neugierigen Wagner über Nietzsches pathologische Hirnveränderungen informierte, und ihm die Wahrheit der grauenhaften Aussichten Nietzsches mitteilte, griff Wagner selbst in den Briefwechsel ein und schrieb Dr. Eiser: »Ich trage mich für die Beurteilung Nietzsches seit langem mit den Erinnerungen von gleichen und sehr ähnlichen Erfahrungen, welche ich an jungen Männern von großer Geistesbegabung machte. Diese sah ich an ähnlichen Symptomen zu Grunde gehen, und erfuhr nur zu bestimmt, daß Folgen der Onanie vorlagen.«

Wagner gab Eiser zu verstehen, daß er, als Freund doch immerhin Nietzsche nahestehend, bedeutenden Einfluß auf ihn ausüben könne, woraufhin sich Dr. Eiser völlig vergaß und Intimstes über Nietzsche ausplauderte: daß er Tripper-Infektionen seit seiner Jugendzeit mit sich herumtrage, daß der »eingefleischte Onanist« aber jüngst in Neapel mehrfach den Coitus ausgeübt habe, er deutete zumindest den Verdacht einer Syphilis an. Ein in vielfacher Hinsicht erschütternder Brief, der das Elend einer moralinsauren, sinnenfeindlichen Medizin, eines indiskreten und pflichtvergessenen Arztes und das grausame Leiden Nietzsches gleichermaßen offenbart. Man beriet sich übrigens, nur eine Ehe könne Nietzsche, wenn überhaupt, heilen!

Nietzsche hat von diesem Briefwechsel erfahren! Wie, weiß man nicht genau. Ob von Eiser selbst oder aus seinem Umkreis, von Lou von Salomé, die mit Paul von Joukowsky befreundet war, Wagners »Parsifal«-Bühnenbildner, oder sogar von Hans von Wolzogen selbst, dem schlecht schreibenden Philologen- und Nietzsche-Ersatz Wagners, spielt keine Rolle. Jedenfalls traf Nietzsche diese Indiskretion ins Mark! Am 22. Februar 1883, also kurz nach Wagners Tod, schrieb er in einem Brief an Franz Overbeck:

»Wagner war bei weitem der vollste Mensch, den ich kennenlernte, und in diesem Sinne habe ich seit sechs Jahren eine große Entbehrung gelitten. Aber es gibt etwas wie eine tödliche Beleidigung; und es hätte furchtbar werden können, wenn er noch länger gelebt haben würde.« Die nähere Erklärung dessen, was Nietzsche mit der »tödlichen Beleidigung« meinte, liest man in einem Brief an Peter Gast vom 21. April 1883: »Wagner ist reich an bösen Einfällen, aber was sagen Sie dazu, daß er Briefe darüber gewechselt hat (sogar mit meinen Ärzten) um seine Überzeugung auszudrücken, meine veränderte Denkweise sei die Folge unnatürlicher Ausschweifungen, mit Hindeutungen auf Päderastie.« Der Stachel dieser tödlichen Beleidigung saß zu tief, als daß die Wunde je heilen konnte. Daß Nietzsche sich derart getroffen fühlte, mag vielleicht damit zu tun haben, daß Wagner möglicherweise den Nagel auf den Kopf getroffen hatte mit seinen homoerotischen Unterstellungen. Jedenfalls spricht nach der neueren Nietzsche-Forschung einiges dafür! Wie auch immer: Nietzsches gehässige Antwort auf Wagners Taktlosigkeit fand sich in seinem Buch »Menschliches, Allzumenschliches«, das er Wagner 1878 zusandte.

Die darin geäußerte Anspielung über »Künstler« und »die Frauen solcher Künstler« verstand Wagner, obwohl sie anonym war, sehr wohl als auf sich und Cosima gemünzt. Und er antwortet seinerseits im August 1878 in den Bayreuther Blättern mit Ausfällen gegen »Professoren«.

Trotz heftiger Versuche Elisabeth Förster-Nietzsches, zu vermitteln, war der Bruch zwischen Wagner und Nietzsche unwiderruflich. Wagner ignorierte fortan alles, was Nietzsche betraf, auch und vor allem dessen philosophisch-schriftstellerisches Werk! Sowohl die »Morgenröte«, 1881, als auch »Die fröhliche Wissenschaft«, 1882. Nietzsche indessen setzte seine Wagner-Haßtiraden fort: in »Jenseits von Gut und Böse«, »Zur Genealogie der Moral« 1887 und in der »Götzendämmerung«, »Der Fall Wagner« und »Nietzsche contra Wagner« im Jahre 1889. Als Rache für die tödliche Beleidigung schleuderte Nietzsche seinen Haß Wagner in alle Ewigkeit nach, doch Heilung für die Wagner-Verfallenheit gab es für Nietzsche nicht.

Vor allem der »Der Fall Wagner« wurde zum bösartigsten, aber auch wirkungsvollsten, literarisch bestechendsten Anti-Wagner-Pamphlet Nietzsches. Darin äußerte er seine radikalste Absage an die Wagnersche Musik, indem er erklärte, Wagnern Bizets »Carmen« vorzuziehen: »diese Musik«, heißt es da, »scheint mir vollkommen. (...) Sie ist reich. Sie ist präzis, Sie baut, organisiert, wird fertig: damit macht sie den Gegensatz zum Polypen in der Musik, zur ›unendlichen Melodie‹.« Doch man hüte sich, diese Polemik für bare Münze zu nehmen, denn noch im selben Jahr schrieb Nietzsche an den Musiker Karl Fuchs einen Brief, in dem er erklärte: »Das, was ich über Bizet sage, dürfen Sie nicht ernst nehmen; so wie ich bin, kommt Bizet tausendmal für mich nicht in Betracht. Aber als ironische Antithese gegen Wagner wirkt es sehr stark«!

Die Geschichte der Beziehung Wagners zu Nietzsche ist die einer Haßliebe. So euphorisch die Freundschaft und geistige Gleichgestimmtheit Wagners, Cosimas und Nietzsches 1868 begann, so bitter und jäh endete sie mit einem Bruch im Jahre 1877, der sich sowohl auf persönliche wie geistige Dissonanzen gründete. Schärfste Ressentiments wurden daraufhin gegeneinander ausgespielt, von beiden Seiten. Wobei Nietzsches rhetorisch geschliffene Attacken seiner Anti-Wagnerschriften zum Grundstock aller folgenden Wagner-Kritik wurden: Wagner, der »Decadent«, der Komödiant, der »Cagliostro der Modernität«, der »die Musik krank« gemacht habe. Dieser »alte Minotaurus«, dessen Name für den »Ruin der Musik« stehe, dessen Gestalten allesamt Neurotiker seien und der zuletzt einem »abgestandenen Christentume« huldige. Nietzsches erstaunlich treffsicher psychologisierende Analysen, seine scharfsichtig-ironischen Attacken lesen sich noch heute mit dem größten Vergnügen. Noch immer vermitteln sie großen Gewinn an Einsicht in das Wagnersche Werk und das Phänomen Richard Wagner! Allerdings nur unter der Voraussetzung, daß man weiß, daß diese Attacken nur die Spiegelseite einer lebenslangen Wagner-Vehrung Nietzsches ausmachen, die sich in mindestens ebenso extremen Huldigungen ausdrückte.

Immerhin bescheinigte Nietzsche Wagner einmal, daß er »in Tönen philosophiere«, daß er »der berühmteste der lebenden Schopenhauerianer« sei, »der letzte große Romantiker«, daß durch Wagner »die Modernität ihre intimste Sprache« spreche. Wagner habe »das Sprachvermögen der Musik ins Unermeßliche vermehrt«. Den Parsifal nannte Nietzsche einen »Geniestreich der Verführung«. Über Tristan liest man in »Ecce homo«: »Alle Fremdheiten Leonardo da Vincis entzaubern sich beim ersten Tone des Tristan. Dies Werk ist durchaus das non plus ultra Wagners; (...) Ich nehme es als Glück ersten Rangs, zur rechten Zeit gelebt und gerade unter Deutschen gelebt zu haben um reif für dies Werk zu sein: (...) Die Welt ist arm für den, der niemals krank genug für diese ›Wollust der Hölle‹ gewesen ist«.

Am 20. August 1880 schrieb Nietzsche in einem Brief an Peter Gast: »Ich für mein Teil leide abscheulich, wenn ich der Sympathie entbehre; und durch nichts kann es mir zum Beispiel ausgeglichen werden, daß ich in den letzten Jahren der Sympathie Wagners verlustig gegangen bin. Wie oft träume ich von ihm«. Trotz ihrer Entfremdung gestanden sich beide – je für sich, versteht sich – Richard Wagner und Friedrich Nietzsche, bis zum Ende ihres Lebens immer wieder ein, daß ihre Begegnung einmalig und von größter Bedeutung füreinander gewesen sei. Der Verlust der einstigen Freundschaft wurde weder vom Bayreuther Meister noch vom Basler Professor verwunden. Beide gedachten einander in schwärmerischer Abneigung und sentimental erinnernder Verehrung bis zu ihrem Tode. Cosimas Tagebücher bezeugen es ebenso wie Nietzsches oder Wagners Briefe. Sie müsse »mit Tränen gewahren, was an ihm uns verlorenging«, notierte Cosima am 1. Oktober 1879. Achtzehn Tage später schrieb Wagner an Franz Overbeck: »Daß ich aber so gänzlich davon ausgeschlossen sein soll, an Nietzsches Leben und Nöten teilzunehmen, betrübt mich.« In einem Brief an den Universitäts-Kollegen Overbeck am 22. Februar 1883 schreibt dieser: »Wagner war bei weitem der vollste Mensch, den ich kennenlernte, und in diesem Sinne habe ich seit sechs Jahren eine große Entbehrung gelitten«. Trotz aller Erden-Feindschaft, die sich aufgrund weltanschaulicher Entfremdungen und persönlicher Verletzungen, nicht zuletzt auch aufgrund Wagners Geringschätzung des Musikers Nietzsche, die zum Abfall vom Hause Wagner führte, entwickelt hatte, sprach Nietzsche bis zuletzt von einer singulären »Sternen-Freundschaft« (...). Durch den Bruch im persönlichen Umgang Wagners und Nietzsches wurden die weltanschaulichen Differenzen größer, die trennenden Meinungsverschiedenheiten in Kunstfragen gewichtiger, als sie womöglich waren. Beide, Nietzsche wie Wagner, zeichneten sich durch Ambivalenzen aus und schließlich hatten sich beide weiterentwickelt. Doch aus der Distanz nahm der Eine es am Anderen nicht mehr wahr. Wäre man sich wieder näher gekommen, vielleicht hätten sich manche Diskrepanzen als Mißverständnisse erwiesen.

Unmißverständliche, ja unüberwindliche Gegensätze zeigten Wagner und Nietzsche allerdings in ihren Standpunkten zur sogenannten »Judenfrage«. Wagners Antisemitismus war eine von persönlichen, biographisch vorgegebenen Ressentiments gespeiste antijüdische Haltung, die vor allem auf vorgefundenen sozialistischen Denkschemata fußte und Teil einer gesamtgesellschaftlichen Kritik am Kapitalismus seiner Zeit darstellte. Sie war in sich brüchig, keineswegs systematisch und entwickelte sich schließlich von harscher Ablehnung zu versöhnlichem, christlich inspirierten Assimilationsdenken, wie ich bereits erläutert habe. Nietzsche hingegen bezog in deutlichem Gegensatz zu Wagner und vielen seiner Zeitgenossen (die ganze wilhelminische Gesellschaft war tendenziell antisemitisch) eine geradezu unzeitgemäß aufgeklärte und sachliche Position zur »Judenfrage«. Antisemitismus betrachtete er als »Dummheit«, als »Idiosynkrasie«, ja als »Infektion« und hoffte, so vergeblich wie der fortschrittliche Historiker Theodor Mommsen, auf ein rasches Abklingen der Epidemie, die Nietzsche wie Mommsen als eine »Krankheit« ihrer Zeit ansahen. Scharfsinnig hatte schon Nietzsche erkannt, daß in Geschichte wie in Gegenwart »die Juden als Sündenböcke aller möglichen öffentlichen und inneren Übelstände zur Schlachtbank« geführt werden.

Den Begriff »Antisemit« stempelte Nietzsche in seiner psychosozialen und historischen Kritik des Phänomens zum Namen der »Schlechtweggekommenen«. Im Entwurf eines Briefes vom 5. Juni 1887 an seine Schwester Elisabeth, die mit einem der führenden Parteiantisemiten, Bernhard Förster (der vergeblich Wagner zur Unterzeichnung seiner antisemitischen Reichstagspetition zu gewinnen suchte), verheiratet war, schreibt Nietzsche: »Im Übrigen ist es meine ehrliche Überzeugung: ein Deutscher, der bloß daraufhin, daß er ein Deutscher ist, in Anspruch nimmt mehr zu sein, als ein Jude, gehört in die Komödie: gesetzt nämlich daß er nicht ins Irrenhaus gehört.« Im selben Jahr präzisiert er seinen Standpunkt gegenüber seiner Schwester: »es ist eine Ehrensache für mich, nach Seiten des Antisemitismus hin absolut reinlich und unzweideutig zu sein, nämlich ablehnend, wie ich es in meinen Schriften tue ... mein Widerwille vor dieser Partei ... ist so ausgesprochen wie möglich.«

Auch und gerade heute kann man Nietzsches Worten nur beipflichten: »So ist ein Kampf gegen die Juden immer ein Zeichen der schlechteren, neidischeren und feigeren Naturen gewesen: und wer jetzt daran Teil nimmt, muß ein gutes Stück pöbelhafter Gesinnung in sich tragen.« Dies hatte anscheinend auch der alte Richard Wagner eingesehen, der laut Cosimas Tagebucheintragung vom 24. Februar 1881 auf die »moralische Gleichheit« von Juden und Christen pochte.

Daß Nietzsche Wagner – wohl aus Bosheit über dessen frühere antisemitische Äußerungen – das Gerücht jüdischer Abstammung angehängt hat, ein Gerücht, das trotz aller negativer familiengeschichtlicher Nachforschungen bis heute lebendig geblieben ist, gehört nicht zu den Ruhmesblättern Nietzsches. Am 11. August 1888 bekannte dieser denn auch in einem Brief an Heinrich Köselitz sein schlechtes Gewisen in der Angelegenheit: »in einem Punkte bin ich sogar zweifelhaft, ob ich nicht zu weit gegangen«. Das war eben jener biographische Punkt!

Nietzsches polemisch-geistvolle, rhetorisch glänzende Wagner-Feindschaft auf intellektueller Ebene gehört allerdings nach wie vor zur besten Wagner-Kritik in der deutschen Literatur. Indes: seine Attacken gegen

Wagner sind – wie seine Verherrlichungen – Symptome einer einzigen großen Passion. Thomas Mann hatte schon recht, als er schrieb, »daß Nietzsches Polemik gegen Wagner der Begeisterung eher ein Stachel ist, als daß sie sie zu lähmen vermöchte.« Was den furchtbaren Antisemitismus angeht, der zur Wagnerzeit eine militante rassistische Tendenz annahm, die allerdings keineswegs nahtlos von Wagner (der sich in seinen Spätschriften deutlich von jeglichem Rassismus distanzierte) bis zu den Verbrechen des Dritten Reiches führte, so sollte man die Worte Friedrich Nietzsches in »Ecce Homo« nicht vergessen: »Das, worin wir verwandt sind, daß wir tiefer gelitten haben aneinander, als Menschen dieses Jahrhunderts zu leiden vermöchten, wird unsere Namen auf ewig wieder zusammenbringen; und so gewiß Wagner unter Deutschen bloß ein Mißverständnis ist, so gewiß bin ichs und werde es immer sein.«

Nietzsche war, wie schon angedeutet, zur Grundsteinlegung des Bayreuther Festspielhauses eingeladen worden, sie fand am 22. Mai 1872 statt. In seinem Bericht »Richard Wagner in Bayreuth« gab Nietzsche Rechenschaft über dieses Ereignis. Einer Einladung Wagners zu Silvester 1873 folgte Nietzsche allerdings nicht. Erst 1874 besuchte er Wagner in Bayreuth wieder. Bei diesem Besuch konnte er es sich übrigens nicht verkneifen, Wagner zu verärgern, indem er die Partitur von Brahmsens Triumphlied auf Wagners Flügel legte. Nietzsche kam erst im Sommer 1876 wieder nach Bayreuth, zu den ersten Festspielen. Doch da war ihm Wagner schon sehr fremd geworden. Der übersteigerte Wagnerkult, die vielleicht selbstschützende Theatralik des Bayreuther »Meisters« mißfielen ihm zunehmends. Das jahrmarktähnliche Treiben während der Festspiele stieß den übersensiblen Philosophen ab, er floh noch vor den Generalproben in den Bayerischen Wald, nach Klingenbrunn, um dort an »Menschliches, Allzumenschliches« zu schreiben. Zu einer »Rheingold«-Aufführung kam er dann, verkaufte aber seine restlichen Karten und blieb noch bis zum Ende der Vorstellungen in Bayreuth. Danach fühlte er sich krank und sehnte sich nach dem Süden. In Sorrent sahen sich Wagner und Nietzsche einige Wochen später noch einmal. Es war die letzte Begegnung. Doch der innere Abschied war – seitens Nietzsche – schon lange vollzogen. Ausformuliert hatte er ihn allerdings erst in seiner 1888 verfaßten Schrift »Nietzsche contra Wagner«. Da heißt es »Schon im Sommer 1876, mitten in der Zeit der ersten Festspiele, nahm ich bei mir von Wagner Abschied. Ich vertrage nichts Zweideutiges; seitdem Wagner in Deutschland war, condeszendierte er zu allem, was ich verachtete – selbst zum Antisemitismus. Es war in der Tat damals die höchste Zeit, Abschied zu nehmen.« Parsifal war also nicht Auslöser, sondern nur die letzte Bestätigung und Begründung für Nietzsches innerlich lange vorbereiteten, wo nicht vollzogenen Bruch mit Wagner.

Geben und Nehmen oder Liszt und Wagner

Franz Liszt hatte 1837 die erste Version seiner Klaviertranskription des Schubert-Liedes vom Erlkönig geschrieben. Sie wurde, wie so viele seiner Transkriptionen, zu einem Repertoire-Hit, mit dem er auf dem Höhepunkt seiner Virtuosen-Laufbahn ganz Paris verrückt machte. Als es zur ersten Begegnung zwischen dem berühmten Virtuosen Liszt und dem noch gänzlich erfolg- und besitzlosen Richard Wagner kam, der in Paris sein Glück suchte und doch nur erniedrigende Erfahrungen der Armut und des Ekels vor einem korrumpierten Kunstbetrieb machen durfte, stand kein glücklicher Stern über dieser Begegnung. An einem Vormittag, Ende März 1840, wurde Wagner von dem nur um zwei Jahre älteren, in unbeschreiblicher Gloire wandelnden Künstler-Dandy Liszt im Salon seines Pariser Hotels empfangen. Wagner mag fast betäubt gewesen sein vom Glanz der Hofhaltung Liszts, im übrigen war er des Französischen kaum mächtig und konnte sich an der Konversation der Gäste kaum beteiligen. Als es zwischen ihm und dem umschwärmten Pianisten zu einem Gespräch kam, fragte Wagner Liszt in unbekümmerter Taktlosigkeit, ob er denn neben dem Schubertschen Erlkönig auch den von Carl Loewe kenne, was Liszt verneinte. Mit dieser Peinlichkeit begann eine der weitreichendsten und interessantesten Künstlerfreundschaften des neunzehnten Jahrhunderts. Eine Passion des Erfolgreicheren für den zunächst Erfolglosen, eines großzügigen Bohémiens und Libertins für einen Rebellen und Parasiten, eines Gebenden für einen Nehmenden. Eine Passion, die mit Einsatz für das Werk, für die Musik, aber auch mit Geld zu tun hat. Geld war ja neben der Liebe und der Kunst das dritte Grundthema im Leben Richard Wagners. Und es waren eben die Freunde und Bewunderer, denen Wagner mit Vorliebe das Geld aus der Tasche zu ziehen sich berechtigt sah, denn er als Künstler, so glaubte er, habe das Recht, für seine Kunst und seine Werke Luxus und Wohlergehen, Geld und jegliche Unterstützung verlangen zu dürfen. Auch und gerade Liszt gegenüber beharrte Wagner auf diesem Standpunkt. In dem Briefwechsel, den die beiden Musiker führten, dokumentiert sich Wagners Geld- und Geltungssucht geradezu exemplarisch.

Zunächst allerdings hatte die Begegnung der beiden »Zukunftsmusiker«, die noch keinerlei Eindruck auf Liszt machte, nicht im geringsten den Anschein, als solle sich daraus je eine Freundschaft entwickeln. Der höfliche Franz Liszt schenkte dem armen Richard Wagner immerhin ein Freibillet für sein nächstes Konzert in der Salle Erard. Und Wagner besuchte dieses Konzert! In einem Bericht für die Dresdner Abendzeitung schrieb Wagner darüber am 6. April 1840: »Liszt hat letzthin ein Konzert gegeben. Er allein spielte darin, – niemand spielte oder sang sonst; das Billet kostet 20 Francs; er hatte keine Kosten, nahm 10 000 Francs ein und gibt nächstens ein zweites Konzert. Welche Sicherheit! Welche Unfehlbarkeit! – ich meine in der Spekulation; denn sein Spiel ist so sicher und so unfehlbar, daß es gar nicht mehr der Mühe verlohnt, darüber zu sprechen.« Am 5. Mai schreibt Wagner wiederum über Liszt:

»Was aber würde und könnte Liszt sein, wenn er kein berühmter Mann wäre, oder vielmehr, wenn die Leute ihn nicht berühmt gemacht hätten! Er könnte und würde ein freier Künstler, ein kleiner Gott sein, statt daß er jetzt der Sklave des abgeschmacktesten Publikums, des Publikums der Virtuosen ist. Dieses Publikum verlangt von ihm um jeden Preis Wunder und närrisches Zeug; er gibt ihm, was sie wollen und läßt sich auf Händen tragen und – spielt im Konzert für Beethovens Denkmal eine Phantasie über ›Robert der Teufel‹! (...) Einst wird Liszt auch im Himmel vor dem versammelten Publikum der Engel die Phantasie über den Teufel vortragen müssen!«

Des jungen und noch gänzlich erfolglosen Richard Wagners anfängliche Ablehnung des von seinem Publikum bewunderten und verwöhnten Franz Liszt hatte nur eine Ursache: Wagner neidete ihm seinen Erfolg, seinen Reichtum und sein Glück! Wie gern hätte er etwas davon abbekommen!

Neid auf Reichtum und Begehren des Erfolges, Haß auf den Dandy und virtuosen Hexenmeister, Minderwertigkeitsgefühl und Größenwahn, Verachtung für den Stärkeren und Überlegenen und gleichzeitig Liebe zu ihm, diese in der Psyche Wagners so dicht nebeneinander liegenden Komponenten, die sich in Bezug auf mehrere Zeitgenossen Wagners immer wieder ineinander verschlangen, die übrigens auch in seinen Bühnenfiguren sich spiegeln, diese psychischen Konstellationen, man mag von einer seelischen Dialektik der Anziehung und Abstoßung sprechen, sie zeichnet sich auch in der entstehenden Beziehung zu Franz List deutlich ab.

Noch aus dem Hohn seines glänzenden Artikels für die Dresdner Abendzeitung spricht unverkennbarer Respekt vor dem in Glanz und Wohlstand lebenden Künstler Franz Liszt. Wagner mußte indes aus der Pariser Stadtwohnung in der Rue du Helder Nr. 25, die er nicht mehr bezahlen konnte, in eine billige Wohnung im Vorort Meudon ziehen. In der Avenue de Meudon Nr. 3 lebte er halb gequält, halb animiert zur Miete bei einem musikalischen Faktotum namens Jadin, der, hoch in den Siebzigern, stets in Perücke und bunten Jabots sich kleidend, nachts in einer Wanne im Garten badete und anschließend nacheinander seine Musikinstrumentensammlung durchprobierte. Immerhin verhalf diese groteske Nachbarschaft Wagner zu dem nötigen Inspirationsschub, in nur zehn Tagen die Urschrift des »Fliegenden Holländers« niederzuschreiben, und zwar vom 18. bis zum 28. Mai 1841. Über jene erlösungshungrige Weltschmerzgestalt schrieb Franz Liszt später einmal, seit Byron habe kein Poet ein so bleiches Phantom in düstrer Nacht aufgerichtet.

Durch Meyerbeers hochherzige Empfehlung seines »Rienzi« an die Hofoper in Dresden, die eine Uraufführungs-Zusage des Intendanten von Lüttichau zur Folge hatte, wurde Wagner ermutigt, seinen »Holländer« auszuführen. Innerhalb von sieben Wochen, vom 11. Juli bis zum 22. August 1841, schrieb er – mit Ausnahme der Ouvertüre – die gesamte Orchesterskizze des »Fliegenden Holländer« nieder. Die vollständige Partitur entstand dann in weniger als vier Monaten.

Wagner und Liszt stießen zwar schon im Jahre 1842 wieder aufeinander, anläßlich eines Konzerts der berühmten Mezzosopranstein Wilhelmine Schröder-Devrient in Berlin. Doch dieses Wiedersehen blieb belanglos und ohne Folgen. Erst 1848 kam es in Dresden zu einer ersten, den Kontakt vertiefenden Begegnung. Liszt, der sich nach glanzvoller Virtuosenlaufbahn endgültig in Weimar niederlassen will, unterbricht seine Reise von Wien nach Weimar in Dresden, um mit Wagner vertraulich zu reden. Er will Wagners »Tannhäuser« in Weimar aufführen. Es ist März. Man führt längere Gespräche, kommt sich näher und stellt künstlerische Gemeinsamkeiten und ideelle Übereinstimmungen fest, aus denen sich eine Freundschaft entwickeln wird. Ende April übrigens vollendet Wagner die Partitur des »Lohengrin«, den Liszt dereinst in Weimar uraufführen wird. Doch zunächst nutzte Wagner erst einmal die frisch geschlossene Freundschaft, Liszt gegenüber sein finanzielles Leid zu klagen. Liszt läßt sich nicht lange bitten und hilft großzügig, wie so oft im späteren Verlaufe dieser Freundschaft. Der gutmütige Franz Liszt wußte zu unterscheiden zwischen Wagner als Person und Wagner als Komponist: die Bewunderung für letzteren mag ihn über manche Schamlosigkeiten der Privatperson Wagner hinweggetröstet haben. Er war von Anfang an einer der ergebensten und engagiertesten Bewunderer Wagners und seines Musikdramas. Als Wagner nach aktiver Teilnahme an der Dresdner Revolution – steckbrieflich verfolgt – fliehen muß, ist es Franz Liszt, der ihn in Weimar aufnimmt und versteckt, ihn mit falschen Papieren und mit Geld ausstattet, so daß er über den Bodensee in die Schweiz und nach Paris ausreisen kann, um sich der Verhaftung zu entziehen. Bis 1860 darf Wagner deutschen Boden nicht mehr betreten. In den Jahren des Exils wird Liszt für Wagner zum wichtigsten Briefpartner und zum wichtigsten Mäzen. Schon am 18. Juni 1849 schreibt Wagner Liszt aus Frankreich ein unmißverständliches Begehr: »Mit der Zuversicht eines gänzlich Hilflosen bitte ich Dich nun: mache es mir möglich, mir schnell Geld zukommen zu lassen, damit ich hier fortgehen, nach Zürich reisen und dort so lange leben kann, bis ich das gewünschte Gehalt beziehe: Du wirst selbst am besten beurteilen können, wieviel ich dazu bedarf.«

Liszt schickt postwendend Geld, und er wird immer wieder Geld schicken, wenn Wagner in seinen Briefen klagt und jammert, lamentiert und fordert.

Der Briefwechsel zwischen Liszt und Wagner zeigt – einmal abgesehen von den Geldforderungen Wagners – durchaus Parallelen zu dem Goethes und Schillers. Er dauert zwölf Jahre, immerhin mehr als ein Viertel einer vier Jahrzehnte sich erstreckenden Freundschaft, er umfaßt mehr als 300 Briefe, die fast 800 Druckseiten füllen. Dieser Briefwechsel ist das Dokument einer Kommunikation zweier künstlerisch durchaus Ebenbürtiger über die Kunst und ihre Gesetze. Er bedeutet tatsächlich in den Jahren des Exils für Wagner so etwas »wie eine Art künstlerischer Brückenkopf in Deutschland«, wie Hanjo Kesting, der Herausgeber des vollständigen Wagner-Liszt-Briefwechsels mit Recht schrieb, das »Zentrum der neudeutschen Schule und der von ihren Gegnern verächtlich so genannten Zukunftsmusik«. Dieser Briefwechsel läßt sich aber auch lesen als das Dokument einer ungleichen Beziehung zwischen einem immer nur Fordernden und einem stets gutmütig Gebenden. – Aus Paris schreibt Wagner am 6. Februar 1850 an Liszt:

»Habe schönen Dank für Deine freundschaftliche Zusendung, ohne die ich allerdings Paris noch nicht in Angriff hätte nehmen können. Überblicke ich somit jetzt mein ganzes Bedürfnis, so finde ich – wenn mir irgendwie die Aussicht auf noch 500 Francs eröffnet würde – mich aller weiteren Sorgen enthoben. Soviel bedarf ich aber doch für meinen längeren Aufenthalt in Paris, namentlich, da ich durch die Not gedrungen, meinen gebrechlichen Leib dem Maße eines hiesigen Schneiders anzuempfehen hatte. Ich würde, nach den Opfern, die Du mir noch neuerdings gebracht, – und die ich Dir wahrlich nicht gering anschlage! – Dich mit dieser letzten Mitteilung gänzlich verschonen, wenn ich in Deinem liebenswürdigen Briefe nicht selbst einen entfernten Schimmer von Hoffnung auf ein kleines Verdienst ersehen hätte.«

Wagner weiß, wie er Liszt ködern kann. Und er scheut sich nicht, immer wieder Liszt um Geld anzubetteln. Die Taktik seines Bettelns ist einfalls- und abwechslungsreich. Sein Bitten ist maßlos! Zurecht nannte schon Thomas Mann Wagner ein »Pumpgenie«! Selbst als der getreue Franz Liszt in kaum aufzurechnender Güte den »Lohengrin« in Weimar aus der Taufe gehoben hatte, schämte sich Wagner nicht, wiederum um Geld nachzufragen: »Während ganzer sechs Monate habe ich – seit dem Aufzehren des Honorares für Lohengrin aus Weimar – nur von der Unterstützung der Frau Ritter in Dresden gelebt, da ich mir in dieser Zeit nichts als ein kleines Honorar für die Aufführung zweier Beethovenscher Sinfonien in den hiesigen erbärmlichen Konzerten verdienen konnte. Ich weiß, daß meine Dresdner Freundin für das nächste sich jetzt erschöpft hat, da diese Familie durchaus nicht reich ist, sondern eben nur ihr Auskommen hat, (...) deshalb frage ich – denn Not bricht Eisen – jetzt noch einmal bei Dir an, einfach, um mich meiner Lage zu vergewissern. (...) Darum bitte ich Dich von ganzem Herzen, teile mir offen und unumwunden mit, ob ich – wie die Sachen jetzt stehen – noch etwas zu hoffen habe oder nicht«.

Er durfte hoffen, denn Liszt hat Wagner nie fallengelassen, hat immer generös geholfen, Geld geschickt, Empfehlungen ausgesprochen und Reisen Wagners finanziert. – Am 15. Januar 1854 schreibt Wagner an Liszt:

»Höre mein Franz! Du mußt jetzt helfen! Es steht schlecht – sehr schlecht mit mir. Soll ich die Fähigkeit wieder gewinnen, auszuhalten, (ich verstehe viel unter diesem Worte!), so muß auf dem nun einmal jetzt betretenen Wege der Prostitution meiner Kunst etwas ordentliches geschehen – sonst ist's aus. (...) Vor allem muß ich aber auch Geld haben: – Härtels sind sehr flott gewesen: aber was helfen mir Hunderte, wenn Tausende nötig sind. Nochmals: ich brauche – um mich in volle Ruhe und Gleichgewicht zu setzen – drei- bis viertausend Taler. (...) Mein Lieber, zürne mir nicht! Ich habe ein Recht an Dich wie an meinen Schöpfer! Du bist der Schöpfer desjenigen, der ich jetzt bin: ich lebe durch Dich – das ist keine Übertreibung. Sorge denn für Dein Geschöpf: ich rufe Dir das wie eine Pflicht zu, die Du hast. – Sieh, es handelt sich ja nur um Geld: das sollte doch möglich sein. Die Liebe laß ich ja fahren – und die Kunst??– Nun das Rheingold ist fertig – fertiger, als ich glaubte. Mit welchem Glauben, mit welcher Freude ging ich an die Musik! Mit wahrer Verzweiflung habe ich endlich fortgefahren und geendet: ach, wie auch mich die Not des Goldes umspann! Glaub mir, so ist noch nicht komponiert worden: ich denke mir, meine Musik ist furchtbar; es ist ein Pfuhl von Schrecknissen und Hoheiten!«

Franz Liszt war einer der zuverlässigsten Freunde Wagners. Der einzige Wermutstropfen, den Wagner gelegentlich beklagte, war die Tatsache, daß Liszt sich ungern die manirierten Seelenergüße Wagners anhören, schon gar nicht auf sie eingehen wollte. Doch wenn es um Wagners Werke, um die Musik ging, war Liszt immer ein kompetenter Diskussionspartner und Berater, ein aufmerksamer wie sachkundiger Leser und Zuhörer. Daß die einseitig ausgenützte Freundschaft der beiden so unterschiedlichen Charaktere nie zerbrach – von gelegentlichen Eintrübungen abgesehen – lag ohne Frage an Liszts unendlicher Geduld, an seiner herzlichen Zuneigung, unverbrüchlichen Treue und echten Verehrung des Komponisten Wagner, trotz dessen häufiger Unverschämtheiten. Wagner sprach es denn auch einmal wenigstens deutlich aus, was alle Welt von ihm hielt, nicht nur in seinem Verhalten gegenüber Freund Liszt. In einem Brief vom 3. März 1853 liest man: »Ja – mein Gott! Ich werde ewig ein Lump bleiben! – warum gibst Du Dich mit mir ab!-«

Wagner wußte, was er in Liszt für einen Freund hatte! Aus Zürich schrieb Wagner ihm am 20. Juli 1850 eine hymnische Freundschaftserklärung: »Mein lieber Liszt! Das muß ich Dir sagen: – Du bist ein Freund! Laß mich Dir nicht mehr sagen! Denn, erkannt' ich von je in der Männerfreundschaft das edelste und herrlichste menschliche Verhältnis, so lösest Du mir diesen Begriff in die vollste Wirklichkeit auf, indem Du mich nicht mehr nur denken, sondern fühlen und greifen läßt, was ein Freund sei. –« In einem Brief vom 18. April 1851 schreibt Wagner: »Du bist ein wunderbarer Mensch, und wunderbar ist unsere Liebe! Ohne uns so zu lieben, hätten wir uns nur furchtbar hassen können!«

Aber Liszt war nicht Nietzsche! Die Besuche Liszts in Wagners Exilantenjahren waren tatsächlich die größten, die bewegendsten Ereignisse, derer sich Wagner in Zürich erfreute, bevor er wegen des Eklats um seine heimliche Liebesbeziehung zu Mathilde Wesendonck, der Gattin seines Zürcher Mäzens, nach Venedig floh.

Bei Liszts zweitem Besuch im Oktober 1856 hatte Wagner eine improvisierte Aufführung des ersten Aufzugs der »Walküre« arrangiert, bei der Liszt den Orchesterpart am Klavier spielte, Wagner selbst den Hunding und den Siegmund sang. Außerdem kam es am 23. November in St. Gallen zu einem öffentlichen Konzert, in dem Wagner Beethovens dritte Sinfonie und Liszt seine symphonischen Duichtungen »Les Préludes« und »Orpheus« dirigierte. Zum ersten Male hörte Wagner Lisztsche Tondichtungen. Nach dem gemeinsamen Konzert war Wagner, der zuvor nur die Noten der Lisztschen Orchesterkompositionen kannte, zutiefst beeindruckt von dessen sinfonischer Tonsprache und hatte erkannt, daß man gewissermaßen gemeinsam an einem Strang, dem Strang der »Zukunftsmusik«, ziehe. Der Einfluß der musikalischen Futurismen Liszts auf Wagners Tonsprache ist denn auch eklatant. Als Wagner sein Zürcher Exil verlassen hatte, bat er Liszt – aus Venedig – am 31. Dezember 1858 wiederum um Geld. Und Wagner war schamloser denn je in seinen Ansprüchen: »O liebster! liebster Franz! Nun gut! Ich habe jetzt nicht zehn Gulden mehr; kann die Miete nicht zahlen, (...) Nirgends her sehe ich einer bestimmten Einnahme entgegen. – (...) Es ist, um verrückt zu werden! Ich sehe, Du kennst die Not gar nicht – Glücklicher! – Mein Franz, wenn Du den 2. Akt von Tristan sehen wirst, so wirst Du zugeben, daß ich viel Geld brauche. Ich bin ein großer Verschwender; aber wahrlich, es kommt etwas dabei heraus. (...) Ich brauche von der Welt nur Geld: sonst habe ich alles. – (...) Wenn du den zweiten Akt des Tristan kennen wirst, so wirst Du mir auch verzeihen, wenn ich heute nichts anderes schreie als – Geld! Geld!- Gleichviel wie und woher. Der Tristan zahlt alles wieder!-«

Den Gipfel der pekuniären Schamlosigkeit Wagners liest man in einem Brief an Franz Liszt vom 2. Januar 1859. Er wurde ebenfalls in Venedig geschrieben. Da heißt es: »Ich kann und werde nie eine Anstellung, oder was dem irgend gleich käme, annehmen. Was ich dagegen beanspruche, ist, die Fixierung einer ehrenvollen und reichlichen Pension, lediglich und einzig zu dem Zweck, ungestört und gänzlich unabhängig von äußeren Erfolgen, meine Kunstwerke schaffen zu können.« Diese Illusion sollte sich allerdings erst nach der Begegnung mit Ludwig dem Zweiten von Bayern erfüllen, der Wagnern aller finanziellen Sorgen enthob.

Als Wagner wieder nach Deutschland zurückkehren durfte, lockerte sich die Beziehung zu Liszt, schlief die Freundschaft ein. Nun konnte sich Wagner ja wieder persönlich um die Aufführung seiner Werke im Lande kümmern. Inzwischen war Liszt nach Rom übergesiedelt, wo bereits die Fürstin Caroline zu Sayn-Wittgenstein lebte, die derzeitige Lebensgefährtin Liszts. Wagner hatte sich inzwischen Liszts Tochter Cosima zugewandt, die noch mit Hans von Bülow verheiratet war, was sie aber nicht hinderte, mit Wagner ein Liebesverhältnis zu beginnen, das am 28. November 1863 in Berlin mit dem Bekenntnis »uns einzig gegenseitig anzugehören«, wie Cosima in ihrem Tagebuch schreibt, zum Bund fürs Leben besiegelt wurde. In den darauffolgenden familiären und juristischen Auseinandersetzungen, die zur Scheidung von Bülow und schließlich zur Heirat mit Wagner führten, stand Liszt stets auf Seiten von Bülows. Den Bruch mit Wagner nahm er dabei in Kauf und besuchte weder die Uraufführung des »Tristan« noch der »Meistersinger«, obwohl beide Male Bülow dirigierte. Erst 1867 kam es bei einem Besuch in Tribschen, wo Wagner inzwischen mit Cosima zusammenlebte, zu einer freundlichen Wiederbegegnung. Liszt hatte zwar inzwischen die Beziehung seines Freundes zu seiner sehr viel jüngeren Tochter Cosima innerlich gebilligt, offiziell aber nicht gutgeheißen. Er selbst befand sich ja ebenfalls in illegitimer Beziehung zu einer geschiedenen katholischen Fürstin, die kirchlich zu legitimieren er keine Erlaubnis bekam, was er übrigens als Wink des Himmels betrachtete, fortan weiter allein zu leben. Liszts Katholizismus rückte mehr und mehr in den Vordergrund seines Lebens. Er hatte schon 1865 in Rom die niederen Weihen eines Klerikers empfangen und wandte sich nun wieder verstärkt der Komposition zu. In seinen letzten Lebensjahrzehnten pendelte er zwischen Rom, Weimar und Budapest hin und her, wo er 1871 zum Königlich Ungarischen Hofrat und schließlich 1875 zum Präsidenten der neugegründeten Musikakademie zu Budapest ernannt wurde. Als Wagners familiäre Komplikationen sich nach dem Tod seiner Frau Minna und Bülows Einwilligung in die Scheidung etwas aufklärten, war Liszt bereit zur Versöhnung. 1869 kam er denn auch zur Generalprobe des »Rheingoldes« und im folgenden Jahr zu einer Aufführung der »Walküre« nach München. 1870 heirateten Wagner und Cosima. Wagner wollte die Beziehungen zu seinem Schwiegervater normalisieren und die alte Freundschaft wieder reanimieren. Wagner lud Liszt 1872 zur Grundsteinlegung des Festspielhauses in Bayreuth ein. Liszt war verhindert, bedankte sich freundlich, stattete dem Ehepaar Wagner aber noch im selben Jahr einen Besuch in Bayreuth ab. Von da ab hatte die alte Freundschaft wieder über die Verstimmung gesiegt. Nur Cosima blieb ihrem Vater gegenüber zeitlebens reserviert. Was nicht verwundert, denn dem umherschweifenden Rabenvater hatte sie eine einsame, glücklose Kindheit und Jugend zu verdanken. – Die Besuche und Treffen Wagners und Liszts nahmen wieder zu in den folgenden Jahren. In Leipzig und in Weimar traf man sich. Zum Richtfest des Bayreuther Festspielhauses kam Liszt schließlich nach Bayreuth. Das war am 2. August 1873. Liszt begeisterte sich derart für die Festspielidee, daß er gemeinsam mit Wagner sogar ein Konzert in Budapest veranstaltete, dessen Erlös dem Festspielfond zuging. Aber Wagner war auch nicht ganz undankbar: Bei den ersten Bayreuther Festspielen unterbrach er seine offizille Begrüßungsrede vor dem Publikum, deutete auf Liszt und sagte: »Hier ist derjenige, welcher mir zuerst diesen Glauben entgegengetragen, als noch keiner etwas von mir wußte, und ohne den Sie heute vielleicht keine Note gehört haben würden!«

Wagner wußte damals, was heute die Welt weiß, daß er, wie Ludwig dem Zweiten, so auch Franz Liszt die Rettung seiner künstlerischen und materiellen Existenz zu verdanken hatte. Was Liszt betraf, auf jeden Fall während seiner Jahre des Exils in der Schweiz. Ohne Liszts Förderung und Fürsprache an entscheidenden Stellen, ohne dessen hingebungsvolle Geduld, materielle Unterstützung und den unermüdlichen Einsatz für sein Werk wäre Wagner nicht geworden, was er schließlich war. Wagner war sich darüber im Klaren. Aus Zürich hatte er schon am 9. Mai 1853 Liszt geschrieben: »Wo hat je ein Künstler, ein Freund – für den anderen getan, was Du für mich tatest!! Wahrlich, wenn ich an der ganzen Welt verzweifeln möchte, hält mich ein einziger Blick auf Dich wieder hoch, hoch empor, erfüllt mich mit Glauben und Hoffnung. Ich begreife nicht, was ich (...) ohne Dich geworden wäre: und was hast Du aus mir gemacht!«

Wagner stand zeitlebens tief in Liszts Schuld. Er war Liszt Dank schuldig über alle Maßen. Und vielleicht nur in diesem einen Fall, nur Liszt gegenüber, hat er immer wieder auch Dank ausgesprochen. Selbst Cosima dankte er Liszt, und er gestand es ihm in einem Brief vom 18. Mai 1872. Darin nämlich bezeichnete er sie als »Dein wiedergeborenes, innigstes Wesen.«

Franz Liszt wohnte der Uraufführung des »Parsifal« bei. Trotz seines hohen Alters reiste er weiterhin viel durch die Welt. Auch nach Venedig trieb es ihn, Wagner zu besuchen, der dort seine letzten Lebenswochen verbrachte. Am 19. November 1882 trifft Liszt in der Lagunenstadt ein. Wagner und Liszt disputieren über zu schreibende einsätzige Sinfonien. Im Teatro la Fenice führt Wagner seine jugendliche Symphonie in C-Dur auf. Liszt spielt zu Ehren des Geburtstages seiner Tochter Klavier. Harmonie und Eintracht zwischen den beiden Dioskuren. Am 13. Januar, auf den Tag vier Wochen, bevor Wagner seinen tödlichen Herzanfall erleidet, verläßt Liszt Wagner. Er hatte in Venedig das traurige Klavierstück »La Lugubre Gondola« komponiert

Als Franz Liszt 1886, also drei Jahre nach Wagners Tod, seine Tochter Cosima, die Witwe »Meisterin«, in Bayreuth besuchte, war er bereits todkrank. Noch während der Festspiele verstarb er, am 31. Juli 1886. Es gehört zu den Infamien seiner Tochter, daß sie seinen Tod – nur um den Festspielbetrieb nicht zu gefährden – zunächst geheimhielt. Kein Schatten durfte auf die Wagner-Festspiele fallen. Und kein Ton Lisztscher Musik erklang bei der Totenmesse des großen Musikers. Man spielte Themen aus »Parsifal«. In Bayreuth liegt Franz Liszt begraben, aber nicht in Wagners und Cosimas Nähe, sondern weit entfernt von der Villa Wahnfried, abseits auf dem alten Stadtfriedhof, wo auch Jean Paul begraben liegt. –

Wie anders, wieviel würdevoller hatte sich Franz Liszt nach dem Tode seines künstlerischen Bundesgenossen und Freundes Richard Wagner gezeigt! Er komponierte, einige Wochen nach Wagners Tod, am 22. Mai 1883, einen beziehungsreichen Grabgesang und eine Huldigung an den verstorbenen Schwiegersohn und Freund, Kollegen und langjährigen Wegbegleiter. Der Titel: »Am Grabe Richard Wagners«. Das Stück beginnt mit dem durch übermäßige Dreiklänge verzerrten Anfangsmotiv aus »Parsifal« (oder, wenn man so will, mit einem Selbstzitat aus den »Glocken des Straßburger Münsters«, aus denen seinerseits Wagner ausgeliehen hatte). Der Grabgesang klingt aus mit den Glockenquarten der »Parsifal«-Verwandlungsmusik. Auf das Manuskriptblatt schrieb Liszt: »Wagner erinnerte mich einst an die Ähnlichkeit seines Parsifal-Motivs mit einem früher geschriebenen Excelsior (die Einleitung zu den Glocken von Straßburg). Möge diese Erinnerung hiermit verbleiben. Er hat das Große und Hehre in der Kunst der Jetztzeit vollbracht.«

Schopenhauers Buddha und der europäische Staatsmusikant

Er hatte gerade mit der Kompositionsskizze zum zweiten Akt der »Walküre« begonnen, als Richard Wagner, wieder einmal in verzweifelter Stimmung wegen finanzieller Probleme, von seinem Freund, dem ebenfalls ins schweizerische Exil geflüchteten Schriftsteller Georg Herwegh, auf Arthur Schopenhauers Hauptwerk »Die Welt als Wille und Vorstellung« aufmerksam gemacht wurde. Man schrieb September 1854. Schon 1819 bei Brockhaus in Leipzig erschienen, wurde das Werk erst in zweiter Auflage, 1853, populär und trat seinen Siegeszug bei Literaten und Philosophen, Künstlern und Musikern an, ja eigentlich beim deutschen Bildungsbürgertum schlechthin. Mag sein, daß erst das Ausbleiben gesellschaftspolitischer Fortschritte mit der Folge einer skeptisch-resignativen Bewußtseinslage als Basis einer fruchtbaren Rezeption des Schopenhauerschen Denkens vonnöten war. Auch Richard Wagner wurde – nach mißratener Revolution – von der »pessimistischen« Philosophie Schopenhauers nachhaltig infiziert. In seiner Autobiographie »Mein Leben« liest man: »Ich blickte auf mein Nibelungen-Gedicht und erkannte zu meinem Erstaunen, daß das, was mich jetzt in der Theorie so befangen machte, in meiner eigenen poetischen Konzeption mir längst vertraut geworden war. So verstand ich erst selbst meinen Wotan und ging nun erschüttert von neuem an das genauere Studium des Schopenhauerschen Buches«

Wagner liest »Die Welt als Wille und Vorstellung« viermal bis zum Sommer des folgenden Jahres. Sein ganzes weiteres Denken steht unter dem Einfluß von Schopenhauer, und wesentliche Zusammenhänge und Intentionen seines Musikdramas und seiner Essays sind ohne den Blick auf Schopenhauers Philosopheme nicht zu verstehen.

Durch Schopenhauer-Lektüre angeregt, keimt inzwischen in Wagner die Idee zu einem neuen Werk, doch zunächst beendet er die Kompositionsskizze des dritten Aktes der »Walküre«, in der ja – gut schopenhauerisch – aus dem »Hau-Ruck-Wotan« des »Rheingoldes« ein resignierender Gott mit Untergangs-Absichten geworden ist. Bei seinem Abschied von Brünnhilde, die er in ein Flammenmeer bettet, auf daß sie nur vom tapfersten Helden aufgespürt und wiedererweckt werde, kommt ihm der Wunschgedanke, daß dieser Held, der zwei Akte zuvor gezeugt wurde, einst auch ihn, den Gott der Götter und damit die ganze Götterwelt vom Fluch des Rheingoldes erlösen möge und gewisermaßen den Willen zum Leben, zur Macht und zum Bösen mit seiner Respektlosigkeit verneinen und brechen werde. Daß diese Götterdämmerung dereinst seine eigene, soeben in Schlaf gelegte Lieblingstochter auslösen würde, ahnte er allerdings nicht. Die neue Werkidee, die Wagner bei der Lektüre von Schopenhauers »Welt als Wille und Vorstellung« entwickelte, beschrieb er in einem Brief, den er am 16. Dezember 1854 an Franz Liszt adressierte: »Ich habe im Kopf einen Tristan und Isolde entworfen, die einfachste, aber vollblutigste Konzeption; mit der ›schwarzen Flagge‹, die am Ende weht, will ich mich dann zudecken, um – zu sterben.«

Im gleichen Brief gesteht Wagner Liszt auch die durch Schopenhauer inspirierte Idee zu diesem »schönsten aller Träume«, dem er mit dem Tristan noch ein Denkmal zu setzen gedenke: »Neben dem – langsamen – Vorrücken meiner Musik habe ich mich jetzt ausschlißlich mit einem Menschen beschäftigt, der mir – wenn auch nur literarisch – wie ein Himmelsgeschenk in meine Einsamkeit gekommen ist. Es ist Arthur Schopenhauer, der größte Philosoph seit Kant, dessen Gedanken er – wie er sich ausdrückt – vollständig erst zu Ende gedacht hat. Die deutschen Professoren haben ihn – wohlweislich – 40 Jahre lang ignoriert. Neulich wurde er aber – zur Schmach Deutschlands – von einem englischen Kritiker entdeckt. Was sind vor diesem alle Hegels für Scharlatans! Sein Hauptgedanke, die endliche Verneinung des Willens zum Leben, ist von furchtbarem Ernste, aber einzig erlösend. Mir kam er wahrlich nicht neu, und niemand kann ihn überhaupt denken, indem er nicht bereits lebte. Aber zu dieser Klarheit erweckt hat mir ihn erst dieser Philosoph. (...)

Wenn ich auf die Stürme meines Herzens den furchtbaren Krampf, mit dem es sich – wider Willen – an die Lebenshoffnung anklammerte, zurückdenke, (...) so habe ich dagegen doch nun ein Quietiv gefunden, das mir endlich in wachen Nächten einzig zu Schlaf verhilft; es ist die herzliche und innige Sehnsucht nach dem Tod: volle Bewußtlosigkeit, gänzliches Nichtsein, Verschwinden aller Träume – einzigste, endliche Erlösung!-«

Nicht nur der »Ring« und der »Tristan«, auch der »Parsifal« ist zutiefst schopenhauerisch geprägt, mehr schopenhauerisch als christlich, genau betrachtet! Friedrich Nietzsche irrte mit seiner berühmten »Parsifal«-Polemik in »Jenseits von Gut und Böse« durchaus, in der er Wagner unterstellte, er predige in seinem letzten Werk »Rom's Glaube ohne Worte!«. Der »Parsifal« ist nicht im mindesten konfessionell, wenn auch christlich-mythisch. Wagner hat im »Parsifal«, wie er in seiner Schrift »Religion und Kunst« (im Jahre 1880) ausführt, das Ziel verfolgt, »da, wo die Religion künstlich wird, der Kunst es vorbehalten sei, den Kern der Religion zu retten, indem sie die mythischen Symbole, welche die erstere im eigentlichen Sinne als wahr geglaubt wissen will, ihrem sinnbildlichen Werte nach erfaßt, um durch ideale Darstellung derselben die in ihnen verborgene tiefe Wahrheit erkennen zu lassen.«

Wagners Vorstellungen von dieser Wahrheit sind allerdings keineswegs systematisch im Sinne eines theologischen Gebäudes, sondern konfus, synkretistisch wie die Mythologie seines Werks, zusammengetragen aus verschiedenstem Gedankengut. Eine zentrale Rolle spielen in seinem theologischen Denken Arthur Schopenhauers Ausführungen zum Christentum, die Wagner bis in Details der Formulierung übernommen hat. Was er übrigens Cosima gegenüber am 19. 2. 1879 freimütig eingestand: »Ja, mir hat Schopenhauer das Christentum erschlossen«.

Die Bedeutung Schopenhauers auf Wagners Denken, auch auf sein religiöses Denken, kann nicht hoch genug veranschlagt werden. Immerhin hat Wagner Schopenhauers Hauptwerk, in dem die These von der Heterogenität des jüdischen Alten Testaments und des christlich-buddhistisch-brahmanischem Neuen Testaments entwickelt wurde, mehrfach studiert, später auch Schopenhauers »Parerga und Paralipomena«. Wie sehr Wagner der gelehrige Schüler Schopenhauers gewesen ist, mag die folgende Gegenüberstellung veranschaulichen. Bereits in seinem Hauptwerk schreibt Schopenhauer, »daß das Christenthum aus zwei sehr heterogenen Bestandtheilen zusammengesetzt ist, von denen ich den rein ethischen vorzugsweise, ja ausschließlich den Christlichen nennen und ihn von dem vorgefundenen Jüdischen Dogmatismus unterscheiden möchte.« In seiner Schrift »Über die vierfache Wurzel des Satzes vom zureichenden Grunde« heißt es: »denn das Christenthum, was man auch sagen möge, hat indisches Blut im Leibe und daher einen beständigen Hang, vom Judenthume loszukommen.« Dazu Wagner am 13. November 1878: »Das ist der Fluch des Christentums, diese Anhängselung an das alte Testament«. Schon in »Die Welt als Wille und Vorstellung« schrieb Schopenhauer: »Der innerste Kern und Geist des Christenthums ist mit dem des Brahmanismus und Buddhaismus der selbe: sämtlich lehren sie eine schwere Verschuldung des Menschengeschlechts durch sein Daseyn selbst … Aber freilich hat der Jüdische Theismus, auf den er gepfropft wurde, gar wundersame Zusätze erhalten müssen, um sich jenem Sündenfall anzufügen: dabei bot die Fabel vom Sündenfall die einzige Stelle dar für das Pfropfreis alt-indischen Stammes.« Auf genau diese Stelle bezieht sich Wagners Äußerung vom 26. Juli 1878 gegenüber Cosima: »Ja, Schopenhauer und andere hatten es ausgesprochen, daß es ein Unglück sei, daß das Christentum auf das Judentum aufgepfropft sei«.

In seinem systematischen Versuch einer Erklärung des Religiösen aus seiner Philosophie des Willens und seiner Verneinung faßt Schopenhauer »jene große, im Christenthum, wie im Brahmanismus und Buddhaismus enthaltene Grundwahrheit« als »das Bedürfnis der Erlösung aus einem Daseyn« auf, »welches«, wie er weiterschreibt, »dem Leiden und dem Tode anheim gefallen ist.« Wagner paraphrasiert diesen Gedanken folgendermaßen: »die Gottheit ist die Natur, der Wille, der Erlösung sucht.« Am 11. Juni 1878 nennt Wagner ganz schopenhauerisch, »diesen Gott, der in uns wohnt, … ›das angeborene Gegengift gegen den Willen!‹«

Durch Schopenhauer inspiriert, studierte Wagner aber auch religionswissenschaftliche Werke, darunter insbesondere Hermann Oldenbergs »Buddha, sein Leben, seine Lehre, seine Gemeinde« (Berlin 1881), Creuzers »Symbolik und Mythologie der alten Völker« und Görres »Mythengeschichte der asiatischen Welt«. Was Wunder, daß Cosima die Bemerkung ihres Gatten vom 19. September 1882 überliefert: »die vielfache Beschäftigung mit (Buddha) verhälfe zum Verständnis des Christentums«.

Der kluge Friedrich Nietzsche hatte es erkannt und in seiner »Fröhlichen Wissenschaft« erklärt: »Schopenhauerisch ist Wagners Haß gegen die Juden, denen er selbst in ihrer größten Tat nicht gerecht zu werden vermag: die Juden sind ja die Erfinder des Christentums! Schopenhauerisch ist der Versuch Wagners, das Christentum als ein verwehtes Korn des Buddhismus aufzufassen und für Europa, unter zeitweiliger Annäherung an katholisch-christliche Formeln und Empfindungen, ein buddhistisches Zeitalter vorzubereiten.«

Der »Parsifal« ist der unmittelbare künstlerische Ausdruck eines schopenhauerisch-buddhistisch gedeuteten christlichen Mitleids- und Versöhnungsethos. Über Wagners »letzte Karte«, den »Parsifal«, liest man am 14. Dezember 1881 in Cosimas Tagebüchern: »Er klagt über seine Arbeit – hebt es aber hervor, daß ›Parsifal‹ sein versöhnendstes Werk sei«. Wagners Auffassung seines christlichen Mitleids- und Versöhnungsdenkens kann übrigens durch die Tagebücher seiner Frau und die in ihnen enthaltenen Äußerungen relativ präzise bestimmt werden. Wie aus den Aufzeichnungen Cosimas hervorgeht, ist Wagners Verständnis des Christentums entscheidend geprägt vom Buddhismus, so wie er ihm durch Schopenhauer vermittelt wurde. Am 19. September 1882 liest man: »Beim Frühstück mit mir spricht er von dem Werk über Buddha und sagt, die vielfache Beschäftigung mit B. verhälfe zum Verständnis des Christentums«. Und am 27. November 1878 heißt es aus Wagners Munde – in Cosimas Überlieferung – ganz schopenhauerisch: »Gott ist die Aufhebung der Welt, kein Kultus damit möglich«. Einer der wesentlichen Gründe übrigens, weshalb Wagner das projektierte Musikdrama »Jesus von Nazareth« für unrealisierbar hielt!

Aber nicht nur konkrete Bühnenwerke Wagners sind durch Schopenhauers praktische Philosophie inspiriert, vor allem die Ethik und die Ästhetik Schopenhauers haben Wagners eigene politische und künstlerische Vorstellungen, seinen Staats- und seinen Musikbegriff entscheidend beeinflußt. In einem »Offenen Schreiben an Herrn Ernst von Weber« im Jahre 1879 schrieb Wagner über den Akt des, schopenhauerisch gesagt, »Durchschauens des Schleiers der Maja«, will sagen, der ästhetischen Anschauung, also des willenlosen Erkennens der Außenwelt: »Es fragt sich nun, was wir in diesem abnormen Zustande erschauen, und ob unsere Sympathie eine Mitfreude oder ein Mitleiden sein kann. Hierauf antworten uns die wahrhaften Genies und die wahrhaften Heiligen aller Zeiten, indem sie uns sagen, daß sie nur Leiden ersehen, und nur Mitleiden gefühlt haben. Sie erkannten nämlich die normale Beschaffenheit alles Lebenden und die grauenvolle, sich ewig widersprechende, und blind nur sich wollende Natur des allem Lebendem gemeinsamen Willens zum Leben; die schreckliche Grausamkeit dieses Willens, der selbst zunächst in der Geschlechtsliebe immer nur seine Reproduktion will, erschien hier zum ersten Male wiedergespiegelt in jenem Erkenntniß-Organe (des Gehirns), das sich selbst, im normalem Zustande, als jenem Willen unterworfen, von ihm sich geschaffen erkannte; so gerieht es, im abnormen, sympathischen Zustande (des Genies) dahin, sich andauernd und endlich für immer von jenem schmachvollen Dienste zu befreien zu suchen, was schließlich eben nur in der vollkommenen Verneinung des Willens zum Leben sich erreichte.«

Mitleid ist Schopenhauer zufolge (und damit auch für Wagner) die ethische Konsequenz solcher Einsicht, Mitleid mit fremdem Leid! Dem Staat und der bestehenden Gesellschaft traute Wagner die Praktizierung solcher Einsicht allerdings nicht zu. Er diagnostizierte, ja prophezeite vielmehr, daß das Mitleiden von Machthabern ganz anders zu verstehen sei: »nämlich en gros, summarisch, als Abkürzung der unnützen Leiden des Daseins durch immer sicherer treffende Geschosse«! –

»Daß wir aber dieses einzig uns bestimmende Motiv des unabweisbaren Mitleidens nicht an die Spitze aller unserer Aufforderungen und Belehrungen für das Volk zu stellen uns getrauen, darin liegt der Fluch unserer Zivilisation, die Dokumentierung der Entgöttlichung unserer staatskirchlichen Religion (...) wogegen es uns fortan einzig noch daran gelegen sein sollte, der Religion des Mitleidens, den Bekennern des Nützlichkeits-Dogmas zum Trotz, einen kräftigen Boden zu neuer Pflege bei uns gewinnen zu lassen.« So schreibt Richard Wagner in einem Offenen Schreiben an den Vorsitzenden des Dresdner Vereins zur Bekämpfung der Vivisektion, der Tierversuche also, Ernst von Weber mit Namen. Er hatte mit seinem Aufsatz »Die Folterkammern der Wissenschaft« Wagner zu einem glühenden Anhänger der Tierversuchsgegner gewonnen. Und auch darin zeigte sich Wagner durch Schopenhauers Mitleidsphilosophie bestärkt.

Wenn Karl Marx Wagner im Jahre 1876 abfällig einen »Staatsmusikanten » nennt, kann dies nur als Ignoranz gwertet werden, denn weder Wagners nach wie vor revolutionäre Ansichten über Eigentum und soziale Verantwortung, und schon gar nicht sein Antimilitarismus und seine zunehmende Skepsis gegenüber aller deutschen Großmanns- wie Großreichssucht waren in Übereinstimmung mit der offiziellen Reichs-Ideologie, ganz zu schweigen von seinem Schopenhauerianismus.

Doch vor allen weltanschaulichen Ambitionen ging es Wagner zuallererst um die Musik! Und keiner hatte der Musik einen solchen Panegyrikus gesungen, wie Arthur Schopenhauer in seinem Hauptwerk. Die Musik zeichne sich dadurch aus – so lehrt er – und darin sei sie von allen anderen Künsten unterschieden, »daß sie nicht Abbild der Erscheinung (...), sondern unmittelbares Abbild des Willens selbst« sei »und also zu allem Physischen der Welt das Metaphysische, zu aller Erscheinung das Ding an sich darstellt«. Diese hymnische Definition der Musik findet sich im ersten Band der »Welt als Wille und Vorstellung«. Schopenhauer feiert in brillianter, kraftvoller und persönlich eingefärbter Sprache die Musik, wie sie vor ihm philosophisch nicht gefeiert wurde. Daß sich Wagner davon zutiefst beeindruckt zeigt, ist naheliegend. In seiner großen Beethoven-Festschrift aus dem Jahre 1870, die zur bedeutendsten musikästhetischen Programmschrift Wagners nach »Oper und Drama« wird, trägt Wagner denn auch seinem Schopenhauer-Erlebnis unzweifelhaft Rechnung: »Mit philosophischer Klarheit hat (...) erst Schopenhauer die Stellung der Musik zu den anderen schönen Künsten erkannt und bezeichnet, indem er ihr eine von derjenigen der bildenden und dichtenden Kusnt gänzlich verschiedene Natur zuspricht. Er geht hierbei von der Verwunderung darüber aus, daß von der Musik eine Sprache geredet werde, welche ganz unmittelbar von Jedem zu verstehen sei, da es hierzu gar keiner Begriffe bedürfe, wodurch sie sich zunächst eben vollständig von der Poesie unterscheide, deren einziges Material die Begriffe, vermöge ihrer Verwandlung zur Veranschaulichung der Idee seien. Nach der so einleuchtenden Definition des Philosophen sind nämlich die Ideen der Welt und ihrer wesentlichen Erscheinungen, im Sinne des Platon aufgefaßt, das Objekt der schönen Künste überhaupt; während der Dichter diese Ideen durch seine, eben nur seiner Kunst eigenthümliche Verwendung der an sich rationalen Begriffe, dem anschauenden Bewußtsein verdeutlicht, glaubt Schopenhauer in der Musik aber selbst eine Idee der Welt erkennen zu müssen, das Derjenige, welcher sie gänzlich in Begriffen verdeutlichen könnte, sich zugleich eine die Welt erklärende Philosophie vorgeführt haben würde.«

Schopenhauers Ansicht, wonach neben dem Geschlechtstrieb die akustische Äußerung – vom Schrei bis zur sprachlichen Willenskundgebung – die »allerunmittelbarste Äußerung des Willens« sei, war natürlich Wasser auf die Mühlen Richard Wagners, der so sein Musikdrama philosophisch legitimiert und nobilitiert sah als künstlerisches Medium, das unmittelbar vom Wesen der Dinge zeuge. Und er folgt Schopenhauer bedingungslos, wenn er über die Wirkung der Schönheit – schopenhauerisch verstanden als Befreiung des Intellekts vom Joch des Willens – schreibt: »Diese übt die Musik sofort bei ihrem ersten Eintritte aus, indem sie den Intellekt sogleich von jedem Erfassen der Relationen der Dinge außer uns abzieht, und als reine, von jeder Gegenständlichkeit befreite Form uns gegen die Außenwelt gleichsam abschließt, dagegen nun uns einzig in unser Inneres, wie in das innere Wesen aller Dinge blicken läßt.« Mit anderen Worten: die Musik sei die höchste, weil unmittelbar wirkungsstärkste und wesentlichste aller Künste. Ein Gedanke, der Wagner am 29. März 1881 gegenüber Cosima zu dem Ausspruch verleitet haben mochte: »Wir Künstler sind Blausäure. Wenn die Musik beginnt, ist alles übrige nichts!«

Auch Schopenhauers Traumtheorie kam Wagners eigener Vorstellung von der schöpferischen Kraft der Musik als »Wahrtraum«, der Kunstausübung bzw. Komposition als »Wahrtraum-Deutung«, wie er sie Hans Sachs in den Meistersingern in den Mund legt, sehr nahe.

Hatte Wagner noch in seiner Zürcher Programmschrift »Oper und Darma« erklärt, daß es das Drama sei, aus dem und für das die Musik eigentlich geboren werde, so hatte er durch Schopenhauer gelernt, daß die Musik als »umfassende Idee der Welt (...) das Drama ganz von selbst in sich« einschließe. Hier hat das späte Wagnersche Wort vom Drama »als ersichtlich gewordene Taten der Musik« seinen Ursprung, eine Definition, die dem Verständnis des enorm gestischen wie sinfonischen Charakters der Musik Wagners durchaus förderlich ist.

Richard Wagners Wunsch war es von dem Moment an, als er Schopenhauers Hauptwerk gelesen hatte, also seit Herbst 1854, den als kauzig verschrienen Philosophen, der in bester und belächelter Eintracht mit einem hochbegabten Pudel als Privatgelehrter in Frankfurt am Main lebte, zu einem Besuch in Zürich zu bewegen. Der misanthropische Urheber der Wagnerschen Begeisterung allerdings ließ sich durch nichts aus der Reserve locken, schon gar nicht durch die politischen Exilanten in Zürich, zu denen Wagner zählte, die er naserümpfend als »Coterie schöner Geister« in der fernen Schweiz abtat. Wagner mußte sich damit begnügen, Schopenhauer die 1853 in einem Privatdruck erschienene Dichtung zum »Ring des Nibelungen« zuzusenden, mit einer Widmung in »Verehrung und Dankbarkeit«. Einer Antwort hatte Schopenhauer Wagner nie für würdig befunden. Den Text der Nibelungentetralogie hat Schopenhauer übrigens als dichterisches Pendant des 1849 propagierten

Essays über das »Kunstwerk der Zukunft« akzeptiert, erstaunlicherweise hatte er auch sprachlich an dieser Stabreim-Dichtung nichts auszusetzen. Schopenhauer empfahl Wagner jedoch, er »solle die Musik an den Nagel hängen«. Frankfurter Aufführungen des »Holländers« und des »Tannhäusers« hatten Schopenhauer keineswegs zum Bewunderer Wagners werden lassen. Es war Schopenhauers Überzeugung, eine Oper solle nach Möglichkeit die Dauer von zwei Stunden nicht überschreiten! Im übrigen waren Mozart und Rossini Schopenhauers musikalische Leitsterne, und er hatte sich eigens Flöten-Arrangements anfertigen lasen, um sich in seinen Mußestunden deren Musik selbst vorzuflöten. Für derlei Rossini-Bearbeitungen hatte Wagner allerdings nur die abfällige Bemerkung von einem »drolligen Kultus« übrig, die er Cosima gegenüber am 8. März 1872 fallen ließ. Wagners Freund Karl Ritter habe Schopenhauer, so liest man bei Cosima unterm 16. Januar 1869, erklärt »Ich admiriere Wagner als Dichter; nur ist er kein Musiker«. Was Wagner – laut Cosima – noch Jahre später, am 15. Februar 1881, zu der Bemerkung hinriß: »Da könnte man meinen, der Künstler kann Philosoph, der Philosoph aber nicht Künstler sein.«

Segesta: Rekonstruktion und heutiger Zustand

Der Traum von Segesta und Ravellos Zaubergarten

Am 30. August 1876 fiel der Vorhang nach der letzten »Götterdämmerungs«-Vorstellung des dritten »Ring«-Zyklus. Die ersten Bayreuther Festspiele endeten mit einem gewaltigen finanziellen Defizit und der für Wagner deprimierenden Einsicht in die scheinbare Unmöglichkeit einer zeitgemäßen adäquaten Aufführung der Nibelungentetralogie. Mit der technischen Ausführung der Produktion war Wagner unzufrieden, das Publikum, so klagt er gegenüber Cosima, habe ihn mißverstanden. »Er möchte sterben«, schrieb Cosima am 9. September des Jahres 1876 in ihr Tagebuch.

Ludwig der Zweite sprang in die Bresche und griff Wagner wenigstens finanziell kräftig unter die Arme. Was also sprach dagegen, sich in Italien zu erholen? Die Wagners machten sich auf den Weg nach München, von dort fuhren sie nach Verona! Über Venedig und Bologna – wo man einer Aufführung des »Rienzi« beiwohnte – reiste man nach Florenz, nach Pisa, nach Rom (dort blieb man 4 Wochen) und schließlich nach Neapel, von wo aus man sich natürlich einen Abstecher nach Sorrent gestattete. Standesgemäß stieg man im noblen Hotel Vittoria ab, wo man nicht weniger als einen Monat lang logierte. Es war die erste große Italienreise Wagners.

Richard Wagner war in seinem Leben kreuz und quer durch Europa gereist. Der Aktionsradius seines Lebens reichte im Norden bis London, im Osten bis Moskau, im Süden bis Sizilien und im Westen bis zur Atlantikküste. Eine expansive Künstlerexistenz, deren äußerlicher Bewegungsdrang dem inneren Reichtum des Werks, der Vielfalt verschiedenster europäischer Inspirationen entspricht! Und doch spielte in dem regen Reiseleben des sächsischen Globetrotters Richard Wagner Italien eine besondere Rolle!

Doch zurück nach Sorrent im Jahre 1876: dort traf Wagner zum letzten Male mit Friedrich Nietzsche zusammen. Am 4. Januar 1880 kehrte Wagner mit der Familie nach Neapel zurück. Dank der Großzügigkeit

König Ludwigs des Zweiten von Bayern, der den Wagners ein beträchtliches Darlehen gewährte, konnten sie sich ein fürstliches Domizil erlauben, die Villa d'Angri, hoch über dem Meer, unweit des Grabes von Vergil, mit einem phantastischen Blick auf den Vesuv und auf den Golf. Wagner gefiel es so gut, daß er mehr als ein halbes Jahr in Neapel blieb. Dem Bayreuther Grau entrissen, den sonnenbestrahlten Anblick des blauen Golfs von Neapel vor Augen, genoß Wagner in diesen Wochen eine der selten so unbeschwerten, eine der glücklichsten Zeiten seines Lebens. »Neapel ist meine Stadt, hol der Teufel die Ruinen, hier lebt alles, ich kenne nur zwei Städte, die ihrem Lande entsprechend, homogen mit ihm sind, London und Neapel.«

Man blieb bis zum 7. August 1880 in der Stadt am Fuße des Vesuv. Wagner arbeitete an der Ausarbeitung der »Parsifal«-Partitur und schrieb seinen Aufsatz »Religion und Kunst«.

Mit seiner Familie und dem russischen Maler Paul von Joukowski unternahm Wagner am 19. Juni des Jahres einen Ausflug nach Amalfi, wo man den Dom besichtigte und im Hotel »Capucins« übernachtete. Am nächsten Tage startete man einen Aufritt zu dem kleinen, hoch oben in den Felsen über dem Meer liegenden Städtchen Ravello, um den mittelaterlichen Palazzo Ruffolo mit seinen maurischen Architekturfragmenten zu besichtigen. Die pittoreske Ruinenstaffage des halbverfallenen Schlosses und der exotische Rosengarten – hoch über dem Meer und mit Blick auf die zerklüfteten Felsen des Ufergebirges der wild-romantischen, amalfitanischen Küste – begeisterten Wagner so sehr, daß er ins Gästebuch des Palazzo eintrug: »Klingsors Zaubergarten ist gefunden«

Auf der Rückreise von Neapel nach Rom statten die Wagners am 21. August 1880 auch der schönen toskanischen Stadt Siena einen Besuch ab. Man besichtigte natürlich als erstes den gewaltigen, auf einem Hügel gelegenen Dom. »Richard zu Tränen hingerissen«, notierte Cosima in ihrem Tagebuch, »der größte Eindruck, den er gehabt von einem Gebäude«. Diese Übertreibung mag durch die inspirierende Kraft des Gebäudes zu entschuldigen sein! Denn der Inneraum dieses großen, dreischiffigen Langhauses mit zwölfseitiger, auf Säulen aus abwechselnd schwarz und weiß geschichtetem Marmor ruhender, blauer, mit goldenen Sternen versehener Kuppel wurde für Wagner zum Vorbild seines »Parsifal«-Gralstempels, den Paul von Joukowsky nach seinen Angaben für die Bayreuther »Parsifal«-Uraufführung 1883 zu entwerfen gebeten wurde.

Kennengelernt hatte Richard Wagner Italien erst relativ spät, erst in seiner zweiten Lebenshälfte. Aber diese Begnung war um so heftiger in ihren Nachwirkungen. Und sie war keinesfalls unvorbereitet. Schon als »Jungdeutscher« war Richard Wagner von Wilhelm Heinses Buch »Ardinghello und die glückseligen Inseln« hingerissen. Er hat das Buch gemeinsam mit Cosima in seinen letzten Jahren noch einmal gelesen. Und er hatte sich ja kontinuierlich profunde Kenntnisse über Geschichte und Kultur Italiens angelesen, war vertraut mit den Reiseschilderungen Goethes, Heinrich Heines und anderer zeitgenössischer Autoren.

Es verwundert nicht, daß das mediterrane Italien zum Land seiner Sehnsucht – und seiner Fluchtbewegungen vor allem Deutschen – wurde. Schließlich auch zum Musensitz vieler seiner künstlerischen Inspirationen und zum Utopia seiner antikischen theatralischen Visionen.

Schon seine ersten, vorsichtigen Annäherungen an Norditalien hinterließen bei Wagner bewegende Eindrücke. Über eine zehntägige Reise durchs Tessin im Sommer 1852 schreibt Wagner in seiner Autobiographie: »In den hübschen Orten, durch welche ich nun gelangte, erfreute mich die Zierlichkeit der Häuserdekorationen sowie die angenehme Physiognomie der Menschen. Eine junge Mutter, welche, ihr Kind auf dem Arme und an einer Spindel spinnend, trällernd dahinschlenderte, blieb auf mich ebenfalls von unvergeßlichem Eindrucke. Kurz nach Sonnenuntergang gewann ich noch den Anblick der aus dem Lago Maggiore anmutig aufsteigenden Borromeischen Inseln und konnte nun wieder vor Freude über das morgen zu Erlebende nicht schlafen. Der Besuch der Inseln selbst entzückte mich des anderen Tages so sehr, daß ich nicht recht begreifen konnte, wie ich zu so etwas Anmutigem käme und was ich damit anfangen sollte.« –

Einen ausgeprägten Sinn für die Schönheiten Italiens, seiner Kunstwerke und seiner Kultur, nicht zuletzt auch seiner Frauen, hatte Wagner schon zu Zeiten entwickelt, wo er noch nicht selbst das Land betreten hatte. Als Inbegriff der italienischen Musik erschien Wagner übrigens Rossini. »Mein Bester, über Rossini geht nur Beethoven!« Dieses Kompliment entschlüpfte Wagner gegenüber einem gewissen Herrn Zumpe am Abend des 1. März 1873, während er die Gazza Ladra-Ouvertüre am Klavier spielte, bevor er Beethovens A-Dur-Sinfonie vornahm, seine Lieblingsinfonie, welche jener Herr Zumpe im Bayreuther Dilettanten-Verein zu dirigieren hatte. Und Wagner beschrieb, laut Cosimas Aufzeichnung, »wie in dieser Rossinischen Musik die ganze elegante Gesellschaft mit den schönen italienischen Frauen und ihrem Geplauder sich ausdrückt«.

Als Wagner vom sechsten Stock seines Hotelzimmers aus zum ersten Mal das Mittelmeer erblickte – das war in Genua, wo er während seiner zweiten Italienreise im Spätsommer 1853 Station machte – war er über alle Maßen und bisherigen Vorstellungen überwältigt, wie er in der Autobiographie »Mein Leben« berichtete: »hier erschien mir nun allerdings das ersehnte Wunder aufgehen zu wollen. Der herrliche Eindruck dieser Stadt kämpft noch bis heutigen Tages die Sehnsucht nach dem übrigen Italien nach mir nieder. Ich fühlte mich einige Tage in wahrhaftem Rausche; wohl war es aber meine große Einsamkeit mitten unter diesen Eindrücken, welche mir alsbald wieder das Fremdartige dieser Welt, und daß ich in ihr nie heimisch sein würde, zur Empfindung brachte. Unfähig und ohne alle Anleitung dafür, nach regelmäßigem Plane den Genuß eigentlicher Kunstschätze aufzusuchen, gab ich mich mehr nur einem gewissen, musikalisch zu nennenden Gefühle des neuen Elementes hin und suchte vor allen Dingen den Punkt, der in ihm zum Verweilen und zu ruhigem Genusse mich bestimmen würde. Denn immer ging mein Trieb nur auf den Gewinn eines Asyls hin, welches mir die harmonische Ruhe zu neuem künstlerischem Schaffen gewähren sollte«.

Italien sollte Wagner fortan regelmäßig Asyl gewähren. Es wurde ihm vor allem im letzten Lebensjahrzehnt zur Gegenwelt zu allem Deutschen, zur Zuflucht vor der Bayreuther Realität. Vor allem des Winters floh er vor fränkischer Kälte und Bayreuther Nebel in den milden, hellen, mediteranen Süden.

Der für Wagner bedeutendste Aufenthaltsort in Italien wurde Venedig, die Stadt der schwarzen Gondeln, mit denen sich Wagner so gern den Canale Grande herauf und herunter fahren ließ, vor allem bei Sonnenuntergang! Freund und Schwiegervater Liszt, der in seinem Stück »Gondoliera« diesem einzigartigen Fahrzeug der Lagunenstadt ein tönendes Denkmal setzte, schrieb Wagner einmal: »Ganz unerträglich ist mir aber in großen Städten namentlich das Wagengeräusch geworden: es macht mich rasend … nun ist Venedig die stillste, das heißt geräuschloseste Stadt der Welt; des bestimmt mich entscheidend für sie.«

Zum ersten Male in Venedig lebte Wagner vom 29. August 1858 bis zum 24. März 1859. Es war sein erstes Reiseziel, nachdem er sein Zürcher Asyl hatte räumen müsen. Seine Frau Minna hatte seine Liebesaffäre mit Mathilde Wesendonck, der Gattin seines Zürcher Mäzens, aufgedeckt. Ein Eklat war unvermeidlich und verlangte nach Ortsveränderung. Mit dem langjährigen Dresdner Freund Karl Ritter reiste Wagner also gen Venezia, das damals unter habsburgischer Herrschaft stand. Das Risorgimento hatte begonnen, Garibaldi war im Anmarsch, und es konnte jederzeit zu militärischen Auseinandersetzungen zwischen österreichischen und französischen Truppen kommen. Deshalb hielt man es für opportun, den ehemaligen Revolutionär Wagner polizeilich zu beobachten, im März 1859 wurde er denn auch ausgewiesen.

Aber zurück zum Ausgangspunkt: per Eisenbahn fuhren Richard Wagner und Karl Ritter in die Lagunenstadt, mit einer Gondel fuhren die beiden den Canale Grande hinauf bis zur Piazza San Marco. Man stieg – wie immer über seine Kosten lebend – zunächst für eine Nacht im vornehmen Hotel Danieli ab. Am nächsten Tag quartierte man sich im Palazzo Giustinian ein, nah der Einmündung des Rio Foscari in den Canale Grande.

In Wagners Autobiographie liest man: »Ich fand dort außerordentlich weite und bedeutende Räume, von denen man mir sagte, daß sie sämtlich unbewohnt bleiben würden; hier mietete ich denn einen stattlichen großen Saal mit daranliegendem geräumigen Schlafzimmer, ließ mein Gepäck schnell dorthin bringen und sagte mir am 30. August abends, daß ich nun in Venedig wohne.– Die Sorge dafür, hier ungestört arbeiten zu können, bestimmte mich in allem. Ich schrieb sogleich nach Zürich, mir meinen Erardschen Flügel und mein Bett nachzuschicken, da ich in Betreff des letzteren wohl fühlte, daß ich in Venedig kennenlernen würde, was Kälte sei. Außerdem ward mir sehr bald die graugeweißte Wand meines großen Saals verdrießlich, da sie so übel zu dem vollständig, und wie mich dünkte, in gutem Geschmack al freco ausgemalten Plafond paßte. Ich entschloß mich, dieses große Zimmer mit einer, wenn auch sehr ordinären, doch in vollständigem Dunkelrot gefärbten Tapete überziehen zu lassen.; dies brachte zunächst viel Unruhe; doch schien es mir sie zu überstehen wohl der Mühe wert, wenn ich von dem Balkon aus mit allmählich immer größerem Behagen auf den wunderbaren Kanal hinabblickte und mir nun sagte, hier wollte ich den Tristan vollenden.«

Wagner erlegte sich strengste Disziplin auf. Kirchen – und Galerienbesuch versagte er sich weitgehend. Vor- und nachmittags wurde gnadenlos komponiert. Unterbrochen wurde die Arbeit am Klavier nur durch Schopenhauerlektüre und philosohische Reflexionen, die er in einem eigens für Mathilde Wesendonck angelegten Tagebuch niederschrieb. Erst abends um Fünf verließ Wagner die Wohnung, um sich der Promenade im öffentlichen Garten und auf dem Markusplatz hinzugeben. Gegen Neun trat er gewöhnlich den Heimweg an, um vor dem Schlafen noch ein wenig zu lesen. »In einer schlaflosen Nacht, wo es mich gegen drei Uhr des Morgens auf den Balkon meiner Wohnung hinaustrieb, hörte ich denn auch zum ersten Male den altberühmten Naturgesang der Gondolieri. Mich dünkte, ungefähr von dem eine kleine Viertelstunde entfernten Rialto her den ersten, wie rauhe Klage klingenden Anruf durch die lautlose Nacht zu vernehmen; (...) Als ich einmal spät des Nachts durch den düsteren Kanal heimfuhr, trat plötzlich der Mond hervor und beleuchtete mit den unbeschreiblichen Palästen zugleich den sein gewaltiges Ruder langsam bewegenden, auf dem hohen Hinterteile meiner Gondel ragenden Schiffer. Plötzlich löste sich aus seiner Brust ein dem Tiergeheul nicht unähnlicher, von tief her anschwellender Klagelaut, und dieser mündete sich nach einem lang gedehnten ›Oh!‹ in den einfach musikalischen Ausruf ›Venezia!‹. Dem folgte noch einiges, wovon ich aber infolge der großen Erschütterung, die ich empfand, keine deutlichen Erinnerung bewahrt habe. Die hiermit zuletzt berührten Eindrücke waren es, welche Venedig während meines Aufenthaltes daselbst für mich charakterisierten und bis zur Vollendung des zweiten Aktes von Tristan mir treu blieben, ja vielleicht die schon hier entworfene, langgedehnte Klageweise des Hirtenhornes im Anfang des dritten Aktes mir unmittelbar eingaben.«

Am 1. Februar 1859 wies man den noch immer steckbrieflich gesuchten, aus Dresden geflüchteten Revolutionär Wagner aus Venedig aus, doch es gelang ihm, eine Fristverlängerung zu erwirken. Am 9. März hatte er noch die Instrumentierung des zweiten Aktes, am 18. März auch die Partitur des »Tristan« abschließen können. Sein erster Venedigaufenthalt ging am 24. März 1859 unwiderruflich zuende. Wagners zweiter Venedigbesuch war nur eine Stippvisite. Vier Tage blieb Wagner, als er am 7. November 1861 wiederum im Hotel Danieli Quartier bezog. In der Accademia besichtigte er Tizians »Assunta«, das berühmte Gemälde der Himmelfahrt Mariä, das seit 1919 in der Kirche Santa Maria Gloriosa dei Frari hängt. Das Bild übte, wie er in seiner Autobiographie schreibt, »eine Mischung von erhabenster Art auf mich aus, so daß ich seit dieser Empfängnis in mir meine alte Kraft fast wie urplötzlich wieder belebt fühlte. Ich beschloß die Ausführung der Meistersinger.« Eine Inspirationslegende wie viele andere. Wagner hat immer wieder in Italien – wie übrigens auch in der Schweiz oder in Böhmen – solche schönen Momente der Kunstinspiration verklärt und festgehalten. Mit den Madonnen hatte es allerdings eine besondere Bewandnis: Madonnen – ob nun die Aussigsche Madonna, die Sixtinische oder die Tizianische – waren für Wagner schlechthin Sinnbilder der himmlischen Liebe, will sagen der durch schmerzliche Entsagung errungenen Erlösung von der irdischen Liebe. Und so wurde – wenn man Wagners Inspirationslegende Glauben geschenkt – aus Tristan durch den Verzicht auf Mathilde Wesendonck der resignative Hans Sachs der »Meistersinger«. Aber man hüte sich, Wagner auf den Leim zu gehen! Immerhin hat Wagner an anderer Stelle die Tizianische Assunta mehrfach mit Isolde verglichen. Am 22. Oktober 1882 zum Beispiel liest man in Cosimas Tagebuch, Wagner habe ihr erklärt, diese Mutter Gottes sei »Isolde in der Liebesverklärung!« In einem späteren Gespräch stellt Wagner die Tizianische »Assunta« der Raffaelschen »Sixtinischen Madonna« gegenüber. Diese, so erklärt er Cosima, sei »bei vollendeter Schönheit vollkommene Unnahbarkeit!« Das heißt aber doch im Klartext nichts anders, als daß es für Wagner wohl doch solche und solche Madonnen gab. Die Assunta jedenfalls schien für Wagner gerade nicht die Schopenhauersche Verneinung des Willens zu symbolisieren, sprich der Liebe (die er eher in Raffaels Gottesmutter versinnbildlicht sah), sondern geradezu die mystische Steigerung des Eros, wie sie sich in Isoldes Liebenstod darstellt. Auch eine kleine Bellinische Madonna in der Accademia brachte Richard – wie Cosima am 25. April 1882 in ihrem Tagebuch festhielt – »seinen Gedanken wieder des Geschlechtstriebs«! Ohne Frage: die Assunta ist für Wagner keine entsagende, resignierende, sondern die erotisch verzückte Isolde in der Liebersverklärung!

Die erste seiner großen Inspirationen, derer Wagner in Italien teilhaftig wurde, erlebte er in der ligurischen Hafenstadt La Spezia, seit 1860 einer der größten Marinestützpunkte Italiens. 1853 traf Wagner, mit dem Dampfschiff von Genua kommend, in La Spezia ein und schon am folgenden Tag ereignete sich, auf dem Sofa seines Hotels liegend, die träumerische Geburt seiner »Ring«-Musik aus dem Es-Dur-Akkord, wie er in seiner Autobiographie für die Nachwelt festhielt: »Am Nachmnittage heimkehrend, streckte ich mich todmüde auf ein hartes Ruhebette aus, um die langersehnte Stunde des Schlafes zu erwarten. Sie erschien nicht;

dafür versank ich in eine Art von somnambulem Zustand, in welchem ich plötzlich die Empfindung, als ob ich in ein stark fließendes Wasser versänke, erhielt. Das Rauschen desselben stellte sich mir bald im musikalischen Klange des Es-Dur-Akkordes dar, welcher unaufhaltsam in figurierter Brechung dahinwogte; diese Brechungen zeigten sich als melodische Figurationen von zunehmender Bewegung, nie aber veränderte sich der reine Dreiklang von Es-Dur, welche durch seine Andauer dem Elemente, darin ich versank, eine unendliche Bedeutung zu geben wollen schien. Mit der Empfindung, als ob die Wogen jetzt hoch über mich dahinbrausten, erwachte ich in jähem Schreck aus meinem Halbschlaf. Sogleich erkannte ich, daß das Orchester-Vorspiel zum Rheingold, wie ich es in mir herumtrug, doch aber nicht genau hatte finden können, in mir aufgegangen war.« –

Orts- und Zeitenwechsel: Wieder einmal bei kränkelnder Gesundheit und von Depresssionen geplagt, reiste Wagner, um sich in besserem Klima zu regenerieren, am 1. November 1881 mit der Familie von Bayreuth über Bozen und Verona nach Neapel, übernachtete dort im Hotel »Bristol«, um sich nach Palermo einzuschiffen. Am 5. November kam man in Sizilien an und nahm Quartier im Grand Hotel delle Palme. Die Stadt erschien den Wagners zwar durchaus »nicht als Ort unserer künftigen festen Winter-Niederlasung«, aber das Idyllische Palermos fesselte sie dennoch! Man besichtigte Monreale mit seinem normannisch-arabisch-byzantinischen Dom, Wagner arbeitete an der Partitur des dritten »Parsifal«-Aktes, man verbrachte zum ersten Male das Weihnachtsfest fern von zuhause. Am 13. Januar 1882 war die Partitur des Bühnenweihfestspiels abgeschlossen. (Der Schott Verlag zahlte übrigens kurz darauf für die Partitur ein stolzes Honorar von 100 000 Mark!)

Zwei Tage später machte der impressionistische Maler Auguste Renoir Wagnern seine Aufwartung und fertigte eine Porträtskizze von ihm an, die er später in Farbe ausführte. Über das Ergebnis äußerte sich Wagner übrigens, wie Cosima in ihrem Tagebuch festhielt, folgendermaßen: es sähe aus »wie der Embryo eines Engels, als Auster von einem Epikuräer verschluckt.«

Anfang 1882 wechselte die Familie das Domizil und bezog die Villa des Fürsten Gangi an der Piazza dei Porazzo. In den prunkvollen Räumen arbeitete Wagner einen während seines Venedigaufenthalts 1858 / 59 entstandenen melodischen Einfall zum sogenannten Porazzi-Thema aus. Da es in der Villa des Fürsten jedoch auf Dauer zu kalt war, wurde Richard unleidlich und fiel Cosima und den Kindern zur Last. Zudem setzten ihm Unterleibsschmerzen, Brustkrämpfe und Herzanfälle zu! Man zog in die Barockstadt Acireale an der Ostküste, ins Hotel des Bains. Dieses Domizil konvenierte dem Meister! Man machte Ausflüge nach Catania und nach Messina. Von dort setzten die Wagners am 14. April 1882 nach Neapel über, von wo aus sie nach Venedig reisten, um dort vor ihrer Rückkehr nach Bayreuth noch einmal 14 Tage Station zu machen. Für den Herbst des folgenden Jahres hatte man vorsorglich bereits den Palazzo Vendramin-Calergi am Canale Grande angemietet. Dieser Venedig-Besuch sollte der letzte Italienaufenthalt Wagners werden, der Palazzo Vendramin sein Sterbeort, Venedig die Stadt seines Todes. Aber das ist ein neues Kapitel. –

Ein Ausflug der Wagners von Palermo aus verdient allerdings noch besondere Beachtung: natürlich unternahm man auch eine Besichtigung der Überreste der antiken Stadt Segesta, westlich von Palermo. Der dorische Tempel aus dem Jahre 426 vor Christus ist noch heute bestens erhalten. Die eigentliche Sehenswürdigkeit Segestas allerdings ist das 415 Meter hoch gelegene antike Theater, das im dritten oder zweiten Jahrhundert vor Christus erbaut, später von den Römern umgestaltet wurde. Die Lage dieses Amphitheaters ist exponiert, eine gute halbe Stunde steigt man den Hügel hinauf, von dem man einen Blick genießt bis zum bizarren Monte Erice im Westen und nach Castellamare del Golfo, dem einstigen Hafen Segestas im Osten. Eines der schönsten und schönstgelegenen Amphitheater der Antike.

Wir wissen ja, daß das Beste stets gut genug für Wagner gewesen war. So entsprach das Theater zu Segesta denn auch in idealer Weise Wagners Vorstellung einer Bühne, wie er sie in seinem Bayreuther Festspielhaus für seine Werke zu realisieren gedachte. Das Konzept seines Gesamtkunstwerks war ja entstanden durch die Rückbesinnng auf die antike Tradition des Theaters, das Selbstdarstellung und Selbstverständnis der Polisgemeinschaft war und in dem Politik, Religion und alle Künste miteinander verschmolzen. Der ranglose Aufstieg der Reihen des antiken Theaters symbolisierte die demokratische Gleichheit der Zuschauer. Die Antike war für Wagner – spätestens seit seinen Zürcher Kunstschriften – zum wichtigsten Bezugspunkt und Maßstab seiner musikdramatischen Kunst geworden.

Tod in Venedig

Unbemerkt von den Zuhörern hatte Wagner am 29. August des Jahres 1882, beginnend mit dem 23. Takt der Verwandlungsmusik des dritten Aktes, die letzte »Parsifal«-Aufführung der Festspiele zuende dirigiert. Hermann Levi – sein »Parsifal«-Dirigent – stand neben ihm. Später berichtete er: »Am Schluße des Werkes brach im Publikum ein Jubel los, der jeder Beschreibung spottet. Aber der Meister zeigte sich nicht, blieb immer unter uns Musikanten sitzen, machte schlechte Witze, und als nach 10 Minuten der Lärm im Publikum noch immer nicht aufhören wollte, schrie ich aus Leibeskräften: Ruhe! Ruhe! Das wurde oben gehört, man beruhigte sich wirklich, und nun fing der Meister (immer vom Pulte aus) an, zu reden, erst zu mir und dem Orchester, dann wurde der Vorhang aufgezogen, und das ganze Sänger- und technische Personal war oben versammelt, der Meister sprach mit einer Herzlichkeit, daß alles zu weinen anfing – es war ein unvergeßlicher Moment!«

Das waren zum letzten Male Bayreuther Wagner-Festspiele in Anwesenheit Richard Wagners. Beängstigende Herzanfälle häuften sich. Das Bayreuther Wetter drückte auf Wagners Gemüt. Also fuhren die Wagners, begleitet von dem Freund und Maler Paul von Joukowsky, Richtung Venedig. Bei schweren Unwettern traf man am Nachmittag des 16. September 1882 in der Lagunenstadt ein. Hochwasser. Ein Fieber grassierte. Man wohnte zunächst im Hotel »L'Europe«, um am nächsten Tag im Palazzo Vendramin-Kalergis – am Scheitelpunkt des nördlichen Bogens des Canale Grande – Quartier zu beziehen.

Der Hausherr des Palastes war Graf Chambord, der Herzog von Bordeaux. Zeitweise wohnten neben Wagners der Graf Bardi und seine Frau Adelgunde von Braganza im Palast. Graf Bardi war der Sohn und Erbe des Herzogs von Parma und durch seine Mutter Neffe des Kronprätendenten Heinrichs des Fünften von Frankreich. Bourbonische Lilien schmückten das Vestibül. Cosima dürfte sich heimisch gefühlt haben.

In der Zwischenetage hatte Wagner – wie es seinem lebenslangen Hang zum Luxus entsprach – nicht weniger als 15 Räume gemietet und veritabel ausstaffieren lassen. Ein rot tapezierter Salon im Seitentrakt besaß ein Doppelfenster zum Canale Grande und war im Stile Louis XVI möbliert. Links daneben das Arbeitszimmer mit vergoldeten venezianischen Ledertapeten, mit Ankleideecke und Erker, an der Wand ein Schreibsekretär, ein Divan und eine bequeme Arbeitsecke mit Lehnstuhl und Arbeitstisch. Für Cosima hatte man einen gelbseidenen Teesalon hergerichtet, an den sich Kinder-, Schlaf- und Besucherzimmer anschlossen. Eine komfortable Ferienwohnung in einem der schönsten Palazzi Venedigs und sehr verkehrsgünstig gelegen. Mit der Gondel ließ sich Wagner vom Lieblingsgondoliere Luigi, der mit seinem Gefährt immer bereitstand, häufig zum Markusplatz fahren, wo er am liebsten – unerkannt von den Touristen und Spaziergängern – auf einer der steinernen Bänke vor San Marco saß. Meist vornübergebeugt, die Arme aufgestützt. Da kam er sich vor wie Hagen. So würde man ihn eines Tages als Leiche finden. Galgenhumor! Wagner wußte, daß es nicht lange mehr gehen würde mit ihm. In diesen Wochen in Venedig rekapitulierte er denn auch Kindheit, Jugend, seine kompositorischen Anfänge, Paris, Zürich, Dresden, Leipzig, Glück und Irrtum, Schmerz und Ärger, am wenigsten die Erfolge. Seine Träume sprachen eine eindeutige Sprache. Cosima hat sie alle aufgeschrieben. Wagner kam sich alt und übriggeblieben vor, eine Distanz schob sich zwischen ihn und die ihn Umgebenden, selbst Cosima wurde ihm fremd. Er war nicht mehr der Getriebene, hatte keine Zukunftsvisionen mehr. Sein Kampf war geschlagen. Bis zur Vollendung des »Parsifal« hatte er sich in großer Selbstdisziplin Haltung und Form bewahrt. Nun hatte er keine Kraft mehr.

Er ließ sich treiben, besuchte mit Cosima Kirchen und Paläste, obwohl ihm das nicht sonderlich mehr gefiel. Seine Gedanken kreisten eher um die nächsten Festspiele. Endlich ein ermutigender Kontostand: nach Abzug aller Ausgaben und Kosten ein Überschuß von 143 139 Mark. Doch Zukunftsängste in Bezug auf sein Werk und seine Festspiele beunruhigten ihn. Er wußte, seine Kräfte waren erschöpft. Wer sollte die Festspiele nach ihm leiten?

Hans von Wolzogen, Redakteur der Bayreuther Blätter und nach Wagners Tod eine der einflußreichsten Figuren im unmittelbaren Cosima-Kreis, hatte er, seinen nächsten Geburtstag vorwegnehmend, geschrieben: »Ich bin nun siebzig Jahre alt geworden und kann nicht einen einzigen Menschen bezeichnen, der in meinem Sinne irgendeinem der bei solch einer Aufführung Beteiligten, sei es den Sängern, dem Orchesterdirigenten, dem Regisseur, dem Maschinisten, dem Dekorateur oder dem Kostümier, das Richtige sagen könnte. Ja ich weiß fast keinen, der nur auch im Urteil über Gelungenes oder Nichtgelungenes mit mir zusammenträfe, so daß ich mich auf das seinige verlassen könnte.«

Ludwig dem Zweiten hatte er in einem Brief vom 18. November in utopischem Optimismus noch geschrieben daß er in seinem Festspielhaus alle seine Werke nach und nach präsentieren wolle in mustergültigen Aufführungen für die Nachwelt. Hiermit, so schrieb er dem König, »bedinge ich mir noch etwa zehn rüstige Lebensjahre, während welcher mein Sohn bis zum Alter seiner vollen Mündigkeit reift, welchem allein ich die geistig-ethische Aufrechterhaltung meines Werkes zutraue, während ich sonst niemanden weiß, dem ich mein Amt übergeben könnte.«

Das war deutlich. Wagners Nachfolgevorstellung schloß die Gattin Cosima aus. Daß sie ihn um siebenundvierzig Jahre überleben würde, und immerhin 23 Jahre die Festspiele in einem eher restaurativen, musealen Sinne als verkappten Gottesdienst weiterführen würde, konnte, wollte er nicht vorhersehen. Oder doch?

Wagner lebte in einer Stimmung »hoffnungsvoller Resignation«. Er wollte den »Tannhäuser« noch einmal bearbeiten. Er liest doch noch einmal Nietzsche: »Die fröhliche Wissenschaft«, auch ein Buch über Buddha von Hermann Oldenberg. An Bayreuth denkt er ungern. Gegenüber Joukowsky bedauerte er es, daß er sein »schönes Haus mit solch einem Scheißklima« gebaut habe. Am Klavier spielte Wagner immer wieder »Harlekin, du mußt sterben«, eine volkstümliche Melodie, die er durch seine erste

Frau, Minna, kennengelernt hatte. Besucher kamen und gingen. Gegenüber dem Kunsthistoriker Henry Thode, dem nachmaligen Ehemann der Cosima-Tochter Daniela, bemerkte er beiläufig, »da liege ich nun den ganzen Tag in den heftigsten Krämpfen und erhole mich erst am Abend, und dann kommt diese meine herzlose Familie und sagt: Es ist doch eine Freude, wie gut es dem Vater hier geht.« Wagner wurde zynisch. Gelegentlich las er den Anwesenden abends noch vor, zum Beispiel Szenen aus »Romeo und Julia«, in einer Intensität, die den Zuhörern die Tränen in die Augen getrieben haben soll. Er vollendete unter starken Krämpfen den Aufsatz über »Das Bühnenweihfestspiel in Bayreuth 1882«, worin man liest: »Wer kann ein Leben lang mit offenen Sinnen und freiem Herzen in diese Welt des durch Lug, Trug und Heuchelei organisierten und legalisierten Mordes und Raubes blicken, ohne zuzeiten mit schaudervollem Ekel sich von ihr abwenden zu müssen? Wohin fällt dann sein Blick? Gar oft wohl in die Tiefe des Todes.«

Cosimas fünfundvierzigster Geburtstag stand vor der Tür. Ihr neunundsechzigjähriger Gatte wollte sie mit etwas Besonderem überraschen. Er hatte die Idee, seine jugendliche C-Dur-Sinfonie, die er vor genau 50 Jahren komponiert hatte, für Cosima noch einmal aufzuführen! Er studierte sie mit dem Orchester des Liceo Benedetto Marcello ein. Nur dreimal in seinem Leben wurde sie bisher aufgeführt. Von Dionys Weber in Prag 1832 uraufgeführt, kam sie wenige Tage später im Leipziger Gewandhaus zur Aufführung und dann hatte Wagner sie in Würzburg am 27. August 1833 in einem Konzert des Würzburger Musikvereins noch einmal dirigiert. Die Partitur ging verloren. 1877 hatten sich die Stimmen, die in Prag abgeschrieben worden waren, wiedergefunden. Anton Seidl, einer der treusten Assistenten Wagners bei den ersten Bayreuther Festspielen, später ein geschätzter Dirigent in Berlin wie an Covent Garden und an der New Yorker Met, hatte aus den Stimmen wieder die Partitur zusammengestellt. Wagner veränderte nur das Trio leicht, ließ das Jugendwerk ansonsten, wie es war. Diese späte Wiederbegegnung mit der Jugendsinfonie ist kein Zufall. Schon während der Komposition der »Götterdämmerung«, mehr noch der des »Parsifal«, hatte Wagner das Verlangen verspürt, Orchesterwerke zu schreiben, er wollte jetzt nur noch Symphonien schreiben, aber einsätzige! –

Es war eines Nachmittags, als Franz Liszt, der im Vendramin zu Gast war, für den engeren Kreis des Hauses das Scherzo-Allegretto aus Beethovens achter, der F-Dur Sinfonie spielte, Wagners Lieblingssinfonie. Er war so begeistert von Liszts Vortrag, daß er hinter dessen Rücken zur Musik tanzte, »unendlich graziös«, wie der anwesende Maler Paul von Joukowsky später erzählte. Wagner selbst kamen damals immer wieder Melodien für eine Symphonie in den Sinn. Er erklärte Liszt »Wenn wir Symphonien schreiben, Franz, nur keine Gegenüberstellung von Themen, das hat Beethoven erschöpft! Sondern einen melodischen Faden spinnen, bis er ausgesponnen ist. Nur nichts vom Drama!«

Aber Liszt war längst auf anderen Wegen gewandelt, kompositorisch: er spann nichts mehr aus, er experimentierte an der Schwelle einer neuen, sich von der überlieferten abwendenden Harmonik. Der alte Liszt wurde zum Avantgardisten. Auch und gerade in seiner – Todesvorahnungen vorwegnehmenden – Trauer-Komposition »La Lugubre Gondola«, die er am 19. November in Venedig komponiert hatte.

Wagner hatte allerdings für die späten Klavierstücke Franz Liszts kein Verständnis mehr. Er hatte der chromatischen Symphonik des mittleren Liszt sehr viel abgewonnen, er hatte die gewaltigen Dimensionen der symphonischen Dichtungen Liszts bewundert. Dessen Schluß-Apotheosen hatte er allerdings nie gemocht, wie er auch dem Katholiken in Liszt stets verständnislos gegenübergestanden hatte. Der seiner Zeit vorauseilende Altersstil Liszts war für Wagner nichts als »Mißklang«. Wagner wollte aber auch nicht mehr weiter, wollte keine Experimente mehr, wollte nur noch ausruhen, aus dem Vergangenen schöpfen.

Am 14. Dezember begann Wagner mit den Proben zu seiner seit fünfzig Jahren nicht mehr gespielten C-Dur-Sinfonie. Wie geplant, führte er sie am 24. Dezember 1882, also am Hl. Abend, dem Vorabend des Geburtstages Cosimas, vor einer auserwählten Schar von nicht einmal 15 Gästen in dem herrlichen, hell erleuchteteten Teatro la Fenice auf. Fünf Proben hatte er abgehalten, Herzattacken machten ihm die Vorbereitungen der Aufführung schwer. Es war das letzte Mal, daß Wagner den Taktstock in Händen hielt.

Während der Aufführung der C-Dur-Sinfonie, am Hl. Abend des Jahres 1882, ging Wagner in der Pause – nach den beiden ersten Sätzen sollte man sich erfrischen – zu Liszt und sagte ihm ins Ohr »Hast Du deine Tochter lieb?« Woraufhin Liszt heftig erschrak. »Dann setz dich ans Klavier und spiel!« fügte Wagner hinzu. Liszt tat es, zur Freude aller! Richard habe dann die Entstehungsgeschichte seiner Sinfonie auf Französisch erzählt. Um elf Uhr sei man nach Hause gefahren, berichtet Cosima, in venezianisch blau verklärter Nacht.

Zu Neujahr sah sich Wagner noch einmal die Aufführung eines Goldoni-Stücks an. Dann wurde es still um ihn. Die meisten der zu Silvester eingeladenenGäste verabschiedeten sich. Am dritten Januar reiste auch Humperdinck ab. Am 10. Januar schrieb Wagner einen letzten Brief an Ludwig den Zweiten. Darin ging es vor allem um die vom König gewünschte Separatvorstellung des »Parsifal« in München. Wagner lehnte sie entschieden ab! In diesem letzten Brief nannte er den »Parsifal« zum ersten Mal sein »Weltabschiedswerk«, auch sein »Lebens-Abschieds-Werk«.

Wagner wurde von seiner Umwelt zunehmend als merkwürdig empfunden. Immer wieder spielte er urplötzlich am Klavier »O du lieber Augustin« oder ein Volkslied aus dem Siebenjährigen Krieg, »Stiefel muß sterben«. Vor allem aber hörte er auf, tagtäglich gegen Gott und die Welt zu wettern, zu schimpfen, hörte auf, zu erklären, zu dozieren und zu lamentieren. Er fühlte sich unwohl. Sogar sein Domizil Vendramin wurde ihm durch die zunehmenden Herzkrämpfe und Abschiede verleidet.

»Nur ab und zu lodert es in ihm auf wie bei einem halb erloschenen Feuer« notierte Cosima in ihr Tagebuch. Mit akribischer Sorgfalt zeichnete sie seine Leiden und seine Träume auf. Von Verklärung keine Spur. In der Nacht zum 11. Januar hörte sie ihn im Traume sprechen: Er habe gesagt: »Wenn er mich geschaffen hat, wer hat's ihn geheißen und wenn ich sein Ebenbild bin, ist es die Frage, ob es mir angenehm ist!«

Am 13. Januar reiste auch Liszt ab, obwohl Wagner ihn bat, noch zu bleiben. Nur Paul von Joukowsky blieb. Noch einmal kam Hermann Levi, sein »Parsifal«-Dirigent, zu Besuch, am 4. Februar. Er wollte mit Wagner die künftige Besetzung des »Parsifal« besprechen. Dabei fiel auch der Name des Blumenmädchens Carrie Pringle. Es scheint so gewesen zu sein, daß Wagner sie – zunächst ohne Cosimas Wissen – zum »Vorsingen« einladen wollte. Sein Eros hatte sich an ihr noch ein letztes Mal entzündet.

Am 6. Februar stürzte sich Wagner mit den Töchtern Isolde, Daniela und Eva bis nachts ins venezianische Faschingstreiben. Aschermittwoch, vor dem Einschlafen, hörte Cosima ihn sagen »Ich bin wie Othello, mein Tagewerk ist vollbracht.«

Seine vorletzte Arbeit war ein Brief an den Philosophen und Schriftsteller Heinrich von Stein. Darin liest man, das Drama sei keine Dichtungsart, sondern »das aus unserem schweigenden Innern zurückgeworfene Spiegelbild der Welt«. Bei der Betrachtung der geschlossenen, unbewohnten Paläste Venedigs rief er gegenüber Cosima aus: »das ist Eigentum! Der Grund alles Verderbens!« Der alte Sozialist in Wagner war noch einmal erwacht. Die Frauenfrage beschäftigte ihn bis zuletzt. Zur gleichen Zeit, als August Bebel seine Schrift über »Die Frau und der Sozialismus« schrieb, hatte Wagner in seinem »Braunen Buch« notiert: »Vermählungen ohne Zuneigung« seien für das menschliche Geschlecht verderblicher gewesen als alles andere! Eigentum, Besitz, Konventionsheiraten und Mißbrauch der Ehe betrachtete er als Grund sittlichen Niedergangs. In seinen letzten Nächten träumte er von seiner Mutter und von den Frauen seines Lebens, von Minna, der Schröder-Devrient, von Mathilde Wesendonck und von Friederike Meier. Cosima war eifersüchtig auf sie alle!

Am 12. Februar nahm Hermann Levi bewegt Abschied von Wagner. Nach dem Abendbrot las Wagner, wie schon am Vorabend, in Friedrich de la Motte-Fouques »Undine«. Während des Lesens porträtierte ihn

Paul von Joukowsky auf einem Blatt eines linierten Notizblockes: die letzte Abbildung Wagners.

Als Cosima schon zu Bett gegangen war, hörte sie ihn viel und laut sprechen. Sie ging zu ihm. »Ich sprach mit Dir«, habe Richard zu ihr gesagt und sie lange und zärtlich umarmt. Den rätselhaften Ausspruch Richards »Alle 5000 Jahre glückt es!« notierte Cosima, und auch den folgenden: »Ich sprach von den Undinen-Wesen, die sich nach einer Seele sehnen«. Wagner sei ans Klavier gegangen und habe das »Rheingold«-Klagethema der Rheintöchter gespielt und hinzugefügt »Falsch und feig ist, was oben sich freut«. »Daß ich das damals so bestimmt gewußt habe!«. Schon im Bett liegend habe Wagner noch hinzugefügt »Ich bin ihnen gut, diesen untergeordneten Wesen der Tiefe, diesen sehnsüchtigen.« Es waren die letzten Notierungen Cosimas in ihrem Tagebuch. -

Die Ereignisse überschlugen sich: »Heute muß ich mich in acht nehmen« soll Wagner am nächsten Morgen zu seinem Diener Georg gesagt haben. Es kam, wenn man der Tochter Isolde glauben darf, schon beim Frühstück zu einem heftigen Streit zwischen Cosima und Richard. Der Grund: seine Einladung Carrie Pringles. Sie war womöglich auch der Auslöser des tödlichen Herzanfalls einige Stunden später. Bis Mittag blieb Wagner in seinem Zimmer. Cosima saß – weinend – am Klavier und spielte Schuberts »Lob der Tränen«. Gegen Zwei ließ Wagner ausrichten, man solle ohne ihn zu Mittag essen. Das Hausmädchen Betty Bürkel blieb in Wagners Nähe. Sie hörte ihn als erste stöhnen und um Luft ringen. Er saß am Schreibtisch und schien das Ende eines seiner in letzter Zeit häufigen Herz- und Brust-Krämpfe abwarten zu wollen. Er hatte an seinem letzten Aufsatz geschrieben: »Über das Weibliche im Menschen«. Nach dem Satz »Gleichwohl geht der Prozeß der Emanzipation des Weibes nur unter ekstatischen Zuckungen vor sich. Liebe-Tragik.« war ihm die Feder entfallen. Dann zog er die Klingel! Zu der herbeieilenden Betty sagte er mit erstickter Stimme »Meine Frau und der Doktor«. Betty lief zur Mittagstafel, um Frau Wagner zu holen. Sie fand ihn in heftigem Ringen mit seinem bisher schlimmsten Herzanfall. Plötzlich sank er mit geschlossenen Augen in sich zusamen. Cosima umklammerte seine Knie. Als der Arzt Dr. Keppler eintraf, konnte er nur noch den Tod feststellen. –

Noch am Tage des Todes Richard Wagners verbreitete sich die Kunde dieses Ereignisses wie ein Lauffeuer durch die Welt, die sich erschüttert zeigte. Ludwig der Zweite brach in großes Klagen aus. Giuseppe Verdi schrieb an seinen Verleger Ricordi: »Triste, triste, triste! Wagner è morto!« Hans von Bülow stammelte, so wird berichtet, auch sein Geist sei mit diesem Feuergeist gestorben. Bruckner komponierte gerade am Adagio seiner Siebenten Symphonie und war in der Partitur bis zum Buchstaben W gelangt, als die Depesche aus Venedig eintraf. Unter Tränen löste er die große Trauerklage der Tuben in den friedvollen Dur-Schluß des Satzes auf, eine letzte Hommage an den von ihm so Verehrten . Franz Liszt schrieb unmittelbar unter dem Eindruck der Nachricht vom Tode Richard Wagners das Klavierstück »R.W. – Venezia« – eine gestammelte Folge ernster Akkorde, übermäßiger Dreiklänge, dissonanter Rückungen und ins Nichts verlaufender Tonreihen.

Cosima habe 25 Stunden starr und stumm neben dem Leichnam gesessen. Der Arzt mußte sie gewaltsam mit Hilfe Joukowskys fortbringen. Wagner wurde einbalsamiert. Cosima schnitt sich ihre langen blonden Haare ab und legte sie Richard auf die Brust. Nie wieder wollte sie lange Haare tragen. Man hatte eigens einen Sarkophag der Leichenbestattungsgesellschaft Concordia aus Wien herbeigeschafft; er besaß einen inneren, dicht zu verlötenden Metallsarg mit Glasfenster. Darunter sah man das eingefallene, in sich gekehrte Gesicht, von dem Benvenuti Augusta noch Totenmasken genommen hatte. Am Freitag trug man den Sarg bei strahlender Sonne vom Palazzo Vendramin in die schwarze Gondel, die ihn zum Bahnhof brachte, wo zwei Sonderwagen, ein schwarz dekorierter Totenwagen der Wiener Bestattungs-Firma und ein Salonwagen bereitstanden, darin ein mit geschlossenen Vorhängen verdunkeltes Abteil für Cosima. Vielleicht war tatsächlich der junge Dichter Gabriele d'Annunzio unter den Sargträgern, wie er in seinem Roman »Il Fuoco« schrieb. Über Verona und Kufstein fuhr man nach München. Als der Zug durch die Isarstadt fuhr, standen an der Strecke Abordnungen Münchner Künstler und Verehrer mit gesenkten Fackeln. In Bayreuth blieb der Wagner-Sarg über Nacht im Leichenwagen, von einer Totenwache umgeben. Zur öffentlichen Trauerfeier am nächsten Tag strömten Künstler und Politiker, Berichterstatter und Freunde aus aller Welt herbei. Zu »Siegfrieds Trauermarsch« wurde der Sarg an der Spitze eines langen Konduktes nach Wahnfried getragen und in die vorbereitete Gruft gesenkt. Was folgte ist Nachwelt, ist Wirkungsgeschichte Wagners. –

Die Welt trauerte um Wagner. Man wußte, wer da gestorben war. Eine Epoche der Musik-, der Operngeschichte war zuende gegangen. Nicht nur Freunde Wagners waren unter den Trauernden. Auch viele ehemalige Feinde oder solche, die zu Feinden und Gegenspielern erklärt wurden, kondolierten. Johannes Brahms zum Beispiel sandte einen Kranz, was in Bayreuth perfiderweise nur als Hohn und Spott gedeutet wurde. Selbst der Wiener Musikkritiker Eduard Hanslick – weiß Gott alles andere als ein Wagnerianer – schrieb in seinem Nachruf «Kein Musiker ist uns noch begegnet, so unfähig oder leidenschaftlich, die glänzende Begabung und erstaunliche Kunst Wagners zu verkennen, seinen enormen Einfluß zu unterschlagen, sich dem Großen und Genialen seiner Werk selbst bei eingestandener Antipathie zu verschließen.«

Am 22. Mai 1883, Wagner wäre siebzig geworden, schrieb Franz Liszt in Weimar noch eine zweite Trauer-Komposition für seinen Freund und Schwiegersohn: »Am Grabe Richard Wagners« nannte er sie. Sie beginnt mit einem lastenden Baßrezitativ, dessen von der Quarte bestimmte Intervallfolgen am Ende im Diskant wiederkehren und schließlich in den Ausgangston cis im Baß zurücksinken. Einzelne Klangfolgen erinnern an Wagners »Parsifal«.

NACHT ÜBER BAYREUTH UND DIE ZEIT DANACH

Von Wagner zu Hitler

Der »Parsifal« war Richard Wagners Weltabschiedswerk. Er selbst hatte ihn 1882 noch einstudiert, die Bühnendekoration wurde nach Wagners Wünschen entworfen. Cosima hielt die Uraufführungsproduktion, auf der des Meisters Augen geruht hatten, so lange sie konnte im Festspielprogramm. Man spielte den »Parsifal« in Bayreuth nahezu unverändert bis ins Jahr 1933 in den zwar authentischen, aber doch nach einigen Jahren zerschlissenen und einem überholten Zeitgeschmack verhafteten Uraufführungsdekorationen Paul von Joukowskys. Dienst am Werk als Konservierung des ein für alle mal gültigen Meisterwillens, so lautete Cosimas Devise. Ein gewaltiges Mißverständnis, gedenkt man Wagners Abscheu vor allem historisierenden Theater- und Schminkewesen, aber auch seiner entschiedenen Forderung, ein Bühnenwerk jeweils aus dem Verständnis der Aufführungszeit heraus neu zu deuten!

Mit Cosima begann recht eigentlich die verfälschende Wagner-Denkmalspflege und Wagner-Idolisierung. Richard erschien ihr »als gewaltige Rettung des germanischen Geistes«, der »Parsifal« als heiliges Werk eines neuen Christentums, dem sie missionarisch dienen zu müssen glaubte, wie sie Felix Mottl brieflich am 16. August 1887 bekannte: »Auf unserem Hügel ist nun die feste Burg, da haben wir unseren teuren Heiland frei von allem Unwürdigen, welches eine traurige Menschheit ihm aufgebürdet. In diesem Gottes-Haus sind alle berufen, die nur wahrhaftig und notgedrungen sind«. Auch die Juden sind dazu berufen. Cosima meint damit vor allem Hermann Levi, den »Parsifal«-Dirigenten. Sie schreibt weiter: »so jubelt mein Herz zu dieser Kraft unserer Sache, welche einzig alle Scheidungen, die uns schmerzen, wirklich und wahrhaftig aufhebt.«

Ein nachträgliches Zeugnis für die versöhnliche Botschaft des »Parsifal«, aber vor allem Dokument einer Religionsgründung in Bayreuth, als deren Hohepriesterin sich Cosima empfand. Dienst am Werk wurde bei Cosima zum Gottesdienst, der Kreis der Getreuen zur Gemeinde. Eduard Hanslick nannte in seiner Autobiographie »Mein Leben« den Kreis der Wagner-Jünger um Cosima nicht zu Unrecht die »Betbruderschaft vom heiligen Richard«.

Einer der getreuesten Diener Cosimas war Hans von Wolzogen, der Herausgeber der Bayreuther Blätter, der mit seinen eigenen Beiträgen in der Bayreuther Hauszeitschrift zum Sturm der Verkündigung eines regenerierenden germanischen Christentums blies. Eine ganze Autoren-Clique – die in den Bayreuther Blättern publizierte – stand seinen Intentionen zu Gebote: Heinrich von Stein, der Hauslehrer Siegfrieds, Karl Friedrich Glasenapp, der Bayreuther Haus-Biograph, der erste Gobineau-Übersetzter Ludwig Schemann und der Kunsthistoriker Henry Thode, Ehemann Daniela von Bülows, der ältesten Tochter Cosimas, um mit Winfried Schüler die wichtigsten des »inneren Bayreuther Kreises« zu nennen. Auch Nietzsches Schwager Bernhard Förster, dessen antisemitische Reichstags-Petition seinerzeit Wagner nicht unterschrieben hatte, um sich von der antisemitischen Bewegung zu distanzieren, schrieb mittlerweile in den Bayreuther Blättern, ebenso der Berliner Hofprediger Stöcker, H. St. Chamberlain, Theodor Fritsch, der Verfasser des berüchtigten »Handbuchs der Judenfrage«, Paul de Lagarde, Alfred Rosenberg, der spätere Chefideologe des Dritten Reiches, und Karl Grunsky, einer der linientreusten Musikwissenschaftler des Dritten Reiches.

Wie Winfried Schüler in seiner wegweisenden Arbeit über den »Bayreuther Kreis« feststellte: »Was der Meister noch an Ursprünglichkeit, an Größe und Ungebundeneheit des Denkens besitzt ... verengt sich bei den Jüngern zum Dogma, zur Formel, zum Programm. Zugleich mündet es ein in einen breiten Strom ähnlichgestimmter Erneuerungsbestrebungen.« Zu ergänzen ist, daß wesentliche Elemente des Wagnerschen Denkens von den Autoren des Bayreuther Kreises, wie auch von den späteren nationalsozialistischen Wagner-Literaten ignoriert oder gar in ihr Gegenteil verkehrt wurden. So vor allem Wagners utopisch-sozialistische Ansichten und seine im krassen Gegensatz zur entstehenden biologistischen Rassenlehre formulierte versöhnliche Haltung gegenüber den Juden im schopenhauerisch-christlichen Sinne. Sie klammerten aber auch die universalen, die übernationalen, kosmopolitischen Elemente in Wagners Gesamtwerk völlig aus oder reduzierten sie ganz auf das Deutschtümliche, nicht selten Deutschtümelnde. Nichts hätte Wagner ferner gelegen! Die frühen sozialistischen Anregungen wurden meist ebenso negiert wie etwa manche grundsätzlich-kritische Äußerung Wagners über die Deutschen und Wagners Mißtrauen gegenüber der Staatsmacht und dem Machtstaat. Trotz aller kulturpessimistischen und antimodernistischen Anknüpfungspunkte hatten sich die Bayreuther Wagnerapostel in dem, was sie als Wagnersche Gedanken ausgaben, von Wagner und seinem faszinierenden, zwischen Mythos und Aufklärung oszillierenden, letztlich aber human intendierten Werk weit entfernt! Ein Blick auf die nicht nur Bayreuther Inszenierungsgeschichte des »Rings« offenbart, wie in den ersten beiden Jahrzehnten des zwanzigsten Jahrhunderts das Zusammenbrechen der Nibelungenhalle, die Brandstiftung in Walhall, Brünnhildens Selbstverbrennung und über die Ufer fließender Rhein am Ende der »Götterdämmerung« nur noch Anlässe eines germanentümenden Ausstattungs-Spektakels waren. Wagner hatte seine radikale politische Stoßkraft eingebüßt und war domestiziert worden zum bloßen Verherrlicher des altdeutschen Mythos, der er niemals gewesen war!

Wagner wurde von den völkischen Wagnerianern im Umkreis der Wagner-Witwe Cosima biographisch verklärt, politisch verharmlost und idolisiert zum Religionsgründer eines germanischen, antisemitischen, völkischen Christen- und Deutschtums. Damit machten sich die Autoren des Bayreuther Kreises zu den geistigen Wegbahnern des Nationalsozialismus. Einer der maßgeblichen Mittler dieses nationalistisch-antisemitischen Wagnerbildes war der populärphilosophische Kulturkritiker englischer Abstammung Houston Steward Chamberlain, der Wagners Tochter

Eva 1908 heirate und damit zu des toten Wagners Schwiegersohn wurde und unmittelbaren Zugang zu Wahnfried erhielt. Er wurde der innigste Vertraute Cosimas während ihrer letzten Jahrzehnte.

Bereits im Jahre 1909 kommentierte die Baronin von Spitzemberg in ihrem Tagebuch die Verbindung Chamberlains mit dem Hause Wagner mit den bezeichnenden Worten: »welch ein Herd für den Antisemitismus«. Als Dame der vornehmsten Gesellschaft in Berlin – mit guten Beziehungen zum Hofe – wußte sie, wovon sie sprach. Wagner ist, durch Vermittlung Chamberlains, zu Wilhelms des Zweiten und des Kronprinzen Lieblingskomponisten geworden und damit zur quasi offiziellen Reichssache. In einem Brief an Wilhelm Prinz von Preußen hatte Philip Eulenburg am 6. Februar 1888 betont, »daß Bayreuth im Sommer und Berlin im Winter die Pflegestätte der deutsch-nationalen Musik sein muß. Darauf arbeiten Eure Königliche Hoheit hin, und darin werde ich allezeit nach Kräften sekundieren.« Bereits am 18. September desselben Jahres hatte Eulenburg nach einem Besuch bei Cosima Wagner in sein Tagebuch notiert: »Ich stehe auf dem Standpunkt, daß ich das deutsche Element Wagnerscher Musik, verkörpert in den feststehenden Festspielen zu Bayreuth, für eine Kräftigung des nationalen Bewußtseins halte. … Deshalb ist es nicht nur politisch wichtig, die Festspiele zu erhalten, sondern sie zu fördern bedeutet auch eine deutsche Kultur-Aufgabe.«Spätestens da hatten sich Nietzsches prophetische Worte erfüllt: »Die Deutschen haben sich einen Wagner zurecht gemacht, den sie verehren können«.

Chamberlain wurde zu einem der Lieblingsautoren Wilhelms des Zweiten. Chamberlains Wagnerbuch wurde zur vielgelesenen Heiligen Schrift deutschnationaler Wagnerianer und verbreitete den Glauben an Wagner als »künstlerischen Seher«, als Reformator der deutschen Kultur, als rassistischen Antisemiten und Propheten einer nordisch-deutschen Weltanschauung. Die weitreichende Wirkung dieses Buches und zahlreicher weiterer Wagner-Publikationen des Autors kann gar nicht überschätzt werden.

Das Festspielhaus von Bayreuth war – um mit seinen eigenen Worten zu sprechen – für Chamberlain »ein Kampfsymbol, eine Standarte, um welche sich die Getreuen kriegsgerüstet sammeln«. Chamberlain begriff sich als Vorkämpfer eines vermeintlichen »Bayreuther Gedankens«, der indes kaum mehr etwas mit Wagners Gedanken gemein hatte, umso mehr mit denen der völkischen Wagner-Erben und -Exegeten in Bayreuth. Das völkische (antisemitische) Wagnerschrifttum blühte um die Jahrhundertwende auf. Der Bayreuther Kreis war zweifellos das Zentrum dieses nationalistischen Wagnerismus, der ideologisch nahtlos überging in die Wagnerexegese der Nationalsozialisten.

Houston Stewart Chamberlain hatte sich nicht nur dem preußischen Hofe angedient und bei Kaiser Wilhelm und dem Kronprinzen für eine starke Wagner-Begeisterung gesorgt, er hat vor allem auch die Brücke vom Hause Wagner zu Adolf Hitler geschlagen. In den »Grundlagen des neunzehnten Jahrhunderts« hatte er mit explizit rassistisch-antisemitischer, nationalistischer Kulturgeschichtsschreibung weite Teile des Bildungsbürgertums ideologisch auf das Kommende vorbereitet. Er redet einer nordisch-deutschen Rasse das Wort, zu deren künstlerischem Seher er Wagner erklärte, und hatte damit geweissermaßen den Grundstein gelegt für die nationalsozialistische Weltanschauung, wie sie in Alfred Rosenbergs »Der Mythos des 20. Jahrhunderts« programmatisch entwickelt wurde. Chamberlain hat vor allem Wagners antijüdische Haltung ins kämpferisch-unversöhnliche Extrem verkehrt und mit seiner eigenen »arischen« Blutideologie unterlegt, die natürlich Assimilation von vornherein ausschließt. Christus wie Parsifal wurden von Chamberlain zu beispielhaften »Ariern« erklärt: Nur Reinrassigen leuchte der Gral. Mit Wagners Vorstellungen hatte das nichts mehr zu tun. Chamberlain war, darin jedenfalls kann man Erich Kuby ohne Einschränkung zustimmen, »einer der schlimmsten politischen Brunnenvergifter, die jemals in Deutschland gewirkt haben«.

In Alfred Rosenbergs Buch »Der Mythos den 20. Jahrhunderts« wurde Wagner als Verkünder einer germanischen Volksreligion, in der »das nordische Schönheitsideal« mit »dem Wesen der nordisch-abendländischen

Seele« gepaart sei, gefeiert: »Das Wesentliche aller Kunst des Abendlandes ist aber in Richard Wagner offenbar geworden: daß die nordische Seele nicht kontemplativ ist, daß sie sich auch nicht in individuelle Psychologie verliert, sondern kosmisch-seelische Gesetze willenhaft erlebt und geistig-architektonisch gestaltet.«. Die Wagnersche Kunst kündige somit »das Morgenrot eines neuen, wiedererstehenden Lebens« an. Die Sonne dieses Morgenrots ging 1933 auf, als Hitler Reichskanzler wurde.

Erstmals kam Hitler am 30. September 1923 nach Bayreuth. Bereits am nächsten Tag besuchte er Chamberlain, durch dessen Vermittlung ihm schon am darauffolgenden Tag Audienz bei Winifred Wagner, der Gattin des Wagner-Sohnes Siegfried in Haus Wahnfried gewährt wurde. Chamberlain war entzückt von Hitler. Er hielt ihn für die Hoffnung Deutschlands. Schon wenige Tage nach dessen Besuch schrieb Chamberlain an Hitler: »Mein Glauben an das Deutschtum hat nicht einen Augenblick gewankt, jedoch hatte mein Hoffen – ich gestehe es – eine tiefe Ebbe erreicht. Sie haben den Zustand meiner Seele mit einem Schlage umgewandelt. Daß Deutschland in der Stunde seiner höchsten Not sich einen Hitler gebiert, das bezeugt sein Lebendigsein«. In einem hymnischen Flugblatt über Hitler zum Neujahrstag 1924 wird Chamberlain schließlich schreiben: »Gott, der ihn uns geschenkt hat, möge ihn uns noch viele Jahre bewahren zum Segen für das deutsche Vaterland!«

Auch Winifred Wagner war begeistert von Adolf Hitler. Bereits wenige Wochen nach ihrem ersten persönlichen Kontakt mit Hitler, fünf Tage nach dem Putschversuch Hitlers am 9. November 1923, veröffentlicht sie in der »Oberfränkischen Zeitung« einen »Offenen Brief«, in dem sie schreibt: »Seit Jahren verfolgen wir mit größter innerer Anteilnahme und Zustimmung die aufbauende Arbeit Adolf Hitlers, dieses deutschen Manes, der, von heißer Liebe zu seinem Vaterlande erfüllt, sein Leben seiner Idee eines geläuterten, einigen, nationalen Großdeutschland zum Opfer bringt ... Seine Persönlichkeit hat wie auf jeden, der mit ihm in Berührung kommt, auch auf uns einen tiefen, ergreifenden Eindruck gemacht, und wir haben begriffen, wie ein solch schlichter, körperlich zarter Mensch eine solche Macht auszuüben fähig ist. Diese Macht ist begründet in der moralischen Kraft und Reinheit dieses Menschen, der restlos eintritt und aufgeht für eine Idee, die er als richtig erkannt hat, die er mit der Inbrunst und Demut einer göttlichen Bestimmung zu verwirklichen versucht«. Damit war die Allianz Bayreuth – Hitler geschlossen. Winifred Wagner machte sich ganz bewußt zum Steigbügelhalter für Hitler und den Nationalsozialismus. Mit seiner Machtübernahme 1933 erfüllte sich ihr persönlicher Wunsch. Der Historiker Ernst Hanisch hat recht, wenn er hinzufügt: aber auch »die Sehnsucht vieler Bayreuther«. Wie die Großwirtschaft Hitler finanziell unterstützte, so half ihm Bayreuth ideologisch: indem es ihn bürgerlich respektabel machte.

1930 starb der liberale und weltoffene, von jeglichem rassistischen Denken freie Wagner-Sohn Siegfried, der seit 1924 mit Winifred verheiratet war. Seine Frau trat das Wagner-Erbe an und übernahm das hohe Amt der Festspielführung, das sie bis 1944 energisch und zielbewußt versah. Sie stellte Bayreuth nunmehr konsequent in den Dienst des Nationalsozialismus. Der Grüne Hügel wurde alljährlich zum Schauplatz von Parteiprominenz und Hakenkreuz-Fahnenwäldern, die sogar Einzug in die »Meistersinger«-Festwiese hielten, so wie rhetorische Haltung und Ideologie der Nazis bis in Artikulation, Gestik, Ausdruck und darstellerische Gestaltung der Sänger auf der Bühne hinein wirksam zu werden vermochten.

Adolf Hitler weilte Jahr für Jahr während der Festspielzeit in Bayreuth, ab 1936 wohnte er sogar in Wahnfried. Der persönliche Kontakt zwischen Winifred und Hitler intensivierte sich. Es ist erlaubt, in Winifreds persönlicher Beziehung zu Adolf Hitler mehr als nur geschäftliches Kalkül zu sehen. Nicht ohne Grund setzte Siegfried, dem das zunehmende Interesse Winifreds an Adolf Hitler nicht unbemerkt geblieben war, am 8. März 1930 ein gemeinschaftliches Testament auf, das wohl tatsächlich, mit dem Siegfried-Biographen Peter Pachl zu reden, »in erster Linie eine mögliche Heirat zwischen Winifred und Adolf Hitler ausschließen« sollte.

Neben der rein taktischen Überlegung, durch den Schulterschluß mit Bayreuth bürgerliche Reputation zu erlangen, war Hitler zweifellos beseelt von einer inbrünstigen Wagner-Schwärmerei. Hitler hatte gegenüber Wagner eine äußerst selektive Wahrnehmung an den Tag gelegt. Wie noch heute viele konservative Wagnerianer, so sah auch Hitler in Wagner nur den schwülstig-bombastischen Verherrlicher eines Teutonentums, den erhebenden Instrumentator des altgermanischen Mythos, den musiktheatralischen Illustrator der mittelalterlichen Sage. Welches Mißverständnis!

Hitler berauschte sich nur an den mythischen Oberflächenreizen des Wagnerschen Werks und seiner Musik. Daß Hitler die Welt glauben machen wollte, er habe Wagner als seinen einzigen Vorläufer empfunden und sich als dessen Vollender begriffen, bezeugt nicht mehr als seinen Größenwahn. Wagnersches Denken, die Ausagen der Wagnerschen Musikdramen, wirklich verstanden, hätten kaum in Hitlers Weltanschauung gepaßt!

Die bewußte ideologische Vereinnahmung, die Einpassung Wagners ins ideologische Raster der Nationalsozialisten, besorgten seine intellektuellen Helfershelfer. Nationalsozialistische Wagner-Exegeten und Bayreuther Nationalsozialisten reichten sich dabei die Hände. Schon 1933 wurde eine edel gestaltete kleine Festschrift veröffentlicht mit dem Titel »Bayreuth im Dritten Reich«, in dem der Rostocker Germanist Wolfgang Golther im einleitenden Aufsatz über »Bayreuth im neuen Deutschland« die Bedeutung Adolf Hitlers für Bayreuth hervorgehoben hat: Sein Bekenntnis zu Bayreuth bezeuge die »Absicht, das neue Reich durch die Deutsche Kunst zu beseelen.« Besonders die »deutsche Jugend müsse »zum Kunstwerk Richard Wagners erzogen werden, dem sie durch die seelische Verelendung der letzten Jahrzehnte völlig entfremdet war«. Die Hoffnungen, die Bayreuth in Hitler setzte, waren denn nicht zuletzt kommerzieller Natur.

Wie gesagt: seit 1930 regierte auf dem Grünen Hügel Winifred Wagner. Sie bekannte sich Zeit ihres Lebens zu ihrer Verbundenheit mit Hitler, nach 1945 so ungebrochen wie 1923. Sie hat Bayreuth, sie hat Richard Wagner – nach Chamberlains Wegbereitung – in den Dienst des Nationalsozialismus gestellt, der ihr und ihren Festspielen wiederum finanziell und propagandistisch unter die Arme griff. Allein der Wagner-Schwiegertochter und ihrem politisch skrupellosen Geschäftssinn ist die folgenreiche Identifizierung Wagners mit dem Nationalsozialismus zu verdanken. Seit ihrer »Machtübernahme« in Bayreuth wurde sie allerdings Zielscheibe massiver Kritik von konservativen Wagnerianern wie von Nationalsozialisten, die keineswegs geschlossen Verständnis für den »Spleen« ihres Führers aufbrachten. Die materielle Situation der Festspiele war keineswegs rosig. Adolf Hitler stellte die Bayreuther Festspiele unter seinen persönlichen Schutz und sorgte für beträchtliche Unterstützungsmaßnahmen. Seit 1933 erhielt Bayreuth für jede Neuinszenierung zusätzlich 50.000 – 100.000 Mark, das Reichspropagandaministerium kaufte jährlich etwa ein Drittel der Karten. Und mit den verordneten Serienaufführungen vor »Kraft-durch-Freude«-Publikum im Rahmen der Kriegsfestspiele sicherte Hitler Bayreuth bis August 1944 die materielle Existenz. Von dem für 1940 / 41 geplanten, gottlob nie realisierten, Umbau des Festspielhauses nach Plänen des Architekten Mewes, einer Art Monumentalisierung des Festspiel-Komplexes, ganz abgesehen. Es ist mit Michael Karbaum unbestritten zu konstatieren: »Die Geschichte der Bayreuther Festspiele zwischen 1933 und 1944 ist zu einem guten Teil die Geschichte der Beziehungen zwischen Hitler und Bayreuth«. Aber es war eine reine Zweckehe, die da geschlossen wurde. Mit Geistesverwandschaft zwischen Wagner und Hitler hat das nichts zu tun, so sehr das auch von den Beschwörern der Ahnherrentheorie im Dritten Reich immer wieder behauptet wurde.

Daß der Name Richard Wagners nach 1945 häufig in einem Atemzug mit dem Nationalsozialismus genannt wurde, ist indes verständlich. Fast 12 Jahre lang wurde ja mit großem Aufwand die Identifikation der Nationalsozialisten mit dem Werk Wagners propagiert, auch wenn es dabei, genau betrachtet, um einen mißbrauchten Wagner »auf der Stufe der Verhunzung« ging, wie Thomas Mann es nannte. Aber wen kümmerte das schon. Um so mehr hat es der heutige Wagner-Rezipient zu registrieren!

Es gilt, im Sinne historischer Gerechtigkeit und wissenschaftlicher Redlichkeit – bei der Frage historischer Vorläuferschaft wie moralischer Verantwortlichkeit Wagners – zu unterscheiden zwischen Werk und Wirkung. Der israelische Historiker Jakob Katz macht völlig zurecht, auf Hartmut Zelinsky zielend, der ja noch heute Wagner aus der Perspektive Hitlers deuten zu müssen glaubt, darauf aufmerksam: die Deutung Wagners »aufgrund der Gesinnung und der Taten von Nachfahren, die sich mit Wagner identifizierten, ist ein unerlaubtes Verfahren.« Die von Hitlers Wagner-Usurpation aus rückblickende Interpretation Wagners durch Zelinsky und geistesverwandte Autoren ist bewußte Fehlinterpretation. Jakob Katz ist nichts hinzuzufügen: »Es handelt sich bei dieser Unterstellung (...) um eine Rückdatierung, ein Hineinlesen der Fortsetzung und Abwandlung Wagnerscher Ideen durch Chamberlain und Hitler in die Äußerungen Wagners selbst« .

Daß die nationalsozialistischen Kulturpolitiker bemüht waren, eine ihrem System dienliche Wagnerexegese zu fördern, versteht sich von selbst. Einer der eifrigsten nationalsozialistischen Wagner-Schriftsteller war der Musikwissenschaftler Karl Grunsky. In seinem Buch »Der Kampf um deutsche Musik«, in dem er die »musikalische Führung« Deutschlands in Europa und der Welt mit germanischem Blut rechtfertigt, begründet er »Wagners Bedeutung für den völkischen Gedanken« bezeichnenderweise vor allem mit dem »Bekenntnis unseres Führers« und weist alle sachlichen Einwände dagegen – und damit alle sachlichen Einwände gegenüber der nationalsozialistischen Wagnervereinnahmung – als jüdische und wagnerfeindliche ab, in denen sich der »Haß des Judentums« gegenüber Wagner abreagiere. Bereits 1920 hatte Grunsky in seinem Buch »Richard Wagner und die Juden« Wagner zum Vorreiter des modernen Antisemitismus erklärt und sein Werk in erstaunlicher Ignoranz und Borniertheit als »ein einziges Preislied auf alles Deutsche« bezeichnet. Auch in den offiziellen Bayreuther Festspielführern wurde Wagner zum

Beispiel von einem Autor namens Otto Tröbes »als ein Wegbahner ins Dritte Reich« apostrophiert. Daß in den Nationalsozialistischen Monatsheften, der »Wissenschaftlichen Zeitschrift der NSDAP«, als deren Herausgeber Adolf Hitler fungierte, Richard Wagners Äußerungen, insbesondere seine antijüdischen Äußerungen als »praktisch-ethisches Vermächtnis an sein deutsches Volk, an den deutschen Nationalsozialismus« gedeutet und proklamiert wurden, versteht sich von selbst. Was das nationalsozialistische Wagner-Schrifttum in toto auszeichnet, ist die Tatsache, daß es seine Wagnervereinnahmung ausschließlich mit willkürlichen – aus dem Zusammenhang gerissenen – Zitaten Wagners zu rechtfertigen versucht, was sich in jedem Einzelfall leicht überprüfen läßt. Die nationalsozialistische Wagner-Vereinnahmung ist nichts anderes als Mißbrauch im Sinne nationalsozialistischer Musikpolitik, die dezidiert als ästhetisches Herrschaftsmittel eingesetzt wurde. Der nationalsozialistische Wagner-Kult war verordneter Wagnerismus von oben. Wagner war das persönliche Idol, der musikalische Abgott Adolf Hitlers seit dessen Jugend. Als Hitler an die Macht kam, wurde aus des Führers Steckenpferd Kulturpolitik. Wagner wurde für die Sache des Nationalsozialismus usurpiert, wie ja auch Goethe, Schiller und Nietzsche, Beethoven, Bruckner, Bach und Mozart usurpiert wurden. Im Sinne der nationalsozialistischen Wagner-Vereinnahmung entstand schließlich eine Flut von Wagner-Literatur, die nicht müde wurde, Wagner zum Propheten der nationalsozialistischen Weltanschauung, Wagners Musik zur Staatsmusik des Dritten Reiches zu erklären. Mehr noch als die völkische Beschlagnahme Wagners ist die nationalsozialistische rein selektiv verfahren, um Wagner für propagandistische Zwecke und weltanschauliche Untermauerung der krausen und wirren Nazi-Ideologie zu benutzen. Hitler und die Seinen weideten sich an den Helden Wagners, identifizierten sich mit ihnen, zumindest partiell, denn ihren Untergang ignorierten sie geflissentlich. Hätten die Nationalsozialisten Wagners kritisch gebrochenes Verhältnis zum Heldischen, seinen ausgesprochenen Antimilitarismus, seine utopisch anarchischen Züge, ja seine im Alter zunehmende Skepsis gegenüber dem deutschen Staatswesen Bismarckscher Provenienz, kurzum Wagner in seiner Vielschichtigkeit und geistigen Weite zu verstehen gesucht, hätte sie ihn beim Wort genommen, dann hätten sie ihn eher verschweigen, wenn nicht gar verbieten müssen. Der Untergang Siegfrieds aufgrund seiner Verstrickung in politische Machtspiele und Intrigen, deren Ursache der Größenwahn eines »Führers« ist, wenn man Wotan so nennen will, und das zur Schau gestellte Scheitern, ja die demonstrative Vernichtung eben jenes göttlichen »Führers«, das dürfte wohl kaum dem Selbstverständnis der Hitlerianer entsprochen haben! Ebensowenig wie des machbesessenen Rienzi Fall!

Der Musikwissenschaftler Hubert Kolland hat geradezu beispielhaft an einer Goebbels-Rede, die am 6. August 1933 in einer Pause der »Meistersinger«-Übertragung über den Rundfunk ausgestrahlt wurde, einige typische Aspekte und Mechanismen der faschistischen Wagner-Usurpation deutlich gemacht. Das wesentliche Mittel dieser Usurpation bezeichnet Kolland zutreffend als »Suggestion mit Hilfe von manipulativer Vagheit«. Diese Methode der Wagnervereinnahmung läßt sich bei der Lektüre nationalsozialistischer Wagner-Literatur auf Schritt und Tritt erkennen. Übrigens weist auch Hubert Kolland darauf hin, daß »mit einem hypothetisch noch lebenden Wagner ein faschistischer Wagner-Kult nicht möglich gewesen wäre – trotz dessen Antisemitismus und anderer völkisch interpretierbarer Züge. Aber für die persönlichen, künstlerischen und politischen Provokationen des hypothetischen Zeitgenossen wäre im NS-Staat kein Platz gewesen: nicht zuletzt wegen Wagners rigidem und unangepaßtem Kunstanspruch. Die Nazis wären mit der neuesten Musik konfrontiert gewesen, und wie sie es mit der hielten, ist bekannt. (…) Erst nach Wagners Tod beginnt der Wagner-Kult der Kaiserzeit, als gesichert war, daß von diesem nicht ganz geheuren Künstler keine unliebsamen Wendungen mehr ausgehen konnten. Nur der tote Wagner, verdeckt durch den nationalistisch gewendeten Ruhm, taugte zur Beschwörung der NS-Volksgemeinschaft, nachdem der historische-konkrete Wagner einschließlich seiner rebellischen Züge schon zurückgedrängt war und die Widersprüche und Provokationen seiner Werke fürs bürgerliche Untertanenbewußtsein unterhalb der Wahrnehmungsschwelle blieben.« Mit dem Geist des Dritten Reiches hatte Wagner ebensowenig gemein wie Goethe oder Schiller, Kleist oder Beethoven, die ja ebenfalls als Galionsfiguren der nationalsozialistischen Kulturpolitik mißbraucht wurden. Wagner stand Hitler nur chronologisch gesehen näher.

Es gab natürlich Anknüpfungspunkte, und Wagner hatte Erben, die ihn schamlos ideologischer Ausbeutung auslieferten. Daß Wagner mißbraucht werden konnte, liegt auf der Hand: Die Wiederbelebung germanischer Mythenstoffe und mittelalterlicher Epen, Wagners Betonung des »Volkshaften« und »Deutschen« aus dem Geiste der romantischen Tradition, sein ethisch-ästhetischer Erneuerungswille, sein Kulturpessimismus und seine in privaten Äußerungen wie in theoretischen Schriften vernehmbare Judenfeindlichkeit konnten natürlich (unter Ausblendung alles dem Widerprechenden, alles Religiösen, Revolutionären, Antibürgerlichen, ja »Künstlerisch-Anarchisch-Staatsfeindlichen«, das ja auch in Wagner enthalten war) im Zeitalter des Nationalismus starke völkische, nationalistische Impulse und Affekte auslösen. Auch das als rauschhaft und hypnotisch zu Empfindende seiner Musik mit ihrem pathetischen Affekt (betrachtet man sie oberflächlich) kam nationalistischen Bedürfnissen entgegen, nicht zuletzt denen Hitlers, der seit seinem jugendlichen »Rienzi«-Erlebnis in Linz zeitlebens in Wagner-Aufführungen seine wirklichkeitsflüchtigen Neigungen zu befriedigen suchte. Daß Hitler übrigens von Wagners Musik, wie von Musik an sich, im Grunde nicht viel verstanden hat, bezeugen zahllose seiner Zeitgenossen. Musik war ihm wohl »nicht viel mehr als ein überaus wirkungsvolles akustisches Mittel zur Steigerung theatralischer Effekte«. Auch darin in gewissem Sinne Ludwig dem Zweiten von Bayern vergleichbar, dessen Leben wie Politik opernhaften Rausch, theatralischen Pomp benötigten.

Wagners Werke dienten in Hitlers Drittem Reich übrigens vornehmlich als Untermalung von Wochenschauen, Parteifilmen und als Begleitmusiken von Parteitagen und ähnlichen Veranstaltungen. Darin zumindest kann man Andrea Mork, der Autorin eines problematischen Buches über Wagner als politischen Schriftsteller zustimmen: Musik, auch Wagnermusik war vor allem »ästhetisches Herrschaftsmittel in der Theatralik des deutschen Faschismus«. An Wagner-Aufführungen (bei denen der »Lohengrin« und »Die Meistersinger« favorisiert wurden) gab es übrigens keineswegs einen signifikanten Anstieg gegenüber der Zeit vor 1933. Ein deutlicher Anstieg ist eher an oberflächlich-sentimentalen und naiv-optimistischen Realitätsübertünchungs-, Ablenkungs- und Durchhalte-Operetten, aber auch Durchhalterevuen und vor allem -Filmen zu verzeichnen. Gleichgeschaltet und gesteuert von Goebbels Propagandaministerium und den Reichsmusik- und -Theaterkammern. Die Aufführungsstatistiken belegen es.

Die Kultur des Nationalsozialismus war – um es noch einmal auf den Punkt zu bringen – propagandistisch gesteuerte Unterhaltungs- und Durchhalte- oder aber Repräsentationskultur. Der (im Grunde eher periphere als zentrale) Wagner-Kult des Dritten Reiches war blanke Usurpation, war Vereinnahmung, die durch den völkischen Wagner-Kult vorbereitet und ermöglicht wurde. Dies ist Wirkungsgeschichte Wagners. Es ist fatal, Wirkung und Ursache zu verwechseln, und es ist historisch unzulässig, von der Wirkung einsträngig auf die Ursache zu schließen. Der Zusammenhang zwischen Wagner und Hitler ist, man kann es nicht deutlich genug sagen, ein ausschließliches Rezeptionsproblem. Auch der Wagner-Urenkel Gottfried, der mit den Wölfen heult, die Wagner vornehmlich von Hitler aus verstehen wollen und Joachim Köhler, der aus Hitlers Wagner »Wagners Hitler« ableitet, sollten nicht vergessen, daß es immer die Nachfolger sind, die sich ihre Vorläufer erschaffen. Wagner dem »Führer« als dessen Propheten, Vorläufer oder Ahnherrn auszuliefern, wäre Hitlers postmortaler Triumph. Wagner heute noch durch die Optik Hitlers wahrzunehmen und rückblickend zu interpretieren, ist wissenschaftlich unhaltbar und, wofern gegen bessere Einsicht unternommen, moralisch infam. Ernst Blochs Verdikt besitzt noch immer Gültigkeit: »Die Musik der Nazis ist nicht das Vorspiel zu den Meistersingern, sondern das Horst-

Wessel-Lied; andere Ehre haben sie nicht, andere kann und soll ihnen nicht gegeben werden«. Das »Meistersinger«-Vorspiel – auch wenn es im Dritten Reich immer wieder gern mißbraucht wurde –, ist nichts weniger als eine tönende Utopie demokratischer Avantgarde-Kunst!

Literaturoper und Opernliteratur: Wagner und Thomas Mann

In seiner Kindheit im Lübecker Elternhaus hatte Thomas Mann die ersten Berührungen mit dem Werk des Bayreuther Meisters, das ihn sein ganzes Leben hindurch – wenn auch durchaus zwiespältig – beschäftigen sollte. Thomas Mann war, neben Friedrich Nietzsche, der herausragende Repräsentant deutscher Wagnerrezeption, für keinen anderen deutschsprachigen Autor hatte Wagner eine vergleichbare Bedeutung. Eine Fülle von Aufsätzen, Essays, Abhandlungen und Vorträgen, zu schweigen von den brieflichen Äußerungen, bezeugt es. Und was wäre – last not least – Thomas Manns literarischer Kompositions-Stil ohne das musikalische Vorbild des Wagnerschen Leitmotivs?

»Was ich Richard Wagner an Kunstglück und Kunsterkenntnis verdanke, kann ich nie vergessen, und sollte ich mich noch so weit im Geiste von ihm entfernen. Lange Zeit stand des Bayreuthers Name über all meinem künstlerischen Denken und Tun.« Dies schrieb im Jahre 1911 der 36-jährige Thomas Mann in der »Auseinandersetzung mit Richard Wagner.«

Wie er in den »Betrachtungen eines Unpolitischen» sieben Jahre später bekannte, verdankt er die Fundamente seiner »geistig-künstlerischen Bildung« neben Wagner nur zwei weiteren gleichbedeutenden Persönlichkeiten: Schopenhauer und Nietzsche. An Ernst Fischer schrieb Mann 1926: »Wagner war mein stärkstes, bestimmendstes künstlerisches Erlebnis«. Noch in seinem großen Wagner-Essay »Leiden und Größe Richard Wagners« aus dem Jahre 1933 liest man: »Die Passion für Wagners zaubervolles Werk begleitet mein Leben, seit ich es zuerst gewahr wurde und es mir zu erobern, es mit Erkenntnis zu durchdringen begann. Was ich ihm als Genießender und Lernender verdanke, kann ich nie vergessen (...) wunderbare Stunden tiefen, einsamen Glückes inmitten der Theatermenge, Stunden voller Schauer und kurzer Seligkeiten, voll von Wonnen der Nerven und des Intellekts, von Einblicken in rührende und große

Bedeutsamkeiten, wie nur diese nicht zu überbietende Kunst sie gewährt.« Die geistige Gestalt Richard Wagners stand Thomas Mann, wie er schon im ersten Satz dieses so beispiellosen wie folgenreichen Wagner-Essays betont, »Leidend und groß wie das Jahrhundert, dessen vollkommener Ausdruck sie ist«, stets vor Augen. Und doch fand der Wagnerianer Thomas Mann aller Wagner-Huldigungen zum Trotz im selbigen Essay auch andere Worte für Wagner: von »Dilettantismus« ist da die Rede, von »Laienmusik«, da wird der »Ring« mit einem »«Kasperltheater«, Siegfried mit einem »Hanswurst« verglichen. Im »Versuch über das Theater« schrieb Mann schon 1908 vom Festspielhaus als einer »Tempelbude« und »Gnadenstelle«, 1911 sprach er in einem Brief an Julius Bab von dem »schnupfenden Gnom aus Sachsen mit dem Bombentalent und dem schäbigen Charakter«, 1928 nannte er in seinem Aufsatz über »Ibsen und Wagner« letzteren einen »schlimm verschmitzten Hexenmeister«. 1940 nannte Thomas Mann Wagners Kunst gar »charlatanesk und unrein«, 1951 schalt er ihn in einem Aufsatz über »Briefe Richard Wagners« einen »luxusbedürftigen Revolutionär«, einen »namenlos unbescheidenen Propagandisten und Schauspieler seiner Selbst«, ein »Pumpgenie«, ja meinte gar, es sei »zuviel Hitler in ihm, zuviel latentes (...) Nazitum«.

Diese Gegenüberstellung von Huldigungen und Gehässigkeiten machen deutlich, daß Thomas Manns Haltung zu Wagner zwiespältig war. Und doch gibt es in der deutschen Literaturgeschichte keinen zweiten Fall, wo ein Autor von einem Musiker, wo ein Künstler so von einem anderen profitiert hat.

In den »Auseinandersetzungen mit Richard Wagner« schrieb Thomas Mann denn auch schon 1911: »das Motiv, das Selbstzitat, die symbolische Formel, die wörtliche und bedeutsame Rückbeziehung über weite Strecken hin – das waren epische Mittel nach meinem Empfinden, bezaubernd für mich eben als solche; und früh habe ich bekannt, daß Wagners Werke so stimulierend wie sonst nichts in der Welt auf meinen jugendlichen Kunsttrieb wirkten (...) Wirklich ist es nicht schwer, in meinen ›Buddenbrooks‹, diesem epischen, von Leitmotiven verknüpften und durchwobenen

Generationenzuge, vom Geiste des ›Nibelungenringes‹ einen Hauch zu verspüren.« In den »Betrachtungen eines Unpolitischen« präzisierte Mann seinen Wagnerbezug: »Was ich vom Haushalt der Mittel, (...) vom epischen Geist, vom Anfangen und Enden, vom Stil (...), von der Symbolbildung (...), der Lebenseinheit des Gesamtwerks, was ich von alledem weiß und zu üben und auszubilden in meinen Grenzen versucht habe, ich verdanke es der Hingabe an diese Kunst.«

Was Wunder, daß nicht nur in Erzählstruktur, sondern auch stofflich in den Erzählungen und Romanen Manns Wagner und seine Musik immer wieder eine zentrale Rolle spielen. Schon den »Kleinen Herrn Friedemann« beflügelt in einer Novelle von 1897 eine »Lohengrin«-Aufführung zum Geständnis einer uneingestandenen Liebe. In den »Buddenbrooks« verliert sich der kleine Hanno – von der Wagnerleidenschaft Frau Gerdas infiziert – über den Klaviertasten todessüchtig in die Musik der Nacht, will sagen des Wagnerschen«Tristan«, der gar einer Novelle als Titel, der todkranken Frau Klöterjahn als Schwanengesang dient. In der Erzählung »Wälsungenblut« lassen sich Bruder und Schwester von einer »Walküren«-Aufführung zur Nachahmung geschwisterlichen Inzests animieren. In den »Hungernden«, in »Tonio Kröger« und »Süßer Schlaf«, beim »Tod in Venedig«, im »Zauberberg« und im »Doktor Faustus« – überall in Thomas Manns Werk ist Wagner allgegenwärtig. Wo nicht, kann man – wie in »Joseph und seine Brüder«, Analogien feststellen: man denke nur an Joseph und Siegfried, Asnath und Brünnhilde. Und wie das »Rheingold«-Vorspiel gleichsam aus Wassertiefen auftaucht, so auch gleichnishaft der Anfang der »Josephs«-Trilogie; da heißt es: »Tief ist der Brunnen der Vergangenheit«. –

Nicht nur in den Romanen und Erzählungen Thomas Manns, noch mehr in seinen Essays werden Wagner und seine Kunst reflektiert, und im Gegensatz zum erzählerischen Umgang eben nicht ironisch gebrochen, sondern sachlich diskursiv erörtert. Da finden sich bestechende Einsichten. Zum Beispiel in Bezug auf das Verhältnis von Musik und Text. Am 22. Januar 1871 betonte Wagner gegenüber Cosima, die es in ihrem Tagebuch festhielt, »Ich bin kein Dichter, und es ist mir ganz gleich, ob man meiner Diktion Vorwürfe macht, bei mir ist alles Aktion; es ist mir bis zu einem gewissen Grad gleichgültig, ob man die Verse versteht, meine Handlung wird man schon begreifen«. Dazu ist der Kommentar des klugen Wagnerianers Thomas Mann noch immer unübertroffen: in dem Essay »Leiden und Größe Richard Wagners« heißt es, daß die Sprachdichtungen Wagners »nicht gelesen werden sollen, nicht eigentlich Sprachwerke, sondern ›Musikdunst‹ sind, der Ergänzung durch Bild, Gebärde, Musik bedürfen und erst in ihrer aller Zusammenwirken sich als Dichtung vollenden.«

Besondere Hochschätzung erfährt bei Thomas Mann Wagners »Tristan«. Es ist denn auch aufschlußreich, wie der Schriftsteller sich zu diesem Werk äußert: Im Jahre 1909 schreibt er in der Novelle »Süßer Schlaf«: Ich »liebe das Werk am meisten, das aus der ›Sehnsucht zur Heiligen Nacht‹ geboren wurde und gleichsam trotz seiner selbst dasteht in seiner Willens- und Schlummerherrlichkeit.« 1920 bezeichet Mann das Werk in eienm Brief an Paul Stegemann als »ein überaus unzüchtiges Werk«. 1927 nennt er den »Tristan« in einem Brief an einen Opernspielleiter als ein Werk voller »wollüstiger Schlafsucht«. In seinem berühmten Essay »Leiden und Größe Richard Wagners« von 1933 charakterisiert er den »Tristan« als voll von »Lauten, denen man mit immer neuer Beunruhigung, Neugier und Verzauberung nachhängt«. Und der Autor huldigt der »erzromantischen Machtverherrlichung dieses erhabenen, morbiden, verzehrenden und zaubervollen, in alle schlimmsten und hehrsten Mysterien der Romantik tief eingeweihten Werks«. In dem 1937 geschriebenen Essay »Richard Wagner und der Ring des Nibelungen« geht Mann noch einen Schritt weiter, indem er den »Tristan« auf eine Stufe stellt mit Hamlet oder Beethovens neunter Sinfonie: »die Tristan-Partitur (...) das ist Wunderwerk. Es ist das Werk einer durchaus einmaligen Eruption von Talent und Genie, das zugleich tiefernste und bedrückende Werk eines ebenso seelenvollen wie von Klugheit trunkenen Magiers«. 1949 spricht Thomas Mann in einem Brief an den Bühnenbildner Preetorius von einem »Erotizismus, wie er in Gesellschaft noch nie exhibiert worden war«. Im selben

Brief liest man kapriziöse wie fragwürdige Äußerungen des alternden Thomas Mann, der schließlich seine ganzes Leben hindurch seine Sexualität hinter Masken versteckte, Äußerungen über den zweiten Akt des »Tristan« »mit seinem metaphysischen Wonneweben«: er sei »mehr etwas für junge Leute, die mit ihrer Sexualität nicht wo ein und aus wissen.« –

Schon in seinem »Versuch über das Theater«, im Jahre 1908, hatte der Wagnerianer Thomas Mann Siegfried mit der Figur des Kasperl verglichen. Ein Einfall, der seine Berechtigung hat, denn Wagner selbst hat – man lese es in Cosimas Tagebüchern nach – mehrfach diese Analogie hergestellt. In seinem zum Essay ausgereiften Vortrag »Leiden und Größe Richard Wagners« griff Thomas Mann im Jahre 1933 den Gedanken dieser »idealen Volksbelustigung mit ihrem unbedenklichen Helden« noch einmal auf: »Wer wollte«, so heißt es da, »die hohe Ähnlichkeit dieses Siegfried mit dem kleinen Pritschenschwinger des Jahrmarkts verkennen?«. Und weiter: »Ja, er ist Hanswurst, Lichtgott und anarchischer Sozialrevolutionär auf einmal.« Siegfried, die Ikone arischer Reinrassigkeit und altdeutschen Heldentums, als Hanswurst: eine solch denunzierende Behauptung konnten die konservativen Nationalisten, konnten die Nazis und ihre Gefolgsleute nicht verkraften. Das war starker Tobak für die Wagnerianer des Jahres 1933. Zumal Thomas Mann sich nicht scheute, im gleichen Essay zu behaupten, »daß Wagners Kunst ein mit höchster Willenskraft und Intelligenz monumentalisierter und ins Geniehafte getriebener Dilettantismus« sei, auch wenn er im nächsten Atemzug »Eingebungen« rühmt, »vor denen die absolute Musik selbst vor Neid erblassen oder vor Entzücken erröten könnte«. Aber Thomas Mann holte ja noch weiter aus: »Die eiderdaunengefütterten, seidenen Schlafröcke, in die er sich hüllt, die mit Blenden und Rosengirlanden gezierten Atlasbettdecken, unter denen er schläft, diese tastbaren Andeutungen verschwenderischer Üppigkeit, für die er Schulden zu Tausenden macht. Die bunten Atlasgewänder sind der Luxus, in dem er sich vormittags zur Arbeit, zum blutig schweren Werke niedersetzt. Mit ihnen ausstaffiert, gewinnt er die ›künstlerisch-wollüstige Stimmung‹, um nordische Heroik, hehre Natursymbolik heraufzuführen, den sonnenblonden Helden am sprühenden Amboß sein Siegesschwert schmieden zu lassen, – Bilder, die die Brust deutscher Jugend vom Hochgefühl männlicher Herrlichkeit schwellen lassen.«

Thomas Mann – dessen Äußerungen (neben denen Nietzsches) zum Erhellendsten und auch sprachlich Brillantesten gehören, was je über Wagner, gegen und für Wagner geschrieben wurde – wußte zu einem noch treffsichereren Schlag ins Gesicht der nazistischen Wagnerianer auszuholen, indem er hinzufügte: »Hier handelt es sich um ein Stück unheimlicher Künstler-Pathologie, von der nur Spießbürger sich verwirren lassen.« Das ließ man sich nicht bieten. Man holte zum Gegenschlag aus: in den »Münchner Neuesten Nachrichten« vom 16. April 1933 erschien ein öffentlicher »Protest der Wagnerstadt München«, worin dem Autor Thomas Mann »ästhetisierender Snobismus«, »Verunglimpfung« Wagners, »überhebliche Geschwollenheit« und »fades, süffisantes Lob« vorgeworfen wurden. Leute wie Thomas Mann, so lautete es in dem Protest wörtlich, hätten »kein Recht auf Kritik wertbeständiger deutscher Geistesriesen«. Unterschrieben war der Protest, den auch der Rundfunk zitierte, von allem, was Rang und Namen hatte in Münchens Geistesleben, auch Richard Strauss, Hans Knappertsbusch, Hans Pfitzner und Olaf Gulbransson hatten ihn unterzeichnet.

Thomas Mann – der sich gerade auf einer Vortragsreise im Ausland aufhielt – kehrte nicht nach Deutschland zurück. Er hatte bedrohliche Repressalien zu befürchten.

Im schweizerischen Asyl nimmt Thomas Mann in seinem an der Universität Zürich 1937 gehaltenen Vortrtag die hämischen Spitzen seines folgenreichen Essays, dessen Folgen ihn zur Emigration nötigten, erstaunlicherweise zurück. Nicht der kleinste Ausfall gegen Wagner ist mehr zu vernehmen. Voller Bewunderung plädiert Mann im Ausland nun für Wagner, der »Ring« sei ein »Riesenwerk ohnegleichen (...) ein mit Musik und weissagender Natur verwachsenes Weltgedicht, worin die Urelemente des Daseins agieren«. Er konstatiert »Genüsse und Wirkungen von einer Großartigkeit und Weihe wie nie zuvor«. Kein Wort mehr von Dilettantismus. Stattdessen die Würdigung: Wagner sei »Musiker als Dichter und Dichter als Musiker (...) sein Verhältnis zur Musik« sei »nicht rein musikalisch, sondern dichterisch auf die Weise, daß das Geistige, die Symbolik der Musik, ihr Bedeutungsreiz, ihr Erinnerungswert und Beziehungszauber dies Verhältnis entscheidend bestimmten.« Treffender kann man es in der Tat nicht sagen!

Hatte Mann noch 1911 in einem Brief an Julius Bab geschrieben, »Die Deutschen sollte man vor die Entscheidung stellen: Goethe oder Wagner«, so sagt er 1937 »Goethe und Wagner, beides ist Deutschland. Es sind die höchsten Namen für zwei Seelen in unserer Brust.« –

Es ist bemerkenswert, daß Thomas Mann in seinem 1933 vor den Nazis gehaltenen essayistischen Vortrag »Leiden und Größe Richard Wagners« dessen »künstlerische Unschuld« hervorhob und gegen nationalsozialistische »Demagogie« wetterte: »Wo ein vielfältiger Begeisterungswille sich im nationalen Appell, als Feier und Verherrlichung des Deutschtums äußert, wie es unmittelbar etwa im ›Lohengrin‹ durch König Heinrichs ›Deutsches Schwert‹ und in den ›Meistersingern‹ durch Hans Sachsens biederen Mund geschieht. Es ist durch und durch unerlaubt, Wagners nationalistischen Gesten und Anreden den heutigen Sinn zu unterlegen«. Ganz anders schreibt, nur wenige Jahre später, der Exilant Thomas Mann über Wagner. Hat, wie bei vielen anderen seiner Zeitgenossen zu beobachten, etwa auch Thomas Manns Urteilsvermögen im Zwielicht der Kriegs- und Nachkriegszeiten seine Schärfe – zumindest zeitweise – eingebüßt? Es gehört wohl zu den Paradoxien der Wagner-Rezeption, daß sich in Sachen Musik die Bewertungsmaßstäbe im historischen Prozeß oftmals ins Gegenteil verkehrt haben.

Und es kann durchaus als repräsentativ für ein weit verbreitetes Vorurteil nach 1945 gelten, was Thomas Mann schon 1940 in seinem Aufsatz »Zu Wagners Verteidigung« behauptete: »Ich finde das nazistische Element nicht nur in Wagners fragwürdiger ›Literatur‹, ich finde es auch in seiner ›Musik‹ «. Thomas Mann hat zwar einen, wenn auch nur verschwommenen Versuch unternommen, die Behauptung von einem Nazitum in der Musik zu charakterisieren: Es heißt da pauschal, daß Wagners Werk »aus der bürgerlich-humanistischen Epoche auf dieselbe Art und Weise heraustritt wie der Hitlerismus«. Es sei dieses Werk »mit seinem Wagalaweia und seiner Stabreimerei, seiner Mischung und Urtümlichkeit und Zukünftigkeit, seinem Appell an eine klassenlose Volklichkeit, seinem mythisch-reaktionären Revolutionarismus die genaue geistige Vorform« des Nationalsozialismus. Doch den Nachweis und eine wirkliche Definition des angeblich nazistischen Elements in der Musik Wagners bleibt Thomas Mann schuldig.

Noch 3 Jahre zuvor hatte er sich in dem Vortrag »Richard Wagner und der Ring des Nibelungen«, den er in der Universität Zürich hielt, gegen jede nationalsozialistische Berufung auf Wagner als künstlerischen Propheten der politischen Gegenwart mit Nachdruck verwahrt. Es liegt nahe zu vermuten, daß der Emigrant Thomas Mann im Jahre 1940 der Versuchung erlag, sich einer (seiner bisherigen Anschauung völlig widersprechenden) Bewertung Wagners als eines pränazistischen Musikanten durch einen Musikkritiker seines Gastlandes, Peter Viereck, anzuschließen, um sein Gesicht als Antifaschist zu wahren und sein ausländisches Publikum nicht zu enttäuschen. Die Zeichen der Zeit wiesen schon damals unverkennbar dahin, daß zu jener Zeit ein Urteil über Wagner, losgelöst vom nationalsozialistischen Wagnerismus, nicht mehr möglich sein sollte.

Ausgerechnet in jenen Jahren, wo er soviel »Hitler« in Wagner zu sehen vorgab, wurde Thomas Mann angetragen, die Ehrenpräsidentschaft der neu zu etablierenden Bayreuther Festspiele zu übernehmen. Der damalige Oberbürgermeister der Stadt Bayreuth hatte im Bemühen um eine Zukunft der Festspiele in demokratischem Geiste dem 1933 emigrierten Wagnerenkel Franz Beidler die Oberleitung angeboten. Dieser trug seinerseits Thomas Mann die Ehrenpräsidentschaft an. Thomas Mann nahm dies Ansinnen nicht im mindesten ernst. Dazu war er Realist genug und nach wie vor zu sehr Wagnerenthusiast.

Doch zurück zu Thomas Manns scheinbarem Gesinnungswechsel in Sachen Wagner. In einem Brief an Friedrich Schramm gestand er »wieviele Bekenntnisse für und gegen Wagner habe ich schon abgelegt.« Abfällige Bemerkungen über Wagner bat er ihn als Ausdruck einer tiefen »Ambivalenz« zu verstehen. Schon in einem Brief an Agnes Meyer aus dem Jahre 1942 heißt es »Ich kann heute so über ihn schreiben und morgen so.« Thomas Manns Œuvre bezeugt es! Seiner Zwiespältigkeit gegenüber Wagner liegt dieselbe Ambivalenz zugrunde, die schon Nietzsches Haßliebe gegenüber Wagner kennzeichnete und die noch Theodor W. Adorno geradezu als Charakteristikum Wagners und seines Œuvres konstatiert hatte. Insofern darf man Thomas Mann in seinem Schwanken zwischen Bewunderung und Skepsis, glühendem Bekenntnis und ironischer Kritik, Fürsprache und Distanzierung das Attribut einer strengen Aufrichtigkeit anheften: Wagner als Sozialcharakter hat ebenso bewunderungs- wie verabscheuungswürdige Seiten, die sich als schillernde Facetten seines musikdramatischen und theoretischen Werks manifestiert haben. Wer sich ernsthaft und lange mit Wagner beschäftigt, weiß es. Wagner eindimensional wahrnehmen heißt, ihn reduzieren, einengen, ja verfälschen!

Thedor W. Adorno hat völlig recht in seiner »Nachschrift zur Wagner-Diskussion« von 1964, wo er Wagner bescheinigt, er habe Ambivalenzen zum Wesen und fordert: »Ihn erkennen heißt, die Ambivalenzen bestimmen und entziffern, nicht dort Eindeutigkeit herstellen, wo die Sache zunächst sie verweigert.« Man darf Thomas Manns zwiespältig schwankende Äußerungen zu Wagner insofern als dialektisches Einkreisen und Erfassen eines ihn lebenslang beschäftigenden Themas verstehen. Der tiefere Grund seiner ambivalenten Haltung gegenüber Wagner liegt neben der zutreffenden Erkenntnis von Wagners Ambivalenzen sicher auch darin, daß Thomas Mann sich selbst zu einem Gutteil in Wagner wiedererkannte. Schon in den »Betrachtungen eines Unpolitischen« hatte er bekannt: »die Beschäftigung (mit der Kunst Wagners) wird beinahe zum Laster, sie wird zur Hingabe«. Ernst Bertram gestand er in einem Brief aus dem Jahre 1920, daß Wagner der Künstler sei, »in dessen Schatten ich lebe«. Und wenn Thomas Mann in »Leiden und Größe Richard Wagners« von Wagners »unaufhörlicher Mischung aus Dämonie und Bürgerlichkeit« spricht, von seiner »Zelebration des Einfalls«, der »Poetisierung des Intellekts«, wie er in »Ibsen und Wagner« schreibt, von Wagners »Raffinement«, seiner »klugen und sinnigen«, »abgefeimten« Kunst, zu lesen wiederum in den »Betrachtungen eines Unpolitischen«, dann meint Thomas Mann nicht nur Wagner, sondern immer auch sich selbst. In Wagner sah er sein eigenes Ego gespiegelt. Was er in »Leiden und Größe« über Wagner schreibt, der die »pedantische Ordnung und auch die bürgerliche Eleganz der Umgebung« brauche, das gilt auch für ihn. Ebenso kann man das folgende – in selbigem Essay zu lesende – Porträt Wagners als projiziertes Selbstporträt Thomas Manns auffassen: »In so kleinen Tagewerken ist (...) dies gigantische Lebenswerk aufgeschichtet, im Kampf mit einer jedesmal rasch erschöpfenden Kraft, Geschenk einer elastischen Zähigkeit, aus der sich die schnell abgesunkene Energie kurzfristig immer wieder erneuert und deren moralischer Name Geduld lautet (...) Es ist diese körperlich moralische Einheit von Elastitzität, Geduld und Tapferkeit, die diesen Mann seine Sendung vollenden läßt; und nicht leicht ist an einem anderen Künstlerleben die eigentümliche Konstitution des Genies, diese Mischung aus Sensibilität und Kraft, Zartheit und Ausdauer so gut zu studieren – diese Mischung des Trotzdem und der Selbstüberraschung, aus der die großen Werke kommen«. Was da über Richard Wagner geschrieben wurde, gilt ebenso für Thomas Mann, der Kenner wird es bestätigen. Darüberhinaus gehören die Erkenntnisse und sprachlichen Darstellungen Thomas Manns »in Sachen Wagner« zum Suggestivsten in der Wagnerlitarur nach Nietzsche. Manns Wagnerabhandlungen sind ein bis heute nicht erschöpfter Steinbruch geistreicher Bonmots, Sentenzen, Aphorismen und Spreng-Sätze: Wagner, »ein Musiker, der auch die Unmusikalischen zur Musik überredet«, Wagner als »Entdecker des Mythus für die Oper, als Erlöser der Oper durch den Mythus«. Wer hätte das je treffender formuliert?

Es verwundert nicht, wenn Thomas Mann in »Leiden und Größe« schließlich meinte, er habe Nietzsches brillante Wagnerkritik »immer als einen Panegyrikus mit umgekehrtem Vorzeichen, als eine andere Form der Verherrlichung empfunden (...) Es wäre seltsam«, schreibt er, »wenn ich allein stünde mit der Erfahrung, daß Nietzsches Polemik gegen Wagner der Begeisterung eher ein Stachel ist, als daß sie sie zu lähmen vermöchte«. Ohne Frage läßt sich das auch über Thomas Manns Wagnerkritik sagen!

Und selbst die Verächter des Wagnerkritikers Thomas Mann müssen ihre Waffen strecken vor soviel liebevoll findiger Einfühlungs- und Formulierungskunst, glitzernder Ironie und profunder Sachkenntnis, wie sie Thomas Mann etwa an einer Stelle seines Romans »Doktor Faustus« gelang, wo Adrian Leverkühn das Vorspiel zum dritten Akt der »Meistersinger« beschreibt: »Die Celli intonieren, allein, ein schwermütig sinnendes Thema, das nach dem Unsinn der Welt, dem Wozu all des Hetzens und Treibens und Jagens und einander Plagens biederphilosophisch und höchst ausdrucksvoll fragt. Die Celli verbreiten sich eine Weile weise kopfschüttelnd und bedauernd über dieses Rätsel, und an einem bestimmten Punkt ihrer Rede, einem wohl erwogenen, setzt ausholend, mit einem tiefen Eratmen, das die Schultern emporzieht und sinken läßt, der Bläserchor ein zu einer Choral-Hymne, ergreifend feierlich, prächtig harmonisiert und vorgetragen mit aller gestopften Würde und mild gebändigter Kraft des Blechs. So dringt die sonore Melodie bis in die Nähe eines Höhepunktes vor, den sie aber, dem Gesetz der Ökonomie gemäß, fürs Erste noch vermeidet; sie weicht aus vor ihm, spart ihn aus, spart ihn auf, sinkt ab, bleibt sehr schön auch so, tritt aber zurück und macht einem anderen Gegenstande Platz, einem liedhaft simplen, scherzhaft gravitätisch-volkstümlichen, scheinbar derb von Natur, der's aber hinter den Ohren hat und sich, bei einiger Ausgepichtheit in den Künsten der orchestralen Analyse und Umfärbung, als erstaunlich deutungs- und sublimierungsfähig erweist. Mit dem Liedchen wird nun eine Weile klug und lieblich gewirtschaftet, es wird zerlegt, im einzelnen betrachtet und abgewandelt, eine reizende Figur daraus wird aus mittleren Klanglagen in die zauberischsten Höhen der Geigen- und Flötensphäre hinaufgeführt, wiegt sich dort oben ein wenig noch, und wie es am schmeichelhaftesten darum steht, nun, da nimmt wieder das milde Blech, die Choral-Hymne von vornhin das Wort an sich, tritt in den Vordergrund, fängt nicht gerade, ausholend wie das erste Mal, von vorne an, sondern tut, als sei ihre Melodie schon eine Weile wieder dabeigewesen und setzt sich weihesam fort gegen jenen Höhepunkt hin, dessen sie sich das erste Mal weislich enthielt, damit die ›Ah‹-Wirkung, die Gefühlsschwellung desto größer sei, jetzt, wo sie in rückhaltlosem, von harmonischen Durchgangstönen der Baßtuba wuchtig gestütztem Aufsteigen ihn glorreich beschreitet, um sich dann, gleichsam mit würdiger Genugtuung auf das Vollbrachte zurückblickend, ehrsam zu Ende zu singen.« –

Drei Jahre vor seinem Tod, 1953, so überliefert Thomas Manns Gattin Katja in ihren »Ungeschriebenen Memoiren«, habe sie mit Thomas in Mailand eine schöne »Othello«-Aufführung gesehen. Zuhause angekommen, habe er sie gebeten, eine Platte mit der Zwischenaktmusik aus dem »Parsifal« einzulegen. »Und wie die Platte aus war«, so schreibt Katja Mann, »sagte er ›Na ja, der Othello neulich, es war ja recht schön, aber wenn ich das höre, ach du lieber Gott!‹ « Und sie fügt hinzu: »So war es doch bis zum Schluß.«

Die Söhne Siegfrieds: Wieland und Wolfgang

Das »Neubayreuth« Wieland Wagners

Als sich am 30. Juli 1951 der Vorhang zur »Parsifal«-Eröffnungspremiere der ersten Bayreuther Festspiele nach dem Zweiten Weltkrieg hob, Hans Knappertsbusch debütierte am Bayreuther Pult, der Wagner-Enkel Wieland war für Regie und Bühnenbild verantwortlich, muß für die Altwagnerianer eine Welt zusammengebrochen sein. Man spielte auf nahezu leerer Bühne, fast ohne Requisiten und ohne jeden Bezug zu historischer Ralität. Noch bis 1933 hatte man den »Parsifal« ja in den schwülen Fin-de-siècle-Bühnenbildern Paul von Joukowskys ggeben. Aber auch danach blieb der »Parsifal« in den Bühnenbildern Max Rollers und des jungen Wieland Wagner noch weitgehend traditionell. Nun aber, 1951, hatte Wieland in eigenen Bühnenbildentwürfen zum erstenmal abstrakte Bilder mit symbolhaften Formanspielungen und ausgeprägter Lichtregie auf die große Bühne des Festspielhauses gestellt, alles überflüssige Beiwerk war radikal eliminiert worden, weder Kulissen, noch realistische Aufbauten, nichts Historisches, schon gar nichts Teutonisches wurde mehr geduldet auf dem Grünen Hügel. Das Wort von der »Entrümpelung« machte die Runde. Der »Parsifal« von 1951 war der Anfang einer szenischen Revolution der Wagnerbühne, die Wieland Wagner initiierte, vielleicht die folgenreichste der Wagner-Inszenierungsgeschichte nach den abstrakten Vorstößen Adolphe Appias in den Zwanziger Jahren.

Nach dem Zusammenbruch des Deutschen Reiches, nach Kriegsende und Spruchkammerurteil, das der als belastet (im Sinne der Förderung und Nutznießerschaft des Dritten Reiches) verurteilten Winifred Wagner jedwede weitere Festspielleitung untersagte, hatte ein Generationen- und ein Führungswechsel in Bayreuth stattgefunden. In einer eidesstattlichen, verpflichtenden Erklärung, die am 21. Januar 1949 aktenkundig gemacht wurde, setzte die Gattin Siegfried Wagners, einstige Hitler-Freundin und Festspielleiterin bis 1944, ihre beiden Söhne Wieland und Wolfgang zur Fortführung bzw. Wiederaufnahme des Festspielbetriebs ein.

Hatten kurz nach Kriegsende die Gedankenspiele des amerikanischen Militärgouverneurs in Bayern, die Bayreuther Wagnerfestspiele zu internationalisieren und den Händen der Wagner-Familie zu entreißen, eine ernsthafte Infragestellung jeder weiteren Wagnerschen Familientradition bedeutet, wurde durch die Bayerische Staatsregierung der neugegründeten Bundesrepublik Deutschland am 28. Februar 1949 die Vermögenssperre der Familie Wagner aufgehoben und eine klare Entscheidung zugunsten der Weiterführung des Familienbetriebs getroffen. Während Wolfgang Wagner mit dem Motorrad durch Deutschland fuhr und Mäzene, Sponsoren und Geldgeber für einen Neuanfang suchte, bereitete sich sein Bruder Wieland auf regieliche Innovationen vor. Er hatte mit seiner Familie das Kriegsende am Bodensee verbracht, wo er sich nun auf all das stürzte, was im Dritten Reich verboten war: auf die Tiefenpsychologie Siegmund Freuds, die Symbolforschung der C.G. Jung-Schule, auf Mythenforschung und auf die – freilich im internationale Rahmen schon fast als old-fashioned geltende – Moderne etwa Pablo Picassos, Piet Mondrians und Henry Moores. Wieland war fest entschlosen zu einer radikalen Neudeutung Wagners. 1950 wagte man den Sprung ins kalte Wasser und kündigte die ersten Neubayreuther Festspiele für 1951 an. Auf dem Programm ein neuer »Parsifal«, neue »Meistersinger« und ein neuer »Ring«. Aber auch Dirigenten, die bisher nicht in Bayreuth zu erleben waren, und ungehörte, junge Sänger wurden verpflichtet. Man wollte einen neuen und einen eigenen Stil kreieren. Was – rückwirkend betrachtet – ja auch gelang. Die Brüder hatten sich übrigens abgesprochen, daß Wolfgang zunächst für das Organisatorische, Wieland fürs Künstlerische, sprich für Regie und Ausstattung verantwortlich sein solle.

Wieland, der von der Malerei herkam und bis 1945 im sächsischen Altenburg als Regisseur engagiert war, ging es um nichts weniger als einen neuen Interpretationsansatz des Wagnerschen Œuvres mittels moderner Visualisierungsmöglichkeiten. Die Bühne sollte nicht mehr illusionäre Realität, sondern Sinnbild sein, wie Wieland in einem historischen Rundfunkinterview erklärte: »Ich suche eine musikalische Abstraktion. Daß ich

Bayreuth als Werkstatt betrachte, in der unermüdlich gearbeitet wird, hat den Grundcharakter Bayreuths verändert. Früher war jeder auf dem Standpunkt gestanden, was Bayreuth macht, ist sakrosankt. Ich betrachte uns lediglich als einen Teil der Bühnen der ganzen Welt, die die Aufgabe an bevorzugter Stelle haben und die größere Verpflichtung, bessere Wagneraufführungen zu machen als anderswo. Ich habe mich entschieden, daß wir grundsätzlich so frei wie möglich arbeiten müssen. Die Vorschriften Richard Wagners, die sämtliche alten Wagnerianer auswendig können, sind Theater ihrer Zeit und nicht Theater unserer Zeit. Dir Vorschriften sind für die Kulissenbühne, sind für das Gaslicht und für die gemalte Hängedekoration. Wir haben inzwischen die Lichtorgel, wir sind andere Menschen, und wir haben Kriege durchgemacht!«

Ein nahtloses Anknüpfen an die Tradition der gängigen Wagnerinterpretation war undenkbar! In einem zur Eröffnung der »Neubayreuther Festspiele« herausgegebenen Festspielbuch ließ Wieland einen geradezu programmatischen Aufsatz abdrucken, der den bezeichnenden Titel trug: »Überlieferung und Neugestaltung«. Darin begründete und rechtfertigte er seinen Bruch mit der Tradition und seinen Aufbruch in szenisches Neuland. Im Zentrum seiner Überlegungen steht die These, daß »der ausgeleuchtete Raum« an die Stelle des »beleuchteten Bildes« zu treten habe. Der ausgeleuchtete Raum verstanden als »leerer Raum«! Da Wieland der Musik den Vorrang vor jedem Requisit einräumte, war seine »Entrümpelung« niemals der Gefahr bloß modischen Experimentierens oder abwegigen Aktualisierens ausgesetzt. Im Grunde hat er nur die spät ausgesprochene Idee seines Großvaters Richard Wagner in die Tat umgesetzt, der am 23. September 1878 zu Cosima sagte: »Ach, es graut mir vor allem Kostüm- und Schminkewesen; wenn ich daran denke, daß diese Gestalten, wie Kundry, nun sollen gemummt werden, fallen mir gleich die ekelhaften Künstlerfeste ein, und nachdem ich das unsichtbare Orchester geschaffen, möchte ich auch das unsichtbare Theater erfinden.« Den Kerngedanken dieses Satzes aus Cosimas Tagebüchern hatte sich Wieland – wie er in einem Radio-Statement aus den fünfziger Jahren betont – auf seine Fahnen geschrieben: »Ich stehe auf dem Standpunkt, daß Richard Wagner allein schon durch den Bau dieses Hauses, der sich von jedem anderen Theater der Welt in grundsätzlichen Dingen unterscheidet, den Maßstab für die Wiedergabe seines Werkes gegeben hat und daß wir deshalb verpflichtet sind, in Bayreuth anders Theater zu spielen als an anderen Bühnen der Welt. Wir haben im Jahr 1951 begonnen, einen für die Gegenwart tragfähigen Stil für das Werk Richard Wagners zu finden und wir glauben, daß wir soweit sind, sagen zu könen, daß es gelungen ist, nicht nur einen neuen Stil der Wiedergabe zu finden, sondern, was ich für viel wichtiger halte, ein Ensemble aus Sängern aus der ganzen Welt zu versammeln, die geeignet sind, diesen neuen Stil als singende Darsteller im wahrsten Sinne des Wortes völlig und restlos zu erfüllen. Wir werden unser Ensemble weiter ergänzen und auch an der Vervollkommnung der Inszenierungen arbeiten. Aber der entscheidende Schritt ist getan: Bayreuth ist kein Theatermuseum geworden, wie es sich einige alte Wagnerianer gewünscht haben, sondern Bayreuth sieht seine Aufgabe darin, dem lebendigen Theater in aller Welt und der Wagnerwiedergabe im Besonderen voranzugehen und nicht um Jahrzehnte hinterherzuhinken! Für uns Angehörige der jungen Generation gibt es keinerlei Widerspruch zwischen Tradition und Erneuerung, ob auf musikalischem oder auf dem Gebiet der Inszenierung. Wir kennen die Tradition, und wir ehren die Tradition, aber wir stehen nicht auf dem Standpunkt, daß die Erfüllung des Buchstabens allein selig macht, sondern daß das Werk Richard Wagners wie künstlerische Werke aller Zeiten überhaupt nur vom Geistigen wiedergegeben werden können, sollen sie für den heutigen Menschen wirklich von der tiefgreifenden Bedeutung sein, die ihnen alle schöpferischen Komponisten zugedacht haben.«

Zu den Neuerungen der wiedereröffneten Bayreuther Festspiele gehörten wesentlich neue Dirigenten. Das waren vor allem Hans Knappertsbusch und Herbert von Karajan, Clemens Krauss, Joseph Keilberth, André Cluytens und Rudolf Kempe, um Namen zu nennen, die in den ersten Jahren maßgeblich waren. Auch der neue Chordirektor Wilhelm Pitz, der durch ganz Deutschland reiste, um Chorsänger von erster Güte anzuhören und zu engagieren, setzte neue Maßstäbe. Zu der stilbildenden Garde der Künstler des kommenden Jahrzehnts im Nachkriegs-Bayreuth gehörten Sänger, die schon in der ersten Neubayreuther Produktion mitwirkten: Allen voran Martha Mödl, die die Kundry sang, Wolfgang Windgassen als Parsifal und der junge Amerikaner mit der gewaltigen Baßbaritonstimme in der Rolle des Amfortas: George London.

Ebenfalls aus den USA hatte man – auf Empfehlung von Kirsten Flagstad – ohne, daß sie je vorgesungen hatte, eine hochdramatische Sopranistin engagiert, die von ihrem ersten Auftreten an als Sensation galt und zu einer der drei Säulen der Hochdramatischen in den nächsten zwei Jahrzehnten Bayreuths wurde: Astrid Varnay, die zuvor schon an der New Yorker Metropolitan Opera unter George Szell und Fritz Reiner eine Karriere im dramatischen und hochdramatischen Wagner- und Strauss-Fach hinter sich hatte. Vor kurzem habe ich Astrid Varnay über ihre Erinnerungen an »Neubayreuth« befragt »Am Anfang waren nur die Martha Mödl und ich, später kam Birgit Nilsson dazu, im dramatischen Fach. Damals war Bayreuth am Neubeginn, das Land war sehr arm, in Bayreuth konnte man noch parken, wenn man ein Auto hatte, es gab damals nicht viele Autos! Die Menschen sind zu Fuß zum Hügel gepilgert, es war eine Zeit des Hoffens und des Wiederaufbaus. Es gab ein Schild, worauf stand ›Hier gilt's der Kunst‹, man wollte nicht von politischen Dingen sprechen. Und für uns war es so, als ob wir den Karren, voll von Oper, zogen. Niemand ist weggegangen, man kam dorthin, man lebte und probierte dort, man hat dort gegessen und geschlafen, Wagner, Bayreuth, Punkt! Und das vier Wochen. Heutzutage ist das alles anders. Man gibt dort seine Gastspiele und reist zwischendurch mal nach Salzburg oder sonstwohin, gibt ein Konzert und singt hier und da einen Liederabend. Zu unserer Zeit gab es das nicht! Ich bin später auch ein bißchen hin- und hergereist, das gebe ich gern zu, aber mein Repertoire war so, daß ich immer länger bleiben konnte in Bayreuth. Ich habe nur einmal in Salzburg die ›Elektra‹-Vorstellungen gesungen. Es gab eine strikte Trennung zwischen Bayreuth,

Salzburg und München 1951, es gab ja auch noch nicht so viele Festspiele wie heute. Und wir haben uns in Bayreuth sozusagen für einen Zweck gemeinschaftlich verbunden, und dieser Zweck war, die Kunst wieder aufzurichten und zu den Menschen zu bringen, und das Publikum war unerhört dankbar. Nach meinem Debüt in Bayreuth kam dann sehr bald Berlin und München. Berlin noch 1951, bevor ich zur Metropolitan zurückkehrte und 1952 München. Und dann pilgerte ich sehr viel herum in der Welt und habe die Metropolitan aufgegeben für eine Weile, um genau zu sein, für achtzehn Jahre. Meine Kollegen hatten mich gefragt, wieso ich das tue, ob das nicht ein großes Risiko sei. Man war damals noch ziemlich seßhaft an einem Theater. Ich sagte nein: es muß etwas geschehen an Veränderung! Und einige Kollegen sind meinem Beispiel gefolgt. Wieland und Wolfgang Wagner haben ja auch Interesse gehabt an jungem Sängernachwuchs. Zu meiner Zeit waren wir in Bayreuth zwar ein gewisses jugendliches Alter, aber die Mehrzahl von uns hatte schon viel Erfahrung. Was Wieland Wagner und Wolfgang Wagner gemacht haben – in den ersten Jahren vor allem Wieland und erst später Wolfgang: beide haben große Kenntnisse gehabt, die sie aber in einer ganz unterschiedlichen Weise verwendet und angewandt haben. Ein roter Faden zog sich allerdings durch beider Brüder Arbeit und verband sie: man hat die sogenannten Götter vermenschlicht, man hat die Bühne von Unwichtigem, von Ballast freigeräumt, teilweise aus großer Überzeugung, damit der Mensch und damit die Rolle mehr zur Geltung kommt, aber auch aus finanzieller Notwendigkeit der Beschränkung. Bayreuth stand ja am Punkt Null, damals. Ich glaube, diese Entrümpelung von Wieland Wagner war notwendig. Wieland Wagner wollte etwas anderes machen als das, was man bis dahin an Heldentum auf der Wagnerbühne gesehen hatte, im besten Fall war das so wie in Fritz Langs »Nibelungen«-Film.

Wieland hat uns auch körperlich, mit geballten Fäusten, gezeigt, was er wollte. Es war körperlich oftmals nicht sehr ausgeprägt, aber er hatte das Glück, daß er viele hochqualifizierte, intelligente Sänger zur Verfügung hatte, die schauspielen konnten. Wir konnten Wieland schon an seinem Gesicht ansehen, wie er etwas meinte und was er sich an Ausdruck dachte. Und das konnten wir übersetzen!« –

Den »Ring« hatte Wieland Wagner neben dem »Parsifal« schon 1951 zum ersten Male in Bayreuth inszeniert. Während sein »Parsifal« bis über seinen Tod hinaus, bis in die siebziger Jahre gespielt wurde, entwickelte er den »Ring« sukzessive bis ins Jahr 1958. Er hatte sich vorgenommen, nach und nach, im Schnitt alle zwei Jahre, ein weiteres Werk seines Großvaters neu zu inszenieren, danach sollte sein Bruder einen kompletten Durchgang des Wagnerschen Werks inszenieren. Auch er hatte ja an der Berliner Staatsoper das Handwerk der Regie gründlich gelernt.

Schon ein Jahr nach dem Neubayreuther Startschuß des »Parsifal« hatte Wieland 1952 den »Tristan« folgen lassen, in dem seine Kundry der ersten Stunde, Martha Mödl, auch sie eine Ausnahmesängerin von singulärer Darstellungskraft, die Isolde sang. Am Pult der junge Herbert von Karajan. Martha Mödl wurde neben Wolfgang Windgassen, Astrid Varnay und Birgit Nilsson geradezu zu einer sängerischen Verkörperung Neubayreuths und des Wagnergesangs nicht nur dort, sondern auf der ganzen Welt. Die Mödl ist Bayreuth bis Ende der sechziger Jahre treu geblieben, wo sie zuletzt noch in Wielands »Ring« eine zutiefst anrührende Waltraute sang.

30 Jahre nach Wielands Tod, im Frühjahr 1996, befragte ich die 84jährige – noch immer erstaunlich bühnenaktive – Martha Mödl nach der Persönlichkeit Wieland Wagners und danach, was er, mit dem sie so viele Jahre zusammengearbeitet hatte, für ein Mensch gewesen sei: »Erstens mal hochtalentiert, und zwar nach allen Seiten hin, er war ja ein ebensoguter Maler, wie er ein hervorragender Regisseur war, und er hat ja nicht nur Wagner inszeniert. Menschlich war er für mich allerdings ein unbeschriebenes Blatt, das ich nie ganz durchschauen konnte, niemals! Unnahbarkeit, Undurchschaubarkeit, das war vielleicht seine Art? Aber es war bei ihm ähnlich wie bei Furtwängler (auch wenn der ein ganz anderer Typ von Mensch war): Wieland hat nichts vormachen können, er war genauso eckig wie Furtwängler, aber er hatte seine Vorstellungen in Worte

kleiden können, sodaß man sofort wußte, was er meinte und wie man dies oder jenes machen mußte. Ich habe von Wieland vor allem gelernt, daß man etwas darstellen kann, ohne irgendein opernhaftes Brimborium um sich herum, daß nur eine einzige Haltung eine ganze Figur ausdrücken kann! Diese Konzentration und Beschränkung, nie über das Ziel hinauszuschießen, die habe ich wirklich von ihm gelernt. Das war eigentlich bei ihm alles! Es war – wie ich schon sagte – wie bei Furtwängler: Wieland hat Dinge gesagt, die ich längst in mir verschlossen gehabt habe, die nur rausgelockt werden mußten.«

Zu den Sensationen der ersten Stunde Neubayreuths im Jahre 1951 gehörte eine junge Sängerin, die gerade 25 Jahre alt war und erst seit 5 Jahren auf der Bühne stand. Sie debütierte unter Furtwängler – der nur ganz kurz in Bayreuth dirigierte – im ersten Nachkriegs-«Ring« als Sieglinde: Leonie Rysanek. Sie wurde über Nacht berühmt und eine international gefragte Sängerin. Bayreuth war nach dem Zweiten Weltkrieg für viele Sängerinnen das Sprungbrett in die internationale Karriere. Für viele auch eine Versuchung, ihre Grenzen zu überschreiten und sich – zumal von den Schallplattenfirmen – vermarkten zu lassen. Und das meist auf Kosten der Stimme. Was Leonie Rysanek in Bayreuth vor allem lernte, war Selbstbeschränkung, ihres Repertoirs, aber auch ihres Darstellungsstils. Wieland Wagner war es, der das ungestüme Temperament der jungen Sängerin zügelte und ihr jene Fähigkeit der größtmöglichen Intensität des Ausdrucks bei kleinstmöglicher Bühnen-Aktivität beibrachte. Er setzte sie ein als »Tannhäuser«-Elisabeth, deren Hallenarie sie regungslos und mit gefalteten Händen zu singen hatte, als Sieglinde, und, nicht zuletzt, als grandiose Senta im »Fliegenden Holländer«. Das war eine der wenigen reibungslosen Produktionen einer trotz großer Meinungsverschiedenheiten erfolgreichen Zusammenarbeit, wie sie mir kurz vor ihrem Bühnenabschied 1996 erzählte:

»Wieland und ich, das war Haß und Liebe in einem, das war ein ewiger Kampf. Ich weiß bis heute nicht, was in ihm eigentlich vorging. Nach dem berühmten ›Holländer‹ 1959, wo ich nach unseren vielen Reibungen glaubte, jetzt sei alles gut, da wollte ich von ihm wissen, warum er eigentlich immer so unschöne Dinge über mich gesagt hat, ›Hausmeisterschmalz‹ und ›barocke Figur‹ und lauter solche Nettigkeiten. Er wich mir immer aus. Die letzten paar Jahre der Zusammenarbeit waren dann allerdings wunderschön, da war nur noch Einigkeit und Frieden und gegenseitige Hochachtung. Und ich habe ja auch irrsinnig viel von ihm gelernt! Wieland hat schon ein bißchen mein wildes Temperament gebremst und gezügelt. Ich habe gern übertrieben, aber ich konnte nichts dafür, ich bin halt so, ich bin ein barocker Mensch, und ich sagte ihm immer: sie können keine gotische Figur aus mir machen! Es ist in Wielands Inszenierungen immer gegen mein Inneres gegangen! Ich habe bei keinem Regisseur so viel gelernt, wie bei bei Wieland, aber auch bei niemand anderem so viel gegen meine innere Überzeugung gearbeitet!« –

Neun Jahre, nachdem Wieland Wagner Leonie Rysanek zum ersten Male engagiert hatte, es war im Jahre 1960, brachte er seinen ersten »Fliegenden Holländer« in Bayreuth heraus. Zu den großen Entdeckungen des Nachkriegsbayreuths gehörte eine Sängerin der Senta: die damals 20-jährige Anja Silja. Vielleicht Wielands größte Entdeckung einer gleichermaßen stimmlich wie darstellerisch außerordentlichen Begabung. Die Verkörperung eines Ideals von mädchenhafter Erscheinung und durchschlagender, dramatischer Stimme. Wielands Begeisterung für diese junge Sängerdarstellerin ließ aus gemeinsamer Kunstausübung Liebe werden. Anja Silja wurde auch privat seine Weggefährtin bis zu seinem Tode. Die Silja war nicht nur Wielands Senta, sie sang in Bayreuth auch Elsa, Elisabeth, Freia und Venus, aber auch an anderen Bühnen verkörperte sie in Wielands Inszenierungen die großen Wagner-Partien, ganz zu schweigen von Anja Siljas Strauss- und Janacek-Interpretationen, die sie bis heute in aller Welt zu einer der gefeiertsten Ausdruckskünstlerinnen der Opernbühne haben werden lasssen. Obwohl noch immer eine aktive und erfolgreiche Sängerin auf den großen Bühnen der Neuen und der Alten Welt, betrachtet Anja Silja doch ihre Jahre mit Wieland Wagner im Nachhinein als den Höhepunkt ihres Lebens, wie sie mir vor kurzem erst gestand: »Für mich ist Bayreuth mit Wieland Wagner gestorben. Mein Theaterleben hat eigentlich mit dem Tode Wieland Wagners aufgehört, wirklich zu sein. Ich mache zwar noch immer vieles, auch sehr gern und mit großen Leuten, aber wie gesagt, ich schöpfe immer noch aus dieser Zeit mit Wieland. Das ist mein Leben gewesen, und das war unglücklicherweise schon vorbei, als ich erst 26 Jahre alt war. Das ist, wenn man so will, die Tragödie meines Lebens. Damit muß man fertig werden, das ist halt so! Wir brauchten uns beide. Er hat in mir einfach das Ideal gesehen, das wohl auch Richard Wagner sich vorgestellt hatte, eben das junge Mädchen für diese Rollen. Das war ja seitdem – weder vorher noch nachher – nie wieder erreicht, daß ein Mädchen eine Isolde mit neunzehn, eine Senta mit zwanzig singt. Das hat es noch nicht gegeben, und das war für ihn schlechthin die Erfüllung. Und für mich schlechthin die Erfüllung, daß mich dafür jemand holte und mir das anvertraute, mir das auch zutraute! Wir brauchten uns beide, und das ist etwas, was einmalig ist in einem Leben, glaube ich. Deshalb ist es für mich eben so prägend, wie es sonst vielleicht – nur privat – nicht gewesen wäre!« –

Den berühmten, blausilbernen »Lohengrin« aus dem Jahre 1958, in dem Anja Silja die Elsa und Astrid Varnay die Ortrud sang, hatte Wieland ganz als Mysterienspiel angelegt. Seinen »Parsifal« von 1951 hatte er im Niemandsland einer von Licht und Schatten, vagen Adern- und Geästprojektionen gestalteten Bühne angesiedelt, deren Boden ein scheibenförmiges Plateau bildete. Später sprach man von Wieland Wagners »Neubayreuther Weltenscheibe«, die auch die Bühnenbilder seiner »Ring«-Deutungen wesentlich bestimmte. Wielands »Tristan« zierten nur wenige, an Henry Moore erinnernde Symbole, sein »Tannhäuser« feierte die Kunst der Geometrie auf schwarzweißem Schachbrett, seine »Meistersinger« von 1956 stellten gar Meistersinger ohne Nürnberg auf die Bühne. Deutschland und seine Wagnerianer waren in hellen Aufruhr versetzt. Immer wieder hat Wieland das Wagnerpublikum schockiert. Aber er hat einen eigenen Stil geschaffen und mit ihm Maßstäbe der Wagnerinszenierung gesetzt, die von Bayreuth aus den Rest der Welt infizierten. Mit Wehmut denkt man heutzutage an jene Wielandsche Ära Bayreuths zurück, in der das, was man im Festspielhaus zu hören und zu sehen bekam, sich deutlich von dem unterschied, was an den anderen Opernbühnen in »Sachen Wagner« gezeigt wurde und was sich qualitativ weit höherwertig gegen den Rest der Welt absetzte.

Als Wieland Wagner 1966 – kaum 50 Jahre alt – starb und seinem Bruder Wolfgang das alleinige Erbe der Festspielleitung überließ, da war am Sängerhimmel seines Bayreuth ein weiterer Stern aufgegangen, der in seiner letzten und vielleicht symbolischsten seiner Inszenierungen, dem »Tristan« von 1962 mit seinen phallischen Monolithen, in der Partie der Isolde glänzte. Es war ein Glanz, dessen Strahlkraft bis weit über den Tod Wielands hinaus von Bayreuth in die übrige Wagnerwelt strahlte und von der auch die Ära Wolfgangs noch hell be- und erleuchtet werden sollte. Unter Leitung von Karl Böhm hat sie, von der die Rede ist, die Schwedin Birgit Nilsson, diesen »Tristan« als vielleicht expressivste musikalische Ikone einer zuendegegangenen Ära für die Nachwelt konserviert.

Festspielchef seit 1966: Wolfgang Wagner

Pflege des Erbes: Wolfgang Wagner

Mit Wielands Tod wurde Wolfgang, sein Bruder, zum Alleinherrscher am Grünen Hügel zu Bayreuth. Er ist es noch immer. Seit mehr als 30 Jahren steht er nun an der Spitze des Festspielunternehmens. Als einziger noch lebender Wagnerenkel, als Gesellschafter und Geschäftsführer der Bayreuther Festspiele auf Lebenszeit, beherrscht er so etwas wie ein Imperium! Der Neider gibt es viele, vor allem aus der eigenen Familie, von der Nike, die kluge Tochter seines Bruders Wieland, schon 1976 behauptete, sie – also die Familie – sei ein: »Atridenclan, in dem die Väter die Söhne kastrierten und Mütter sie liebend erdrücken, in dem Mütter ihre Töchter verstoßen und Töchter ihre Mütter verketzern, in dem Brüder einander auf die Füße treten und Brüder gegen Schwestern aufstehen wie Schwestern gegen Brüder, in dem Töchter totgeschwiegen werden und Schwiegertöchter verdrängt, in dem die Männer weiblich sind und die Weiber männlich, und in dem ein Urenkel dem andern schon an der Leber knabbert.«

Es hat durchaus etwas Bewundernswertes, wie Wolfgang Wagner bis heute, allen Anfeindungen aus den Reihen der eigenen Familie zum Trotz, wie ein Fels in der Brandung auszuharren vermag. Von der im Grunde kontinuierlich harschen Kritik an seinen künstlerischen Regieleistungen und Spielplan- wie Besetzungs-Entscheidungen ganz zu schweigen. Die Worte Fafners, der selbstgenügsam auf dem Hort sitzt, kommen einem unweigerlich in den Sinn: »Ich lieg' und Besitz«.

Doch es wäre ungerecht, zu verkennen, daß der Impresario Wolfgang Wagner, der Vielgescholtene, durch seinen persönlichen Einsatz wesentlichen Anteil hat am Wiederaufbau der Festspiele nach dem Zweiten Weltkrieg und daß ihr beispielloser materieller Erfolg, man darf ohne Übertreibung von einem prosperierenden Unternehmen sprechen, das in der internationalen Festspiellandschaft vergleichslos dasteht, zu einem guten Teil seinem Management zu verdanken ist. Es war weiß Gott nicht leicht – wie er mir vor kurzem erst in einem Gespräch erläuterte – nach einem von Deutschland entfesselten und schließlich verlorenen Krieg auf den Namen Wagner Kredit zu erhalten, mit dem man unter neuen Vorzeichen nach 1945 wieder Wagnerfestspiele ins Leben rufen und anknüpfen konnte an die dynastische Tradition des Festspielunternehmens: »Die Schwierigkeit war die, daß von deutscher Seite logischerweise starke Aversionen gegenüber Wagner existierten, die dahingehend beseitigt werden mußten, daß wir durch völlig neues Überdenken des Phänomens Wagner und der Festspiele die Vorausetzungen soweit zu klären hatten, um guten Gewissens von einem Punkt Null anfangen und möglichst allen alten Ballast über Bord werfen zu können. Das konnten wir natürlich nur, indem wir uns konzeptionell weitgehend darüber einig waren. Das war die Grundvoraussetzung. Die nächste Voraussetzung war die, das zeigt die Festspielgeschichte ja sehr genau, daß neben der ideellen auch die materiellen Voraussetzungen zu schaffen waren! Das war natürlich nicht so ganz einfach nach dem totalen Zusammenbruch, zumal mit einem Haus, das ja als Provisorium gebaut wurde und in dem eigentlich zur Stabilisierung bis dahin nichts getan wurde. Die erste Überlegung einer gründlichen Stabilisierung erfolgte ja erst nach einem schweren Sturm im Jahre 1939, dann kam der Krieg dazwischen und der Zusammenbruch des Nationalsozialismus, ich muß dazu sagen, leider für Bayreuth auch zu spät!

So mußten wir also mit der baulichen Sanierung anfangen, und die Geldbeschaffung war natürlich nicht so ganz einfach damals! Aber es ist uns mit einer Grundsumme, die uns von der deutschen Wirtschaft als Darlehen garantiert wurde, gelungen. Außerdem wurde die »Gesellschaft der Freunde von Bayreuth« gegründet, schon im Herbst 1949, also eineinhalb Jahre, bevor wir wieder eröffneten. Mit diesem Grundstock gelang es uns dann, andere Mittel zu beschaffen. Wenn eine Privatinitiative Erfolg hat, dann kann sie eben auch den Staat mobilisieren. Und nicht zuletzt ging es auch darum, beim Rundfunk, der ja immer gewisse Gebühren einbrachte und Publicity, Ressentiments auszuräumen. Das war eigentlich der erste aktive positive Niederschlag, den wir für uns verbuchen konnten, daß die Rundfunkübertragungen wieder zustande kamen. Ich darf daran erinnern, daß wir schon 1931 die erste Weltübertragung hatten, noch per Draht. Und diese Bayreuther Übertragungen waren keine NS-Rundfunkaktivitäten! 1951, wie gesagt, wurden bereits wieder Festspiele übertragen.

Gott sei Dank hatten wir schon im ersten Jahr unseres Neuanfangs in jeder Hinsicht Fortüne! Wir waren ja unbeschriebene Blätter, Wieland und ich. Mein Bruder hatte zwar einige Inszenierungen gemacht, ich hatte auch immerhin soviel Rüstzeug gelernt, daß ich die letzte Inszenierung der Berliner Staatsoper vor deren Schließung besorgte. Aber wir hatten soviel positiven Kredit allein durch die Tatsache erhalten, daß wir den Neuanfang wieder geschafft hatten, daß uns schließlich der enorme Zuspruch des Auslandes und der ausländischen Festspielbesucher den künftigen Erfolg sicherten.

Eigentlich wollte ich schon im ersten Jahr unseres Neuanfangs die ›Meistersinger‹ inszenieren, aber mein Bruder und ich, wir hatten uns einvernehmlich geeinigt, daß ich zu einem späteren Zeitpunkt erst einsteigen sollte. Die organisatorischen Aufgaben und die Bewältigung der finanziellen Dinge hielt ich einfach für vorrangig! Dadurch kam ich als Regisseur etwas in Verzug. Erst 1953 brachte ich einen eigenen ›Lohengrin‹ mit ins Rennen. Aber mein Bruder hat ja schließlich – nach einigen nicht in jeder Hinsicht befriedigenden Inszenierungen – auch erst 1955 die Form gefunden, die heute als die revolutionäre »Ring«-Vereinfachung bekannt ist.«

Wolfgang Wagner hatte sich von Anfang an mehr der organisatorischen und geschäftlichen Seite der neueröffneten Bayreuther Festspiele zugewandt. Sein Bruder Wieland kreierte inzwischen den in die Theatergeschichte eingegangenen »Neubayreuther Stil«. Als 1966 Wieland plötzlich starb, stand Wolfgang als Festspielleiter und Regisseur allein da. Seither begann er eine rege und kontinuierliche Inszenieringstätigkeit, wobei er sich künstlerisch nie von irgendwelchen Trends mitreißen ließ. Er blieb seinen handwerklich wie technisch einwandfreien, doch künstlerisch selten innovativen Wagnerdeutungen durch die Jahrzehnte hindurch treu. Aufregende Konzepte wurden seitens kritischer Zuschauer nicht selten vermißt. Werktreue war stets sein Credo! Er ist viel gescholten worden darob. Retardierende, rückwärtsgewandte Momente bemängelte die Kritik noch an seinen jüngsten Inszenierungen.

Daß Wolfgang Wagner allerdings eine gewaltige Lebensleistung vollbracht hat, wird oft vergessen! Daß in schwierigsten Nachkriegs-Zeiten die Bayreuther Festspiele überhaupt wiedereröffnet werden konnten, ist nicht zuletzt seinem praktischen Sinn, seiner Geschäftstüchtigkeit und seinem Organisationstalent zu verdanken. Gemeinsam mit seinem Bruder hat er Bayreuth entrümpelt von jeglichem nationalistischen, deutschtümelnden Dekorations-Müll. Auch mit seinen eigenen Inszenierungen hat er Wagner nach fataler Hitler-Wagnerei, deren diskreditierende Folgen in Form von Vorurteilen bis heute wuchern, wieder gesellschaftsfähig gemacht. Doch als Regisseur steht Wolfgang Wagner im Schatten seines Bruders Wieland. Er gilt nach wie vor als der Manager, der Theaterdirektor, der vor allem im Hintergrund wirksam war beim Nachkriegswunder »Neubayreuth«. Wolfgang Wagner legt allerdings Wert auf die damalige Zusammengehörigkeit von künstlerischer und organisatorischer Leitung:

»Wissen Sie, wir haben ja von uns aus diese scharfe Abgrenzung in der Form nie gemacht, schon deshalb, weil wir uns völlig einig darin waren, daß beides, das Künstlerische und das Organisatorische bzw. Finanzielle, zusammengehören. Eines geht nicht ohne das Andere! Mein Plus, wenn ich das so unbescheiden sagen darf, ist doch die Tatsache, daß ich die Festspiele künstlerisch und organisatorisch führen kann, eben weil ich die praktischen Bedürfnisse der künstlerischen Absichten aus eigener Erfahrung kenne und zu deren Realisierung beitragen kann. Mein Bruder hat sich nicht umsonst meiner organisatorischen Fähigkeiten gern bedient, weil er genau wußte, daß ich seine künstlerischen Ideen kannte und ihm sagen konnte, ob sie und wie sie auf dem Theater umzusetzen waren. Auch wenn ich heute mit einem Regisseur verhandele, der mir neue Ideen bringt, dann weiß ich genau, ob seine Ideen realisierbar sind oder wie sie realisierbar sein könnten. Also, wie gesagt, es hat damals diese strikte Trennung nie gegeben, von der heute oft geredet wird. Sie ist meines Erachtens nach dem Tod meines Bruders etwas provoziert worden. Außerdem dürfen Sie nicht vergesen, daß ein Institut immer nach der künstlerischen Aussage und Qualität beurteilt wird. Leider wird nie berücksichtigt, wie wichtig das Organisatorische und das Materielle ist. Diese Unterscheidung ist immer etwas künstlich gewesen! Ich räume allerdings gerne ein, daß die künstlerische Neugestaltung von Wieland Wagner erfolgt ist, aber natürlich ist das bloß beschränkt richtig.«

Zur »Entrümpelung« Bayreuths gehörte übrigens nicht nur die durch das Spuchkammerverfahren ausgelöste juristische Ablösung Winifred Wagners als Festspielleiterin, sondern auch die öffentliche Distanzierung der Söhne von dem Bayreuth ihrer Mutter. Von Anfang an hat sich Wolfgang Wagner deutlich von seiner Mutter Winifred distanziert, die ja bis zu ihrem Tode, 1980 – wie sie noch in einem eindrucksvoll makabren Filminterview Hans Jürgen Syberbergs in den 70er Jahren eingestand – jene Hitlerverehrerin geblieben ist, als die sie ihn für Bayreuths Sache gewann, lange bevor er zum mächtigsten Mann Deutschlands geworden war. Öffentlich, wie gesagt, ging Wolfgang auf Distanz zu seiner Mutter, die den Namen Bayreuths durch ihr Verhalten im Dritten Reich nachhaltig diskreditierte. Doch das ist nur die eine Seite ihrer Lebens-«Leistungen«, wie Wolfgang Wagner mir in dem jüngsten Gespräch zu bedenken gab:

»Ich habe sie persönlich gar nicht so sehr als Ballast empfunden, und zwar aus folgendem Grund: wenn man ihre unbestreitbaren Leistungen hier in Bayreuth nach dem ersten Weltkrieg kennt, und zwar auch in Sachen materieller Realisationen, dann hat man viel zu viel Achtung vor ihr. Sie hat sich nämlich von dem alten Zopf der Verwaltung und den alten, bis dato tradierten und konservierten Vorstellungen getrennt. Mein Vater wurde ja von einigen Leuten in fast unverantwortlicher Weise unselbständig gehalten. Meine Mutter hat da einen frischen Wind ins Festspielgetriebe hineingebracht mit ihrem nüchternen Sinn. Nur aus dieser

Erkenntnis heraus kann man sie eigentlich angemessen beurteilen. Sie hat am 5. August 1930 (am 4. starb mein Vater) die Festspielleitung übernommen; sie war testamentarisch von meinem Vater dazu autorisiert! Bis zu unserem Neubeginn waren ja Verfügungsrecht, Eigentum und Festspielleitung identisch. Nun ist es bemerkenswert, daß mein Vater nicht irgendwen aus unserer Familie, der glaubte, daß er am besten gewußt habe, worauf noch des ›Meisters‹ Blick und Hand geruht habe, sondern meine Mutter mit der Festspielleitung beauftragt hatte! Natürlich war mein Vater der Ansicht, daß sie nicht die künstlerische Leitung würde übernehmen können und wollen. Deshalb hat er ja auch darauf aufmerksam gemacht, daß Heinz Tietjen (der ja in Berlin mit Preetorius und Furtwängler einen bemerkenswerten ›Lohengrin‹ machte) jemand wäre, der in der Lage wäre, diese künstlerische Leitung zu übernehmen. Das erschien ihm als ein möglicher, ein realistischer Weg, und er empfahl ihn meiner Mutter aufs wärmste. Schon 1931, vor Beginn der Vorbereitung der Festspiele 1933 (1932 war ein Pausenjahr), hat meine Mutter Tietjen sofort zum künstlerischen Leiter ernannt. Da gab es dann zwar eine große Opposition seitens der Familie. Aber es wurde alles getan, was getan werden mußte. Dann kam der 30. Januar und das Dritte Reich. Dann entfiel auf einmal das Eigenprodukt ihrer organisatorischen Leistung als Gesamtverantwortliche. Dadurch lichtet sich diese ganze Ära auch in der künstlerische Leitung, immer mehr. Übrigens alle, die ihr damals in der künstlerischen Leitung bzw. Arbeit geholfen haben, sind heute schon tabu. Nur sie – und das, was sie damals getan hat – ist es nicht!

Aufgrund dieses Hintergundwissens hatte ich jedenfalls ein völlig anderes Verhältnis zu meiner Mutter als die Außenwelt. Ich hatte für meine Mutter volles Verständnis, und man darf nicht vergessen, die Organisationsform und das Testament meines Vaters und die Ungewißheit, was dann im Endeffekt passieren würde, hat ja letzten Endes zur Erhaltung von Bayreuth gedient aufgrund ihrer Verzichtserklärung. Sie war die einzige im Dritten Reich bekannte, aktive führende weibliche Persönlichkeit.

Sie ist zurückgetreten, hat die Festspielleitung auf uns beide übertragen. Sie hat die Konsequenz ja gezogen, unabhängig von der Sache! Später hat sie hier und da mal eingestanden, »was habe ich an Richard Wagner gesündigt, an Bayreuth, in künstlerischer Hinsicht!«

Im Jahre 1980 starb Winifred Wagner, die nazistisch belastete wie belastende Mutter Wolfgangs. Es war jenes Festspieljahr, in dem zum letzten Male Patrice Chéreaus fulminante »Ring«-Deutung gespielt wurde, die bei ihrer Premiere so starken Wiederspruch auslöste, wie sie bei ihrer letzten Aufführung gefeiert wurde. Es gab 80-minütige Ovationen. Nicht ohne Grund sprach man von einem »Jahrhundert-Ring«.

Doch nicht alles, was zwischen 1967 und 1980 in Bayreuth zu sehen und zu hören war, wurde mit solchen Attributen bedacht! Vor allem Wolfgangs eigene Inszenierungen wurden nur selten von enthusiastischer Zustimmung seitens der Kritik wie des Publikums gekrönt. Wobei nicht übersehen werden darf, daß er immer wieder ein gutes Gespür für qualitätvolle Regisseure, Bühnenbildner und Sänger bewies. Wenn sich das Prinzip »Werkstatt Bayreuth« bewährte, dann vor allem in der Vielfalt der unterschiedlichen Regiehandschriften (man denke nur an Jean Pierre Ponelles französisch inspirierten »Tristan« oder Werner Herzogs filmisch-romantischen »Lohengrin«), der dirigentischen Bandbreite und der zum Teil faszinierenden Stimmentdeckungen, die man in Bayreuth gewahr wurde im Laufe der Jahrzehnte.

Um nur einige Namen zu nennen: an Dirigenten waren es neben den schon erwähnten Karl Böhm und Pierre Boulez immerhin Persönlichkeiten wie Rudolf Kempe, Horst Stein, Rafael Kubelik und Georg Solti, Carlos Kleiber und Giuseppe Sinopoli, die Wolfgang Wagner für Bayreuth zu gewinnen verstand. Nicht zu vergessen so manche bis dato unbekannte Nachwuchsdirigenten, die in Bayreuth ihre große Chance bekamen. Zu schweigen von Daniel Barenboim und James Levine, die mittlerweile die Hausdirigenten zu sein scheinen. Regisseure wie Harry Kupfer und Götz Friedrich, Heiner Müller und August Everding sorgten eher dafür, daß die Aufführungen in Bayreuth denen anderer Häuser zum Verwechseln ähnlich wurden, zumal auch die sängerischen Besetzungen – vor allem der von James Levine und Daniel Barenboim geleiteten Aufführungen – nahezu austauschbar sind mit Aufführungen in Berlin oder Chicago, an der Met oder sonstwo. Immerhin: es gab und gibt immer wieder auch beglückende Stimmentdeckungen und -entwicklungen im Bayreuth Wolfgang Wagners zu feiern, man denke nur zurück an den seit Jahrzehnten nun schon in allen Baßpartien stets zuverlässigen Hans Sotin, an den jungen René Kollo als Parsifal, an Theo Adam als Wotan, Gurnemanz oder Hans Sachs, oder zum Beispiel an den – viel verkannten und viel zu schnell vergessenen – Sándor Konya, der als Lohengrin wie als Stolzing Maßstäbe setzte.

Einer der unzweifelhaften musikalischen Glanzpunkte der von Wolfgang verantworteten Festspieljahrzehnte war ein von Carlos Kleiber dirigierter »Tristan« in der allerdings wenig inspirierten Regie von August Everding, in abstrakten Bildern Josef Svobodas. Premiere war im Jahre 1974. Helge Brilioth sang den Tristan, Yvonne Minton die Brangäne und Catarina Ligendza – für Jahre eine der mädchenhaftesten Wagner-Hochdramatischen – die Isolde.

Wolfgang Wagner hat in den drei Jahrzehnten seiner Festspielleitung nahezu das ganze, Bayreuth zugedachte Œuvre Wagners inszeniert: sehr früh schon den »Lohengrin« (1953), den er 1967 noch einmal, sehr floral in Szene setzte und den »Tristan« (1957), den »Parsifal« (erstmals 1975, dann nochmal in den neunziger Jahren), nachdem er die Musterinszenierung seines Bruders Wieland mehr als zwei Jahrzehnte im Repertoire erhalten hatte. Auch den »Ring« hatte Wolfgang zweimal, (zuerst 1960 und dann noch einmal 10 Jahre später) inszeniert, den »Tannhäuser« vor wenigen Jahren erst in ganz und gar anachronistischer Schlichtheit und, nicht zu vergessen, die »Meistersinger«. An diesem Werk versuchte er sich gleich viermal im Laufe der Jahre. Es ist offenbar sein Lieblingsstück seines Großvaters.

»Ich sehe meine Arbeiten gar nicht als das Wichtigste an. Ich glaube allerdings, daß es mir gelungen ist, in Anknüpfung an die Erfahrungen meines Bruders, auf andere Weise eine Kontinuität zu kultivieren. Im zweiten ›Ring‹ hat mein Bruder fast die gleiche Scheibe benutzt wie im ersten, aber ein ganz stark veränderndes Moment geschaffen, das immer viel zu wenig registriert wurde, nämlich die großen und starken Plastiken auf der Bühne. Er hat Objekte benutzt – ihm genügte die Projektion nicht mehr – er hat einen Hintergrund geschaffen, sodaß nicht mehr aus der Lichtmalerei etwas entstanden ist (er war ja primär Maler), sondern daß sich durch die plastische Veränderung der Fläche auch einmal Hintergründe ergeben haben, die das ruhige Spiel ergänzten. Aus diesen Erfahrungen habe ich gelernt. Bei mir war dann die Aufteilung in der Fläche gegeben, ich habe teilweise Flächen sogar hochgehoben. In meinem Buch habe ich das alles genauer beschrieben. Ich glaube, die damaligen, hervorragenden Stilisierungsideen in meiner Form weiterentwickelt zu haben. Dann kam der Moment, wo diese Inszenierungsmodelle ausgereizt und erschöpft waren. Und dann machte ich ganz bewußt einen Einschnitt mit dem Chéreau-›Ring‹. »

Dieser »Ring« im Jahre 1976, dem hundertjährigen Jubiläum der ersten Bayreuther Festspiele und der Bayreuther Uraufführung des kompletten »Rings«, war eine Sensation: so hatte man Wagners Tetralogie noch nicht gesehen: als packend inszeniertes Psychogramm, als Charakterstudie bourgoiser Figuren der Wagnerzeit, durch die antike Vorbilder durchschimmerten, in einer Bildwelt, die von Böcklinschen Toteninsel-Assoziationen bis zu gründerzeitlichen Dampfmaschinenkonstruktionen reichten, vom Matterhorn im Wohnzimmerformat bis hin zu Betonmauern eines Wasserkraftwerks, vor dessen Staustufen die Rheintöchter als zigeunerhafte Prostituierte einen Siegfried in Jeans zu verführen suchten. Ein Skandal, der die Inszenierungsgeschichte des Nibelungenrings nachhaltig beeinflußte. In der Tat ein »Jahrhundertring«, den der junge französische Regisseur Patrice Chéreau in Szene gesetzt hatte. Opernsänger spielten plötzlich wie Schauspieler und Wagners Götter- und Heldengedicht wurde zum spannenden Polit- und Psychothriller mit archaischem Tiefgang.

Daß es zu dieser außerordentlich konstruktiven Konstellation Boulez-

Chéreau kam, hatte übrigens nicht nur mit Wolfgang Wagners Spürsinn und Experimentierfreudigkeit mit neuen Talenten zu tun, wie er selbst gern eingesteht:

»Ja wissen Sie, es waren verschiedene Momente ausschlaggebend für diese Konstellation: Zunächst stand für mich fest, daß Pierre Boulez der Dirigent sein sollte. Nach dem Dirigat des ›Parsifals‹ meines Bruders sollte er auch meinen ›Parsifal‹ dirigieren. Er bat allerdings um Entbindung von dieser Verpflichtung. Ich tat ihm den Gefallen, aber nur unter der Bedingung, daß er ein anderes Projekt versprach. Und ich versicherte ihm, mich bei der nächsten in Frage kommenden, große Aufgabe an ihn zu wenden. Dann stand eben der ›Ring‹ an. Wir haben verhandelt, ab 1972. Der ›Ring‹ kam zustande. Und dann kam das Suchen nach einem Regisseur! Und da wollte anfänglich Boulez gern mit Peter Stein zusammenarbeiten. Ich muß gestehen, einen so komplizierten Verhandlungspartner wie Peter Stein habe ich in meinem ganzen Leben nicht noch einmal erlebt. Der wollte den ganzen ›Ring‹ zusammenstreichen und einrichten für zwei Abende. Ich fragte bei Boulez schon bald nach, ob das der richtige Mann sei. Auch Boulez war sofort der Meinung, solche ›Ring‹-Veränderungen gingen natürlich nicht. Wir überlegten und verhandelten viel, aber wir kamen schließlich auf keinen gemeinsamen Nenner! Dann schlug Boulez einen jungen Brausekopf und Revolutionär aus Lyon vor. Auf Vermittlung seiner Schwester, einer sehr kunstsinnigen Dame, setzte ich mich mit ihm in Verbindung. Und wir haben uns auf Anhieb verstanden, und ich habe Chéreau gebeten, ein Exposé anzufertigen. Für mich als Manager (ich höre das Wort nicht gern) war das natürlich eine willkommene Gelegenheit, daß ich als Programm des Jubiläums-›Rings‹ ausgeben konnte: Hundert Jahre deutschbelastetes Bayreuth – Wie sehen ein moderner französischer Komponist und ein junger, französischer Regisseur – der übrigens ein hervorragender Germanist ist, der die Edda und die Grundlagen des ›Rings‹ bestens vom Studium her kennt – das Stück?

Wir haben uns, wie gesagt, hervorragend verstanden, und es war – als hundertjähriges Festspieljubiläum (das noch immer von Nachkommen betrieben wurde), nach zwei Weltkriegen und allem nationalistischen und europäischen Unglück – schon ein besonderer Höhepunkt der Festspielgeschichte! Und natürlich ist auch künstlerisch mit vollkommen neuen Mitteln gearbeitet worden, in Bezug auf eine gewisse, intelligente, nicht vordergründige Form der Politisierung und Aktualisierung, und doch mit Bezug auf 2000 Jahre Kulturgeschichte. Das war etwas Gesamteuropäisches, bis in einzelne Figurenzeichnungen hinein! Das Publikum brauchte allerdings zwei Spielzeiten, bis es diese Inhalte erkannte und zu schätzen wußte. Daß dieser Erfolg in dieser Konstellation an diesem ureigensten Bayreuther Werk zustande kam, war schon ein Markstein!«

Der von Pierre Boulez geleitetet »Ring« im hundertsten Jahr der Wiederkehr seiner Bayreuther Uraufführung und der Eröffnung der Bayreuther Festspiele war ohne Frage der international als solcher gewürdigte Höhepunkt in Wolfgang Wagners bisheriger Festspiel-Ära, die an Erfolgen reich war, aber auch an Enttäuschungen, an exorbitanten Aufführungen, aber auch an Mittelmaß des Wagnergesangs.

Seit Wolfgang Wagner 1966 die Festspiele allein verantwortete, hat er – einmal von seinen künstlerischen Entscheidungen abgesehen – eines mit klugem Sachverstand und unerbittlicher Beharrlichkiet durchgesetzt: die Fortexistenz der Festspiele über seine eigene Leitungszeit hinaus dauerhaft zu sichern. Er hat die juristische und finanzielle Grundlage für die Zukunft der Festspiele gesichert, indem er sich für eine Richard Wagner-Stiftung stark gemacht und seine weitverzweigte Familie von der Notwendigkeit einer solchen überzeugt hat. Er hat Bayreuth den unverwechselbaren Stempel des »Werkstatt«-Charakters aufgedrückt, und er hat Schritt für Schritt das Festspielhaus baulich sanieren und zu einem der bühnentechnisch modernsten und bestausgestattetsten Theater der Welt gemacht. Durch die Einrichtung der Richard Wagner-Stiftung hat er vorausschauend verhindert, daß durch Erbauseinandersetzungen das kostbare Wagner'sche Manuskriptenmaterial zum Beispiel, seine Bibliothek und die bauliche Hinterlassenschaft Wagners einschließlich des Festspielhauses eines Tages zerfallen und die materielle Basis der Festspiele gefährdet werden könnte. Heute stehen die Bayreuther Festspiele einzigartig da: jedenfalls juristisch und finanziell. Zehnmal soviele Kartenwünsche liegen in der Regel für die Festspiele vor, als Karten zur Verfügung stehen. Daß der weißhaarige Prinzipal, der mit zunehmendem Alter seinem Großvater Richard physiognomisch immer ähnlicher wird, einen jener seltenen Fälle der Personalunion von Hausvater, Intendant, Personalchef, Bauherr, Finanzfachmann, Cheftechniker und Regisseur verkörpert, darf wohl – unbeschadet aller möglichen Einwände gegen ihn als künstlerischen Leiter – als Glücksfall für die Nachkriegsgeschichte der Bayreuther Festspiele betrachtet werden. Bis heute jedenfalls sind die Arbeitsbedingungen an keinem anderen Opernhaus so ideal wie in Bayreuth, darin sind sich alle Mitwirkenden am Grünen Hügel einig, ist Sorgfaltspflicht und Perfektionsstreben so ausgeprägt wie unter Wolfgangs strenger, aber liebevoller, sachkundiger und erfahrener Aufsicht. Über das Arbeitsklima in Bayreuth gibt es seitens der Sänger, Musiker und Techniker ausschließlich hymnische Urteile. Wolfgang hat Bayreuth gewiß zu dem gemacht, was es heute ist: das wohl international erfolgreichste Musikfestival, abgesichert für eine Zukunft nach ihm. Mit Stolz verweist Wolfgang Wagner auf seine wichtigste Hinterlassenschaft: »Das ist praktisch die Gründung der Stiftung, die schon Richard Wagner 1876 angeregt hat, eine Stiftung, die gewissermaßen für den äußeren Rahmen zu sorgen hat, für eine gewisse finanzielle Unabhängigkeit seitens der Stiftungsgelder. Damit ist etwas geschaffen worden, was die einzige Chance und Möglichkeit ergab, seitens der Stiftungsstatuten, daß man sinngemäß die Formulierung meines Vaters mitübernehmen konnte: wenn jemand Geeignetes aus der Familie in der Lage sei, das Festspielgeschäft zu betreiben, dann solle er ein gewisses Primat haben bei der Sache bzw. der Nachfolge-Auswahl. Damit ist die Kontinuität des familiären, persönlichen Wagnerschen Festspiel- und Äußerungswillens gesichert worden. Die wäre sonst ja fraglich, denn das kleinste finanzielle Fiasko würde ja sofort die weiteren Festspiele in

Frage stellen. Das ist mit dieser Stiftungskonstruktion weitgehend verhindert worden. Deswegen ist ja auch meine lange Präsenz in der Sache von großer Bedeutung, weil ich jedes Jahr – soweit ich noch in der Lage bin, das zu machen – immer wieder demonstriere, daß durchaus einer aus der Familie das an sich ja machen kann! Ich bin gewissermaßen ein lebendes Exempel. Und ich bin bis heute nicht abgewürgt worden!

Wenn es zu Erbauseinandersetzungen über das Eigentum gekommen wäre, dann wäre natürlich alles kaputt gegangen. Insofern ist die Stiftung das wichtigste bisherige Ereignis der Festspielgeschichte, auf das ich – aufbauend auf den Aktivitäten meiner Mutter – mit Stolz zurückblicken darf. Meine Mutter hatte ja in ihrer Führungszeit die Gebrechlichkeit einer solchen Institution stets vor Augen gehabt. Es gab keinen königlichen Mäzen, die Familie war nicht reich, man mußte warten auf ein demokratisches Deutschland. Durch keinerlei Gunst, sondern nur durch die Leistung haben wir das erreicht.

Daß das in dieser Form möglich wurde, einschließlich der Klausel meines Vaters, nur die Fähigkeit, nicht die Dynastiefolge darf ein Vorrecht an Bayreuth haben, das ist doch eine beachtliche Sache, oder nicht? Und wenn ich abtrete oder nicht mehr hier bin, dann kann man mir künstlerisch zwar alles mögliche vorwerfen, aber nichts hinsichtlich der Stabilisierung des Unternehmens. Die habe ich über mein Leben hinaus erreicht und durchaus im Wagnerschen Sinne gesichert, und das ist doch etwas, was zurückbleibt!«

Offen bleibt die Frage des Wolfgang-Nachfolgers! Nike Wagner, die brillante Literaturwissenschaftlerin, und Gottfried, der ideologisch stets etwas verquaste Regisseur und Vortragsreisende ohne Fortüne, erhoben erst jüngt wieder in öffentlichen Invektiven gegen Wolfgang Anspruch auf die künftige Leitung der Festspiele. Wäre es unwahrscheinlich, wenn Gudrun, Wolfgangs zweite Ehefrau, die er 1976 als Festspielsekretärin ehelichte und die seither energisch und mit klugem Einsatz an der Seite ihres Mannes in der Festspielleitung mitwirkt, ernsthaft als Nachfolgekandidatin in Frage käme, bestens vertraut mit dem Bayreuther Festspielgeschäft und seinen täglichen Erfordernissen? Es wäre nicht die erste Witwe an der Spitze des Familienunternehmens.

Er selbst, Wolfgang Wagner, der trotz seines hohen Alters noch sehr rüstige, hellwache und kerngesunde Wagnerenkel, der das Festspielgeschäft noch eine Weile führen zu können gedenkt, hält sich verständlicherweise bedeckt, was die Frage seines möglichen Nachfolgers angeht: »Ich denke viel nach darüber! Ich habe, wie schon meine Mutter, eine große Vorgabe. Aber es kommt sehr darauf an, wie man mit ihr umgeht! Was die Zukunft angeht: so ist auf jeden Fall verankert, daß der Festspielleiter, der durch den Stiftungsrat gewählt wird, erstens nach dem Gesichtspunkt der Fähigkeit den Anforderungen genügen muß, und zweitens muß er es auch auf sich nehmen, daß er die Gesamtverantwortung trägt. Das Haus wird ja nach wie vor vermietet; er ist ein selbständiger Unternehmer! Wobei eine Einschränkung gilt: ich bin eine gemeinnützige GmbH, um mich zu schützen, es gab keine bessere Rechtsform. Das heißt, ich bin Gesellschafter und Geschäftsführer in einer Person. Dadurch habe ich natürlich auch mit den Finanzen noch sehr viel intensiver zu tun. Nur ist es so: bei meinem Nachfolger sind der Bund, das Land, die Stadt Bayreuth und die Gesellschaft der Freunde die Gesellschafter. Die sind dann für die Finanzen und die Bauerhaltung verantwortlich, andererseits müssen sie einen Menschen finden, dem sie dann die Mittel überantworten. Ich muß ja auch dafür sorgen, daß ich meine Zuschüsse kriege, das tue ich mit meiner Leistung und mit dem Ergebnis. Das ist nicht so ganz einfach. Aber ich bin immer hart geblieben! Schon bei Friedrichs ›Tannhäuser‹ und noch bei Chéreau, als man mir die Zuschüsse kürzen wollte, damit ich keine Festspiele mehr machen kann! So stark muß man sein, daß man auch größeren Einengungen und Bedrohungen standhält. Da ist der Persönlichkeitswert, glaube ich, von großer Bedeutung. –

Die Phase der nächsten Generation gab es ja. Sie hätte hier lernen können. Aber sie hat sich gegen mich gestellt! Wen soll ich denn hier in den Betrieb reinnehmen? Dann heißt es, das ist der Nachfolger!«

*Gründerzeitliche Utopie in der Provinz:
Bayreuther Festspielhaus im Urzustand*

Erinnerungen an die Zukunft

Damit ein Ereignis Größe habe, muß Zweierlei zusammenkommen: der große Sinn derer, die es vollbringen, und der große Sinn derer, die es erleben.« Mit diesem Satz beginnt Friedrich Nietzsche sein Wagner-Kapitel in den »Unzeitgemäßen Betrachtungen« des Jahres 1876.

Was sich seit 1951 in dem oberfränkischen Städtchen Bayreuth alljährlich ereignet, die Jagd nach Eintrittskarten, das Defilé der Prominenten und »Very Important People«, aber auch die Karussellfahrt der für Schlagzeilen sorgenden Regisseure, Dirigenten und Sänger, all das hat mit Nietzsches Vision einer Gemeinschaft der »Unzeitgemäßen« ebensowenig mehr zu tun wie mit des jungen Wagners schönem Traum vom demokratischen Kunst-Fest! Dennoch darf man die Bayreuther Festspiele unvergleichlich nennen. Schon das Repertoire unterscheidet sich von allen übrigen Festspielen: es ist immer das gleiche! Wer nach Bayreuth kommt, setzt sich bewußt dem Œuvre Wagners aus, setzt sich mit ihm – und nur mit ihm – auseinander! Wenn man so will, ist das inzwischen natürlich, um mit Nietzsches Begriff zu sprechen, durchaus »unzeitgemäß«. Und der Wagnerverächter mag in diesem Punkt berechtigterweise von einem »klingenden Museum« sprechen. Aber was heißt das schon? Ein Museum muß nicht zwangsläufig museal sein. Und kein Fortschritt in der Kunst ist denkbar ohne Auseinandersetzung mit dem Museumswürdigen. Was schwerer wiegt: das Werk Richard Wagners hat seiner Bayreuther Institutionalisierung standgehalten! Hat sich keineswegs erschöpft und offenbart immer wieder, wo Tradition und Innovation dialektisch sich ergänzen in Inszenierungskreativität, seine Lebendigkeit! Noch die gescheiterten künstlerischen und gesellschaftlichen Utopien Richard Wagners, seine persönlichen wie Werk-Widersprüche offenbaren etwas vom utopischen Aufschein eines Neuen, oder, um es mit Theodor W. Adorno zu sagen: »Noch die mythische Verstrickung der Weltgeschichte im Ring ist nicht bloß Ausdruck der deterministischen Metaphysik, sondern setzt zugleich Kritik an der schlecht determinierten Welt.« Das ist, mit dem Wagnerianer Hans Mayer zu sprechen, in der Tat eine »These, die gültig bleibt« und mehr als »ein Jahrhundert der Bayreuther Festspiele als permanenten Konflikt zusammenfaßt. Als Konflikt, dessen Ende nicht abzusehen ist.«

Wie sagte Nietzsche? »Damit ein Ereignis Größe habe, muß Zweierlei zusammenkommen: der große Sinn derer, die es vollbringen, und der große Sinn derer, die es erleben.« Was letztere angeht, so setzt die Wagnersche Kunst, vielleicht mehr als manch andere Opernkunst voraus, daß Wagners Texte gekannt, will sagen gelesen werden! Das Verständnis Wagnerscher Intentionen, ja selbst das Verstehen seiner musikalischen Mittel, verlangt, daß die Dramen vor der Aufführung genau gelesen werden. Der Genuß des Wagnerschen Musikdramas setzt Anstrengung voraus, Anstrengung, die reich belohnt wird. Kunst als besinnungsloses Hineinschlürfen: dem entspricht nicht Wagners Kunstbegriff! Wem es um diesen geht, der lese Wagners theoretischen Schriften, in denen er seine Intentionen darlegt. Sie werden bis heute vernachlässigt und als unwesentlich abgetan. Schon zu Wagners Lebzeiten wurden sie ignoriert! Wagner beklagte sich darüber, Cosima hat es notiert. Am 29. März 1878 liest man in ihrem Tagebuch: »Richard drückte sein Erstaunen gestern darüber aus, daß, trotzdem er so bemüht sei, die Leute immer mehr die Sachen über ihn läsen als seine eigenen; selbst von der Judenbroschüre gelte dies.« Auch heute ist das noch so! Wahrscheinlich der wesentliche Grund der vielen Mißverständnisse, die sich hartnäckig um Wagner und sein Werk, seine Intention und seine Nachwirkung ranken. Was Wunder, daß es sich gerade im Falle Wagners exemplifiziert, daß die Dialektik der Aufklärung Mythen stiften und Vorurteile in die Welt setzen bzw. konservieren und tradieren kann. Eines der hartnäckigsten wie banalsten ist die Behauptung, Wagners Musik sei bombastisch und brutal. Immer wieder angeführtes, gern entfremdetes, vermeintliches Paradebeispiel: der »Walkürenritt«. Wer Wagners Haßtiraden auf alle Blech- und Militärmusiken, wer das Textbuch der Walküre je gelesen hat, wird solches nicht ernsthaft behaupten können. Schon Theodor W. Adorno hatte im übrigen die passende Antwort auf solchen Vorwurf gegeben: »Die Gewalt des Wagnerschen Klanges, wo es sie denn gibt, ist Gewalt der Sache.«

Nicht nur die martialischen Walküren der weiblichen Einsatztruppe zum Schutz Wotans und zur Bergung getöteter Helden, nicht nur den kühnen Haudegen und Zertrümmerer aller bestehenden Ordnung, die in Wotans Speer ihr Symbol fand, Siegfried, der alle Konflikte mithilfe seines Schwertes »Nothung« zu lösen wußte, erfand Richard Wagner, sondern auch Parsifal, dessen Wissen sich aus Mitleid speist und sich von keinem Gurnemanz belehren läßt! Der Antipode gewissermaßen zu Siegfrieds Instinkthaftigkeit. Nietzsche hat den jungen Siegfried, der auszog, das Fürchten zu lernen, bewundert. Parsifal, den reinen Toren, hat er verabscheut und verhöhnt. Doch beide gehören zusammen. So wie Venus und Elisabeth zusammengehören, oder Lohengrin und Elsa in ihrer Gegensätzlichkeit. So wie Wagner selbst die Verkörperung von scheinbar Unvereinbarem lebte: er war doch alles gleichzeitig: jungdeutscher Fürsprecher einer befreiten Sinnlichkeit und Erotik auf der einen, mystischer Ekstatiker keuscher Gralsritter auf der anderern Seite, Zerstörer bürgerlicher Institutionen und doch ihr repräsentativer Gourmet, Gesinnungsgenosse des Anarchisten Bakunin und in gewissem Sinne Seelenfreund des weltfern-verträumten Königs Ludwigs des Zweiten, Bürgerschreck und Luxusgeschöpf, Verächter des Eigentums an Palästen und stolzer Hausherr zu Wahnfried, europäischer Kosmopolit und Patriot, humoriger Hanswurst-Kasperl und tiefgründelnder Faust. Beide Figuren liebte Wagner zeitlebens, beide wollte er musikalisch verewigen. Zur Komposition einer Kasperl-Musik ist es leider nicht gekommen, wohl aber zu einer Faustouvertüre! Faust und Kasperl stehen für die zwei Seelen in Wagners Brust. Sie markieren die beiden Pole der Spannbreite seiner Bühnenfiguren! Dies zu verneinen hieße Wagner verkürzen. Nur der ganze Wagner ist der wahre Wagner. Noch einmal möchte ich an dieser Stelle an Hans Mayers nachgerade klassische Formel erinnern: »Wer sich mit Richard Wagner abgibt, muß sich auf das Ganze einlassen«! Das heißt auch, auf sein Gesamtwerk.

Selbstverständlich haben sich die Opern und Musikdramen Wagners im Laufe der Rezeptionsgeschichte, der Deutungen und der historischen Erfahrungen gewandelt. Als modernste Musik erlebt man heute wohl »Tristan« und »Parsifal«, die denn auch mehr als alle anderen Werke Wagners die Musikgeschichte des zwanzigsten Jahrhunderts inspirierten. In gewissem Sinne historisch ist für uns heute der erotisch-libidinöse Konflikt im »Tannhäuser«, der nur noch als Konflikt eines Künstlers mit der Gesellschaft nachvollziehbar ist. Wenngleich die Antinomie von Erlösungssehnsucht und Triebanspruch, gesellschaftlicher Erwartung und individueller Bedürftigkeit einen Kernkonflikt nicht nur Wagners markiert. Noch verschlossener bleiben wohl heute für die unvorbereiteten Zuschauer die vormärzlich progressiven Botschaften des »Fliegenden Holländer« wie des »Lohengrin« hinter romantischer Staffage verborgen. »Rienzi« als resignatives Revolutionsstück in der Form der Pariser Grand Opera, mehr noch die davor geschriebenen Jugendopern Wagners »Die Feen« und »Ein Liebesverbot« erschließen sich wohl nur noch dem intimen Kenner der Musikhistorie; im Opernrepertoire werden sie kaum bleibenden Bestand haben. Die »Meistersinger« als Kunst- und Künstlerdrama – in dem Wagner im Grunde sein eigenes, avantgardistisches Kunstprogramm zum Thema machte – bedürfen trotz ihrer Popularität der Dechiffrierung und szenischen Entkrustung von aller falschen Aufführungstradition, um als das verstanden zu werden, was sie sind: die Utopie einer demokratisch aufgefaßten, ästhetischen Weltordnung. Und da ist – ich habe es versucht, darzustellen – kein Platz für nationalistisches Pathos!

Einem Werk Richard Wagners kommt bis heute Ausnahmerang zu: dem »Ring des Nibelungen«, jener poetisch-politischen Parabel von der Welt Anfang und Ende, die Wagner im Umfeld der Dresdner Revolution konzipierte. Diese sozialistisch-utopisch inspirierte, vier Abende umfassende Musiktheater-Tetralogie sie läßt sich als Ganzes bis heute nicht eingliedern ins konventionelle Opernrepertoire, weshalb ihre Interpretation denn auch immer von Neuem besonderer Anstrengungen zur Realisierung bedarf. Von daher immer aufs Neue gedeutet und umstritten sein wird! Was mit den programmatischen Bindungen der gesellschaftlichen Konflikte ihrer Entstehungsbedingungen zu tun hat. Hans Mayer hat Recht: »Goldraub, Fluch und Brand von Walhall waren als Mythen des bürgerlichen Alltags zu verstehen. Am Beginn stand nicht ein märchenhaftes und geschichtsloses ›Es war einmal‹. Wer die Tetralogie heute interpretiert, bringt nach wie vor Gegenwart auf die Bühne. Weshalb es nicht angeht, das Riesenwerk Richard Wagners, im Prozeß einer neuen Entfremdung, aufspalten zu wollen in eine gültige gebliebene und eine ungültig gewordene Portion. Hier die schöne Musik, dort die zeitgebundenen Texte mit Stabreimen, Gralsrittern, Heiligen und Huldinnen. Wer so verfährt, hat alles verkannt.«

So wie Siegfrieds Trauermarsch nicht begriffen werden kann durch die Reduzierung auf eine Auflistung numerierbarer oder etikettierbarer Leitmotive, heißt es Wagner gründlich mißverstehen, wollte man ihn auseinanderdividieren in scheinbar Wesentliches und Unwesentliches, Schönes und Häßliches, leicht Goutierbares und schwer Verdauliches oder gar Unliebsames. Es ist doch gerade die Zwiespältigkeit, die Widersprüchlichkeit, es sind die Brüche Wagners, die seine Aktualität und seinen Reiz ausmachen. In jedem seiner Werke! Nicht ohne Grund haben einige bereits erfolgreich den Rückweg angetreten vom Musikdrama zur Oper. Sie sind – so wie ihres Schöpfers Büste in der Walhalla ausgestellt ist – einverleibt ins nationale Repertoire, man denke nur an den »Fliegenden Holländer«, den »Lohengrin«, die »Meistersinger« oder sogar die »Walküre«. Warum eigentlich auch nicht? Die Werke sprechen für sich, werden sie ernstgenommen von der Regie und musikalisch gewissenhaft realisiert im Sinne Richard Wagners.

Doch Wagner als Staatsmusiker und Nationalheros, dieses Mißverständnis ist das gravierendste! Schon Nietzsche wußte es: »Die Deutschen haben sich einen Wagner zurecht gemacht, den sie verehren können«. Jede Epoche auf ihre Weise, beide Teile Nachkriegsdeutschlands je für sich.

Ich halte gerade Richard Wagner und sein Werk für die – im Bereich der Musikgeschichte – deutlichste und bedeutendste Inkarnation jenes produktiven Bewußtseins, das Hegel ein »unglückliches Bewußtsein« nannte in einer Phase spezifisch deutscher Befindlichkeit, die die Grundlagen für das 20. Jahrhundert schuf. All das spiegelt sich, wer Augen hat zu lesen und Ohren zu hören, in den Künstlerträumen und Gesellschaftsentwürfen, Weltfluchtutopien und Erlösungsphantasien Wagners. Es sind ästhetische Provokationen und Gegenentwürfe zur Bürgerwelt, die noch immer Sprengsatz für uns heute enthalten. Vorausgesetzt, der Blick auf Wagner wird freigeräumt von entstellenden Mißverständnissen. Auf einige mir besonders wesentliche wollte ich aufmerksam machen.

Wenn es mir neben der Erklärung und Klärung offenstehender, heikler und problematischer Fragen gelungen sein sollte, nicht nur dem Wagnerkenner einige neue Aspekte und Informationen zu vermitteln, sondern vielleicht auch den einen oder anderen bisherigen Wagnerverächter für Wagner zu interessieren, ja ihn aufhorchen zu lassen, will sagen, etwas vom Faszinosum Wagner mitzuteilen, der schillernden, markanten Persönlichkeit und ihrem nicht minder faszinierndén Œuvre, dann sollte mich das freuen! Ich hoffe, mein Anliegen, zwischen Werk und Wirkung, Wagner und Wagnermißbrauch zu unterscheiden, ist verstanden worden. Vielleicht auch die Einsicht in Wagners erstaunlich unangepaßter Modernität und Horizontweite, die – nebenbei bemerkt – wesentlich mehr mit der durchaus sympathischen europäischen Weltbürgerschaft Giacomo Meyerbeers zu tun hat, als verbohrte Wagnerianer, ja als Wagner selbst je zugeben mochten.

Wagners Œuvre enthält noch immer viel Zukunftspotential. Ein bornierter Patriot, ein engstirniger Deutschtümler, Germanen-Anbeter oder Verherrlicher eines nostalgisch-rückwärtsgewandten Teutonentums ist er jedenfalls nicht gewesen! Zur Erinnerung: schon während seiner künstlerischen Neubesinnung im Zürcher Exil hatte Wagner postuliert: »Die Zukunft (...) suchen wir aus den Bildern der Vergangenheit zu sinnlicher Erkennbarkeit zu gestalten!«

Nietzsche hatte angesichts der Wagnervereinnahmung schon zu dessen Lebzeiten völlig Recht, als er behauptete, Wagner sei »unter Deutschen bloß ein Mißverständnis«. Er ist es ja noch heute.

Naturgemäß gleicht es daher einem Stich ins Wespennest, sich differenzierend, den Finger in die Wunden legend, Mißverständnisse klärend, zwischen extrem polarisierten Standpunkten zu bewegen. Man ist Anfeindungen von entgegengesetzten Lagern ausgesetzt. Wagnerianer und Antiwagnerianer: allem Anachronismus zum Trotz gibt es sie immer noch! Leider lassen die einen wie die anderen es oftmals an sachlicher Auseinandersetzung mit dem Gegenstand ihrer Verehrung bzw. Verachtung, an berechtigter, stichhaltiger Kritik fehlen. Doch nur sie dient dem Erkenntniszuwachs. Einspruch, der sich auf pauschale Vorurteile und irrationales Unbehagen gründet, dient nicht der Sache und ihrer Erhellung. In diesem Sinne möchte ich noch einmal den kritischen Wagnerianer und Literatursoziologen Hans Mayer zitieren: »Wenn es heute gelingt, dem Menschen Richard Wagner und seinem Werk mit Unbefangenheit gegenüberzutreten, so wird damit nicht Entsühnung oder gar Erlösung praktiziert, was undenkbar wäre, sondern historische Gerechtigkeit geübt.«

Literaturverzeichnis

Das nachfolgende Verzeichnis enthält nur eine Auswahl der benutzten (Wagner-) Literatur, die derart umfangreich ist, daß hier nur die wichtigsten Titel aufgenommen werden konnten. Die Auswahl beansprucht allerdings, für den Zeitraum von der Wagnerzeit bis heute repräsentativ zu sein, will sagen, die wichtigsten, wegweisenden und für die Wagnerforschung und die Wirkungsgeschichte Wagners maßgeblichen Titel zu verzeichnen.

Adermann, J.: Wagner and Wagnerism, in: The New York Review of Books, 22. Dezember 1983, S. 27-37.

Adler, Guido: Richard Wagner. Vorlesungen, gehalten an der Universität zu Wien 1903 / 1904,2. Aufl. München 1923.

Adler, J[aques]: Der Leipziger Brühl und die Weltwirtschaft, in: Sachsen. Politik, Wirtschaft, Kunst und Wissenschaft im Freistaat Sachsen, Leipzig 1931.

Adorno, Theodor W.: Nachschrift zur Wagner-Diskussion, in: DIE ZEIT, Nr. 41 (9. Oktober 1964).

Adorno, Theodor W.: Wagners Aktualität, in: Programmhefte der Bayreuther Festspiele 1964:»Tristan und Isolde«, Bayreuth 1964.

Adorno, Theodor W.: Fragment über Musik und Sprache. In: Sprache, Dichtung, Musik, hrsg. von Jakob Knaus, Tübingen 1973.

Adorno, Theodor W.: Versuch über Wagner, Frankfurt a.M. 1952, zitiert im folgenden nach der Neuausgabe, Frankfurt a.M. 1974.

Ahlwardt, Hermann: Der Verzweiflungskampf der arischen Völker mit dem Judentum, Berlin 1890.

Altgeld, Wolfgang: Wagner, der ›Bayreuther Kreis‹ und die Entwicklung des völkischen Denkens, in: Wagner-Symp., S. 35-65.

Althaus, Horst: Richard Wagner. Genie und Ärgernis, Bergisch Gladbach 1980.

Arnswald von, Werner Konstatin: Ahnentafel des Komponisten Richard Wagner, Leipzig 1930.

Bacherini, Bartoli und Maria Adelaida: Bibliografia Wagneriana (1900-1957) o. O. 1971.

Bahr, Hermann: Der Antisemitismus. Ein Internationales Interview, hrsg. und mit einem Anhang versehen von Hermann Greive, Königstein / Ts 1979.

Barth, Henrik (Hrsg.): Internationale Wagner-Bibliographie 1956-1960, Bayreuth 1961.

Barth, Henrik (Hrsg.): Internationale Wagner-Bibliographie 1961-1966, Bayreuth 1968.

Barth, Herbert (Hrsg.): Internationale Wagner-Bibliographie 1967-1978, Bayreuth 1979.

Barth, Herbert (Hrsg.): Internationale Wagner-Bibliographie 1945-1955, Bayreuth 1956.

Barth, Herbert (Hrsg.): Bayreuther Dramaturgie, Stuttgart, Zürich 1980.

Barth, H. (Hrsg.): Der Festspielhügel, München 1973.

Barth, Herberth, Dietrich Mack, Egon Voss: Richard Wagner. Leben und Werk in zeitgenössischen Bildern und Dokumenten, erweitert und bearbeitet von Egon Voss, Mainz / München 1982.
Batka, R.: Richard Wagner oder Richard Geyer? Eine Vaterschaftsfrage, in: Prager Tageblatt v. 2. 8. 1908.
Battenberg, Friedrich: Das europäische Zeitalter der Juden. Zur Entwicklung einer Minderheit in der nichtjüdischen Umwelt Europas (2 Teilbände), Darmstadt 1990.
Bayreuther Blätter (1879 – 1936), Bayreuth.
Bayreuther Festspielführer 1924, hrsg. von Karl Grunsky, Bayreuth.
Bayreuther Festspielführer 1934, hrsg. von Otto Strobel, Bayreuth.
Bayreuther Festspielführer 1938, hrsg. von Otto Strobel, Bayreuth.
Becker, Heinz und Gudrun (Hrsg.): Giacomo Meyerbeer – Weltbürger der Musik, Katalog zur Ausstellung der Musikabteilung der Staatsbibliothek Preußischer Kulturbesitz zum 200. Geburtstag des Komponisten, Wiesbaden 1991.
Bekker, Paul: Wagner. Das Leben im Werke, Berlin, Leipzig 1924.
Beidler, Franz W.: Bedenken gegen Bayreuth, in: Das literarische Deutschland, Zeitung der Deutschen Akademie für Sprache und Dichtung, Heidelberg vom 20. 8. 1951.
Berl, Heinrich: Das Judentum in der Musik, Berlin und Leipzig 1926 (Entgegen der Assoziationen des Titels beabsichtigt der Autor, »Wagners Antisemitismus gerade am Problem der Musik ad absurdum zu führen«).
Bermbach, Udo: Die Destruktion der Institutionen. Zum politischen Gehalt des ›Ring‹, in ders.: In den Trümmern der eignen Welt. Richard Wagners »Der Ring des Nibelungen«, Berlin 1989.
Bermbach, Udo: Der Wahn des Gesamtkunstwerks. Richard Wagners politisch-ästhetische Utopie. Frankfurt a. M. 1994.
Bie, Oscar: Richard Wagner und Bayreuth, Zürich / Leipzig 1931.
Blessinger, Karl: Judentum und Musik – Ein Beitrag zur Kultur und Rassenpolitik, 2. Auflage Berlin 1944 (Rassistisches Machwerk nationalsozialistischer Ideologie, wie auch folgender Titel des Autors).
ders.: Mendelssohn, Meyerbeer, Mahler – Drei Kapitel Judentum in der Musik als Schlüssel zur Musikgeschichte des 19. Jahrhunderts, Berlin 1938.
Bloch, Ernst: Politische Messungen. Pestzeit, Vormärz, Gesamtausgabe Bd. 11, Frankfurt a. M. 1970.
Bloch, Ernst: Erbschaft dieser Zeit, darin: Rettung Wagners durch surrealistische Kolportage, Frankfurt am Main 1973.
Borchmeyer, Dieter: Das Theater Richard Wagners, Stuttgart 1982.
Borchmeyer, Dieter: Erlösung – nicht Endlösung, in der Zs.: Titel, Febr./März 1983, S.18-25.
Borchmeyer, Dieter: Wie antisemitisch sind Richard Wagners Musikdramen? In: Meistersinger-Programmheft I der Bayreuther Festspiele 1983, S.39 – 53.
Bournot, Otto: Ludwig Heinrich Christian Geyer. Der Stiefvater Richard Wagners. Ein Beitrag zur Wagner-Biographie, Leipzig 1913.
Brauneck, Manfred: Das Theaterfest als soziale Utopie. Richard Wagners Entwurf eines Kunstwerks der Zukunft. in: Neue Rundschau 4 / 1983, S. 60-78.

Bry, Carl Christian: Verkappte Religionen. Kritik des kollektiven Wahns, hrsg. von Martin Gregor-Dellin, München 1979.
Bullock, A.: Hitler. Eine Studie über Tyrannei, Düsseldorf 1969.

Cadenbach, Rainer: Theodor W. Adornos Versuch über Wagner, in: Helmut Loos, Günther Massenkeil (Hrsg.): Zu Richard Wagner, Bonn 1984, S. 145-159.
Chamberlain, Houston Stewart: Richard Wagner, München 1919. 6.Auflage. (Folgenreiche, völkisch-rassistische Wagnerdarstellung, deren erste Auflage 1896 herauskam)
Chamberlain, Houston Steward: Die Grundlagen des neunzehnten Jahrhunderts, München 1899.
Chamberlain, Houston Steward: Rasse und Persönlichkeit, München 1925. Darin von besonderer Bedeutung das Kapitel: Richard Wagners Regenerationslehre. (Rassistische Deutung der Wagnerschen Vorstellungen)
Csampai, Attila und Dietmar Holland (Hrsg.): Die Meistersinger von Nürnberg. Texte, Materialien, Dokumente, Reinbeck 1981.
Csampai, Attila und Dietmar Holland (Hrsg.): Parsifal. Texte, Materialien, Dokumente, Reinbeck 1984.
Claussen, Detlev: Grenzen der Aufklärung. Zur gesellschaftlichen Geschichte des modernen Antisemitismus, Frankfurt am Main 1987.
Craig, Gordon A.: Über die Deutschen, München 1982.

Dahlhaus, Carl (Hrsg.): Das Drama Richard Wagners als musikalisches Kunstwerk, Regensburg 1970.
Dahlhaus, Carl: Erlösung dem Erlöser, In: Richard Wagner. Parsifal: Texte, Materialien, Kommentare, hrsg. von Attila Csampai und Dietmar Holland, Reinbeck 1984 (Abdruck eines Artikels in der Süddeutschen Zeitung vom 27. August 1982).
Dahlhaus, Carl: Richard Wagners Musikdramen, 2. Auflage, Zürich 1985.
Dahlhaus, Carl (Hrsg.): Richard Wagner. Werk und Wirkung, Regensburg 1971.
Dahlhaus, Carl: Wagners Konzeption des musikalischen Dramas, Regensburg 1971, Neuausgabe München, Kassel, Basel, London, New York 1990.
Dahlhaus, Carl und E. Voss (Hrsg.): Wagnerliteratur und Wagnerforschung, Referate des Wagner-Symposiums München 1983, München 1985.
Dühring, Eugen:Die Judenfrage als Racen, Sitten und Culturfrage. Mit einer weltgeschichtlichen Antwort, Karlsruhe, Leipzig 1881.
Dümling, Albrecht und Peter Girth (Hrsg.): Entartete Musik. Eine kommentierte Rekonstruktion zur Düsseldorfer Ausstellung von 1938, Düsseldorf 1988.

Eger, Manfred: Wagner und die Juden, Fakten und Hintergründe, eine Dokumentation zur Ausstellung im Richard-Wagner-Museum Bayreuth, Bayreuth 1985.
Eger, Manfred: Richard Wagner in Parodie und Karikatur, in: Richard Wagner-Handb.,- 760 – 777.
Eger, Manfred: Die Bayreuther Festspiele und die Familie Wagner, in: Wagner-Handb. S. 589 – 605.

Eger, Manfred: »Wenn ich Wagnern den Krieg mache ...« Der Fall Nietzsche und das Menschliche, Allzumenschliche, Wien 1988.
Eichenauer, Richard: Musik und Rasse, o. O. 1932 (Nationalsozialistisches Werk rassistischer Musikpolitik)
Engel de Jánosi, Josef: Das Antisemitentum in der Musik, Zürich, Leipzig, Wien 1933 (Mutige Auseinandersetzung mit der antisemitischen Musikpolitik der Nationalsozialisten, speziell der Wagnervereinnahmung).
Erdmann, K. D.: Deutschland unter der Herrschaft des Nationalsozialismus 1933-1939, Gebhard, Handbuch der deutschen Geschichte, Bd. 20, München 1980.
Eulenburg, Philipp: Politische Korrespondenz, Bd. 1, hrsg. von John C. G. Röhl, Boppard 1976 (Deutsche Geschichtsquellen des 19. und 20. Jahrhunderts, hrsg. von der Historischen Kommission bei der Bayerischen Akademie der Wissenschaften, Bd. 52 / I).

Fest, Joachim C.: Hitler. Eine Biographie, Frankfurt am Main, Berlin, Wien 1976.
Fest, Joachim: Über Richard Wagner. Eine Skizze nach den Tagebüchern Cosimas, Beilage in der FAZ Nr. 82 v. 22. 4. 1978.
Field, Geoffrey G.: Evangelist of race. The german vision of Houston Stewart Chamberlain, New York 1981.
Frankenstein, Ludwig: Bibliographie der auf Richard Wagner bezüglichen Buch-, Zeitungs- und Zeitschriften-Literatur für die Jahre 1907 – 1911, Berlin 1912.
Frank, Manfred: Der kommende Gott. Vorlesungen über die Neue Mythologie, Frankfurt am Main 1982.
Freudenthal-Nürnberg, Max: Juden als Messgäste in Leipzig, in: Aus Geschichte und Leben der Juden in Leipzig, Festschrift zum 75jährigen Bestehen der Leipziger Gemeindesynagoge, hrsg. vom Vorstand der Israelitischen Kultusgemeinde, Leipzig 1930.
Freytag, Gustav: Der Streit über das Judenthum in der Musik, in: Die Grenzboten XXVIII, Leipzig 1869.
Fries, Othmar: Richard Wagner und die deutsche Romantik, Zürich 1952.
Fritsch, Theodor: Antisemiten-Katechismus, 22. Auflage, Leipzig 1892 (Im Dritten Reich unter dem Titel »Handbuch zur Judenfrage« neuaufgelegt. Eines der Standardwerke nationalsozialistischer Musikpolitik).

Ganzer, Karl Richard: Richard Wagner und das Judentum, Hamburg 1938 (Schriften des Reichsinstituts für Geschichte des neuen Deutschland).
Gay, Peter: Freud, Juden und andere Deutsche. Herren und Opfer in der modernen Kultur, Hamburg 1986.
Goebbels, J.: Richard Wagner und das Kunstempfinden unserer Zeit (1933), in: Csampai, Attila u. Dietmar Holland (Hrsgg.): Richard Wagner. Die Meistersinger von Nürnberg. Texte, Materialien, Kommentare, Reinbek 1981.
Glaser, Hermann: Spießer-Ideologie. Von der Zerstörung des deutschen Geistes im 19. und 20. Jahrhunderts, Freiburg 1964.
Glasenapp, Carl Friedrich: Richard Wagners Leben und Wirken, 1876-77; 3., erw.Aufl. u. d. T.: Das Leben Richard Wagners, 1894 – 1911.

Golther, Wolfgang (Hrsg.): Bayreuth im Dritten Reich. Ein Buch des Dankes und der Erinnerung, Hamburg 1933 (Dokument der Kooperation Bayreuth-Hitler in Winifred Wagners Namen).

Gradenwitz, Peter: Das Judentum – Richard und Cosima Wagners Trauma, in: Wagner-Symp., S. 77 – 91.

Graml, Hermann: Reichskristallnacht. Antisemitismus und Judenverfolgung im Dritten Reich, München 1988.

Gregor-Dellin, Martin: Richard Wagner. Sein Leben, sein Werk, sein Jahrhundert, München 1980.

Gregor-Dellin, Martin: Richard Wagner. Eine Biographie in Bildern, München, Zürich 1982.

Gregor-Dellin, Martin: Neue Wagner-Ermittlungen, In: Martin Gregor-Dellin: Was ist Größe? Sieben Deutsche und ein deutsches Problem, München, Zürich 1985, S. 141-175.

Greive, Herrmann: Die Juden. Grundzüge ihrer Geschichte im mittelalterlichen und neuzeitlichen Europa, Darmstadt 1982 (2. Aufl.).

Greive, Hermann: Geschichte des modernen Antisemitismus in Deutschland, Darmstadt 1983.

Greive, Hermann: Zur multikausalen Bedingtheit des modernen Antisemitismus, in: Judaica, Heft 3, September 1984, S. 133-145.

Grunsky, Karl: Richard Wagner und die Juden, Deutschlands führende Männer und das Judentum, München 1920.

Grunsky, Karl: Der Kampf um deutsche Musik, Stuttgart 1933 (Karl Grunsky war einer der Wortführer nationalsozialistischer Musiktheorie) .

Grunsky, Karl: Der Kampf um deutsche Musik, Erhard Walther Verlag für nationalsozialistisches Schrifttum, Stuttgart 1933.

Gutman, Robert: Richard Wagner. The Man, His Mind and His Music, New York 1969 (Die deutsche Übersetzung erschien unter dem Titel »Der Mensch, sein Werk, seine Zeit.« 1970 in München).

Hanisch, Ernst: Die politisch ideologische Wirkung und »Verwendung« Wagners, in: Wagner-Handb. S. 625-647.

Hanisch, Ernst: Ein Wagnerianer namens Adolf Hitler, in: Wagner-Symp., S. 65 – 77.

Hanslick, Eduard: Aus meinem Leben, mit einem Nachwort herausgegeben von Peter Wapnewski, Kassel, Basel 1987.

Harmelin, Wilhelm: Juden in der Leipziger Rauchwarenwirtschaft, in: »Tradition«. Zs. für Firmengeschichte, 11 / 1966, S.249-282.

Haumann, Heiko: Geschichte der Ostjuden, München 1990.

Heine, Heinrich: Sämtliche Werke (4 Bde.), hrsg. von Jost Perfahl u. Werner Vordtriede, München 1969.

Heister, Hanns-Werner und Hans-Günter Klein (Hrsg.): Musik und Musikpolitik im faschistischen Deutschland, Frankfurt a. M. 1984.

Heymel, Hans Gerhard: Die Entwicklung Richard Wagners bis 1851 als politischer Künstler und sein Kunstwerkbegriff als gesellschaftliche Utopie, Dissertation Univ. Osnabrück 1981.

Horch, Hans Otto: Conditio Judaica. Juden und Judentum im Spiegel literarischer jüdischer Literaturkritik, Habilitationsschrift Aachen 1984.
Horkheimer, Max und Theodor W. Adorno: Dialektik der Aufklärung, mit einem Nachwort von Jürgen Habermas, Frankfurt am Main 1986 (Sonderausgabe).
Hudek, Franz-Peter: Die Tyrannei der Musik. Nietzsches Wertung des Wagnerischen Musikdramas, Würzburg 1989.

Idelsohn, A.Z.: Jewish Music in its historical development, New York 1929.

Jung, Hans Rudolf: Franz Liszt in seinen Briefen, Ost-Berlin 1987 / Frankfurt am Main 1988.

Kampmann, Wanda: Deutsche und Juden, Heidelberg 1963.
Kapp, Julius: Richard Wagner und die Frauen. Eine erotische Biographie, Berlin 1912.
Kapp, Julius: Richard Wagner, Berlin 1910.
Karbaum, Michael: Studien zur Geschichte der Bayreuther Festspiele, Regensburg 1976.
Kastner, Emerich: Wagner-Catalog. Chronologisches Verzeichnis der von und über Richard Wagner erschienenen Schriften und Musikwerke, Wien 1877 / Offenbach am Main 1878, Nachdruck Hilversum 1966.
Katz, Jacob: Richard Wagner. Vorbote des Antisemitismus, Königstein / Ts. 1985.
Katz, Jakob: Vom Vorurteil bis zur Vernichtung. Der Antisemitismus 1700-1933, München 1989.
Kesting, Hanjo: Das Pumpgenie. Richard Wagner & das Geld. Frankfurt a. M. 1993.
Klein, Richard: Solidarität mit Metaphysik? Ein Versuch über die musikphilosophische Problematik der Wagner-Kritik Theodor W. Adornos, Würzburg 1991.
Kneif, Tibor (Hrsg.): Richard Wagner: Die Kunst und die Revolution. Das Judentum in der Musik. Was ist Deutsch? Mit einem Kommentar des Herausgebers, München 1975.
Kocka, Jürgen (Hrsg.): Bürgertum im 19. Jahrhundert (3 Bände), München 1988.
Koebner, Thomas: Richard Wagner und der deutsche Nationalismus. Ein Versuch. Vortrag, gehalten im Rahmen des vom Forschungsinstitut für Musiktheater der Universität Bayreuth und der Evangelischen Akademie Tutzing gemeinsam veranstalteten Symposiums zum 100. Todestag von Richard Wagner am 11. August 1983.
Köhler, Joachim: Wagners Hitler. Der Prophet und sein Vollstrecker. München 1997.
Köhler, Joachim: Zarathustras Geheimnis. Friedrich Nietzsche und seine verschlüsselte Botschaft. Nördlingen 1989.
Kohut, Adolf: Berühmte israelitische Männer und Frauen in der Kulturgeschichte der Menschen, Leipzig 1901.
Konold, Wulf: Felix Mendelssohn Bartholdy, Darmstadt 1984.
Kreckel, Manfred: Richard Wagner und die französischen Frühsozialisten, Frankfurt 1986.
Kreis, Rudolf: Nietzsche, Wagner und die Juden. Würzburg 1995.
Kröplin, Eckart: Richard Wagner. Theatralisches Leben und lebendiges Theater, Leipzig 1989.
Kuby, Erich: Richard Wagner & Co. Zum 150. Geburtstag des Meisters, Hamburg 1963.
Küng, Hans: Sehnsucht nach Erlösung, in: Parsifal-Programmheft der Bayreuther Festspiele 1982, S. 1 – 38.

Kulka, Otto Dov: Richard Wagner und die Anfänge des modernen Antisemitismus, in: Bulletin des Leo Baeck Instituts IV, Nr. 16, Tel Aviv 1961, S. 281-300.

Lagarde de, Paul: Juden und Indogermanen. Eine Studie nach dem Leben, Göttingen 1887 (Beispielhafte rassistisch-antisemitische Hetz-Schrift).
Lang, J.: Zur Versöhnung des Judenthums mit Richard Wagner, Berlin 1869.
Lange, Walter: Richard Wagner und seine Vaterstadt Leipzig, Leipzig 1933.
Lange, Walter: Richard Wagners Sippe. Vom Urahn zum Enkel, Leipzig 1938.
Lessing, Theodor: Der jüdische Selbsthaß, Berlin. 1930, Nachdruck München 1984.
Lessing, Theodor: Schopenhauer, Wagner, Nietzsche, Einführung in moderne deutsche Philosophie, München 1906.
Levy, Alphons: Geschichte der Juden in Sachsen, Berlin 1900.
Liebeschütz, Hans: Das Judentum im deutschen Geschichtsbild von Hegel bis Max Weber, Tübingen 1967.
Liefmann, Else: Die Legende vom Antichrist und die Sage von Ahasver. Ihre Bedeutung für den Antisemitismus, in: »Judaica« v. 1. Juli 1947, S. 122-156.
Liszt, Franz: Gesammelte Schriften, hrsg. von L. Ramann, Leipzig 1881, Nachdruck Hildesheim / New York 1978.
Löwith, K.: Von Hegel zu Nietzsche. Der revolutionäre Bruch im Denken des 19. Jahrhunderts, Hamburg 1941.
Loos, Paul Arthur: Richard Wagner. Vollendung und Tragik der deutschen Romantik, Bern u. München 1952.
Lucas, Lore: Die Festspiel-Idee Richard Wagners, Regensburg 1973 (Arbeitsgemeinschaft 100 Jahre Bayreuther Festspiele, Bd. 2).
Ludwig, Emil: Wagner oder die Entzauberten, Berlin 1913.

Mack, Dietrich: Der Bayreuther Inszenierungsstil 1876-1976, München 1976.
Mack, Dietrich (Hrsg.): Richard Wagner. Das Betroffensein der Nachwelt. Beiträge zur Wirkungsgeschichte, Darmstadt 1984.
Mann, Thomas: Gesammelte Werke in Einzelbänden. Hrsg. von Peter de Mendelssohn (20 Bde.), Frankfurt am Main 1980 – 1986.
Mann, Thomas: Wagner und unsere Zeit. Aufsätze, Betrachtungen, Briefe, Frankfurt a. M. 1983.
Marcuse, Ludwig: Das denkwürdige Leben des Richard Wagner, München 1963.
Marek, George R.: Cosima Wagner. Ein Leben für ein Genie, Bayreuth 1982.
Marx, Karl-Friedrich Engels: Studienausgabe in drei Bänden, hrsg. von Iring Fetscher, Frankfurt a. M. 1966.
Maser, Werner: Adolf Hiller. Legende, Mythos, Wirklichkeit, 6. Aufl. München, Eßlingen 1974 (Darin besonders interessant das Kapitel: R. Wagner und Hitler).
Massing, Paul: Vorgeschichte des politischen Antisemitismus, Frankfurt 1959.
Mattenklott, Gert: Über Juden in Deutschland, Frankfurt am Main 1992.
Mayer, Hans: Der Ring als bürgerliches Parabelspiel, in: Jahresheft Bayreuth 1966.
Mayer, Hans: »Wir Wagnerianer heute«, in: Jahrbuch der Bayerischen Staatsoper, München 1978, S. 34-54.

Mayer, Hans: Richard Wagner. Mitwelt und Nachwelt, Zürich 1978.
Mayer, Hans: Diskussion über Recht, Unrecht und Alternativen, in: Musik-Konzepte 5.
Mayer, Hans: Versuche über die Oper, Frankfurt am Main 1981.
Mayer, Hans: Ein Deutscher auf Widerruf. Erinnerungen in 2 Bänden, Frankfurt am Main 1982, 1984 (Besonders interessant darin das Kapitel »Bayreuth«, Bd. 2, S. 366 ff.).
Mayer, Hans: Das unglückliche Bewußtsein. Zur deutschen Literaturgeschichte von Lessing bis Heine, Frankfurt am Main 1986.
Metzger, Heinz-Klaus u. Reiner Riehn (Hrsgg.): Richard Wagner. Wie antisemitisch darf ein Künstler sein?, Musik-Konzepte 5, München 1978.
Metzger, Heinz-Klaus u. Reiner Riehn (Hrsgg.): Richard Wagner. Parsifal, Musik-Konzepte 25, München 1982.
Meyer, Michael: Eine musikalische Fassade für das Dritte Reich, in: »Entartete Kunst«. Das Schicksal der Avantgarde im Nazi-Deutschland. Katalog zur Ausstellung, hrsg. von Stephanie Barron, München 1992, S. 171 – 185.
Meyer, Oscar: Von Bismarck zu Hitler, New York 1944.
Meysenbug von, Malwida: Memoiren einer Idealistin – Der Lebensabend einer Idealistin, Berlin o.J.
Millenkovich-Morold: Cosima Wagner, Leipzig 1937.
Mork, Andrea: Richard Wagner als politischer Schriftsteller, Frankfurt am Main, New York 1990.
Moses, Stéphane und Albrecht Schöne (Hrsg.): Juden in der deutschen Literatur. Ein deutsch-israelisches Symposium, Frankfurt a.M. 1986.
Mosse, George L.: Germans and Jews, London 1971.
Mosse, George L.: Die Nationalisierung der Massen. Von den Befreiungskriegen bis zum Dritten Reich, Frankfurt am Main, Berlin, New York 1976.
Motte de la, Helga: Der Hörer bleibt in Prag. Über Sprache und Musik, in Freibeuter, Vierteljahreszeitschrift für Kultur und Politik, 34 / 1987.
Moulin-Eckart du, Richard: Cosima Wagner (2 Bde.), München 1929/1931.
Müller, Ulrich (Hrsg.): Richard Wagner 1883-1983. Die Rezeption im 19. und 20. Jahrhundert. Gesammelte Beiträge des Salzburger Symposiums, Stuttgart 1984.
Müller, Ulrich und Peter Wapnewski (Hrsgg.): Richard-Wagner-Handbuch, Stuttgart 1986.

Neufeld, Siegbert: Die Juden im thüringisch-sächsischen Gebiet während des Mittelalters, Berlin 1917.
Neumann, Angelo: Erinnerungen an Richard Wagner, Leipzig 1907.
Newman, Ernest: The Life of Richard Wagner, New York 1933-1946 (4 Bände), Neuausgabe New York 1968-69.
Nietzsche, Friedrich: Kritische Studienausgabe in 15 Bänden, hrsg. von Giorgio Colli und Mazzino Montinari, München, Berlin, New York, 2. Auflage 1988.
Nietzsche, Friedrich: Sämtliche Briefe. Kritische Studienausgabe hrsg. v. Giorgio Colli und Mazzino Montinari, München, Berlin, New York 1986.
Nowak, Adolf: Wagners Parsifal und die Idee der Kunstreligion, in: Richard Wagner. Werk und Wirkung, hrsg. von Carl Dahlhaus, Regensburg 1971, S. 161 – 175.

Oesterlein, Nikolaus: Katalog einer Richard Wagner-Bibliothek, Leipzig 1882-1895 (4 Bände).
Ornstein, Hans: Der antijüdische Komplex. Versuch einer Analyse, Zürich 1949.

Pachl, Peter: Siegfried Wagner. Genie im Schatten, München 1988.
Panofsky, Walter: Wagner. Eine Bild-Biographie, o. O. 1963.
Peil, Peter: Die Krise des neuzeitlichen Menschen im Werk Richard Wagners. Köln, Wien 1990.
Petzold, J.: Wegbereiter des deutschen Faschismus. Die Jungkonservativen in der Weimarer Republik, Köln 1983.
Pretzsch, Paul (Hrsg.): Cosima Wagner und Houston Stewart Chamberlain im Briefwechsel 1888-1908, Leipzig 1934.
Prieberg, Fred K.: Musik im NS-Staat, Frankfurt am Main 1982.
Pütz, Peter: Friedrich Nietzsche, Stuttgart 1967, 2. Auflage 1975.
Puhle, Hans Jürgen: Agrarische Interessenpolitik und Konservatismus im wilhelminischen Reich 1893 – 1914, 2. Aufl., Bad Godesberg 1975.
Pulzer, Peter G. J.: Die Entstehung des politischen Antisemitismus in Deutschland und Österreich 1867 bis 1914, Gütersloh 1966.

Raabe, Peter: Die Musik im Dritten Reich. Kulturpolitische Reden und Aufsätze, Regensburg 1935 (Nationalsozialistische Programmschrift, wie auch die folgende).
Raabe, Peter: Kulturwille im deutschen Musikleben. Kulturpolitische Reden und Aufsätze, 2. Band, Regensburg 1936.
Raff, Joachim: Die Wagnerfrage, Braunschweig 1849.
Rauschenberger, W.: Die Abstammung Richard Wagners, in: Familiengeschichtliche Blätter 42, 1944.
Rauschning, Hermann: Gespräche mit Hitler, Wien, Zürich, New York 1940.
Reichmann, Eva G.: Die Flucht in den Haß. Die Ursachen der deutschen Judenkatastrophe, Frankfurt am Main 1957.
Reichmann, Eva G.: Größe und Verhängnis deutsch-jüdischer Existenz, Heidelberg 1974.
Reihlein, W.: Die Stammtafel Richard Wagners (Leipziger Abschnitt), in: Familiengeschichtliche Blätter 38, 1940, S. 170 ff.
Reihlein, W: Die Eltern Richard Wagners, in: Familiengeschichtliche Blätter 41, 1943.
Renan, Ernest: Das Leben Jesu, Berlin 1864.
Rose, Paul Lawrence: The Noble Anti-Semitism of Richard Wagner, in: The Historical Journal 25,3 (1982), S. 751 – 763.
Rosenberg, Alfred: Der Mythus des 20. Jahrhunderts, 129. – 132. Auflage, München 1938 (Standardwerk nationalsozialistischer Weltanschauung).
Rosenberg, Hans: Große Depression und Bismarckzeit, Berlin 1975.
Rürup, Reinhard: Sozialismus und Antisemitismus in Deutschland vor 1914, in: Juden und jüdische Aspekte in der deutschen Arbeiterbewegung 1848 – 1918, Beiheft 2 zum Jahrbuch des Instituts für Deutsche Geschichte, Tel Aviv 1977, S. 203-227.
Rützow, Sophie: Richard Wagner und Bayreuth. Ausschnitte und Erinnerungen, München 1943 (Nationalsozialistische Bayreuth- und Wagnerverherrlichung).

Ruppin, Arthur: Die Juden der Gegenwart. Eine sozialwissenschaftliche Studie, 2. Auflage, Köln und Leipzig 1911.

Sartre, Jean-Paul: Betrachtungen zur Judenfrage, Zürich 1948.
Schadewaldt, Wolfgang: Richard Wagner und die Griechen, in: Richard Wagner und das neue Bayreuth, hrsg. von Wieland Wagner, München 1962.
Schibli, Sigfried: Franz Liszt. Rollen, Kostüme, Verwandlungen, München 1986.
Schieder, Theodor: Richard Wagner, das Reich und die Deutschen. Nach den Tagebüchern Cosima Wagners, in: Festschrift für Walter Bußmann. Staat und Gesellschaft im politischen Wandel, hrsg. von Werner Pöls, Stuttgart 1979, S. 360 – 37.
Schmitz, Eugen: Richard Wagner wie wir ihn heute sehen, Dresden 1937 (Typisches Beispiel nationalsozialistischer Wagnervereinnahmung).
Scholz, Dieter David: Richard Wagners Antisemitismus. Würzburg 1993.
Schopenhauer, Arthur: Sämtliche Werke in fünf Bänden. Nach den Ausgaben letzter Hand herausgegeben von Ludger Lütkehaus, Zürich 1988.
Schottlaender, Rudolf: Vom Judenhaß dreier Großer. Nachbemerkungen zum Luther-Marx-Wagner-Gedenkjahr, in: Frankfurter Hefte, 38. Jg., Heft 12, S. 37 – 46.
Schröder, Leopold von: Die Vollendung des arischen Mysteriums in Bayreuth, München 1911 (Exemplarische Wagnervereinnahmung aus völkisch-antisemitischer Sicht).
Schubert, Erich: Richard Wagners Beiträge zu den Bayreuther Blättern, Wien 1949 (Phil. Dissertation v.21. Dez. 1949).
Schüler, Winfried: Der Bayreuther Kreis von seiner Entstehung bis zum Ausgang der wilhelminischen Ära. Wagnerkult und Wagnerreform im Geist völkischer Weltanschauung, Münster 1971.
See, K.v.: Deutsche Germanen-Ideologie vom Humanismus bis zur Gegenwart, Frankfurt a. M. 1970.
Sendrey, Alfred: Musik in Alt-Israel, Leipzig 1970.
Shaw, Bernard: Ein Wagner-Brevier, aus dem Englischen von Bruno Vondenhoff, Frankfurt a. M. 1973.
Sigismund, Volker L.: Ein unbehauster Prinz, Hamburg 1984.
Silbermann, Alphons: Der ungeliebte Jude. Zur Soziologie des Antisemitismus, Zürich 1981.
Silberner, Edmund: Sozialisten zur Judenfrage. Ein Beitrag zur Geschichte des Sozialismus vom Anfang des 18. Jhdts. bis 1914, Berlin 1962.
Söring, Jürgen: Wagner und Brecht. Zur Bestimmung des Musiktheaters, In: Wagner-Symp., S. 451 – 475.
Sorg, Bernhard: Zur literarischen Schopenhauer-Rezeption im 19. Jahrhundert, Heidelberg 1975.
Spitzemberg, Baronin von: Das Tagebuch. Aufzeichnungen aus der Hofgesellschaft des Hohenzollernreiches, ausgewählt und herausgegeben von Rudolf Vierhaus, mit einem Vorwort von Peter Rassow, Göttingen, dritte Auflage 1963.
Spotts, Frederic: Bayreuth. Eine Geschichte der Wagner Festspiele. München 1994.
Stefan, Paul: Die Feindschaft gegen Wagner, Regensburg 1914.
Stengel, Theo und Gerigk, Herbert: Lexikon der Juden in der Musik, Berlin 1940 (Standardwerk antisemitischer Musikpolitik im Dritten Reich).

Stern, Fritz: Kulturpessimismus als politische Gefahr. Eine Analyse nationaler Ideologie in Deutschland, Bern und Stuttgart 1963.
Sternfeld, R.: Richard Wagner und der heilige deutsche Krieg, Oldenburg o.J.
Strauss, Herbert A. und Norbert Kampe (Hrsg.): Antisemitismus. Von der Judenfeindschaft zum Holocaust, Frankfurt am main 1985.
Strauss, Herbert A. und Christian Hoffmann (Hrsg.): Juden und Judentum in der Literatur, München 1985.

Tröbes, Otto: Richard Wagner und deutsche Gegenwart, Frankfurt am Main 1934.
Tröbes, Otto:: Mit Richard Wagner ins Dritte Deutsche Reich, in: Offizieller Festspielführer 1938, hrsg. von Otto Strobel.

Umbach, Klaus: Richard Wagner. Ein deutsches Ärgernis, Reinbek 1982.
Uthmann von, Jörg: Doppelgänger, du bleicher Geselle. Zur Pathologie des deutsch-jüdischen Verhältnisses, Stuttgart 1976.

Vaget, Hans Rudolf: Germanistik und Wagner-Kritik, in: Orbis Litterarum (Zs.) 37 / 1982, S. 185-195.
Viereck Peter: Hitler and Richard Wagner, in der amerikanischen Zs. »Common Sense« Nov./Dez. 1939, übersetzt und abgedruckt in: Musik-Konzepte 5. Richard Wagner. Wie antisemitisch darf ein Künstler sein?, hrsg. von H.-K. Metzger und R.Riehn, München 1981.

Wagner, Cosima: Die Tagebücher, hrsg. u. kommentiert von Martin-Gregor-Dellin und Dietrich Mack (4 Bände), München, Zürich, 2. durchgesehene und im Anhang revidierte Auflage 1982.
Wagner, Cosima: Das zweite Leben. Briefe u. Aufzeichnungen 1883-1930, hrsg. von Dietrich Mack, München 1980.
Wagner, Friedelind: Nacht über Bayreuth. Die Geschichte der Enkelin Richard Wagners, Bern o. J. [1945].
Wagner, Gottfried: Wer nicht mit dem Wolf heult. Autobiographische Aufzeichnungen eines Wagner-Urenkels. Köln 1997.
Wagner Richard an Mathilde Wesendonck. Tagebuchblätter und Briefe 1853-1871, hrsg. von Wolfgang Golther, 7. Auflage, Berlin 1904.
Wagner, Richard: Gesammelte Schriften und Dichtungen in zehn Bänden, hrsg. von Wolfgang Golther, Berlin, Leipzig, Wien, Stuttgart o.J.
Wagner, Richard: Gesammelte Schriften (14 Bände), hrsg. von Julius Kapp, Leipzig o. J.
Wagner, Richard: Mein Leben. Einzige vollst. Ausgabe, hrsg. von Martin Gregor-Dellin, München 1963.
Wagner, Richard: Das braune Buch. Hrsg. u. kommentiert von Joachim Bergfeld, Zürich/ Freiburg 1975.
Wagner, Richard: Sämtliche Briefe, herausgegeben im Auftrag der Richard-Wagner-Stiftung Bayreuth von Gertrud Strobel und Werner Wolf / Hans Joachim Bauer und Johannes Forner, Leipzig 1967 – 1991 (Bisher erschienen Bd. 1-8).

Wagner, Richard: Familienbriefe, hrsg. v. C. Fr. Glasenapp, Berlin 1907.
Wagner, Richard an seine Künstler. Bayreuther Briefe Bd. 2, hrsg. von Erich Kloss, Berlin, Leipzig 1908.
Wagner, Richard: Die Briefe an Judith Gautier, hrsg. von Willi Schuh, Zürich / Leipzig 1936.
Wagner, Richard und König Ludwig II. Briefwechsel, hrsg. vom Wittelsbacher Ausgleichsfond u. v. Winifred Wagner, bearbeitet von Otto Strobel, Karlsruhe 1936.
Wagner, Richard: Briefe, ausgewählt, eingeleitet und kommentiert von Hanjo Kesting, München 1983.
Wagner, Richard und Franz Liszt: Briefwechsel, hersg. und eingeleitet von Hanjo Kesting, Frankfurt am Main 1988.
Wagner, Wieland: Richard Wagner und das neue Bayreuth, München 1962.
Wagner, Wolfgang: Lebensakte. München 1994.
Walther, Siegfried: Frau Cosima Wagner. Studie eines Lebens, Stuttgart 1930.
Wapnewski, Peter: Cosima Wagner und Cosimas Wagner, in: Merkur, Heft 2 / 1977, S. 130 – 144.
Wapnewski, Peter: Der traurige Gott. Richard Wagner in seinen Helden, München 1978.
Wapnewski, Peter: Richard Wagner – Die Szene und ihr Meister, München 1978.
Wapnewski, Peter: Tristan der Held Richard Wagners, Berlin 1981.
Wapnewski, Peter: Richard Wagner – Das Werk II, die einzelnen Werke, in Wagner-Handb., S. 223 – 353.
Wapnewski, Peter: Liebestod und Götternot. Zum Tristan und zum Ring des Nibelungen, Berlin 1988.
Wapnewski, Peter: Thomas Mann und München, Frankfurt / Main 1989.
Wapnewski, Peter: Weisst du wie das wird …? Richard Wagner. der Ring des Nibelungen. München 1995.
Weber, Solveig: Das Bild Richard Wagners. Ikonographische Bestandsaufnahme eines Künstlerkults. 2 Bände. Mainz 1994.
Wessling, Berndt W.: Bayreuth im Dritten Reich. Richard Wagners politische Erben, Weinheim und Basel 1983.
Westernhagen von, Curt: Richard Wagners Kampf gegen seelische Fremdherrschaft, München 1935 (vornehm-nationalsozialistisch inspirierte Wagner-Deutung des späteren Wagner-Biographen).
Westernhagen von, Curt: Richard Wagner. Sein Werk – sein Wesen -seine Welt, Zürich 1956.
Wille, Eliza: Erinnerungen an Richard Wagner, 4. Ausgabe Zürich 1982.
Windell, G.G.: Hitler, Nationalsozialism and Richard Wagner, in: (Zs.) Journal of Central European Affairs, Jg. 22, 1962 / 1963, S. 479 ff.
Wininger, S.: Große Jüdische Nationalbiographie, Czernowitz 1925.
Wistrich, R.S.: Antisemitism as an ideology in the 19th century, in: Jerusalem Quarterly Nr. 28, Summer 1983.
Wulf, Joseph: Kultur im Dritten Reich. Eine Dokumentation, Bd. 5, Musik im Dritten Reich, Berlin, Frankfurt a. M. 1982, Neuausgabe 1989.

Zelinsky, Hartmut: Richard Wagner. Ein Deutsches Thema. 1876 – 1976, Frankfurt am Main 1976.

Zelinsky, Hartmut: Die »feuerkur« des Richard Wagner oder die »neue religion« der »Erlösung« durch »Vernichtung«, in: Musik-Konzepte 5. Wie antisemitisch darf ein künstler sein?, hrsg. von H.-K. Metzger und R. Riehn, München 1978.
Zelinsky, Hartmut / Klaus Umbach: Zu schönen Klängen eine brutale Ideologie, Gespräch im Spiegel Nr. 29 vom 19. 7. 1982 über »Parsifal« und die Folgen.
Zelinsky, Hartmut: Rettung ins Ungenaue. Zu Martin Gregor-Dellins Wagner-Biographie in: Musik-Konzepte 25. Richard Wagner. Parsifal, hrsg. von H.-K. Metzger und R. Riehn, München 1982.
Zelinsky, Hartmut: Der Tod als Gralsgebiet. Hermann Levy und Bayreuth, Teil I, in: (Zs.) Phono-Forum, Juli 1985, S. 20.
Zelinsky, Hartmut: Die deutsche Losung Siegfried oder die innere Notwendigkeit des Judenfluches im Werk Richard Wagners, in: Udo Bermbach: In den Trümmern der eignen Welt. Richard Wagners »Der Ring des Nibelungen«, Berlin 1989.
Zoltai, Dénes: Wagner hier et aujourd‹hui, in: (Zs.) Neohelicon IX / 1 (1982).
Zuckermann, Moshe: Die Ideologie Richard Wagners als politisches Paradigma Deutschlands, in: Jb. d. Instututs f. Dt. Geschichte Bd. 13, Tel Aviv 1984, S. 179-212.
Zweig, Arnold: Bilanz der deutschen Judenheit 1933. Ein Versuch, Amsterdam 1934.

Personenregister

Zum Autor

Nach einer Odyssee, die in Lindau (Bodensee) vor 41 Jahren begann, über das nahegelegene Nonnenhorn (dort lernte er das Gehen) nach Ägypten führte (wo er in Kairo die ersten Schuljahre verbrachte), strandete der Autor in der ehemaligen Bundeshauptstadt. In Bonn studierte er, noch ungehetzt von Studienzeitbegrenzungen, Germanistik, Philosophie, Musikwissenschaft und Kunstgeschichte, auch etwas Geologie und Chemie. Nebenbei spielte er Theater, nahm Gesangsunterricht und schrieb in der Lokalpresse erste Kritiken. Nach dem Examen verschlug es ihn nach München. Dort machte er erste Gehversuche beim Bayerischen Rundfunk. 1985 flüchtete er aus dem schönen, aber konservativen Bayern und strandete im eingemauerten, aber freien »West«-Berlin. Dort promovierte er bei Peter Wapnewski mit einer Arbeit über »Richard Wagners Antisemitismus« (sie ist als Buch erschienen). Der SFB war sein Forum. Nach der Deutschen Vereinigung wurde ihm Leipzig zum zweiten Zuhause, der MDR sein »Muttersender«. Als freier Autor und Musik-Journalist, Kritiker der Literatur und des Theaters, aber auch als Opernspezialist und Fachgelehrter in Sachen Richard Wagner ist Dieter David Scholz vor allem für die Fachpresse (»Opernwelt«) und ARD-Rundfunkanstalten tätig.

Weitere Titel im Herbst 97 bei Parthas!

Martha Mödl
»Das war halt mein Weg ...«

Erinnerungen, aufgezeichnet von Thomas Voigt

Martha Mödl – im Nachkriegs-Bayreuth von Wieland Wagner war sie der Inbegriff der »modernen« Sängerdarstellerin. »Brünnhilde! Isolde! Kundry! Keine wie Du!« – mit diesen Worten brachte der Wagner-Enkel die stimmliche und darstellerische Einzigartigkeit der Martha Mödl zum Ausdruck. Vielleicht liegt diese darin begründet, daß die Sängerin nahezu »unverdorben« – ohne reguläre Gesangsausbildung – zur Bühne kam. Begabt mit einer »Urmusikalität« und einer reichen Naturstimme, gestaltete die Mödl ganz aus Intuition und Emotion. Ob man die junge Wagner-Sängerin in ihren Aufnahmen unter Furtwängler oder die mittlerweile 85jährige in zeitgenössischen Opern live auf der Bühne erlebt – diese Wahrhaftigkeit des Ausdrucks ist eine Konstante seit nunmehr 55 Bühnenjahren, in denen sie auch an internationalen Häusern wie der MET, der Mailänder Scala oder dem Covent Garden auftrat.

ca. 150 Seiten; 50 Abb.;
geb. mit Schutzumschlag; 13.5 x 21.5 cm;
ca. DM 39.-
ISBN 3-932529-08-1

René Kollo

Text-Bild-Band,
herausgegeben von Jasmin Kassai und Jürgen Haase

Am 20. November dieses Jahres wird der Tenor und Intendant René Kollo 60 Jahre alt. Seine Karriere als Opernsänger und »bester Wagner-Tenor der Welt« begann 1969 in Bayreuth. Seitdem ist er auf den großen Opernbühnen von der MET bis zur Scala wie auch in Tokio zu Hause.
René Kollo erzählt von seiner Zusammenarbeit mit bedeutenden Regisseuren und Dirigenten, von Ponnelle über Chéreau und Götz Friedrich, Bernstein, Böhm, Boulez bis zu Noelte, Solti und Herbert von Karajan. Er spricht mit Jürgen Haase und Jasmin Kassai über seine eigenen Inszenierungen und berichtet erstmalig auch über Fragen des künstlerischen Handwerks.
Der Bildteil zeigt zahlreiche bisher unveröffentlichte Photographien des Sängers – in seinen schönsten Rollen, bei der Probe und natürlich privat.

ca. 130 Seiten; 120 Abb., davon 40 farbig;
geb. mit Schutzumschlag; 24 x 27 cm;
ca. DM 58.-
ISBN 3-932529-07-3

Bildnachweis:
24 Abbildungen: Archiv des Autors,
3 Abbildungen: Bayreuther Festspiele,
S. Lauterwasser.